作者简介

　　金碚，中国社会科学院学部委员，经济学博士，博士生导师，中国社会科学院工业经济研究所研究员；《中国经营报》社社长，《商学院》杂志总编辑；郑州大学商学院院长；中国区域经济学会会长，中国工业经济学会副会长。曾任中国社会科学院工业经济研究所所长。

　　出版学术著作40多部，发表学术论文500余篇。获全国精神文明"五个一工程"著作奖、中国图书奖、首届中国出版政府奖、孙冶方经济科学奖、第四届中国出版政府奖提名奖、中国社会科学院优秀成果奖、对策研究特等奖等20多项国家级或部级优秀成果奖；曾应邀为中共中央政治局集体学习讲课；获"全国优秀留学回国人员""享受政府特殊津贴专家""中青年有突出贡献专家"等多项个人荣誉。

新盛时代，本真复兴

——金碚新论集

金 碚◎著

经济管理出版社
ECONOMY & MANAGEMENT PUBLISHING HOUSE

图书在版编目（CIP）数据

新盛时代，本真复兴：金碚新论集/金碚著．—北京：经济管理出版社，2019. 9
ISBN 978 - 7 - 5096 - 6792 - 7

Ⅰ.①新…　Ⅱ.①金…　Ⅲ.①区域经济发展—中国—文集　Ⅳ.①F127 - 53

中国版本图书馆 CIP 数据核字（2019）第 154260 号

组稿编辑：申桂萍
责任编辑：梁植睿　赵亚荣　王　洋
责任印制：黄章平
责任校对：张晓燕

出版发行：经济管理出版社
　　　　　（北京市海淀区北蜂窝 8 号中雅大厦 A 座 11 层　100038）
网　　址：www. E - mp. com. cn
电　　话：（010）51915602
印　　刷：三河市延风印装有限公司
经　　销：新华书店
开　　本：720mm×1000mm/16
印　　张：25. 5
字　　数：443 千字
版　　次：2019 年 9 月第 1 版　　2019 年 9 月第 1 次印刷
书　　号：ISBN 978 - 7 - 5096 - 6792 - 7
定　　价：98. 00 元

前　言

　　面对日新月异的现实世界，自知之明的经济学家总有"落后"之感，即深感理论落后于现实，而这也许正是新觉悟的预感和激发科学"好奇心"的驱动力。人们都说，改革开放是思想解放的产物，而所谓"思想解放"不就是从被后来的事实所证明为错误的过去的"正统"思想中解脱出来，以新的认识、新的观念，替代过去的认识、过去的观念吗？知耻而后勇。新观察、新觉悟产生新观念，以新观念审视世界，必然有新的图景和新的感受，甚至"历史"也会因此而改变。因此，变革时代的"新论"，多少有些"突发奇想"，甚至被视为"奇谈怪论"，但却也可能是具有强大生命力的思想萌芽。

　　中国最近数十年来所发生的变化，恐怕是人类发展历史上变化最为巨大的时期之一，因而，"思想解放"的频率之快恐怕也是人类思想史上罕见的时期。仅仅还是二三十年前甚至十多年前刚刚从"思想解放"中获得的时尚观念和形成不久的"正确观点"，到今天就已经落后了，又需要有新的思想解放来催生和接受新认识和新理念。数十年一贯未变的就是一个"新"字。

　　在这个以"新"为特质的年代，经济学者们是幸运的，也是困惑的。从20世纪七八十年代开始的思想解放时期，放弃传统计划经济思想，接受市场经济理论，是一个巨大的历史进步。但当我们正以为已经获得了打开真理之门的钥匙时，却很快发现，事情远非如此。我们所新掌握的经济学理论由于其工具化取向和形式化追求，不仅无视或忽视了人类活动特别是经济活动的本真价值意义，而且缺乏发现规律和解释现实的科学内核，难当历史使命。要开真理之门，尚需继续努力。幸运和困惑决定了：这是一个不得不深刻思考的年代。而深入思考、探索正是学者们的志趣所在，甚至是其存在价值的体现，正如笛卡尔所言："我思故我在。"

近年来，我在观察新现象、新问题中进行了一些理论反思，触及经济学的一些理论基础，甚至其底层逻辑结构，就此发表了数十篇学术论文和论述文章，以期引起学术界、理论界的思考和讨论。文章发表后也确实获得了不少读者以至资深经济学家们的密切关注，引发了十分有益的讨论、商榷和深入探讨。在许多场合，读者们特别是青年学者们都会十分有兴趣地跟我讨论我文章中所研究的问题。这本论文集，就是在我最近三年所发表的文章中，选取了20多篇，并进行了大致分类，结集出版。

这些"新论"仅为学术性探索，其结论和观点远非十分成熟和完备，其中的一些基本理论问题，特别是关于经济学范式变革和体系构建的研究，只是"万里长征第一步"。

本论集的编辑出版，得到了中国社会科学院工业经济研究所叶振宇博士、经济管理出版社杨世伟社长及申桂萍等编辑们的热情协助。在此特致衷心的谢忱！

金碚

2019 年 8 月 24 日于北京

目　录

第一篇　反思本真

第二篇　区域观察

第三篇　中国问题

第四篇　全球思维

第五篇　范式变革

第一篇　反思本真

马克思劳动价值论的现实意义及理论启示

劳动价值论是马克思的政治经济学基本原理最重要的内容之一，即使是学习过政治经济学初级内容的中学生也都人人熟悉。但在面对现实经济时，人们却似乎有与其久违之感，像是遥远天际的云朵，不知与当下是否有关。其实，马克思的劳动价值论具有非常深刻的内涵和学术扩展性，从其逻辑基点上可以延伸出对一系列现实经济问题和经济制度及政策选择的科学思考。本文从几个现实问题的理论讨论入手，揭示马克思劳动价值论的现实意义和理论启示。

一、GDP 核算的是什么？

宏观经济分析最重要最常用的基本概念之一是 GDP。讨论所有的宏观经济问题都离不开 GDP 概念及其统计数据的使用。那么，GDP 的经济学性质是什么呢？我们是否总是正确地运用这一概念及其统计数据了呢？

马克思的劳动价值论首先论证了商品价值二重性，即使用价值和交换价值。而商品二重性的根源则是劳动二重性，即抽象劳动创造价值及其表现形式交换价值，具体劳动创造使用价值及其表现形式物品有用性。所以，当我们讨论任何经济活动和经济现象时，首先必须明确其使用价值和价值（交换价值）关系上的含义。关于最常使用的国内生产总值（GDP）概念的含义，人们往往有很大的误解，以为它是一个关于价值量（或交换价值量）的核算概念，即核算的是一个经济体在一定时期内创造了多少交换价值。因为，GDP 确实是采用交换价值尺度

（货币单位）核算在市场交换过程中发生的经济活动总量。据此而以为追求 GDP 就是追求（交换）价值增长的成就。

其实，那样的看法是不正确的。GDP 核算的实际上是真实经济量，即经济体在一定时期内所创造的真实产品和服务的总量，即可以使用的（通常是发生了市场交换的）产出量，而不是其名义量（交换价值量）。只是由于真实产品和服务的真实产出量无法加总为一个统计总量指标，所以借用了货币单位（交换价值量）作为估算工具。但其实质仍然是核算真实经济量。所以，核算 GDP 增长时采用的不是现价而是"不变价格"，所比较的是不同时期内产品和服务的实际产出量。在国际比较时，还可以采用"购买力平价"指标，力求尽可能去除交换中的价格因素干扰，更真实准确地核算各国的真实产出量。所以，核算宏观经济活动总量时，交换价值量的意义是不大的，只有真实经济量即使用价值量才有重要意义。

简言之，GDP 的基本经济学意义是：以交换价值计量单位即货币尺度作为核算工具估算真实使用价值量的生产规模总量及其增长。这似乎很矛盾，但却是其实质所在。所以，科学认识 GDP，除了关注其价值量（名义量）表现之外，更重要的是应关注其实质量，特别是要关注同 GDP 密切相关的真实劳动状况。关注 GDP 的实质量，就要观察和分析构成 GDP 的真实商品和服务的使用价值性质。有人估算说，直到 1820 年前后，中国的 GDP 长期占世界第一，可以称得上是世界"第一大经济体"，却被经济总量远远小于中国的欧洲"小国"轻松打败。事情的关键是，此 GDP 与彼 GDP 是完全不同的东西。"小国"的 GDP 是钢铁、舰船、大炮；"大国"的 GDP 是丝绸、茶叶、瓷器。此时计算 GDP 值多少钱，孰大孰小，没有什么意义。有意义的是，就其使用价值而言，那种"小 GDP"显然强于此种"大 GDP"。

关于关注 GDP 所体现的真实劳动状况，则要观察的是：第一，整个经济体的劳动是否充分就业？第二，其中多大比例的劳动者能够在合适的岗位上工作？第三，创新性劳动的活力是否得到释放，即创新性劳动的自由度如何，是否有条件不断创造出具有新颖使用价值的产品？总之，对 GDP 的核算必须落实于对真实劳动状况的认识和判断，才具有真正的科学意义。

总之，GDP 的重要性并不在于它的（交换）价值总量，那实际上只是一个测量值，最多相当于对人体身高体重的测量，真实体质与之相关但并非特别重要。重要的是 GDP 所蕴含的使用价值量与质的实体性质。关注 GDP 时切不可颠倒了视角。对 GDP 认识的偏颇，往往导致对国家经济状况的判断发生误解，对于现实经济中的价值创造特别是创新性劳动的状况也可能误判，更难以进行正确的国际比较。这是当前中国经济发展及国际比较中的一个特别值得重视的问题。

二、如何认识产业结构及其演变趋势？

以上关于 GDP 的讨论，从使用价值和交换价值关系上揭示了宏观经济分析的理论基础。据此也可以进一步讨论经济结构分析的理论方法。对国民经济结构进行分析的前提是对经济活动的分类。马克思曾将生产活动分为两大部类：生产资料生产与生活资料生产。从对两大部类比例的分析研究了社会再生产平衡的条件。这一方法基于对商品的使用价值性质分类以及与之相关的生产过程的物质技术特征分类，而从价值量维度进行观察和分析。这一方法可以延伸运用于从其他角度对经济活动进行结构性研究。在工业化初期，物质资料生产是生产活动的主体，所以主要注重农业与工业、轻工业与重工业之间关系的比例结构分析。到了工业化中后期，服务活动也越来越成为重要的生产活动，因此，第一、第二、第三次产业划分以及对三次产业的比例结构分析受到更大的重视。

问题是，运用三次产业分类方法进行结构分析也必须小心地处理其中的使用价值与交换价值的二重含义。如果不能正确把握商品性质的二重性，很可能陷入对客观过程的误解，导致经济决策的失误。例如，一个流行的观念是，到了工业化中后期，第三产业（服务业）比重的提高是经济结构升级的表现，认为发展第三产业可以实现节能环保和高附加价值，所以在经济政策上一味追求服务业的更快增长，甚至忽视第一、第二产业。其实，如果仅从价值量维度进行判断，而忽视对使用价值性质和特征的研究，就会导致许多错觉。

首先，如前所述，宏观经济总量指标是"以交换价值计量单位即货币尺度作为核算工具估算真实使用价值量的生产规模总量及其增长"，与之相类似，结构性指标是以交换价值计量单位即货币尺度作为核算工具估算出的不同真实经济活动之间的比例关系及其变化。真实经济活动即创造使用价值的劳动与其产出品的交换价值量的变化趋势是不同的。一般来说，劳动生产率越高，生产的产品量即使用价值越多，其单位产出品的交换价值反而越低，即价格更便宜。其原因就是马克思在《资本论》中精辟论证了的："劳动生产力越高，生产一种物品所需要的劳动时间就越少，凝结在该物品中的劳动量就越小，该物品的价值量就越小。"① 所以，以交换价值单位估算的第三产业比重高，并不是第一产业尤其是第二产业的产出量减少的结果，恰恰在很大程度上是第一产业尤其是第二产业的劳动生产率提高和单位产品价格下降在统计上的表现。工业化之前的传统经济中，第一产业和第三产业的比重通常很高，那是第二产业不发达的表现。在工业化时期，第二产业比重迅速提高，而到了工业化后期，第三产业比重上升，第二产业比重相对下降，都是第二产业更加发达的表现，而绝不是第二产业特别是其中的制造业衰落的表现。只有在发达的第二产业基础上的第三产业发展才是产业进步和经济发达的表现。

其次，第三产业分为两类：直接服务业和工业化服务业。前者是指主要由人直接完成的服务劳动，例如理发、护理等。后者是指主要使用工业产品和工业设备进行的服务劳动。直接服务业的劳动生产率通常难以提高，它在产业结构中的比重提高很大程度上是由于价格的更快提高，例如理发师的劳动生产率不会有显著提高，但理发价格30年来至少提高了100倍。工业化服务业的发展取决于工业的发达程度，这类服务业实际上就是工业品和工业设备使用价值的实现过程。例如，通信业是通信产品和设备的使用，交通业是交通设备和基础设施的使用。现代金融业的运行也是以工业品和工业设备的使用为条件的。可见，第二产业产出品进入市场要完成两次实现过程：首先完成交换价值的实现，马克思称为"惊险的跳跃"。而如果作为工业化服务业的工具，工业产品将在服务业领域中不断地完成其使用价值的实现。而它的使用价值实现过程就是第三产业的生产过程和价值实现过程（服务业的一个特点是生产过程与消费过程同时完成）。即使像旅游业这样的所谓"无烟产业"，其实也是工业品包括建筑产品的使用过程。而且，文化遗产的保护和自然遗产的维护也绝对不能离开工业的支持。如果以为离开工业也就可以大力发展服务业，实际上是对商品二重性的无知，误以为只要在价值形态上有取获就可以实现经济增长和产业升级。我们甚至可以设想，如果制造业产品高度智能化，使得其使用价值实现过程可以无人化（例如无人驾驶汽车）和自助化，则工业品就成为可以自动提供"服务"的产品，此时，"服务业"作为工业品使用价值实现过程的性质就彻底显露出来。这种情况离现实已经

---

① ［德］马克思：《资本论》第一卷（上），人民出版社1975年版，第53页。

只有一步之遥了。

最后，马克思的商品二重性理论实际上已蕴含了他对未来社会的预见。马克思指出："更多的使用价值本身就是更多的物质财富，两件间上衣比一件上衣多。两件上衣可以两个人穿，一件上衣只能一个人穿，以此类推。然而随着物质财富的量的增长，它的价值可能同时下降。"① 只要将这一理论逻辑贯彻到底，就可以设想，当生产力充分发达，劳动生产率极大提高时，单位商品的交换价值量趋向于极小，而使用价值量极大增长，从理论逻辑上就可以推论出：只要消除人类对私人"财富"的贪婪欲望，就可以实现使用价值的按需享用即"按需分配"。那时，私有财产实际上也就没有意义了。那样的社会离我们还非常遥远，但是，其端倪正在出现，这就是分享经济作为一类产业已经在成长起来。例如，互联网的出现，正在使个人使用汽车趋向于成为共享经济，过去只能由富豪高官享用的私人专车服务也开始走向普通民众：不必拥有，但只要有需要，随时可以享用。现代通信包括移动通信也已基本共享化，广大低收入者以至"贫困学生"都可以使用。随着公共服务的发展和均等化，大量的产品和服务都可以进入共享经济领域。例如，最昂贵的物品莫过于文物和收藏品，而博物馆的免费开放，已使之基本实现了共享化。所以完全可以设想，在本身具有共享经济性质并为共享经济提供技术平台的互联网发展的基础上，国民经济中的共享经济成分将成为规模越来越大、范围越来越广的新产业。有西方学者称之为"零边际成本社会"的到来。② 其实质就是信息产业和能源产业的高技术化，导致信息成本和能源成本趋向于极小（能源成本是产品边际成本的决定性因素之一），同时社会劳动生产率极大提高。因而使用价值的"享用"替代了对物质财富（价值囤积）的"占有"。而关于占有与享用（或存在）的关系，将成为人类对自己生存方式和社会进步的重要选择。③

---

① ［德］马克思：《资本论》第一卷（上），人民出版社 1975 年版，第 59 页。
② ［美］杰里米·里夫金：《零边际成本社会》，赛迪研究院专家组译，中信出版社 2014 年版。
③ ［美］埃里希·弗洛姆：《占有还是存在》，李穆译，世界图书出版公司 2015 年版。

三、企业追求什么目标？

据媒体报道，有记者问华为集团董事长任正非，"华为为什么不上市？"任正非的回答是：因为我们把利益看得不重，就是为理想和目标而奋斗。守住"上甘岭"是很难的，还有好多牺牲。如果上市，"股东们"看着股市那儿可赚几十亿元、几百亿元，逼我们横向发展，我们就攻不进"无人区"了。

其实，任正非并不是"把利益看得不重"，而恰恰是把真实的利益看得很重，很准，真正把握好了企业生产使用价值与交换价值的关系。作为商品生产者的企业，实质上有两个目标：一是创造商品使用价值，表现为企业的实业目标，即"做事业"。二是创造交换价值，表现为企业的盈利目标，即"赚钱"。一般经济学模糊了两者而将其"抽象"为：企业的唯一目标是利润最大化。如果第二个目标与第一个目标基本一致，也是可以做这样的抽象简化的。但当这两个目标可能冲突时，企业就面临抉择，哪个目标第一，哪个目标第二？任正非和华为公司强烈倾向于第一个目标。世界上许多最优秀的企业，包括一些具有长寿历史的家族企业，很多都是这样。他们的第一目标是"以自己的事业改变人类生活"，或者"生产最好的某某产品"。当然，我们也不否认更强调第二目标的企业的正当性。但是，如果把企业仅仅作为赚钱机器，甚至不过是资本投资的标的物，企业家很快变为投资家和资本家，毕竟难以做成伟大的企业。

在经济理论基本范畴和学术框架的建构中，关于经济体的微观经济单元的设定是一个最基本的问题。通常，将"厂商"或"企业"作为最小单元，并假定这一最小单元是个"黑箱"。只能观察它的投入与产出，而不需要分析其内部。根据"经济人"假设，经济学认定这个"黑箱"的行为目标是以最小的投入获得最大的产出。更准确地说是"以一定投入获取最大产出"或"以最小的投入获取一定产出"。简言之，企业就是追求利润最大化的营利组织。而马克思所设定的经济体的最小单位即市场"细胞"是商品。商品从 W—W，经过 W—G—W，到 G—W—G′，进而蜕变为 G—G′。即从物—物交换，到物—币—物的简单商品经济，到币—物—（币＋剩余价值）的资本主义商品经济，进而产生货币资本自我增殖的虚拟资本扩张现象。在这一演化过程中，关键的蜕变环节一是 W

（商品）从原先为目的变为手段，G（货币）从原为手段变为目的；二是 W 在经济过程中消失或"省略"，经济活动成为 G"自娱自乐"的独角戏。

在马克思看来，上述第一个蜕变有历史进步的积极意义，但也批判了其蕴含着的非理性（资本主义的局限性）。其实，亚当·斯密在《道德情操论》中也曾指出了这是"人类本性的欺骗"，不过这也正是资本主义发展的强大动力。而对上述第二个蜕变，马克思更倾向于批判，甚至有所轻蔑，视其为资本主义衰败的隐患和征兆。之所以有此倾向是因为，马克思是唯物主义的生产力决定论者，在他看来，一旦忽视或"省略"了实体经济生产过程，生产力的进步就失去了载体。这就是现在一些国家发生的"产业空心化"现象，必然导致创新乏力，经济衰退。

可见，商品二重性中的任何一面都是不能忽略的。优秀的实业企业家本能上是生产活动的使用价值与交换价值二重论者。一个国家的企业和企业家，如果都只是"一根筋"地追求交换价值，即以利润最大化为唯一目标，会是一个欣欣向荣和持续发展的经济体吗？极端自由主义经济学家认为，盈利最多的企业一定是对社会贡献最大的企业，而无论其生产什么和如何生产。不论在抽象的理论推演上是否能论证这一逻辑，但在现实中绝难成为事实。一个国家的企业和企业家群体，是否能既做好自己本分的实业，成为行业翘楚；又能获取更多的盈利，成为效益高手，是这个国家经济前途的决定性因素之一。

四、是什么捆住了人才的手脚？

在我国改革开放初期，企业和社会曾大声疾呼"为企业松绑"。经济学家蒋一苇曾首创"企业本位论"。从一定意义上说，中国经济体制改革就是一部使企业独立自主成为市场竞争主体的历史。历经 30 多年，这一改革目标至今尚未完全达到。目前的政府改革，仍然着力于简政放权。发挥市场在资源配置中的决定性作用，实际上就是让企业更加自主，让价格体系更加完善。现在，不仅仍然没有完全解决企业松绑问题，而且人才松绑也成为突出问题。

最近，习近平总书记在关于落实《关于深化人才发展体制机制改革的意见》时强调指出，要加快构建具有全球竞争力的人才制度体系，聚天下英才而用之。

要着力破除体制机制障碍，向用人主体放权，为人才松绑，让人才创新创造活力充分迸发，使各方面人才各得其所、尽展其长。那么，在一个理应相信劳动价值论的国家，而且向市场经济转轨的改革已经30多年，是什么捆住了人才的手脚，而仍然需要大声疾呼"为人才松绑"呢？

第一，由于对马克思劳动价值论核心精神缺乏理解，在现实中，往往将虚拟利益主体误解为实质利益主体，所谓虚拟利益主体就是制度或法律构建的经济主体，例如，资合性法人组织，它实际上是法律所构建的民事主体，其法律性实体是"资本"，而且是与自然人利益分割（互不连带）的虚拟"人"；而实质利益主体就是劳动主体，即作为自然人的劳动者（当然也包括其他非劳动者自然人）。如果过分强调虚拟利益主体的权利和权力，而把实质利益主体禁锢在虚拟利益主体中；把市场经济关系误解为可以脱离或忽视实质利益主体（自然人）的"单位"间关系，这就是将自然人完全工具化，而虚拟主体目标化，忽视自然人的自由度和创新性。马克思政治经济学的研究对象是生产关系，生产关系是人与人的关系，最重要的是真实的人与人的关系，即使表现为商品交换关系，其实质仍然是背后的人与人的关系。如果将现实中的自然人都"物化"为虚拟主体构件，就在体制上捆住了人才的手脚。资本主义制度比封建制和奴隶制进步，因而可以极大释放生产力的一个重要原因是：劳动者成为自己的主人，可以"自由地"被雇用，而且是按时间出卖劳动，没有其他人身依附关系，尽管这种"自由"是由于其"一无所有"。社会主义制度理应比资本主义制度更进一步，让劳动者更自由些，而且是更实质性的自由，可以释放更大的生产力。但现实是，由于种种原因，尽管改革开放以来对劳动者的种种限制已经改观很多，但劳动者仍然难以摆脱对"单位"的依附性。因为，如果离开"单位"，到社会上办任何事情都障碍重重，实在太难了。生产和生活太缺乏便利性了。所以，不如"情愿"在"单位"中寻求庇护。

第二，虚拟利益主体的财务管理制度中往往体现了过度的"商品拜物教（货币拜物教）"思维：把人的劳动关系误认为物—物关系，或钱—物关系；各种制度管死钱物，见物不见人，本质是管死了劳动，特别是抑制了创造性（创新性）劳动。例如，以管理行政资金的方式管理科研及其他业务活动的资金，就是将活劳动捆入死劳动的桎梏中。存在一种财务幻觉，似乎有些钱是支付给人用的，有些是支付给物用的。纵然不知，所有的资金只有支付给人用时才是真实的，其他都是虚拟的，物和虚拟利益主体都没有实际的消费利益，无论是物质的还是精神的。它们并无吃、喝、住、行、用的物质需要，更没有精神活动。马克思的劳动价值论，彻底揭示了经济活动的社会关系本质，站在物背后的利益主体是人，而在人之前的物只不过是人的利益的物质载体，马克思说，商品如果不能完成"惊险的跳跃"，摔坏的不是商品（物），而是它背后的人。

中国经济为什么会表现出一般经济理论无法解释的储蓄率畸高而消费率很低的现象？其重要原因之一就是经济制度中存在严重的商品拜物教因素，以及与之直接相关的虚拟利益主体过于强大，而真实利益主体受到抑制的表现。如上所述，虚拟利益主体是没有吃、喝、住、行、用的消费需要的，它们的过分强大显然具有抑制消费、扩大储蓄的效应。马克思的商品二重性理论告诉我们：真实消费的只可能是使用价值，而所储蓄的则更可能是交换价值。如果虚拟利益主体过度储蓄交换价值，就会压缩真实利益主体的消费。这样，整个经济社会运行可能会更倾向于汲取性，而缺乏包容性，即更具有从劳动者汲取价值而不是更多分享福利的倾向。所以在新发展理念中要特别强调包容即"共享"。因为，在"创新、协调、绿色、开放、共享"的新发展理念中，归根结底，共享是价值目标所在。

第三，以行政等级方式限制了劳动的自由性。马克思理想的社会是"自由人联合体"，是"重新建立个人所有制"[1]。解放生产力的本质是解放劳动者。而在我们的人才管理体制中却存在严重的无处不在、无孔不入的"官本位"现象。行政等级制度有其适用的一定领域，但也难以避免具有所谓"彼得定律"的局限。行政等级制度的基本逻辑是：凡工作称职者，即可晋升到上一级，如果称职就可以再晋升，直到不称职时不再能晋升。这种以"晋升"作为激励方式的行政等级制度往往导致"不称职均衡"现象，即各个岗位充斥着大量不称职者：或者"不称职在岗"或者"虽称职但未晋升"，因而心存委屈不积极工作。为避免这种现象，有效的等级制行政体制是不能设想让在等级阶梯上攀爬的大多数人长期停留在没有或很少有晋升希望的同级别岗位上的。显然，这种体制对许多业务领域是不适用的。在其他业务领域，如果人才发展的激励方式也是在行政等级的阶梯上登爬，甚至对于那些实际并不在这一阶梯上的人才也要被"视同"在这一阶梯上，那么，人才的创造性也就被捆在行政等级的狭窄阶梯上了。

第四，最重要的一个理论问题是，将法人单位作为利益主体，并直接假定其

---

① ［德］马克思：《资本论》第一卷（下），人民出版社1975年版，第832页。

"经济人"行为目标，承认其"以最小投入获取最大产出"即利益最大化行为的正当性时，会遇到一个逻辑冲突的悖论：作为其组成部分的劳动者是否也是"经济人"，也具有"以最小投入获取最大产出（收入）"的正当性？如果贯彻理论逻辑的彻底性，那么，劳动者追求"尽可能少付出而多获取"的目标就是正当行为。但这显然同法人组织的经济人假定不合。所以，企业管理的逻辑是：要使员工非"经济人"化，服从企业法人的"经济人"目标。这样，"经济人"假定就成为不彻底的逻辑：只适用于企业，而不适用于员工。马克思的劳动价值论认为，在资本主义制度下，资本家购买了工人的劳动力，工人就成为与其他投入资源一样的生产要素，必须服从资本的指挥，实际上已没有了自主的行为目标。不过，资本主义的进步在于，劳动者"他在让渡自己的劳动力时不放弃自己对它的所有权。"[①] 而对于未来社会，马克思向往的是劳动自主的"自由人联合体"。那时，劳动不仅是生产过程的要素，而是具有自主性的劳动主体。当我们说"人才"时，实际上就是依据这样的逻辑，因此才必须"为人才松绑"。也就是要承认人才的自主性，即使是在法人组织中，也应尊重人才，发挥人才的积极性和主动性，特别是对于创新性强的岗位或职业，更应赋予人才以更大的自主性。例如，允许医生"多点执业"，科技人员业余兼职，科学研究以及企业研发中尊重科技人员的业务自主性等。当然，人才也不能为所欲为，天马行空，也是"联合体"中的成员，必须与用人主体的自主性相协调。况且用人主体本身可能也是人才，即人才使用人才。

五、管理是否应以"省钱"为目标？

在许多的经济管理制度中，往往都有意或无意地将目标设定为"省钱"。在一般意义上，"省钱"当然是一种管理手段，体现精打细算的节俭精神和核算原则。但性质不同的组织是否都要"增收节支"？这是一个需要科学认识的问题。它涉及经济体系的运行规则和能否更有效地发挥各类组织和人员的工作效率。

马克思的政治经济学论证了：货币是充当一般等价物的商品，从一般商品中

---

① ［德］马克思：《资本论》第一卷（上），人民出版社1975年版，第191页。

分离出来充当价值尺度和交换媒介的作用。货币起先同一般商品一样也是有使用价值和交换价值两重性的。后来专门用作交换媒介，使用价值只是其物质保证；再到后来发展为纸币和各种信用货币，成为充当"流动性"功能的工具。货币从使用价值保证的价值体现变为以国家强制和社会信用为保证的流动性工具。

马克思说以贵金属充当的货币可以作为贮藏手段。在那种情况下"省钱"的实质是对具有使用价值且价值稳定而易于保存的商品，通常是贵金属的保藏。可以理解为"守财"。但当代货币制度下，绝大部分的货币是信用货币，"信用货币的自然根源是货币作为支付手段的职能"。"由于充当支付手段的货币的发展，就必须积累货币，以便到期偿还债务。随着资产阶级社会的发展，作为独立的致富形式的货币贮藏消失了，而作为支付手段准备金形式的货币贮藏却增长了。"① 此时，如果人们对于信用货币却仍然抱有着"货币幻觉"，以为那也是财富的贮藏，囤积过量的信用货币，实际上就是把偿债准备金想象成作为物质财富的贮藏货币了。而不知在当代实行信用货币制度的条件下，"钱"实质上只是一种索取权（或偿债手段）。当我们说"省钱"的时候，实际上节省的是"索取权"，或暂时不行使"索取权"，以致囤积索取权。那么，此时的"省钱"有何真实的经济意义呢？例如，公车使用，省钱的意义如果是不得索取公车使用权以私用，即禁止属公的货币索取权转为私用，是完全合理的，其意义在于严禁腐败行为。但如果是限制索取权"公用"，则是不合理的。公车公用越多表明公务劳动越多，如果限制货币索取权的行使变为限制公车公用，实际上就是限制公务劳动。此时"省钱"并没有贮藏货币"财富"，也没有节省资源，而是限制劳动过程，其实际的经济意义无非是减少公务劳动量，或者降低公务劳动的"资本密集度"，终而降低公务劳动效率。

对于创造财富的经济主体例如企业，增收节支是其重要的经营性目标，管理中的省钱意识一定程度上反映了效率原则。那么，政府财政是否也要"增收节支"？是否意味着政府也有"赚钱省钱"功能？政府"收入"分两类：一是提供公务服务而获得的收入；二是从其他主体征收的收入（主要是税收）。前一类收入已有相关法律制度和财政预算规定，显然没有增收目标；后一类收入属于国民收入再分配，政府可征收多少由财政预算规定，也绝不是"多多益善"。

除了特殊时期之外，如果政府将"节支"作为日常工作的考核目标，则意

---

① ［德］马克思：《资本论》第一卷（上），人民出版社1975年版，第146、162页。

味着：要么因没有执行和完成法律和预算规定的工作而未执行支出预算，或者原本就规定了不该执行或没必要执行的公务；要么是预算不准确（多列了预算经费），公务活动已执行完成但预算经费大量剩余。可见，从逻辑上说，设定"节支"目标是以预算不周为前提的，或者是因为公务业务的调减。所以，节支一般不应笼统地作为政府业绩的考核指标。据人民网2016年5月19日《九十七亿财政资金趴在账上》一文反映：国家审计署5月17日发布的审计公告显示，"对1月至2月审计发现的影响财政资金统筹使用方面的78个问题、156.03亿元资金，审计部门出具了整改建议函督促整改，截至第一季度末，已整改74个问题、统筹盘活资金155.28亿元，尚未整改到位和3月审计发现未及时统筹使用资金97.08亿元，审计部门正督促加快整改。"这就非常直观地反映了：钱"节省"滞留在账上，是没有效益的。

如果政府的"增收节支"意味着，政府也可以像企业那样创造"盈利"，那么政府的经济性质和功能就被扭曲了。当前，正在进行的军队改革，全面取消部队和武警的有偿服务，就是一个"拨乱反正"的举措。其实，其基本逻辑也适用于政府公务部门。当然，作为一个发展型政府，有些政府机构也确实具有一定的类企业性功能，例如进行经济开发等，因而需要进行非财政预算性的财务核算，这样的情况应同上述的政府核心功能相区分，实行不同的财务制度。

事业单位是另一类提供公共产品的机构，其功能也应区分为两类：一是法定基本功能，纳入政府财政预算资金管理，不以"增收节支"为目标。二是发展性创新性功能，其性质是非营利性的，但其产品是商品性的，即由市场机制决定供求，应实行类似企业的非财政预算性财务核算制度，可在一定程度上"多多益善"，但不得损害其法定基本功能。

另一个与此相关的重要问题是，即使是对于企业，如果误解了省钱的真实意义和科学内涵，以省钱至高为目标的管理方式所形成的组织文化，往往会将劳动者以至整个组织管进细织密纺的"钱袋"里，甚至以算计钱的方式来"规范"业务行为，难免削足适履。这样的组织通常没有多少生气。而任正非和华为集团的企业模式和管理制度在钱上是"大气"的，他们不想因股票上市而被那些从股市上圈来的钱捆住了手脚。所以，注定成为一个生龙活虎的企业。

六、究竟是什么决定着劳动报酬标准?

在我国现行的收入分配制度中有一个奇异的现象:按一定的职业和身份分类规则,被认为特别重要职业的收入水平往往显著低于国际同类职业的收入水平。而被认为不那么重要的一般职业则同国际水平反倒比较接近。例如,中国公立医院医生看病的收入(指体制内正常收入)低于宠物兽医的收入,即给人看病的收费低于给宠物看病的价格。似乎越是"为人民服务""人命关天"的职业就应该规定较低收入。其逻辑是:由于人的生命太重要,病人把生命托付给医生,即使没有支付能力,医生也必须治病救人。这没有错。进一步的逻辑推演是:医生不能因救人命而"赚钱",理应不能计较报酬。这似乎也不很错。再进一步的逻辑就是:医德必须高尚,有社会责任感,"价廉物美"的医生是社会的要求,医生低收入是"众望所归",绝不能让患者"看病难,看病贵"。而给宠物治病就不同了,动物的生命毕竟没人重要,而且,养得起宠物的人也付得起钱。价格高些是"一个愿打一个愿挨"的两厢情愿,公平交易,"市场决定"。与医生低收入类似的情况,在中国比比皆是。大体上是,越重要因而越"体制内"性质的职业,收入水平同国际差距往往越大。这种现象有的是计划经济时代遗留下来的,历经30多年改革(这可能是人类历史上持续时间最长的改革期了)还没有转轨成功;有的是社会观念主导的,民意倾向于:"价廉物美,最好免费"心理;有的是虽然正式收入标准低,但"明低暗补"或"体制内低体制外补",低收入标准附带着规范或不规范的"客观矫正"机制。

这样的制度是否合理?尽可以争辩。而按照马克思的劳动价值论,劳动报酬的决定因素主要有三个:第一,劳动者(及其家庭)的生产和再生产的成本。第二,劳动的复杂程度,尤其是具有创新性的复杂劳动报酬应是普通劳动的数倍。第三,劳动供求状况,即劳动力价格也同一般商品相类似,受供求关系影响,围绕价值上下波动。当然,现实制度中还应包括劳动激励因素。即根据劳动者的实际贡献,调节其报酬水平。而如果制度逻辑是:重要的工作应该或必须低收入,实际上就是抑制重要工作,"价廉"难以"物美",而激励了不那么很重要的工作。其实,在收入分配制度上,区分劳动和职业性质的"重要"和"不重要"，本身就是不科学的。按照马克思的劳动价值论，交换和分配的价值计量依据的是"抽象劳动"而不是"具体劳动"。而似是而非的道德干预甚至道德绑架，往往导致事与愿违的结果：例如医疗体制就是从"人命很重要"出发，却蜕变为实质上低估人命。

其实，只要按照马克思劳动价值论的科学思维进行彻底的逻辑推演就可以看到：不仅价值是人而不是物所创造的，而且所有的货币支付都是给人的，而不是给物的。所以，归根结底，所发生的一切都是人所付出的劳动之间的交换，而并不是钱—物之间的关系，相反，钱—物之间的交换，只有体现了劳动交换（即劳动分工），实现劳动创造价值的收入分配原则，才体现劳动报偿的真实意义。这就可以解决困扰着人们的体制问题（也是社会文化问题）：为什么医生提供治疗服务必须低价，而药品和仪器却可以高价，且还有能力"养医"？难道医生劳动创造的价值养不活或养不好自己？为什么支付给"人"时如此吝啬，支付给"物"时却可以慷慨？其实如前所述，"物"根本就不是真实利益主体，真实利益主体仍然是其背后的"人"。所以，这实际上是对不同的人实行不同的劳动报酬标准制度。那么，社会报酬体制为什么要这样"双轨"呢？将其理顺不是可以解决许多不合理现象吗？

与之相关，中国现行收入分配体制的另一个突出缺陷是，行政性的"身份"分类意识过于强烈。人与人之间存在各种差别，从任意的标准都可以进行身份的一定分类。如果按照不适当的身份分类作为收入分配的依据，就会扭曲分配体制，制约人才发挥积极性和创造性。在中国，由于"官本位"的现实难以改变，行政性的身份分类居主导地位，使得在其他国家成为重要智力资源的大量高素质人才及经验丰富人才，被官本位的身份分类原则阻止于人才供应体系之外，或限制了其活动空间，浪费和闲置了大量的社会人才资源。例如，现在国家要求大力进行智库建设，但智库的组建与智库活动受到行政性的人才身份分类制度的严重制约，难以按科研规律发挥功能。所以，改革和完善收入分配制度是实现人才发展战略的主要内容之一。

七、结语

马克思的劳动价值论奠定了经济分析的逻辑基础。它不是教条，而是可运用于或启发我们观察和研究现实问题的思维方法和学术源泉。更是中国在经济发展和体制改革中，探索建立中国特色社会主义经济理论的一个重要理论基点。也是在发现新现象中，展望未来社会发展趋势的重要启示。

[参考文献]

［1］［德］马克思：《资本论》第一卷，人民出版社 1975 年版。

［2］［美］杰里米·里夫金：《零边际成本社会》，赛迪研究院专家组译，中信出版社 2014 年版。

［3］［美］埃里希·弗洛姆：《占有还是存在》，李穆译，世界图书出版公司 2015 年版。

（原文发表于《中国工业经济》2016 年第 6 期，有改动。）

论经济发展的本真复兴

人类社会发展到今天，正在遭遇新的挑战，走在需要理性抉择的路口上。为了应对人类发展所导致的环境和气候问题，世界各国越来越多的人认识到必须走低碳发展的道路，但也有人认为这个问题并不重要，或者不愿意为此付出代价。比如美国总统特朗普上任伊始就宣布美国要退出《巴黎气候变化协定》。尽管他有他自己的理由，认为美国签署《巴黎气候变化协定》，意味着限制传统产业，特别是石油、煤炭等化石能源产业的发展，将会减少600多万人的就业。但是，人类必须理性反思：经济社会发展到今天，要以怎样的新理念进行怎样的行为调整？这涉及人类发展的核心议题：第一，经济发展的本真性质，即为什么要发展经济？第二，怎样实现经济发展？以往的发展道路和模式可否持续？第三，人类发展到今天应该以怎样的新理念来应对当前和未来的严峻挑战？

一、经济发展的本真性质

人类经济活动数万年，文明史数千年，而真正实现高速经济增长和发展的只是工业革命之后的现象，迄今为止仅仅300年左右。也就是说，在人类漫长的演化和发展史上，快速经济增长是个相对很短暂的时期。据估算，工业革命之前，经济增长率非常低，全世界的人均GDP几乎没有增长，有学者估算，从公元元年到18世纪初，全世界人均产出增长率只有0.02%，统计上几乎可以忽略不计。而发生工业革命的国家，经济增长显著加速。从全球来看，工业革命及工业化现象从西欧国家及其移民地，扩散到东亚国家，以至世界各国各地，人类中越来越多的人群进入"工业社会",世界面貌因此而发生巨变。所以,从一定意义上可以说,迄今为止,经济增长或经济发展就是工业化现象。那么,为什么会这样呢?

当我们说"经济增长"或"经济发展"时,通常是要表示实现了以货币单位计算的人均产出量(人均 GDP)的增长,并将人均产出量所达到的水平视为经济发达程度的标志。而其所要表达的真实意思究竟是什么呢? 其隐含的意思实际上是:人是可以改造自然,使自然物为己所用的,这种被人改造了的物质在经济学上就是人类劳动的产品(产出)。在人类发展的漫长年代中,人类生存于地球,但地球上的大多数物质对人类是没有用处的,准确地说是,人类没有能力使这些物质产生(对人类的)用途;同样,地球上的大多数地方也是不适合人类居住的,甚至是人类无法到达的。那时,人类的主要生存方式是,在非常有限的地理区域(一定纬度、一定海拔高度的有水源之地),采集、猎取或捕捞可以直接供人消费的有用物,通常称为采集狩猎社会。后来,人类开始将原先的采集、猎取之物进行培植、饲养,成为种植物和家禽牲畜,即以人类活动(劳动)促进植物和动物生长,使自然(生命)过程按人的需要产生更多对人有用的动植物,这称为农业社会(以及与之并行的游牧社会)。再进一步,人类力图用自己的劳动,并使用越来越复杂的工具,直接参与以至控制自然物质的形态变化过程,将越来越多原先无用的物质改造成对人直接有用的物品,这就是工业制造,当以手工工具为主的工业制造转变为以机器为主的工业制造,发生"工业革命",人类就进入工业社会。为了获取更多的工业原材料,就需要大规模获取地球物质,即进行矿物采掘,在此过程中,还需要使用更多物质,例如木材、煤炭、石油等,作为工业生产活动(机器生产)的能源。当前,全人类发展在总体上正处于这样的工业社会时期,有的国家已进入工业社会,其他国家正在向工业社会迈进。所以,所谓经济发展,其实质就是人类通过自己的行动(生产劳动),把地球上原来对人没有用的东西转化成对人有用的东西,把原来不适合人类居住,甚至无法到达的地方变成人类可以到达和居住。这就是经济发展的本真性。也就是说,人类就是为了将地球物质从无用变有用,才进行经济活动,被改造的物质越多,改造自然物质的过程效率越高,我们就说经济越发达。简言之,所谓发达社会(工业化社会或工业化国家)就是能够将自然物大规模地深度地转变为可为人类所用的物品的社会。所以,经济发展本质上首先而且永远是人与自然界之间的关系。其实,更彻底地说,人类本身归根结底也是自然世界的一部分。

从其同人类的关系而言，自然界的物质可以分为以下几类，并相应地形成几个基本概念：自然物质。离开同人类的关系，自然物质无所谓有用或无用，因而也谈不上是资源还是废物。那不过就是地球上的自在之物。但是，如果从其同人的关系来看，自然物就可以区分为有用物和无用物了，前者称为自然资源，相对而言，后者就只是非资源之物。当自然资源相对于人类使用的需要具有稀缺性时，就会对其进行估价，就可以称之为自然财富，例如，水源、矿藏、森林、草原等。而存在量极大（几乎相当于"无限"）的物质，例如阳光、空气、海水等，由于稀缺性不显著，无法估值，一般不计为自然财富（当然，随着科学技术和工业能力的提高，过去的非稀缺物也可能会变为具有稀缺性，例如太阳能产业的发展使阳光具有稀缺性，风电的发展使风力具有稀缺性，海水利用的发展使海水具有稀缺性，那样，阳光、空气、海水等，以至"空域""空间"等，都可以进行估价，成为自然财富）。

自然资源或自然财富是具有潜在有用性的自然物质。当人类将具有潜在有用性的物质，通过人的行为（生产劳动、加工制造）将其转变为现实有用的物品，可以视之为在自然物质中加入了人的因素，就可以称为"人化财富"，一般称为物质财富。

以上关于物质的分类有一个关键，即什么物质是自然物，什么是自然资源、自然财富，什么是物质财富？都取决于科学技术水平特别是工业技术的水平的高低，即人类转变物质形态的能力。也就是说，人类具有多大的工业能力，可以把自然界的物质转化为对人类有用之物，决定了物质分类的概念内涵及外延。一般来说，或者就原则而言，科技水平和工业技术水平越高，物质中的"资源"和"财富"部分就越大。在这一意义上，"资源"实际上也是由人类活动（工业技术）所创造的，人类生产活动（主要是工业），首先创造"资源"，然后消耗资源。从极端意义上甚至可以说，如果科技水平和工业技术水平充分高，地球上甚至人类可达的宇宙太空中的所有物质，都可以是自然资源合成为人化财富，并没有绝对的"废物"。当然，这只是极而言之的可能性，而现实中，科技水平和工业技术能力总是有限的。所以，在一定时间内，自然物质经人类施加作用而转变为物质财富的量也是有限的。那么，人类尽最大努力以追求物质财富的行为是否应予肯定，即是否正当呢？

在很长一段历史时期，人们追求物质财富往往被认为是不正当或不道德的。许多宗教教义都反对信众收敛财富。例如基督教的传统教义说，富人进天堂就像骆驼要钻进针眼那么困难，意思大致是，富人收敛财富，为富不仁，死后必受惩罚而不得进入天堂。按照德国著名学者马克斯·韦伯的说法，直到发生宗教革命，才转而认可追求财富的正当性，即认为人们追求财富而致富也是遵循上帝的旨意（Calling）。并主张富人拥有财富后不应挥霍浪费，而是要"节欲"，或者"延迟消费"，不断将当期未消费掉的财富投入能够创造更多财富的生产活动。17 世纪、18 世纪，西欧的宗教革命与思想启蒙运动相互影响，解放了财富观念。所谓启蒙运动，对于经济领域而言，实际上就是主张人类应拥有追求财富的自由（权利）。此前，神权、王权、特权压抑了人权，而启蒙运动以后，大力主张人权，而且是人人应有平等人权，因为，人权是"天赋"的权利，与生俱来，人人有份。所谓天赋的平等人权，除了有政治、法律、伦理的含义之外，就经济权利而言，实质上就是追求财富的自由选择和平等权利。在人类发展历史上，最能确保追求财富的自由选择和平等权利的制度和社会机制就是市场经济。在市场经济中，神权、王权、特权都不能压抑自由追求财富的平等人权。从这一意义上可以说，所谓启蒙，就是市场经济自由竞争、等价交换和积累财富的观念觉醒，是人人有权发财致富的思想解放。

中国的改革开放经历，也有十分相似的过程。20 世纪 70 年代（实行改革开放）以前，在中国的官方主流意识形态中，追求和占有财富也是不正当的，甚至是违法的，财富"私有"是罪恶，被视为资产阶级行为，是革命所要消灭的现象。那时，工厂生产不是为了追求利润（因而作为生产单位的组织，只能称为"工厂"，不能是"企业"，因为，在语义上，"企业"被认为是追求利润的经营单位）；工人劳动也不能是为了赚取工资。如果工人为了赚取工资（奖金）而劳动，企业为追求利润而生产，就会被批判为资产阶级"经济主义"，是同社会主义计划经济格格不入的资本主义行为。甚至"按劳分配"的社会主义原则也被认为是体现了"资产阶级法权"。在社会主义计划经济条件下这些都是不正当的，至少是属于道德低下的"低级趣味"，而丧失了无产阶级的革命精神和劳动行为的崇高性。直到 20 世纪 70 年代末 80 年代初，中国改革开放以后，被长期压抑的财富观念才开始觉醒。经历激烈的思想斗争和观念博弈，社会才终于承认了在社会主义制度下追求财富也是正当的，承认和主张生产必须追求利润，因而生产组织才可以从"工厂"变为"企业"，以至"公司"；同时，工人干得好就是应该涨工资，可以和应该获得奖金，以体现多劳多得的个人利益原则；更重要的是，民众拥有由法律保护的权利组织营利性生产组织——企业，形成民营经济，追求和积累财富。这样的社会制度当然就叫市场经济：人人有生产和拥有财富的平等权利，并据此而进行等价交换。因此，中国经济体制改革的实质就是从计划经济转向市场经济。众所周知，这样的观念解放和制度变革，为整个社会经济发展注入了巨大的动力，极大地解放了生产力，进而产生了翻天覆地的社会后果。那么，市场经济何以会有如此巨大的魔力呢？

二、市场经济的理性机制

在人类发展中，市场经济发挥了极为重要的作用，市场经济持续推动了经济增长和进步，没有任何一种其他的经济机制能够像市场经济那样，产生了如此广泛、持续而深远的影响，极大地改变了人类社会的整个面貌。那么，市场经济是一种什么样的经济机制呢？它为什么能够强有力地推动各国的经济发展，特别是市场经济为什么能够适应工业革命和世界工业化的要求呢？众所周知，西欧17世纪的启蒙运动有两个相互关联并具有决定性的因素，一个是科学精神，一个是崇尚理性。这种科学精神和理性主义，在经济领域里体现为张扬一种工具主义理性。所谓工具主义理性就是，以高效率为中轴原理，追求"最优化"和"最大化"等工具性目标。其具体表现就是：追求收入最大化、利润最大化、财富最大化。而且，这种"最大化"目标都是可以用货币单位来计量的。因为如果不以货币为单位，就无法对成本、产出、收益、财富等进行经济计算和比较。所以，追求以货币计算或估值的收入和财富的最大化，就成为市场经济的最基本特征。例如，当人们问为什么要工作？在市场经济制度下，一般就说，是为了"赚钱"；如果要问办企业的经营目标是什么？一般就说追求"利润最大化"或者"为出资人创造最大利润"。每一家股票上市公司的CEO都会宣称，公司经营目标是为股东创造最大利润，或使股份价值最大化。这些基本理念和通行说法在市场经济制度下都是"天经地义"的常识。

问题是，收入、利润、财富等是人类生存发展的必需之物吗？显然不是。它们不过是一些工具性手段，而不是人类所需的目的性需要。收入、利润、财富都没有供人享用的性质，而"企业"根本没有衣食住行的需要，既不会痛苦，也不会快乐，为什么要那些"最大化"？众所周知，根据马克思的定义，作为市经济"细胞"的商品有两个属性，一个是使用价值，一个是交换价值。使用价值是商品的有用性，即商品能够满足人的实际需要的"效用"。交换价值则是商品中所包含的人的抽象劳动量，可以据此而同其他生产者或所有者按"等价交换"原则进行交易，以获得对自己有用的商品。尤其重要的是，在以货币为媒介的商品交换中，货币成为交换价值的代表，发挥着对各种有用商品的"索取权"的功能。

那么，对自然人来说，在商品的使用价值和交换价值这两重属性中，哪一个是"目的"，哪一个是"工具"呢？很显然，在其朴素的原本性质上，使用价值是人类生产活动之目的，而交换价值则是能够据之而可以获得具有人们所需要的使用价值的商品的工具（凭据）。但是，如前所述，在市场经济制度中，起支配作用的是工具理性。所以可以看到，在发达的市场经济条件下，上述目的和工具之间的关系是颠倒的。如美国经济学家大卫·哈维所说，在市场经济中，"无论在哪里，交换价值都是主人，使用价值都是奴隶。"① 即使用价值实际上是为交换价值服务的。尤其是当人类所追求的财富形态不断演变，货币形态的财富欲望越来越强烈，直到发展为信用货币成为货币形态的主要成分时，货币（信用货币）本身完全没有使用价值却成为经济活动的目标，而有用商品反倒成为实现货币囤积目标的手段。人类社会似乎变得很荒唐，但正如黑格尔所说的，凡是现实的都是合理的，凡是合理的都是现实的。

市场经济的现实性和合理性就表现为：其推动经济发展的动力机制是最强劲的。不难设想，如果以追求商品的使用价值为目标，那么，其需要量总是有限的。你吃饱了就不能再吃，一个人在同一时间只能穿一套衣服，睡一张床。使用价值超过一定量，其对人的效用越来越小，直至过剩而无用。所以，如果整个经济社会仅仅是将直接追求使用价值作为动力机制，那么，生产规模就受限，经济发展就必然很缓慢。反之，如果以追求交换价值为目的，发展生产和创造积累财富就具有了无限性，即交换价值量尤其是其纯粹形态货币量的最大化可以成为无止境的追求目标。可见，市场经济的长足发展与工业革命具有密切相关性。工业革命所形成的巨大生产力，只有在市场经济中才能获得施展空间。也就是说，正因为市场经济使社会生产的目的与工具（实现目的的手段）相颠倒，工业革命所喷发出来的生产力，成为无止境地追求交换价值，追求金钱的力量，因而使物

---

① ［美］大卫·哈维：《资本社会的17个矛盾》，许瑞宋译，中信出版集团2016年版，第58页。

质财富大量创造和堆积，人们相信这一过程可以永无止境：资本家追求剩余价值没有止境，商人（企业）追求利润没有止境，人们追求货币似乎也会没有止境。正是这种没有止境的疯狂追求才成为市场经济增长的强大动力和无限性。这就是市场经济具有强大生产力的奥秘所在。

但是，在人类发展取得辉煌的成就的同时，也伴随着严重问题的出现，并有可能日趋恶化。一是无节制的消费主义。只有消费更多的东西，才能生产更多东西。消费更多东西的人，据此而感觉更快乐。因为市场经济有能力创造各种各样的物质产品来供人享用，所以从更多的产品消费中获得快感就成为市场经济的基本信条或社会心理偏向。二是财富的欲望不可遏制，而且财富欲望越来越同物质（商品）的有用性（使用价值）相脱离。当无止境地积累和占有（实体的和虚拟的财富）成为满足财富欲望的方式，而实际上财富欲望又因财富（尤其是虚拟的财富）的无限性而永远不得满足，所以，财富就蜕变为无用（或不使用）的东西（冗余物），直至成为纯粹的符号性财富。所谓符号性财富及其欲望，就是从"赚钱"目的蜕变为追求财富符号即货币数量的"增殖"。以往的货币是黄金白银，今天的货币已成为银行账户上的数字。追求货币数字的无度的增长成为财富贪欲的极端形式，人类经济活动走向虚拟化，越来越远离实际使用价值。

可见，虽然在人类发展史上，市场经济是功不可没的，历史和现实都证明，市场经济是人类所创造的一种非常可行有效的经济制度。但是，非常可行有效的制度也未必是十全十美而没有缺陷的制度，更不是不需要治理就能合意运行的体制机制。无度扩张并缺乏有效治理的市场经济，不仅会产生一系列难以容忍的社会问题，例如收入分配和财富占有两极分化、弱势群体缺乏安全保障等，而且很可能破坏人类生存的根本条件——生态环境。在市场经济中，无数自利的个人为了追求财富和无度消费，以致为了满足财富欲望，欲壑难填，无节制地掠夺自然，导致对自然生态环境的严重破坏，结果走向了人类发展目标的反面。如前所述，经济发展原本的目的是把原先无用的物质转变为有用的物质（产品），但现实中反而变成了将大量原本无害的物质变成了有毒有害的污染物。同理，经济发展原本的目的是把一些过去人类不能居住甚至难以到达的地方改变（建设）成人类可以到达并适宜居住的地方，但现在反倒因破坏了自然环境而使许多地方变成不宜生活的地方，居住环境恶化。这样，人类发展中就出现了所谓的"非理性的理性"现象：每个人所做的事情似乎都是理性的，大家都是为了追求财富，似乎都是理所应当。但是，所有人共同的行为所导致的结果却可能是很不理性的。一个人为了盖房子砍一棵树没有什么大影响，一些人为了烧饭上山砍一些柴火也影响不太大，但是，成千上万的人砍树、砍柴，那就会超过环境承载容量，严重破坏生态平衡。无数个体的理性行为的总和，导致了人类行为的整体非理性（也就是所谓的"合成谬误"）。这表明，在缺乏有效治理的市场经济条件下，出现了人类发展的本真迷失，即人类活动离开了发展的本意，走向了事与愿违的方向。

三、人类经济发展的本真复兴

正是在市场经济制度下人类发展所取得的巨大成就的时代，经济发展背离其本真性质的问题也越来越凸显。所以，人类发展需要进行第二次启蒙以实现其本真复兴。如前所述，人类的第一次启蒙，以两大思想因素（科学和理性）为实质特征，使人类从宗教和王权压抑的精神蒙昧中解放出来。而在经济领域，第一次思想启蒙所树立的理性，是工具主义的理性，即以最高效率无节制（最大化）地追求财富，追求无节制的物质主义消费，而不是本真意义上的人类理性。人类发展本真意义的理性是为实现人类价值目标的理性，而人类发展的本真价值是人类的生存、繁衍和幸福，是人的能力的充分实现。而经济价值——收入、利润和财富等，归根结底只是实现人类本真价值目标的工具和手段。所以，人类发展的本真复兴，实质上就是要在生产力高度发达的基础上实现工具理性与人类价值目标的契合。也就是要不失经济发展的本质目的，并以工具理性的可行性和有效性，来达成人类发展的本真价值目标，这才能使人类发展回归其本真理性的轨道。从这一意义上说，今天人类发展仍然处于"蒙昧"时代，尚未实现本真理性的主导，因而必须进行第二次启蒙，以实现其本真复兴。

人类发展的本真复兴，并不仅是对过去错误的幡然醒悟，因为，市场经济制度下的人类发展本真迷失，即目的与手段（工具）的颠倒，并非是一个纯然的主观误断，甚至算不上是"错误"，而是具有现实合理性的历史必然。也就是说，并不是人类过去愚蠢地"弄错了"，而是理智聪明地"不得不那样做"。即使到了今天，人类发展已经处于本真复兴的历史关节点上，要完成本真复兴过程，仍然不仅是一个认识维新，而且是一个历史性的实践变革过程。其根本原因是，当今的人类发展在整体上仍然处在工业化阶段，而且，从能源结构来看，基本上还处于化石能源时代。其必然表现是，从工具理性（经济效率）的角度来看，煤炭、石油等化石能源迄今为止仍然还是较经济、较安全、较容易开采使用的能源原料。所以，美国总统特朗普宣布美国退出关于气候变化的《巴黎协定》，其主要理由就是认为，如果实行《巴黎协定》的规定，美国就吃亏了，可以使用的资源不使用，还要导致美国减少数百万人的就业，而中国等发展中国家却占便宜了（为碳减排付出的代价太少）。这是一种完全基于利己的工具理性主义算计而做出的判断和决定。可见，自认为是世界"领导"国家的总统，尚且如此认识（其实并非总统的个人认识，而是代表着相当多人的认识和利益诉求），那么，确实表明了，处于当今时代，全人类确实需要一次再启蒙，需要拷问自己：什么是人类发展的真正理性？在面临本真复兴的人类发展大势中，市场经济的工具理性并未失去其现实性，那么，人类到底应该走怎样的发展道路？

关于启蒙运动中的第二个核心观念——科学，人类在今天的经济发展本真复兴中，也必须进行新的深刻思考。从一定意义上说，科学是人类认识和改造自然（以及人类社会本身）的工具。在可能性上，科学认识和改造世界的力量是具有无限性的。例如，我们可以说，只要科学技术充分发达，地球上所有的物体都可以是资源，而没有绝对无用的废物。甚至垃圾也可以是资源，城市生活垃圾因而可以成为"第二矿山"。这样，地球上的物质就无所谓无用之物，无论什么国土：江、河、湖、海、平原、高山、丘陵、丛林、沙漠、戈壁、冰川、极地，以及附着于广阔国土上的所有物质，无论处于怎样的形态，在科学进步的可能意义上，统统都是"资源"。既然这样，那么也就无所谓"消耗资源""破坏环境"了。而且，既然科学进步在可能性上是无限的，那么，其改造世界的能力在可能性上也是无限的。如此说来，人类就真的可以"战胜自然"了！但是，可能性只是假定时间无限条件下的一种推断，而在现实性上，即处于一定时间（时点和时期）中已获得或者能够获得的科学认识和科学成就，总是非常有限的，技术能力也是有限的。与宗教宣称自己（或上帝、真主）全知和全能不同，科学永远承认自己的无知和无能，即永远承认存在着人类认识水平和能力没有达到的广大以至无限的未知世界和宇宙。所以，科学精神的一个基本特征就是，承认无知、无能，即承认有科学现在做不到的事情，有科学目前尚没有认识的世界。因而，科学不是战胜自然，而是要敬畏自然。承认自然界的一些东西，人类认识不了（尚未认识），这才是科学精神的本性和"风度"。总之，任何时候都不能把科学设想为全知全能的上帝。科学公开声称自己有许多的"不知道""不了解"，未知的领域远远大于已知的领域，而且，今天所知道的，未来也可能甚至必然会被"证伪"。按照科学精神和思维逻辑，实际上，只有能被"证伪"的，才是科学的，科学中没有不可"证伪"的绝对真理天条。因此，从科学意义上说，人类发展中的第一次启蒙，并不具有绝对性和终极意义，发生第二次启蒙也是必然的。科学是不断进步的，技术是不断创新的。

人类发展的本真复兴，就是在市场经济高度发达的基础上，人类再次审视科学理性的根本价值目标。即人类从财富观的觉醒，升华为本真价值观的觉醒。市场经济的理性主义是经济价值（交换价值）主导的工具理性，而人类发展本真的理性主义则是人本价值主导的目的理性。人类进行物质生产活动，将自然物质转变为具有经济价值的物质财富，并进行财富囤积（积累），不应同人类发展的本真价值目标相悖。即使是以市场经济的方式进行生产活动，也不应改变这一人类活动的根本性质，这就叫"以人为本"，即经济发展必须以对人有实质裨益，对人的健康有利，使人居住环境适宜和生活愉快，为中轴原理和本真价值。

进一步的经济发展观念启蒙是：对于"以人为本"也不应作狭隘理解，即只要对人有利就可以不顾及其他一切，以为为了使地球成为人类的乐园，就可以不惜牺牲其他一切生命体的生存环境和条件。实际上，人类是自然的一部分，自然界是一个丰富多彩的物质世界和多样化的生态系统，人类只有在这样丰富多彩的物质世界和多样化的生态系统中，才能生生不息，健康生存和繁衍。所以，本真意义的以人为本，需要人与自然的和谐，使人类成为自然生态系统中负责任的良好成员，而不是目空一切的自私霸主。人类如果破坏了自然，使生态系统失去平衡与和谐，也就破坏了人类赖以生存繁衍的最基本条件，这就从根本上背离了以人为本的原则。

四、经济学面临的挑战和使命

应该承认，面临人类发展本真复兴的大势，现有的经济学是很不适应的。因为，现代经济学本质上是与资本主义市场经济制度下所发生的工业革命同时产生的。主流经济学的构架基本上是依功利主义的工具理性逻辑而建立和发展的。在现代经济学的视野下，人类经济活动被设想为如同机械运行那样的系统，追求最大化、最高效率、最优结构、最有效控制，以一般均衡作为理想参照系。在这个假设的经济系统中，经济学只可能计量现实中非常有限的因素，而将更多的因素"抽象掉"，并且总是在"假定其他因素不变"的前提下，进行少数可计量因素（变量、参数）之间关系的逻辑推演，由此推导出"结论"或"推断"，或者进行"预测"。而经济学所抽象出的变量和参数都是工具性的。因此，经济学是高度形式化的，直至抽象掉几乎所有的具体内容，而成为单纯的数量关系逻辑构架，因而有人称之为"第二数学"。

经济学是致力于"计算"的，但现实经济活动中的大多数现象却是难以精确计量的，即使可以计量，但由于必须采用各种计量单位和维度，也使之无法进行加总计算。例如，如果采用物理单位，所计量的粮食和钢铁的产量（比如以"吨"或"立方米"计量）如何加总计算和进行有意义的经济学比较？所以，经济计算中几乎所有的被计量对象都得用货币作为计算和加总单位。可以说，经济计量总是具有替代性的（计算对象的替代物，而不是对象本身），用一把尺子——货币代替其他一切计量单位。而且，即使这样，当进行实际计量时也会发生许多困难。所以，经济学家不得不对计量对象进行严格"定义"，并设定（认定）进行计量的现象环节或行为环节。比较可行而方便的方式是，只计量在交易过程中间发生的现象或行为。比如，当计量"消费"时，如果问：人吃饭是消费吗？从本真的意义上，吃饭当然是消费。但人们实际吃了多少食物如何准确计量呢？所以，在经济学的含义里，或者在经济理论的分析框架中，吃饭并不是经济学所关注的消费，甚至吃饭本身和经济学所关注消费是没有关系的。那么，什么是经济学所关注（或定义）的"消费"呢？比如，你用500元买了100斤大米，而用其中的1斤大米做成米饭吃掉了。那么，在经济学意义上，你是消费了1斤大米，还是100斤大米？是的，经济学认定的是消费了100斤大米，准确地说是消费了500元的大米。为什么这样呢？就是因为经济学关注和统计的主要是在交易过程（环节）中发生的行为和现象，而且，都将其统计为"流量"（当然有时候也需要关注和统计"存量"，但那会遇到许多很复杂的问题，例如如何对存量进行估值？）。可见，经济学所关注的消费，并不是实际吃了多少，而是在市场上买了多少斤米，支出了多少钱。在我们的例子中，消费的经济计量意义不是1斤或100斤，而是"500元"。所以，在这里，吃饭行为与消费没有关系，同消费有关的是"购买"行为，即只要你买了多少（花费了多少钱），就认定你消费了多少。这就是经济学的工具主义特点。同样，如果你买了10件衣服，或者5

件工具，无论你穿了几件，是否使用了了工具，都无所谓，重要的是，你购买了，花了多少钱，就计算为消费了多少物品。不仅消费是这样计算，投资也是这样定义和计算。例如，盖房子是投资，盖一座房子，创造了 GDP；如果把这个房子拆了，拆的过程也产生 GDP；然后在原地再盖一座房子，又创造了 GDP。原因是盖房子、拆房子、再盖房子都产生了现金流，即都支出货币进行了"购买"。因此，在经济学意义上，消费和投资活动被关注的都是其"购买"环节。购买也就是经济学所定义的（有效）"需求"。其实，经济学所定义的需求也总是对应于供给的，因为，道理很简单，"购买"一定对应于"出售"（一方购买必有另一方出售），而出售在经济学中就被定义为供给（出售者就是供应方）。① 这样，我们就可以理解，为什么尽管 GDP 是重要的，但如果将追求 GDP 作为唯一目标，经济活动就会失去本真理性？人类发展如果被经济学的工具理性完全牵着鼻子走，失去本真价值的目标方向，就会背离它的本真意义，走进一个极端放任的功利主义的世界，跟人类要追求的本真目标相悖。这就是经济学的工具理性主义所面临的一个真实世界的挑战。

经济学所面临的另一个真实世界挑战是：如何更真实地刻画真实世界，计算那些对人类发展非常重要、但又难以用货币进行计量和计算的因素？例如，如何计量和计算自然资源？如何计量和计算环境质量，空气、土壤、水的清洁程度的经济价值？习近平总书记说："绿水青山就是金山银山"，道理似乎并不深奥，但经济学如何处置？理论依据和逻辑基础是什么？能否建立可行的经济计算方法？可见，当人类发展进入本质复兴时代，经济学的主体分析框架表现出很大的不适应性。很多非常重要、不可忽视的东西，在经济学目前的主体分析框架里放不进去，无法计量，也就难以比较鉴别，因而就很容易被忽视。人类发展到当前阶段，市场经济仍然兴盛，经济成就堪称辉煌，但迷失本真的代价也越来越难以容忍。所以，面临真实世界和真实问题的挑战，经济学本身也要复兴，也必须创新变革。

经济学面临挑战的基本问题仍然是目的与工具（手段）的关系。经济学通常假定或认定其为"公理"而无须证明的是：人总是确定自己的目的并选择一定的手段来努力达到目标（奥地利学派的经济学家深刻讨论了这一经济学的行为假定）。如果人分不清目的和手段，那是不可思议的。奥地利著名经济学家路德

---

① 金碚：《基于价值论与供求论范式的供给侧结构性改革研析》，《中国工业经济》2017 年第 4 期。

维希·米塞斯说："我们无法想象，一个行动着的人不能具体区分什么是目的和什么是手段，什么是成功和什么是失败，什么是他喜欢的和什么是他付出的所谓成本。当然，在领会这些事物时，他可能会对各种外部和物质在他的行动过程中起的作用做出错误的判断。"① 尽管他反对经济学以"经济人"假定为逻辑基础，认为"经济人被认为是完全自私自利、无所不知的，一心想要积累更多的财富"这样的理论是"荒诞"的，他还是认定，"人们在行动中力求达到的具体目标是很不一样的，而且是不断变化的。但是，所有行动都无一例外地受一个动机的驱动，那就是，用更加适合于行动者的状态取代没有采取行动时的状态"。②

但是，如前所述，尽管人可以是理性的，但并不因此而能够确凿地断定人类总是能分清自己的目的和手段的。尽管如果仅仅说"动机"的话，也许如米塞斯所说的"用更加适合于行动者的状态取代没有采取行动时的状态"，可以被认为基本可信，但这种动机未必是能够实现的，而且，他也承认人可能"做出错误的判断"。如前所述，市场经济的基本特征之一恰恰就是人的行为目的和手段（工具）的颠倒。即使处于"用更加适合于行动者的状态取代没有采取行动时的状态"的愿望，也往往是事与愿违的，甚至这样的动机和愿望也是常常被违背的。人"做出错误的判断"可能是经常性的，而不仅是一时失误。例如，人类活动破坏生态环境，就是证据。现实中的关系颠倒和事与愿违，体现在了经济学中。因此，以市场经济为观察对象的当代经济学也在很大程度上就是以这样的颠倒为基础的，经济学所描绘的"最优状态"和"福利最大化"状态，体现在现实中也很可能是关系颠倒或事与愿违的。例如，人们将赚最多的"钱"为目标，以"赚钱"的最大化作为福利最大化的标志，以为钱越多越幸福，而忽视了空气、水源、阳光、景色等，无法将此计入量化的"福利"之中，更难以估价并成为可交易之物。可以说，在市场经济的现实背景下，经济学内在地含有马克思所指出的"商品拜物教""货币拜物教"和人类的"异化""基因"。如果人类不能驾驭市场经济（资本、金融、竞争秩序），那么，这样的"基因"就可能恶性化；而人类如果能够完善市场制度和其治理体系，市场经济的活力基因就可以保持良性化。何去何从，就取决于人类能否实现经济发展的本真复兴。

就经济发展与环境保护的关系而言，人类经济发展本真复兴的一个重要表现

---

① ［奥］路德维希·米塞斯：《经济科学的最终基础》，朱泱译，商务印书馆2015年版，第13页。
② 同①，第89页。

就是要走绿色发展的道路。那么，经济学怎样看待绿色发展？对绿色发展如何计量？关键的问题是，如果能够计量绿色发展，那么，这种计量和计算方式同现实的经济运行及利益机制在机理上是一致的吗？也就是说，走绿色发展道路，在现实的经济利益上也是合算的吗？如果所有人可以认同绿色发展符合人类发展的本真价值，那么，其与现实经济的利益关系会如何呢？我们可以再次提及这个典型事例：基于现实利益机制上的计量和计算，美国总统特朗普决定美国退出关于气候变化的《巴黎协定》，也许是有其基于自私利益的一定道理，因为，美国人加入《巴黎协定》可能减少就业，特别是损失了从事化石能源产业（搞煤的、搞油的、搞气的）的利益，他们的收入因减少碳排放的强制性要求而有所减少。也就是说，为绿色发展而付出代价或减少收入的人并没有获得相应的利益补偿，而一些人为此而付出的代价所获得的这种本真性利益却是全人类共享的。其实，每一个国家都存在这样的问题。只不过，美国（特朗普总统）这次表现得更加"小气"、"私利"和"短视"。而其所反映的现实问题和利益关系却也是实实在在的。在这里，工具理性同本真理性间的差别尖锐地体现为现实经济中的利益矛盾。如果不能形成工具理性与本真理性间的激励相容机制，体现了人类经济发展本真复兴的绿色发展（低碳发展）就会困难重重。通俗地说，人们纠结于：环境质量更高能实现为经济收入的增长吗？绿水青山如何现实地变为（具体个人或利益单元的）金山银山呢？绿水青山如何才能现实地换取或以其他什么方式获取（以货币计算的）经济利益？即首先是经济学如何进行计算？然后是这种经济学计算如何在经济利益机制上得以实现？这是人类发展和各国发展都遇到的一个重大而尖锐的问题，也是经济学所面临的一个亟待研究解决的难题。

五、结 语

在市场经济制度下，形象地说，基于商品经济的二重性，当前的人类发展，尤其是各国的经济发展如同一个两轮结构，体现为工具理性与价值目标的纠缠关系。如何构建一套体制机制和有效治理体系，使这两个轮子密切契合，协同运转，相互促进，形成强劲合力，是实现人类经济发展本真复兴的根本性问题。市场经济中的几乎每一个变量，都深切地体现着这一问题。例如，最常用的概念指标国内生产总值 GDP，就是一个以货币单位计算的使用价值总量。① 在现实中，基于工具理性原则，"赚钱""创收"成为各经济主体甚至包括政府部门的行为目标，"以 GDP 论英雄"。当然，没有 GDP 是不行的，因为没有 GDP 就没有就业、没有盈利、没有税收，所以，GDP 增长是很重要的。但 GDP 毕竟只是一个工具理性指标。尽管企业必须追求利润，人要追求收入财产，社会要积累财富，政府必须关注 GDP，但有了收入，有了财产，有了利润，有了 GDP，人类生活就真的更好了吗？一定就能生活在一个宜居的环境中了吗？如果 GDP 增长并没有达到这两个目的，使大多数生活得更健康、舒适、安全，那么，人类一味追求 GDP 的行为就陷入迷途。现在，我们讨论绿色发展、包容性发展，归根结底就是要解决工具理性和本真价值"两个轮子"契合协同的问题。现实的困难在于：人类发展当前仍然处于工业化时期，仍然是市场经济主导的时代，而且，在技术特征上，仍然还是一个化石能源为主的世界。在这样的时候，怎么能够前瞻性地考虑人类发展的现在和未来？让经济发展的道路、模式、理念更自觉地体现其本真性，这就是现代市场经济必须经历的第二次启蒙运动的伟大使命，它将昭示人类发展的可持续增长前景和本真价值的真正复兴。人类如何才能现实地应对当前挑战和前瞻性地考虑世界的未来？经济科学对此应该做出积极贡献，肩负起推动经济发展本真复兴的历史使命。

[参考文献]

[1] 金碚：《基于价值论与供求论范式的供给侧结构性改革研析》，《中国工业经济》2017 年第 4 期。

[2] 金碚：《马克思劳动价值论的现实意义及理论启示》，《中国工业经济》2016 年第 6 期。

[3] [美] 大卫·哈维：《资本社会的 17 个矛盾》，许瑞宋译，中信出版集团 2016 年版。

[4] [奥] 路德维希·米塞斯：《经济科学的最终基础》，朱泱译，商务印书馆 2015 年版。

（原文发表于《城市与环境研究》2017 年第 3 期，有改动。）

---

① 金碚：《马克思劳动价值论的现实意义及理论启示》，《中国工业经济》2016 年第 6 期。

关于"高质量发展"的经济学研究

习近平总书记在中国共产党第十九次全国代表大会上所做的《决胜全面建成小康社会，夺取新时代中国特色社会主义伟大胜利》报告中指出："我国经济已由高速增长阶段转向高质量发展阶段，正处在转变发展方式、优化经济结构、转换增长动力的攻关期，建设现代化经济体系是跨越关口的迫切要求和我国发展的战略目标。"① 在经济学的理论意义上，"高速增长"是一个比较容易理解的概念，统计上也较容易把握和核算（尽管也有不少技术难点）。而关于"高质量发展"，则是一个看似简单却不易把握的概念，如何进行"高质量发展"的统计核算更是一个崭新的复杂课题。本文试图从经济学的基础理论上讨论高质量发展的含义及其相关理论问题。

一、"高质量"的经济学性质

将"高质量"作为一个核心概念置于重大政策意涵表达之中，是对经济学的一个挑战。在现代经济学的学术主体框架中，"质量"基本上是一个被"抽象"掉的因素，一般将其归于"假定不变"的因素中，或者以价格来替代之，即假定较高价格产品的质量高于较低价格产品的质量，即所谓"优质优价"，我们可以称之为"质—价"对称性假定。但是，如果质量因素体现在生产效率或规模效益上，即发生工业化产生中普遍的"物美价廉"或"优质平价"现象，

---

① 《习近平在中国共产党第十九次全国代表大会上的报告》，《人民日报》2017 年 10 月 28 日。

特别是当大规模生产和供应导致"大众消费"时，如何判断和分析经济活动及产品质量的经济学性质，往往成为理论经济学尽可能回避的经济关系。例如，作为高技术产品，今天智能手机的价格大大低于过去的手提电话"大哥大"价格，而前者的性能和质量显然不是后者能够与之相比的，此时，产品质量与价格之间不仅没有正相关性，反而是负相关的，价格完全无法显示产品的质量水平，即完全不存在"质—价"对称性。这一现象在工业革命之后的工业化时代实际上是普遍发生的，技术进步和创新也使这一现象普遍存在。但经济学对其似乎视而不见，而只是假定在一定时点上，质量高的产品具有比质量低的产品更高的附加价值，静态地建构质量与价格之间的对称关系。

产生这一现象的根本原因是，自马克思将古典经济学推向理论高峰后，经济学知难而退，关于商品二重性的理论路线在后来的经济学发展过程中向一元化方向的并轨，即走向了将商品使用价值并入交换价值的路线，而且倾向于以供求关系分析完全取代价值理论，例如认定产品的边际效用决定其价值，边际成本和边际收益决定其价格，以此作为经济学的底层逻辑基础。这样，经济学发展和逻辑体系演进就可以走向易于用数学方法进行刻画和分析的方向。经济学研究方法的数理模型化倾向，使得经济学对复杂的质量因素避之不及，经济学研究的抽象方法尽可能避开了具有很强具象性特征的质量问题。按此方向发展，经济学似乎变得越来越"纯粹""精确"和"精致"了，所有的经济关系都抽象为数量关系，唯一重要的计量单位是"价格"（包括工资、利率等要素价格），所有的经济变量都转换为以货币单位计量的个量或加总量。这样，同使用价值相关的所有变量都有意无意地被"抽象"而归之为交换价值量，也就不再可能有质量含义。所以，经济学甚至被称为"第二数学"，几乎所有的经济关系都可以由数学来表达，而且认为只有用数学方式表达和刻画的经济关系才是含义最明晰和定性最精准的变量及其相互间关系。为此，对于现实经济中存在的质量因素（即具象的使用价值特征），只能采取两种方式来处理：第一种方式，将不同质量的同一种产品定义为不同的产品，即只有质量相同的产品算作同一种产品，这样，分析产品供求关系时就不存在质量差异和计量困难了。第二种方式，将产品的差异包括质量差异都归之为"垄断"性因素，实际上仍然是将质量不同的产品定义为不具性能（质量）替代性的产品，正因为这样，质量不同的产品也就相当于不同产品或不具充分替代性的同类产品。正因为这样，对于产品质量，进而对于以此为基础的经济发展质量问题，经济学家往往是语焉不详，含糊其辞，不愿深入讨论。其根本原因就是由于现代主流经济学缺乏研究质量因素和质量现象的学理基础，以及以此为依据的分析工具。

经济学家们当然不是不知道，生产的最终目的是为了满足人的实际生活需要，即获得有用产品，而所谓"有用产品"实际上包含着强烈的具象性质量特性。但是，生产的最终目的并非就一定是经济行为的直接目的。而且，如果人们仅仅是生产自己使用的产品，也就是将生产的最终目的完全同化为生产的直接目的，那么，生产力反而会受到极大限制，因为这样的自给自足的自然经济实际上就否定了社会分工的可能性。因而人类社会必然走向以分工为基础的交换经济（市场经济），产品成为商品，即为交换而生产的产品。这样，各个生产者的生产目的就从为自己提供使用价值，转变为以向别人提供使用价值为代价，而获得对方提供给己方的使用价值。此时，产品使用价值所体现的质量合意性，就从关注自己消费的产品的质量合意性，变为关注交换对方能否认可和接受产品的使用价值质量。亚当·斯密说："不论是谁，如果他要与旁人做买卖，他首先就要这样提议。请给我以我所要的东西吧，同时，你也可以获得你所要的东西：这句话是交易的通义。我们所需要的相互帮忙，大部分是依照这个方法取得的。我们每天所需要的食料和饮料，不是出自屠夫、酿酒家或者烙面师的恩惠，而是出于他们自利的打算。"① 这样，生产者的"自利"动机就不是产品对自己有用，而是可以获得别人提供的交换物的有用性。这是人类生产活动的质量关注性的具有关键意义的关系"反转"现象，即由于交换关系的普遍化，产生了交换价值，并开始取代使用价值的地位。而当货币成为交换价值的全权代表时，使用价值就日益落入弱势地位。而使用价值之根——质量——也就退居次位，甚至被严重忽视。

当然，这不是说经济学家不知道人的实际动机并非仅仅为了自利，他们完全知道人的行为动机总是很复杂的。英国经济学家马歇尔承认："当我们说到一个人的活动的动机，是为他能赚得的金钱所激发时，这并不是说，在他的心目中除了唯利是图的念头之外，就没有其他考虑了。"但是，他也明确地说，"经济学一方面是一门研究财富的科学；另一方面，也是研究人类在社会中的活动的社会科学的一部分，这一部分是研究人类满足欲望的种种努力，然只以这种努力和欲

---

① ［英］亚当·斯密：《国民财富的性质和原因的研究》（上卷），郭大力、王亚楠译，商务印书馆1983年版，第13—14页。

望能用财富或它的一般代表物——即货币——来衡量为限。"虽然他也承认"货币从来不是衡量这种动力的完美的尺度"，但仍然认为，"如果谨慎小心的话，货币便可成为形成人类生活的大部分动机的动力之相当好的尺度。"① 可见，经济学家是"睁一只眼闭一只眼"的，经济学所进行的"抽象"和"假设"，只研究以货币可以衡量的现象和关系为限。这种独眼看世界的方法是相当"冒险"的，弄不好就可能走上歧途。因此，马歇尔指出，经济学千万不能忘记两个假设条件："第一，假定其他情况不变；第二，这些原因能够不受阻碍地产生某些结果。"并指出："亚当·斯密和许多往代的经济学作家，依照谈话的习惯，省掉了假设的语句，因而获得表面上的简捷。但这样却使他们不断地为人误解，并在无益的争论中引起了许多时间上的浪费和麻烦；他们获得了表面上的安心，却是得不偿失。"② 也就是说，经济学一方面要尽可能"抽象掉"使用价值因素，另一方面又不可无视使用价值。使用价值必须要留在经济学家心中，但经济学对如何处理使用价值又无从下手。如果引入使用价值及其质量因素，经济学会显得很"笨拙"，不精确，就好像是持枪射击，闭上一只眼比睁着两只眼似乎可以瞄得更准；而如果无视使用价值及其质量因素，经济学就如同丢掉了自己的根基。这是经济学自始至今的一个"命门"性难题。

因此，研究高质量发展问题，有必要再回到马克思的商品二重性那里，看看这一问题的理论根基究竟是怎样的？关于商品价值理论的研究从古典经济学到马克思的劳动价值理论，一直基于二重性的方法论，即认定商品具有使用价值和交换价值的二重性，对两者的关注和关切都不可偏废。在经济活动的本真意义上，人类从事生产活动，归根结底当然是为了获得使用价值，以满足人的真实需要。这是一个再朴素不过的常识性事实。而随着真实需要的不断提升和生产能力的相应提高，产品的使用价值性能也不断提升，这也是经济活动的原初本真性。在这个根本问题上，马克思始终保持学术定力，将商品二重性理论置于经济学逻辑基底，并始终坚持，使之成为贯彻和决定整个学术体系的"基因"。按照他的逻辑，交换成为普遍现象，特别是发展为以货币为媒介的市场经济时，商品的二重性就显著对立了，而且形成独立的供需双方：提供有用产品的一方为供给方，付出货币的一方为需求方。供给方的直接目的是获得代表交换价值量的货币，而需

---

① ［英］马歇尔：《经济学原理》（上卷），朱志泰译，商务印书馆1983年版，第43、59、69页。

② 同①，第56－57页。

求方的直接目的则是获得具有使用价值的有用产品。而且，参与交换的主体都会递次居于供方和需方的地位，以达成获取使用价值的最终目的。这就是马克思以符号形式 W－G－W 所定义的简单商品交换关系和简单商品经济。此时，产品的使用价值质量关注方虽然发生了反转，但双方的最终目的仍然是获得使用价值。而进一步的实质性变化是，从简单商品交换经济演变为资本主义市场经济，生产和交换的目的再次反转，即成为 G－W－G′。此时，交换的目的不再是获得使用价值，而是为了交换价值即货币的增殖。此时，商品的使用价值及其质量的重要性"退居二线"并间接化了，即只是在能够有助于或者不妨碍交换经济即货币量增殖的前提下，使用价值及其质量特性才是重要的。极而言之，如果有可能采取完全不涉及使用价值及其质量的方式，就可以获得更多的交换价值即实现货币量增殖，那不是更好吗？货币如果能够自行增殖，岂不是求之不得的"高招"和"捷径"！这就是所谓"虚拟经济"的逻辑。也就是说，在经济活动和经济发展的原本意义上，使用价值是生产目的，交换价值即货币是手段，而现在却反转为：使用价值及其质量不过是手段，获得更多交换价值即货币才是目的。而如果能够不要（或省略）使用价值及其质量特性这个手段或工具，也能达到了货币增殖的目的，那么，使用价值及其质量特性就完全可以被"忽略"了。[①]

当然，在此情形下，使用价值及其质量特性也并非完全无关紧要，因为，在市场经济条件下，虚拟经济归根结底是受实体经济所决定的，实体经济的供求关系是竞争性的，只有当产品的质量能够满足真实需要，才会有更多买家，只有当买方愿意购买时，卖方才可能获得货币，即实现商品的交换价值。这一情况可以称为交换对质量的合意性要求，即必须能够满足购买者对于使用价值质量的需要，否则使用价值就发挥不了获取交换价值的功能。更重要的是，通常情况下，生产和提供产品的供给者众多，卖方的产品交换价值要得以实现，必须要有更具优势的性价比，才能在竞争中战胜对手完成交易过程，这可以称为质量的竞争力，即同竞争对手相比较的质量优势。很显然，质量合意性决定质量竞争力。质量竞争力决定产品的价值实现。

从关于商品质量的上述含义来看，所谓商品质量首先当然关系产品的物质技术性质，一般来说物质技术性能越高产品质量也越高，其质量合意性和竞争力也越强。但经济学所定义或关注的商品质量也绝不仅关系产品的物质技术性质。在

---

① 金碚：《基于价值论与供求论范式的供给侧结构性改革研析》，《中国工业经济》2017 年第 4 期。

经济学意义上，产品质量是相对于满足人的实际需要而言的，如果没有人的实际需要，就无所谓产品质量。如果物质技术特性超过实际需要并且导致更高的生产成本和产品价格，则被认为是"质量多余"，例如，如果以高成本方式生产能够穿100年而不损坏的鞋，就是不经济的行为，属于质量多余，而并非经济学意义上的高质量。

总之，从经济学的基础理论看，所谓质量，是指产品能够满足实际需要的使用价值特性，而在竞争性领域，所谓质量，同时还是指具有更高性价比因而能更有效满足需要的质量合意性和竞争力特性。需要强调的是，所谓"需要"是很复杂的，特别是随着经济发展和社会进步，"需要"也是不断增进变化的。所以，当我们将这一理解推演到高质量发展的概念时，就赋予了其很强的动态性，在其基本的经济学意义上可以表述为：高质量发展是能够更好满足人民不断增长的真实需要的经济发展方式、结构和动力状态。

二、从高速增长转向高质量发展的理论含义

如上所述，当我们讨论增长和发展的质量时，这一概念就具有了强烈的动态含义。现实经济活动总是在一定的时间期限内进行的，作为一个连续推进的过程，社会经济发展是有阶段性的。在不同的历史阶段，经济增长和发展的方式和状态是不同的。也就是说，不同的发展阶段是以其不同的质态相区别的。中国改革开放以来，国民经济实现了高速增长，数量和规模的快速扩张是其最突出特征。进入新时代，这样的高速增长完成了其历史使命，中国经济将转向高质量发展阶段。那么，从经济学的基础理论上分析，高速增长与高质量发展的质态有何异同？两者之间的内在关系又如何呢？

从根本上说，无论是高速增长还是高质量发展，其本质含义首先都是社会所生产和消费的有用产品的增加，也就是说，其经济学含义都是使用价值量的增加，更多的使用价值满足人民日益增长的需要。交换价值并无使用价值，从根本上说不是理性追求的目的，而只是获得使用价值的手段或工具。但是，由于各种不同产品的使用价值难以进行一致性计量和加总，所以经济学研究中不得不以货币作为一致性计量的核算单位。例如，GDP 及其增长的真实含义是一国（或地

区）所生产的各种各样的产品和服务总量及其增长，从本质上说是一个以货币单位核算的使用价值量及其增长，也就是说，GDP 的实质是一个使用价值量，但不得不以交换价值（货币）量来刻画和表达。从技术上说，进行这样的替代，是假定产品使用价值与交换价值具有量的正相关性，所以，交换价值量可以在很大程度上反映使用价值量（我们可以称之为"量—质对称"）。当然，由于真正想要计量的是使用价值量而不是交换价值量，所以，核算统计中往往采用的是"不变价格"以至"购买力平价"这类非现价统计指标，以尽可能剔除交换价值变动（名义价格变动）或国际差异（各国货币实际购买力因货币汇率而发生的偏差）所导致的对使用价值真实量的计量偏离。①

除了高速增长与高质量增长的上述本质相关性之外，两者的差异也是明显的。在高速增长阶段，一方面，主要专注的是经济产出即产品和服务的供给量不足上。当时中国经济供给侧的基本特征是"落后的生产力"。为了摆脱落后，必须加快增长。另一方面，市场经济的工具理性发挥了强劲的力量，表现为经济关系中的工具性目标，收入、利润、GDP 等，成为社会追求的最重要目标。在这一发展阶段，整个国家表现为亢奋的物质主义价值观倾向，而且对物质成就的追求很大程度上具有或趋向于对货币的强烈欲望。特别要指出的是，由于现代经济的货币体系以信用货币为主体，所以，亢奋的物质主义价值观念和行为倾向往往蜕变为非理性地追求货币数字的疯狂游戏，导致产生所谓"非理性繁荣"和"泡沫"现象。不过，我们绝不要诅咒，而要看到，那毕竟是一个取得了巨大经济发展成就的时代，整个社会和国家由此而实实在在地进步了、富裕了、强盛了。40年来，中国经济总量大幅度扩张，GDP 从占世界不足 5%，迅速提升为 15% 以上，并且将继续增长，按（以汇率计算的）GDP 总量衡量，中国已经成为世界第二大经济体，并且毫无悬念地将在不长的时期内超过美国，成为世界第一大经济体。而如果按购买力平价衡量，据一些国际机构计算，中国的经济总量规模已经超过了美国。中国人的形象从"穷人"变成了"有钱人"，在世界各国眼中，今天的中国"真有钱"！但是，不能忘记"钱"的性质是什么？也不能将"有钱"同经济发达画等号。

当度过了这个令人兴奋的高速度增长阶段，取得了巨大成就后，其内在的矛盾和问题也积累和日益显现出来。十多年前，人们就开始认识到中国经济发展存

---

①　金碚：《马克思劳动价值论的现实意义及理论启示》，《中国工业经济》2016 年第 6 期。

在"不平衡、不协调、不可持续"的突出问题。习近平总书记在党的十九大报告中又进一步指出："中国所存在的不足主要是：发展不平衡不充分的一些突出问题尚未解决，发展质量和效益还不高，创新能力不够强，实体经济水平有待提高，生态环境保护任重道远；民生领域还有不少短板，脱贫攻坚任务艰巨，城乡区域发展和收入分配差距依然较大，群众在就业、教育、医疗、居住、养老等方面面临不少难题；社会文明水平尚需提高；社会矛盾和问题交织叠加，全面依法治国任务依然繁重，国家治理体系和治理能力有待加强；意识形态领域斗争依然复杂，国家安全面临新情况；一些改革部署和重大政策措施需要进一步落实；党的建设方面还存在不少薄弱环节。"这表明：我国社会主要矛盾已经转化为人民日益增长的美好生活需要和不平衡不充分的发展之间的矛盾。① 此时，人们不禁产生新的困惑：为了经济高速增长，我们付出了很大代价，产生了许多矛盾，"这就是我们所需要的经济增长吗"？我们是否因疯狂追求物质财富甚至是虚拟的货币数字，而失去了经济发展的本真目标了？高速增长完全等同于实实在在地实现了经济发展的目的吗？

简言之，当经济增长的量的不足即"落后"问题基本解决后，经济发展质量的问题凸显出来。而经济发展质量不高主要体现在真实经济的结构上。而所谓经济结构，从经济理论上看实际上就是产品及其生产过程的使用价值层面，即供给侧现象。当然，需求侧也有结构性问题，而真实需求的结构问题实际上也是与使用价值相关的现象，即对质量的要求。

因此，从市场经济的商品二重性角度观察，高速增长转向高质量发展，就是经济运行的目标和动力机制从主要侧重于以交换经济（货币单位）计算的产品总量增加，转向更加注重产品和经济活动的使用价值及其质量合意性。当然，这也绝不是说，转向高质量发展阶段，交换价值就不重要了。以交换价值所体现的市场经济的工具理性机制仍然具有重要意义，还将发挥重要作用。收入、利润、财富、GDP等仍然是重要指标，关系到经济是否或能否有效运行并取得进步。但是，进入高质量发展新时代，体现经济发展的本真性质，即对满足人民日益增长的美好生活需要的使用价值面即供给侧的关注，将变得尤为重要，受到更大关切。

正是由于上述客观现实变化，笔者曾经撰文指出：中国经济已经进入了本真

---

① 《习近平在中国共产党第十九次全国代表大会上的报告》，《人民日报》2017年10月28日。

复兴时代。"人类发展的本真复兴，实质上就是要在生产力高度发达的基础上实现工具理性与人类价值目标的契合。也就是要不失经济发展的本质目的，并以工具理性的可行性和有效性，来达成人类发展的本真价值目标，这才能使人类发展回归其本真理性的轨道。从这一意义上说，今天人类发展仍然处于'蒙昧'时代，尚未实现本真理性的主导，因而必须进行第二次启蒙，以实现其本真复兴。"① 如果我们说在政治上要"不忘初心，牢记使命"，那么在经济上则要"不失本真，勿忘质量"。也就是说，当中国历经百年奋斗，终于甩掉了"落后的生产力"帽子，进入生产力已有很大提高的新时代，经济发展的本真性将越来越多地体现在使用价值侧的不断进步，即经济状态的质量面的日益改善。这也就是经济工作要转向以供给侧结构性改革为主线的根本原因。

三、新时代经济发展的新质态

现代经济学起源于 18 世纪的启蒙时代，工业革命是其现实背景。因此，经济学的发展沿着工具理性主导的方向发展，并且很大程度上基于物理学的隐喻，把经济活动设想为"机器"。于是，均衡、最优化、最大化、控制、调节等范畴概念和分析方法成为经济学的主要思维工具。如诺贝尔经济学奖获得者美国经济学家理查德·泰勒所说，主流经济学的逻辑可以简单表述为："最优化 + 均衡 = 经济学"②。沿着这一方向，并且力图将更复杂的数学方法引入经济学，以体现经济学的"高深"和"精尖"，因而，经济学的形式显得越来越"精致""优美"，同时，却越来越远离复杂现实，失去其本真的研究对象。导致一个奇特现象：越高深的经济分析似乎越是同真实世界无关，经济学的优美性似乎就是其自身推理逻辑的自洽性。这样，经济学似乎具有了"浅碟"性特征：精致华美的碟盘中盛不了多少实物。高级化的理论和精致的模型，并不能很好解释现实，特别是难以预测可能发生的重大变化，例如经济危机的爆发。这突出地体现为：应对"量"的问题，经济学似乎可以信心十足地进行得心应手的分析和判断，而

① 金碚：《论经济发展的本真复兴》，《城市与环境研究》2017 年第 3 期。
② ［美］理查德·泰勒：《"错误"的行为》，王晋译，中信出版集团 2016 年版，第 6 页。

一旦面对"质"的问题，经济学就表现出力不从心的窘迫。特别是，当社会经济的"质态"发生了重大变化，在过去社会的"质态"条件下形成的经济学分析方法无论如何精致高级，也难以适应具有新质态的新时代。关键还在于：现在我们所面对的主要不是一般意义上的经济发展质量问题，而是在中国特色社会主义新时代条件下的经济发展质量问题。因此，在我们的经济学"碟盘"中，需要放入这个新时代的新质态因素及其导致的新现象和新关系，并能对其进行分析研究和获得可信结论。

关于经济发展的研究，美国经济学家约瑟夫·熊彼特做出过重要贡献，他提出的创新理论产生了深远的学术影响，现在，凡提及创新和企业家，经济学家几乎是言必称熊彼特。不过，从熊彼特的那本著名著作《经济发展理论——对利润、资本、信贷、利息和经济周期的考察》的书名中就可以看到，他主要关注的仍然是交换价值即货币侧的现象，而使用价值即供给侧的因素是处于从属地位的。不过，熊彼特在理念上是关注经济发展的质态变化的，他说："我们所意指的发展是一种特殊的现象，同我们在循环流转中或走向均衡的趋势中可能观察到的完全不同。它是流转渠道中的自发的和间断的变化，是对均衡的干扰，它永远在改变和替代以前存在的均衡状态。我们的发展理论，只不过是对这种现象和伴随它的过程的论述。"[①] 按照这样的思路，熊彼特实际上涉及了经济发展的质态变化现象问题，并将其抽象为经济循环中发生了各种要素"新的组合"现象，而引入新因素"实现新组合"也就是他所定义的企业家"创新"和经济发展质态变化的"动态"过程。当然，熊彼特并没有将经济发展的质态变化推展到"时代"的质态变化现象。这是今天的经济学家特别是中国经济学家所面临的研究课题。

基于以上讨论，我们可以将"高速增长"和"高质量发展"作为区别两个发展阶段的不同质态的概念表达，那么，新时代的中国经济质态发生了怎样的新变化？经济学能够以什么方法和工具来对其进行观察、研究和判断呢？

同过去40年相比，中国经济的质态变化是显著的：从低收入变为中等收入、从生产力落后的贫穷国家变为世界第二大经济体、从 GDP 增长目标最重要变为实现平衡和充分发展更重要、从全力追求"金山银山"变为更要有"绿水青山"

---

① ［美］约瑟夫·熊彼特：《经济发展理论——对利润、资本、信贷、利息和经济周期的考察》，何畏、易家详等译，商务印书馆 1991 年版，第 72 页。

等。这样的基本质态变化，将导致发展观的实质性转变：过去的时代精神是"宁可少活 20 年，也要拿下大油田"，人们赞美和欢呼工厂烟囱冒出的黑烟如同美丽的"水墨画大牡丹"。而新时代的新发展理念则是：创新、协调、绿色、开放、共享。

在市场经济中，主要生产活动的重要经济性质确实是交换性的，即大多数人的行为是以获得更多的交换价值（收入、利润）作为目的，以此才能获得消费（索取消费品）的权利，因此，消费是权属性的，即人们只能消费属于自己的产品。其实，现实情况比上述理论逻辑要复杂得多。生产不仅具有交换性，因而以市场价格调节市场活动，而且，生产也需要外部条件（例如基础设施）支持，还会产生正面的或负面的经济外部性。同时，真实消费（使用价值的享用）也不仅是权属性的，即只有拥有产权才能消费，而且存在共享性消费，即不拥有产权也可以消费。只不过在过去时代，非交换性生产活动和非权属性消费（共享）并不具有实质性的重要意义，所以在经济学的一般理论分析框架中可以"抽象掉"。而进入新时代，经济质态发生了巨大变化，生产和消费的经济学性质具有了显著的新特征。所以，今天的生产和消费的社会质态特征和质量要求标准同过去也必然大不相同，因而其理论解释和表述也必须深化和改变。

正因为市场经济中，绝大多数生产活动是为交换而进行的，生产者是为向他人提供使用价值而进行劳动，其目的是获得更多的交换价值（货币），而交换价值（货币）本身并不具有使用价值，所以，这样的生产方式，实际上是生产活动目的与手段的角色反转。虽然这样的机制能够为社会生产注入经济增长的强劲动力，但正如美国著名学者大卫·哈维所说，那是一个交换价值是主人、使用价值是奴隶的机制。[①] 而当人类社会进入一定的发展阶段，经济发展的本真性质必会凸显其最终的决定性，即在新的发展阶段上实现本真复兴。根本上说就是"享用"的崛起，是"享用"对于"交换"的"平权运动"。[②] 在这一意义上，即从经济学的价值论上说，新时代是本真理性渐居主导地位的时代（或本真复兴的时代），必有发展理念的深刻变化，以适应和体现时代质态的演变趋势。经济发展的本真理性实质上就是以追求一定经济质态条件下的更高质量目标为动机。

进入新的发展阶段，由于经济质态的变化，发展的质量要求也会改变（提

---

① ［美］大卫·哈维：《资本社会的 17 个矛盾》，许瑞宋译，中信出版集团 2016 年版，第 58 页。

② 金碚：《本真价值理性时代的区域经济学使命》，《区域经济评论》2018 年第 1 期。

高），高质量发展所涉及的基本因素与以往时代也不尽相同，即发展的政策目标以及各目标的优先次序将有很大改变。基于过去的社会经济质态或发展阶段，当时主要强调"市场经济是交换经济"。也就是说，在马克思所定义的商品二重性中，我们强调了交换价值（索取权），而使用价值（享用性）反而成了获得交换价值的手段。在那个时代是可以如此理解和进行理论表述的。但进入新时代，继续这样简单地理解市场经济就有失偏颇了。尽管市场经济确实是交换经济，但这一性质并不能否定市场经济归根结底也是满足人民实质需要的经济制度，而且，市场经济的前一个性质最终是受上述第二个性质决定的（创造使用价值满足真实需要）。而且，正因为上述前一个性质可以成为实现后一个性质最有效的手段，市场经济才是人类发展中最具高效率和最现实可行的经济制度，即迄今为止，市场经济是满足人的真实需要最有效的制度。在市场经济的一定发展阶段，由于工具理性的强劲主导和社会生产力的落后，上述第二个性质被抑制了。而进入新时代，市场经济的这个最终服从于满足人民实质需要的根本性质将越来越显著地显现出来。

因此，新发展观，即创新、协调、绿色、开放、共享的发展理念，就成为对新时代高质量发展的新要求，也是对是否实现了高质量发展的评价准则。而且，新时代的这些要求的实现也内在地决定了经济运行必须是效率和质量导向的，即体现质量第一、效率优先，以实现更高质量、更有效率、更加公平、更可持续的发展。

四、促进高质量发展的体制机制

从高速增长转向高质量发展，不仅是经济增长方式和路径转变，而且也是一个体制改革和机制转换过程。高速增长转向高质量发展的实现，必须基于新发展理念进行新的制度安排，特别是要进行供给侧结构性改革。也就是说，高质量发展必须通过一定的制度安排和形成新的机制才能得以实现。

第一，高质量发展依赖于市场价格调节的有效性，其基础性的体制机制要求是，必须使市场在资源配置上发挥决定性作用。所以，整个经济系统的价格体系的合理化，是经济高质量发展的前提。这里所说的价格，不仅包括产品价格、服务价格，而且包括要素价格，即工资、利率、汇率等。而价格调节的有效性，取决于市场微观经济主体（主要是企业）之间竞争的公平性。在现实中，市场体系中存在各种类型的微观经济主体：私有和国有、营利性和非营利性、大型和中小型、本国和外国、单元性和网络性、实体性和金融性、自然人和法人、特许经营的和自由经营的等，这些不同类型的微观经济主体具有不同的市场势力，相互间往往是很不对等的。如果不能达成各类主体"势均力敌"或权责相当的市场格局，那么，价格调节的实际后果是难以实现有效性和合意性的，这样也就无法保证实现高质量发展所要求的资源配置格局。因此，合理的价格体系和有效的价格机制是高质量发展的基础性、决定性因素之一。

第二，价格调节的有效性和价格体系的合理性，取决于产权制度和交易制度的有效性和合理性。只有当产权边界明确、产权安全可靠、产权权能有效、产权交易便利，价格机制才能有效发挥调节经济的功能。从这一意义上说，健全的产权保护制度，包括知识产权保护制度，是促进高质量发展的根本性保障。如前所述，市场经济的产权关系同生产及消费间的关系是复杂的，生产活动和消费享用及其影响，往往是会超出产权边界的，即产生"外部性"和"共享性"。此时，能否发挥价格调节的有效性和合意性，以及如何在特殊产权关系条件下构建能够使价格机制发挥调节作用的制度，就成为实现高质量发展的制度安排必须完成的创新工程。所以，促进高质量发展，不仅需要尽可能"放开价格"，而且需要构建各领域特别是特殊领域的有效交易制度。

在经济学理论上，产权和交易是高度相关的，其相互间的关系及实际的制度安排决定了交易成本的高低。而交易成本对经济发展的质量具有重要影响。尽管实践中难以做到交易成本为零的制度安排，但最大限度地减少交易成本，因而使产权关系更有效发挥作用，是促进高质量发展的改革方向。从一定意义上可以说，市场运行较高的交易成本是经济发展质量不高的表现，也是导致经济发展质量难以提高的重要障碍。

以上两点表明，进入新时代，不仅没有否定市场经济关系，而且是市场经济的进一步发展和成熟，形成并更加依赖于更高质量即更有效的市场经济体制机制。一方面，市场经济的交换性所要求的权属性生产和消费将更为有效；另一方面，市场经济的享用性将提升到更高水平，享用的范围从个体权属，扩大到群体共享性（公共服务）、环境质量（生态环境保护），以至体现享用的包容性和平等性的更广泛领域。这实际上是，市场经济中生产和消费的个体（私人）权属性与公共权属性的结合和协调。总之，高质量发展阶段，需要更加有效的市场体制机制，更好体现市场经济的交换性和享用性的高度协调。

第三，更好发挥政府作用是实现高质量发展的重要因素。如前所述，市场调节机理的基础是工具理性的主导，尽管在完善的市场制度下市场调节是很有效的，但并非在所有领域都能确保"市场最了解"，因而表现为"市场最正确"。也就是说，在一些方面和领域，特别是当经济发展涉及深刻而广泛的质量方面时，市场可能"难以了解"，具有盲目性，因而可能发生调节失灵的现象。从另一个角度看，也可以说，新时代生产和消费质量水平的提高，对公共权属性机制以及非权属性享用的保障（例如良好环境）提出了更高要求。因此，政府必须在对市场的治理规管、进行重大规划特别是区域规划、提供公共服务、保护生态环境、调节收入分配、构建社会安全网和援助弱势群体等方面发挥积极作用，而上述这些方面也都直接体现了经济发展质量的高低。因此，更好发挥政府作用，是实现高质量发展不可或缺的重要条件和治理手段。

当然，一个事物总会有其两面性。如上所述，政府发挥更好的作用是促进高质量发展的一个不可或缺的因素，但政府的不当或过度干预又可能导致市场运行交易成本提高，因而成为损害发展质量的一个不利因素。所以，政府简政放权，增强居民的生活便利性和企业商事活动便利性，一直是改革开放以来的努力方向。至今仍然任重道远，还有大量的工作要做。中国已经是一个市场经济国家，但还不是一个低交易成本的高质量的市场经济体。所以，在提高市场运行效率方面还有大量的工作和任务要完成。总之，政府发挥作用要体现为降低市场经济的交易成本而不是增加交易成本。

第四，科学发现、技术发明和产业创新是实现高质量发展的关键动因，只有创新驱动的经济才能实现持续的高质量发展。从经济学上说，创新是一个含义广泛的概念，而且有各种不同的类型，其中，技术创新具有特别重要的意义，往往受到更大的关注。产业或企业进行技术创新，首先要有新技术的来源，这可以是外源性的（例如引进、模仿），也可以是内源性的（例如自主研发、边干边学）。如果从社会分工的角度看，在现实过程中，几乎所有的技术创新都是内部资源与外部资源的结合。当然，由于分析研究的需要，可以将创新的技术类型划分为外源主导的技术和内源主导的技术两种典型类别。

作为一个后发国家，中国以往的发展特别是 40 年的高速增长更大程度上依赖于外源主导的技术，表现为技术引进、招商引资、吸收模仿等经济行为。那么，当进入新时代，向高质量发展转变，中国的产业技术创新将走怎样的路呢？

过去两百多年，中国处于"落后的生产力"时代，今天，中国经济有了巨大发展，尽管仍然是中等收入的发展中国家，但毕竟已经不再是落后国家，而且具有了许多其他国家所缺乏的特殊优势，"中国特色"很大程度上就是中国优势，至少是可以转变为中国优势。在产业和企业的技术创新上，中国特色显然也是可以表现或转变为中国优势。

产业和企业的技术创新，是从科学发现、技术发明到研发和产业化这一完整链条中，最终进入技术产品的市场实现过程的关键环节。因此，人们常说，"企业是创新主体"。在上述分工链上，对于企业来说，大多数的高新技术都是外源性的，即企业必须从从事科学发现和技术发明的部门（例如高校和科研院所），获得科技资源或成果。而从国家和国际角度看，企业可以获取的科技资源和成果可以是国内的，也可能是国外的，当然也可能是国际合作的。进入高质量发展阶段，企业对科技资源和成果的要求越来越强，能够多方面多渠道获得高新技术资源，使之成为本企业进行研发创新的活水源头，就成为一个关系重大而影响深远的体制机制问题。因此，在新发展观中，以及在体制和政策安排上，"开放"的含义绝不仅是指国际贸易和投资，同样重要甚至更重要的是，整个国家科技创新体制机制的开放性，实际上就是将科学发现、技术发明，同产业技术创新及企业研发和新产品产业化，各环节相互连通，形成合作机制的问题，即要以有效的体制机制来保障和促进科研成果的产生和产业化。总之，高质量的发展必须更好解决企业的高新技术"源头活水"问题。这是实现高质量发展的一个关键性体制机制改革要务。

五、高质量发展的多维性特征

在以上讨论的基础上，自然会产生一个问题：既然从高速增长转向高质量发展，而一国或地区的高速增长的表现是可以统计方式（采用收入、产出或 GDP 指标等指标）量化比较的，那么，高质量发展的表现是否也能够以统计方式进行量化比较呢？当我们对经济增长速度进行核算统计时，采用的基本方法是，以交换价值数值即货币单位量替代使用价值量进行核算加总，从而获得以货币单位表示的产出总量及其增长数字，以此判定经济增长速度的高低。这一方法尽管也存在一些技术性的困难，但其获得的核算统计结果基本上是可信的，可用于进行比较和判断。总之，以核算数据判定高增长、低增长还是中速增长，可以是比较明确且通常是基本无疑议的。

但对"高质量"发展的核算统计和量化比较，情况就要复杂得多。本文以上提及的经济学通常所假定的"量—质对称"和"质—价对称"，在现实中往往是不存在或难以确保的。更重要的是，所谓发展质量，本质上就是一个综合性概念，有其客观性，也有主观性，即关于质量的某些判定取决于其同相关人的关系以及相关人对其的关切程度。而所谓"相关人"又是一个复杂的群体，个体关切性（基于个体理性或感受）和群体关切性（基于集体理性或评估选择）又可能是有很大差别的。所以，就像我们很难精确判定不同人或者一群人的"素质"谁高谁低一样，也难以精确判定发展质量的高低。从理论上说，这至少涉及三个基本问题：第一，关于发展质量，有些因素是可计量的，有些因素是不可计量的。对于本质上不可计量的因素要进行量化核算，只能采用替代性指标，而替代性指标只可能是粗略地反映实际，往往是数字越"精确"，所反映现实的可信度反而可能降低。第二，要将各种反映或替代性反映发展质量的主要数据进行加总，使其成为可比较的单一指数，一是需要选择计量单位，二是需要确定各数据值在加总数中的权重，这难以避免主观性的影响。第三，对于质量的高低，不同人的感受往往是很不相同的，譬如对于温度这一环境质量因素，有些人认为20℃的温度质量高，有些人认为23℃的温度质量高，甚至有些人可能认为15℃最好。那么，如何判定什么是"高质量的环境"温度呢？而当涉及经济社会问题时，不同人对于"质量"的主观判断标准就更可能大相径庭了，例如，什么是"富足""自由""自主""幸福""公平""平等"？不同的人很难取得一致意见。

但是，对发展质量的统计核算和量化比较的上述讨论，并不意味着，发展质量的水平高低是完全无法认定和比较的，只是我们的思维方式须有所改变。如本文第一节中所提及的，迄今为止的主流经济学思维，主要基于物理学（机械）的隐喻，把经济体设想为一个因果关系确定的机器系统，机器中的每一个"原子"的行为目标都是理性确定的（最简单的假定就是每一个人都是理性的"经济人"）。因此，这个经济系统的运行必有一个"最优"或"最大"目标值，现实经济越接近这个值就越好。虽然现代主流经济学也不否认这个经济系统会变化，甚至演化、进化，也有一些经济学家将心理学、生物学等引入经济学体系，并取得很有价值的研究成果，形成新经济学派别或分支（例如行为经济学或实验经济学）；甚至有的学者认为，经济学思维的物理学（机械）隐喻已经不适应了，应改变为生物学的隐喻，即认为经济体不是机器而是生命体，今天的世界经济已经进入"新生物时代"，"遗传""变异""进化""涌现""分布式系统""神经系统"等生物学概念所反映的现象，在现代和未来经济发展中会发挥越来越重要甚至决定性的作用。但是，这样的经济学研究非常不充分，完全不足以抗衡或取代主流经济学的主导地位。

可见，当中国经济从高速增长阶段转向高质量发展阶段，不仅是一个社会行为方向的巨大转变，而且要有思维方式的适应性改变和引领性革新。尽管经济发展的"高质量"方向，是一个具有相当模糊性的概念表达，其根本性质决定了其量值的不精确特征，但是，模糊性量值并非不可比较，在实际行动上也是完全可以基于对模糊量值的估量而确定努力方向的（即可以判断什么是更高质量的发展方向），而努力的结果也是可以进行量化评估的，尽管这种量化评估是难以高度精确的。这就像，尽管对人的"素质"进行量化核算很难精确，但并不妨碍判定对提高人的素质所进行的努力方向。例如，卫生、健康、教育、研究、经历、文化、法纪等领域的工作对于提高全民素质的积极意义毋庸置疑，而所有这些努力及其所取得的成果也是可以进行量化评价的。因此，当进入新时代，转向高质量发展方向，也可以研发一套反映经济发展质量的核算指标，将创新、协调、绿色、开放、共享，以及效率、质量、结构、安全、可持续等因素进行科学量化和指标化，作为高质量发展状况和成就的显示性指标。也就是说，尽管经济发展质量具有非常丰富的因素，多维性是其基本特征，而且，随着发展水平的提高，发展质量的含义也必将不断变化，因为作为发展质量根本性质的人对美好生活的需要是不断增长的和变化的，但在理论上，我们还是可以对现阶段的发展质量评价因素进行量化归纳和指标体系构建，作为衡量发展质量的评价工具。

当然，即使高质量发展可以在一定程度上进行量化指标评估，但其实质同高速增长的显示性指标是不同的，人们对其的关切性也是有区别的。后者是以关注总量为主，前者主要是关注结构即各个分量及其相互关系。从经济学基本理论看，后者是假定交换价值（货币单位）核算量替代使用价值实际量，并假定两者高度正相关。而前者却是一个多重因素复合的指数化数值，其中含有本质上难以量化的因素，因而任何量化表达都可能与真实情况存在相当程度的偏差。这一差别恰恰反映了高速度增长与高质量发展的实质性差异，也反映了高速增长阶段与高质量发展阶段不同的时代特征和经济发展质态。由于高速增长阶段方向主要是经济总量扩张，更强调的是工具性价值；高质量发展阶段方向主要是结构升级和系统优化，更强调的是本真性价值，因此，在实际工作中，前者往往表现为"锦标赛"似的竞争状态，你追我赶，快者胜；而后者却更需要"细工慢活"似的久久为功，稳中求进，恒优者强。人们对前者成就的感受更具有可直接计量性，例如产出增加、收入提高、利润丰厚等；而对后者成就的感受更具有权衡评估性，例如生活质量、环境质量、主观幸福等。

从国家整体发展转向对区域发展的观察。高速增长阶段主要表现为"突飞猛进"，高质量发展阶段主要表现为"稳中求进"；高速增长阶段主要表现为"鼓励先富"，高质量发展阶段主要表现为"人民共享"；高速增长阶段的关切主要表现为"GDP居首"，高质量发展更关切"绿色环保"。基于这样的变化，可以预期，中国经济发展的区域态势也将发生深刻变化。发展质量评价的一定模糊性，反映了发展价值的多维性和丰富性，并且其关切重点从物质成就表象层面逐渐深入到内在实质及体验感受上（外国学者将这一过程称"物质主义"向"后物质主义"的转变），这决定了，各个地区的发展可以有多种路径选择，致力于发挥比较优势，创造各具特色的高质量表现。发展价值的多维性和丰富性以及各地区的地理差异性还决定了，不同地区有不同的主体功能，并非GDP高速增长一条道。尽管对于高质量发展，一定的经济增长速度，特别是可持续的增长是必要的，而且是基础性的，但追求高质量发展的优化目标则可以是"各显神通""各具特色"的。由于不同的区位、资源和历史条件，各地区的经济增长速度以及经济规模必然会有差别，"高增长"和巨大经济规模（生产规模）并非所有地区都可能达到的目标。但是，各地区特色可以成为高质量经济发展的基础性因素，经济腹地的发展质量未必不如增长极中心地区，经济规模相对较小（经济密度较低）地区的发展质量未必不如具有大规模生产能力（经济密度较高）的地区。中国作为一个超大型国家，各具特点的多样性的区域格局和经济文化特色，是一个巨大的优势，为形成各具特色的高质量发展模式和路径，提供了各种条件和很大选择空间。高质量发展要求多样性，经济竞争力的不断提升基于发挥差异化优势，中国的巨大经济体正具有这样的特殊优越条件，各地区都有发展方向的很大战略选择空间，非常有利于支持实现高质量发展战略。

可见，关于高质量发展评价比较的难点和指标体系构建的复杂性，可以给我们以重要启示：发展质量的内容所表现出的多维性和丰富性，要求发展战略和模式选择的高度创新性。系统性地创造发展优势，走符合实际和具有特色的道路，以各种有效和可持续方式满足人民不断增长的多方面需要，是高质量发展的本质性特征。总之，中国经济"做大经济规模"的目标在高速增长阶段已基本达成，而"提升发展质量"已成为新时代的主导方向；高增长的速度目标可以表现为一元性，但发展质量目标则是多元性的。因此，转向高质量发展阶段，更需要以新的系统性思维方式选择可行的发展战略，各地区可以基于自身实际追求丰富多彩的优越。

六、以全面性战略和现代化治理体系引领高质量发展

以上讨论表明，高质量发展的一个根本性特征就是多维性，表现在战略方向上就是政策目标多元性。因此，同高速增长阶段的战略思维不同，实现高质量发展的战略思维突出体现为全面性，许多重要举措往往要求"全覆盖"。而在政策目标多元化前提下，实现战略方向全面性，就成为引领高质量发展的关键。但这一要求在现实中也往往成为难点所在。因为多个目标之间可能会存在一定的冲突性，即追求一个目标可能会损失另一个目标。当然，战略方向全面性，也绝不是没有主攻目标，不分轻重缓急。恰恰相反，战略方向全面性的实现，必须通过一定时期的主攻目标的按期达成来推进。

从理论上说，在现实世界中，凡要获得任何成果都是要付出代价的，经济发展更是如此。人类要争取或生产任何有效用有价值的东西，都不可能"不惜一切代价"。有时候，如果宣称要"不惜一切代价"达到某一目的，其实只不过是一种宣示决心的姿态。西欧工业革命以来的近300年，无疑是人类获得巨大发展成就的历史。但"获得"也伴随着"丧失"，成就总是以代价换取。从进入工业革命时期开始不久，其代价就开始显现。因此，关于工业化国家是进入了"黄金时代"还是"镀金时代"，在当年就成为激烈争论的问题。实际上就是在追求财富的过程中，丧失了其他许多有价值的东西，那么，这是否值得呢？

18世纪的启蒙思想家已经深刻认识到经济发展可能产生的负面影响即社会代价，他们指出："对财富的追求产生了精致的文雅，使得生活更惬意，礼貌更

完备，艺术更繁荣，但也把公民转变成自私的逐利之徒，摧毁了所有的共同体意识，引入了错误的价值观——从而埋下了道德失范的祸根，而这种道德失范既是国家衰败的标志，又是导致衰落的原因。"①

从世界范围看，经济增长难以避免的代价至少表现为：生态环境破坏、收入财富分配分化、腐败现象蔓延、风险因素累积、社会道德败坏等。尽管这些现象并非经济发展本身所致，但却是高速增长时期难以完全避免的伴生物，世界各国很少有例外。因此，当高速增长转向高质量发展，缓解和遏制这些反映了发展质量不高（劣质性）的现象，就具有极为重要的意义和紧迫性。可以说，这也是评价判断是否实现了高质量发展的最重要标志。如果上述经济社会不良现象严重，而且，对其束手无策，那么，无论如何也称不上是"高质量发展"的。

很受马克思赞赏的 18 世纪苏格兰启蒙运动思想家亚当·弗格森曾经指出，快速的经济发展可能导致"共同体分崩离析"，财富的普遍增长并没有公平分配，精英集团成为既得利益者，大众的利益受到牺牲，这样一来分工在一些人身上带来了自负和自私，给大多数人带来嫉妒和奴性。它是福音，也是诅咒，孕育着光明的发展前途，也带来了巨大的危险。在亚当·弗格森看来，经济问题是个社会问题，更是个政治问题。②

我们可以看到，党的十八大以来，中国的强烈反腐败行动和正在进行的"防范化解重大风险、精准脱贫、污染防治三大攻坚战"，以及以遵守"八项规定"为重点的党政廉洁建设等，都是向着高质量发展转变所做的极大努力。就像高质量的生活体现为清洁卫生一样，高质量发展，当然必须体现为经济社会以至政治领域的"高清洁度"：生产清洁、环境清洁、政纪清洁、营商关系清洁、社会风气清洁。

很容易理解：与"清洁"同样重要的是"安全"。高质量的发展当然必须体现为更具安全性的发展，国家必须有能力将经济和社会风险控制在一定限度内，避免因风险失控而爆发危机。因此，实现高质量发展的一个关键是权衡自由与安全之间的关系，没有自由就没有高质量的发展，而如果失去安全则一切发展成果都会化为乌有。所以，新时代经济发展战略和政策安排的一个重大问题是要实现"宽松"与"管控"相协调的国家治理体系现代化。

---

① ［美］彼得·盖伊：《启蒙时代（下）：自由的科学》，王皖强译，上海人民出版社 2016 年版，第 317 页。

② 同①，第 343 页。

可见，高质量发展的经济社会质态，不仅体现在经济领域，而且体现在更广泛的社会、政治和文化等领域。公平正义，是高质量发展的内在要求。以公平促进效率，以高效率实现包容性发展，才是真正的高质量发展。讨论公平正义超出了本文论题的范围，但指出高质量发展对公平正义的要求，却是不可遗漏的告诫。因为，如果失去公平正义，就根本谈不上发展质量，可以说，公平正义是高质量发展的基本底线，包容性是高质量发展不可或缺的本质特征之一。

发展质量的高低，最终是以经济发展能否满足人民日益增长的美好生活需要为判断准则的，而美好生活需要绝不仅是单纯的物质性要求，而将越来越多地表现为人的全面发展的要求。习近平在党的十九大报告中明确指出："我国稳定解决了十几亿人的温饱问题，总体上实现小康，不久将全面建成小康社会，人民美好生活需要日益广泛，不仅对物质文化生活提出了更高要求，而且在民主、法治、公平、正义、安全、环境等方面的要求日益增长。"所以，高质量的发展必须体现在人民美好生活需要的各个方面都能得到满足上，而且，人们美好生活需要不仅是多方面的，而且是"日益增长"的。经济社会发展水平越高，人的能力也越向全面化发展。高质量的发展从根本上说是为了满足人的能力全面发展的需要和要求。既然人及其能力的发展是趋向于全面和充分的，那么，实现高质量发展必然是一项覆盖社会全领域的伟大事业，而且是一个永远难以尽善尽美的永久持续过程。人民的一些需要满足了，又必然有新的更高的需要产生，永远不会达到完全满足的终点，因此必须有更高质量的发展，而这也正是高质量发展永无止境的动因。

七、结语

从高速增长阶段转向高质量发展，是一个在理论上和实践上都具有极大难度的重大挑战和艰巨任务。理论上如何认识，实践上如何应对，都面临一系列新问题。高速增长是由市场经济所具有的无限追求交换价值的工具理性所主导的，具有强劲的动力，可以并且确实取得了巨大物质成就，但也可能付出相当大的代价。当高速增长转向具有多维性的高质量发展阶段，不再能够仅仅依赖于这种"单发"性动力机制，而必须实行具有全面性的战略，在各政策目标间进行权衡协调，以达到高质量发展的多维性合意目的，即满足人民日益增长的和多方面的美好生活需要。因此，与高速增长阶段主要以工具理性为动力的机制不同，高质量发展阶段必须有更具本真价值理性的新动力机制，即更自觉地主攻能够更直接体现人民向往目标和经济发展本真目的的发展战略目标。这种新动力机制的供给侧是创新引领，需求侧则是人民向往。而进一步的全面深化体制改革以及实现国家治理体系和治理能力现代化，正是要形成和强化能够推动高质量发展的新动力机制。从根本上说，这种新动力机制的内在要求就是市场经济工具理性与经济发展本真理性的有效契合。

（原文发表于《中国工业经济》2018年第4期，有改动。）

高质量发展的经济学新思维

  习近平总书记在党的十九大报告中指出，"我国经济已由高速增长阶段转向高质量发展阶段"。[①] 这是习近平新时代中国特色社会主义经济思想的重要组成部分。这一对经济发展阶段转变的重要判断，不仅昭示了一个新时代的来临，指出这个新时代经济发展的本质特征和崭新使命，而且提出了重要和紧迫的理论需求——为新时代的伟大实践提供新的思想指引。中国特色社会主义进入发展新时代，社会主要矛盾已经从人民日益增长的物质文化需要同落后的社会生产之间的矛盾[②]，转化为人民日益增长的美好生活需要和不平衡不充分的发展之间的矛盾，对经济发展质量的关切日益超越对经济增长速度的关切。在新形势下，经济学需要为观察、研究和推进高质量发展提供理论基础和方法论工具。笔者曾研究了关于"高质量发展"的经济学基本理论问题[③]，本文进一步讨论，应以怎样的经济学新思维，应对新形势新问题，以更好地把握党的十九大报告提出的新时代中国经济高质量发展的要求。

---

  ① 习近平：《决胜全面建成小康社会 夺取新时代中国特色社会主义伟大胜利——在中国共产党第十九次全国代表大会上的报告（2017年10月18日）》，人民出版社2017年版，第30页。

  ② 1981年党的十一届六中全会指出，"在社会主义改造基本完成以后，我国所要解决的主要矛盾，是人民日益增长的物质文化需要同落后的社会生产之间的矛盾"。（中共中央文献研究室编：《三中全会以来重要文献选编》（下），人民出版社1982年版，第839页）

  ③ 金碚：《关于"高质量发展"的经济学研究》，《中国工业经济》2018年第4期。

一、关于经济行为和发展动能的新思维

人类从事经济活动的目的是什么？这似乎是个再简单不过的问题，其实不然。对这一问题的回答涉及如何认识人类历史发展不同阶段的本质差别，马克思的唯物史观以不同的社会经济形态加以区分。人类经济活动最初的动因是以简单而直接的方式，获取有助于自身生存和种群繁衍的生活必需物品。从采集、狩猎、捕捞到种植、饲养，以至进行各种形式的手工制造劳动，把原先"无用"之自然转化（加工）为可供消费使用之产出品，通过物质生活的生产，首先解决人类生存最必需的吃穿住问题。这样的经济活动尽管符合人类进行物质生产活动的本真目的，即获取供生活消费的有用之物，但其经济动能却是十分有限的，生产效率也很低下。在生产活动能力范围十分狭隘的自然经济历史条件下，个人无法脱离共同体而独立生存，人类自主活动的发展尚处于马克思所说三大形态最初的"人的依赖关系"阶段。①

随着生产力发展的一定进步，人类发现，相互进行有用物品之间的交换（W—W），可以提高有用物品的可得性和劳动成效，因为这使劳动分工成为可能。在劳动分工和交换关系进一步发展的基础上，以货币为媒介的商品交换行为（W—G—W），成为被广泛采用的市场交换关系。② 这里用马克思采用的符号表达，W 代表商品（有用品），G 代表货币。此时，经济活动的动因仍然具有朴素理性主导的特征，即在自然经济的基础上，生产者之间各自剩余产品的交换仍以换取有用品进行生活消费为动机，以便直接满足物质生活生产自身的需要。但如马克思所论述的，W—G—W 简单商品流通的普遍发展，会导致社会经济关系的质变，转向 G—W—G′资本流通方式的动力机制，原先以获取使用价值为目的的行为方式和经济运行机制，转变为以获取更多的交换价值一般等价物货币（G′）

---

① 马克思论述了人类发展的三大社会形态（形式），即"人的依赖关系""物的依赖性"和"个人全面发展"。参见《马克思恩格斯全集》第 30 卷，人民出版社 1995 年版，第 107—108 页。

② 进入资本主义社会，这种简单商品交换关系在一些领域仍然存在，但不居主导地位。

为目的的行为方式和经济运行机制，以这样的生产和交换关系为主导的社会经济形态就是资本主义经济。马克思指出，资本主义生产方式是"以交换价值为基础的生产方式"，① 同时又是"以资本为基础的生产方式"，② "剩余价值的生产是生产的直接目的和决定动机"。③ 这样，经济活动的朴素理性机制，就转变为以工具理性④主导的动力机制，经济活动的直接行为目标不再是其本真目的，而是无休止地追求工具目标 G′，即资本价值的不断增殖，表现为对货币资本增殖积累孜孜不倦的追求。于是，经济活动手段和目的之间的关系反转了。同时，劳动"表现为手段"，"也是自主活动的否定形式"⑤。

显然，与以前的朴素理性相比，以工具理性主导的经济机制具有强大得多的动力。因为前者的行为目标量（满足对有用物的需要）是有限的，使用价值也不宜长期储存，而后者的目标值（货币量）则可以无限积累。这就导致了一个影响极为深远的社会历史后果：经济活动行为目标的转变，使"贪婪"之心登上了人类发展舞台，并成为其核心"动能"的心理缘由（亚当·斯密称之为"人类本性的欺骗"）。这样的行为目标机制尽管动力非常强劲，但也正因为如此而可能"令人痴迷"，并产生人类发展中的"认知俘获"⑥ 现象，导致对经济发展本性的认识扭曲。马克思称之为社会的"异化"现象，或"商品拜物教""货币拜物教""资本拜物教"的性质。这样的"认知俘获"致使人们倾向于极为亢奋甚至疯狂地追求交换价值量（货币额），即使它只不过是信用货币体系中的符号"数字"（账户记录）。在无止境地追求货币财富积累的贪婪动机驱使下，不生产任何真实使用价值的"虚拟资本"急剧膨胀，以致产生奇特的"理性的非理性"和"非理性繁荣"现象。如果用符号表达就是：G—G′—G″—…。

正是在这样的现实条件下，经济学思维严重倾向于工具理性主导，不仅畸形偏重追求交换价值（货币）的经济行为，而且尽力舍象所有难以用货币计量的

---

① 《马克思恩格斯全集》第46卷（上），人民出版社1979年版，第220页。

② 《马克思恩格斯全集》第46卷（下），人民出版社1980年版，第159页。

③ 《资本论》第3卷，人民出版社2004年版，第997页。

④ 工具理性为法兰克福学派的重要概念，源自德国社会学家马克斯·韦伯的"合理性"概念。韦伯将目的和手段的合理性称为价值（合）理性和工具（合）理性，后者指行为由追求功利的动机驱使，只追求手段效果的最大化，无视目的的合理性。

⑤ 《马克思恩格斯选集》第1卷，人民出版社2012年版，第209页。

⑥ 即指对事物性质认识的根本性扭曲，认识严重地背离事物本性。

物质生产生活因素。经济学的这种思维特征并非完全是人类认识的"误解"或"无知"，而是上述历史条件的必然产物，不是心里不明白，而是身不由己。作为商品货币拜物教的意识，这样的经济学思维把所有被市场"原子化"的个人，都视为"理性"的"经济人"，以这样假设的经济学基本理论为依据，反过来进一步塑造现实经济状况，发挥经济思维的"教化"作用。精于算计的自利行为（精致的个人利己主义），追求货币财富的最大化，被认为是"正常人"的行为，是"天经地义"的人类本性。被"俘获"的认知以及由其主导的普遍性经济行为倾向，同现实经济运行过程高度"纠缠"，相互推动，双向强化，使得作为人类经济发展目的的本真性，与作为目的之手段的工具性的关系完全反转颠倒。

马克思的政治经济学研究从世界历史时代演变的高度，深刻揭示了经济发展的本真性与工具理性关系颠倒而导致的社会形态结果。他将这种历史性的颠倒界定为人类社会发展的一个必经阶段——"资本主义生产方式"或"资产阶级社会"时代。这实际上就是上述马克思三大社会形态中"以物的依赖性为基础的人的独立性"第二阶段。在这样的社会形态中，人被物所统治，人为货币财富的积累所役使，原本作为 W—G—W 简单商品流通转瞬即逝中介的货币，成了整个商品世界至高无上的上帝。由于人类尚未进入马克思预见的生产力高度发达、物质产品极大丰富的共产主义社会，马克思的人类发展三大社会形态理论关于从第二阶段向第三阶段演进的进一步展开，受到历史条件的限制，把走向未来新社会实际发展状况的研究留给了后人。马克思只是科学地预言，资本主义市场经济的基本经济规律（剩余价值规律）终将让位于以时间节约为首要规律的人的自主活动，沿着本真理性主导的人类社会发展，未来新社会将是"个人全面发展"的"自由人联合体"。

今天，工业化的巨大成就和世界经济的高度现代化，特别是中国社会主义市场经济的发展，正在创造一定的条件，逐渐拨开迷雾，启蒙明智，使经济学摆脱导致经济发展本真性扭曲的"认知俘获"成为可能。我们致力于经济高质量发展的研究，就体现了关于人类经济发展新动能之理性思维的进步趋向。在新时代中国，人们和社会将更理智地认识和对待市场经济发展中社会使用价值与交换价值之间的关系①，在各种体现了社会使用价值和交换价值的发展目标中，进行适当的权衡，以提高发展的平衡性和满足的充分性。人们对经济发展的认识和思维方式将发生重大改变，在经济发展取得历史性成就的基础上，以更为科学理性的精神，反思在以"物的依赖性"为基础的经济发展中，马克思揭示的劳动二重性、商品二重性及其相互关系，拨正人类发展走向升华的方向，明智选择能使目的得以实现的更好手段。

二、关于工具理性与价值目标的新思维

以上讨论涉及马克思人类发展在"物的依赖性"第二阶段为"个人全面发展"第三阶段创造历史条件的问题。从发展动能来看，这也就是人类从盲目的动能，向具有方向自觉性的动能转变的长期历史发展过程。在新时代中国特色社会主义市场经济体系中，工具理性仍将是实现本真理性的重要动力，但不应再是天马行空式独来独往的盲目力量。以人民为中心的经济发展，不仅需要且能够获得新动能，更能体现满足人民美好生活需要的本真性目的。② 这就需要进一步研究，在新时代中国经济高质量发展进程中，如何处理好以交换价值主导的工具理性与以质量关切为主导的本真理性之间的关系。③

由于经济发展水平以及传统经济理念的局限，加之经济学对"精确""严密""逻辑自洽"的追求，西方主流经济学越来越具有高度形式化、数学化的特征。工具理性主义因而成为西方经济学最值得"骄傲"的特征，经济学也因此被誉为社会科学"皇冠上的明珠"。诚然，工具理性对于经济学的方法论具有相

---

① 商品的价值和交换价值是其内容与形式的关系，《资本论》在分析资本主义生产方式的现象形态时，往往将使用价值与交换价值对应使用。"在我们所要考察的社会形式中，使用价值同时又是交换价值的物质承担者"，"在商品的交换关系或交换价值中表现出来的共同东西，也就是商品的价值"。（《资本论》第 1 卷，人民出版社 2004 年版，第 49、51 页）马克思《资本论》法文版第一章第一小节的标题就是："商品的两个因素：使用价值和交换价值或价值本身"。（中国社会科学出版社 1983 年版，第 11 页）在自然经济中，产品的使用价值是生产者自己的消费对象，不具有社会性；在简单商品经济中，其使用价值只是买方的消费对象，故马克思把作为交换价值物质承担者的使用价值，称为社会使用价值，这一变化在资本流通中成为普遍现象。

② 金碚：《论经济发展的本真复兴》，《城市与环境研究》2017 年第 3 期。

③ 金碚：《本真价值理性时代的区域经济学使命》，《区域经济评论》2018 年第 1 期。

当的重要性，经济学研究的形式化（数学化）并非没有价值和学术意义，它的确可以增强经济学表达和分析推断的逻辑严密性。但是，如果以工具理性替代、掩盖甚至排斥人类经济活动的本真价值，或者因追求形式化（数学化）而使经济学远离现实，在"象牙塔"的黑板上自娱自乐、自我欣赏，就会使经济学失去科学的解释力和预测力，甚至误入歧途，迷失方向。如果以这样的经济学思维方式作为现实经济发展的指导理念，就会走向盲目追求工具性目标（如人均收入、GDP 等）的方向，而忽视难以直接用货币数量指标来显示的本真价值目标（如生态环境、人民幸福、社会公平等）。可见，新时代中国的经济发展新思维应体现为：工具理性不失本真价值，形式化（数学化）方法不失实质性内涵。

借用马克思所采用的符号，这样的新思维可以用公式简洁地表示为：W—（G—W—G′）—W′。其中，（G—W—G′）体现了市场经济的工具理性过程，即追求经济价值和高效率仍是内在的动因机理，但这种工具理性机理必须服务于并最终体现为更高质量的社会使用价值质态 W′ 的创造，以满足人民日益增长的美好生活需要。遵循这一新思维逻辑，经济发展如何形成新理念，形成新的指导思想及其实现方式，使具有工具理性的经济机制不失其本真价值的主导方向，使形式化（数学化）的指标追求不失其实质性内涵，让增长指标能够最大限度地体现社会使用价值质量和结构的提升，不断满足人民对美好生活的向往，便是一个需要付出极大努力才能完成的重要理论课题。

我们可以做一个形象的比喻。以工具理性为主导的思维方式，相当于独眼看世界，即闭上观察社会使用价值对人类自主发展具有直接有用性（实际上是经济发展的本真性目的和要求）的一只眼，而睁大观察交换价值（以货币计量的"最大化"目标）的另一只眼（因为在现实中商品的"价值"是无法看见的）。新时代中国的思维方式需要转变为越来越关切社会使用价值（质量要求）的重要性。工具理性与本真价值理性进入"平权"状态，相当于睁开双眼看世界，既要关切社会使用价值也要关切交换价值，而且力求两者实现平衡性和充分性。"不平衡不充分的发展"是必须特别关注的新时代中国主要矛盾的主要方面。独眼看世界有时可能感觉很"准确""精道"，其实往往忽视了真实世界复杂的立体性、多维性和丰富性。只有双眼看世界，才能观察得更真切，既发挥工具理性注重效率、速度、效益等优势，又能把握经济行为之人民主体性的本真目标，不迷失生产满足人民真实需要的正确目的。

例如，"房子是用来住的，不是用来炒的""既要金山银山，也要绿水青山"

"绿水青山就是金山银山"；如果为了金山银山而要破坏绿水青山，那么，"宁要绿水青山，不要金山银山"；长江经济带的发展，"不要大开发，而要大保护"……习近平总书记对经济发展所提出的一系列原则观念，都体现了经济高质量发展的新思维，是双眼看世界新思维方式的真切体现。如果说在政治思维上要强调"不忘初心，牢记使命"，那么，在经济思维上则要提倡"不忘本真，关切质量"。这是经济高质量发展的价值论新思维。

三、关于经济主体及主体需要的新思维

当我们讨论到以社会使用价值质态所体现的经济质量，以及"满足人民需要"为经济发展的本真目标和现实动因时，就触及了传统经济学一个极大的软肋。众所周知，马克思的政治经济学批判地吸取了资产阶级古典经济学的合理成分，将劳动二重性和商品二重性作为其劳动价值理论的基础，并贯穿于马克思政治经济学体系之始终。而资产阶级庸俗经济学回避对交换价值物质承担者的使用价值研究，将体现交换价值含义的货币财富积累作为核心概念（他们根本不懂价值与交换价值之间的关系）。美国经济学家欧文·费雪说："'财富'一词用来表示为人类所有的有形物件（或实物）。根据这一定义，某一物件若要成为财富，只需要满足两个条件：第一，它必须是有形的（material）；第二，它必定是有主的（owned）。也有人加入了第三个条件——它必须是有用的（useful）。不过，尽管有用性的确是财富的一个本质属性，但远谈不上有什么特别之处，有用性隐含于占有特征之中，放在定义中略显多余，故而可以删去不表。"他认为，"拥有财富就是有使用权"。① 所以，经济学不必关注使用价值，只要将使用价值视为财富所提供的"服务"即"效用"就可以。这样的简化或抽象即使在一定的经济发展阶段也许可以接受，但毕竟具有极大的局限性。第一，认定拥有财富就是拥有使用权，拥有使用权就等同于实际对它们的使用或真实享用，这与实际情况不符。许多情况下，拥有使用权，未必就实际使用或真实享用，有用物（产

　　① ［美］欧文·费雪：《资本和收入的性质》，谷宏伟、卢欣译，商务印书馆 2017 年版，第 8、22 页。

品）的"过剩""冗余""闲置""浪费""损坏"等现象常常发生。马克思说："机器不在劳动过程中使用就没有用，就是废铁和废木。不仅如此，它还会遭受自然力的破坏性的作用、也就是发生一般的物质变换，铁会生锈，木会腐朽。"①第二，反之也普遍存在以下现象。许多人在对有用之物并未拥有产权的情况下，却可以实际使用，对有用物的实际享用未必以私有财产权为条件，如许多公共场所、基础设施等都是如此。又如，许多产品（物质财富）在一定的集体成员中是可以或总是共享的，一些产品（物质财富）在一定的社区范围内人人可以享用，而自然生态环境则更是大众共享的自然财富。所以，用财产权替代使用权，将占有等同于享用，是传统经济学脱离现实的独断性假定。按照这样的思维定式，将所有的享用都认定为权属性消费（拥有所有权或支付货币才能消费），极可能产生或诱致严重忽视非财产权属性的社会使用价值（如生态环境），以及扭曲各种非权属性供需关系（如公共卫生、基本医疗）的行为倾向，更使经济活动内在的，且为人类发展追求的福利"共享"性失去基础。而马克思的逻辑截然不同，人类发展第二阶段为第三阶段创造的条件表现为社会化的高度发展，它们"形成普遍的社会物质交换、全面的关系、多方面的需要以及全面的能力的体系"。②沿着马克思人类自主活动全面发展的思维逻辑，社会财富观将发生根本性变化。

与上述财富观直接相关并更为重要的是，西方主流经济学假定只存在个人主体，不存在"人民"这一行为主体，主张财产权只能以个人定义（私人拥有）。因为产权必然意味着，一些人排斥另一些人的权利，如果主张所有人都拥有的产权，就相当于没有产权定义的边界。他们认为，在经济学中，"人民"是无法定义其主体产权的，即使将"人民"算作经济主体，最多也只属于"没有感觉"的主体，而没有感觉的经济主体均不是真实的利益主体，最多只能算是"虚构的主体"。据此推断，"企业"也是虚构的利益主体，即没有感觉的"法人"。按照他们的思维方式，真正有实质意义的仅限于关于个人（私人）效用（福利）的判断，不存在关于"人民"享有的使用价值和效用（福利）的判断。他们认为，所谓人民利益的决断不过是以一定议决程序做出的"公共选择"，公共选择的结果并不代表人民的真实福利（集体利益），不过是达成了不同个人各不相同利益

---

① 《马克思恩格斯全集》第47卷，人民出版社1979年版，第64页。

② 《马克思恩格斯全集》第30卷，人民出版社1979年版，第107页；参见《马克思恩格斯选集》第1卷，人民出版社1979年版，第209页。

诉求的妥协，并非真实存在的集体利益，服从一定程序而勉强达成的公共认可，若采取另一套公共选择程序，就会得到公共妥协认可的另一种结果。

以上述思维来认识和引领经济发展，显然是十分狭隘和非常不恰当的。在现实中，财产权与使用价值的关系有着各种复杂情况。舍象了使用价值因素（将使用价值完全归为或消失于个人占有权），实际上也就舍象了人类经济活动真实主体的本真性，绝非明智之举。特别是当中国特色社会主义进入新时代，一方面，个人所需要的有用产品（包括服务产品）越来越丰富多样；另一方面，众多个人并非必须通过获得私人财产权来获得相关社会使用价值权益（使用或享用权）的情况越来越普遍，如优良的生态环境、各种公共设施和公共服务等。各种各样产品的社会使用价值形态和质量特性，以及由此产生的生产、消费及供求关系，将表现出越来越丰富的多样化趋势，亟待以新的思维和理念来引领新时代经济发展，尤其要以供给侧结构性改革来优化产品供给机制，提供更多具有高质量社会使用价值的产品和服务。

更大的理论挑战性是，以怎样的新思维和理论严谨性，界定作为真实经济主体的"人民"，以及如何使由此确定的人民主体的需要及向往得到满足。不同的个人需要及其满足，与人民需要及其满足之间又有何等关系或关联。在现实中，"所有人都拥有的产权或享有的权利"并非悖论，"人民"完全可以成为真实的集体利益主体。当人民利益的整体或局部受损益时，其中的群体或个体的感受不仅是真切的，而且可以且必然迅速传递给作为人民成员的众多群体个体。例如，气候条件及其变化影响着所有人（人民）的整体和个体利益。当人民作为利益主体时，一些成员的严重受损，就会被感受为人民的整体受损。即"人民"主体的损益感受，往往会表现为"一个不能少"的局部—整体关联性特征。这一特征显著不同于传统经济学以原子型个人主体或黑箱型"企业"主体为假设前提的理论逻辑，也不同于传统福利经济学所假定的微观经济主体间绝对个人主义的福利评价原则。[1] 所以，以人民主体的新思维推进经济高质量发展，整个社会所提供的各类产品的社会使用价值质量状态及结构特征，经济主体的福利评价，以及相关体制机制和政策的安排等，都是经济学必须着力研究的重大问题。这就是经济高质量发展应有的主体论新思维。

---

[1] 其实，亚当·斯密在《道德情操论》（蒋自强等译，商务印书馆 1997 年版）一书中曾论述了人类具有"同情心"的这一重要心理特征——人对其他人境遇的感同身受。

四、关于结构性和精准性的方法论新思维

从上述关于人民作为经济主体的思维逻辑中，必然推导出关于经济发展目标函数的新思维。新时代中国经济发展所要达到的目标，具有更加体现质量特征的复杂性质，特别是质量感受主体不仅有众多个体，还存在"局部—整体"结构性关系上的"全体人民"。因此，着力形成"结构性"和"精准性"的新思维，是经济高质量发展新时代重要的方法论要求。这意味着经济高质量发展阶段将体现为，经济活动必须摆脱经济发展过程物支配人的拜物教性质，物的创造不应是为物而物（为生产而生产），而是为了人民需要的满意和生活幸福。经济发展的指向（目的）不再是物质财富本身，而是物质财富满足人民需要程度的本真价值，必须洞察经济结构对人的全面发展的实质意义，而不仅以堆砌甚至闲置的物质财富量论英雄，更不应以炒作倒卖金融财富为荣。

众所周知，传统经济学主要着力在理性经济人的假设前提下，观察和研究微观经济和宏观经济两个层面的现象及其关系。微观经济学主要研究微观主体的行为及其相互关系，以个量及个别价格的局部均衡为主要变量和工具，设置函数关系。宏观经济学主要研究经济总量均衡，以总量（宏观）指标为分析工具及数量目标。这两类经济学的主体框架都假设市场能够出清，因而尽可能地回避结构性问题。但是，当我们关注经济发展的质量问题，特别是考虑到具有"局部—整体"结构性关系的"全体人民"主体时，经济体及经济运行中的结构性现象和问题恰恰成为关注焦点。在现实中，弥补结构性缺陷、消除结构性失衡现象，往往成为解决经济高质量发展问题的主攻方向。中央政府尤其把实施阶段性的"补短板"战略，作为整体提升发展质量的重要举措，通常称为"木桶原理"。由于木桶的总体质量（盛水量）是由它最短的一块木板决定的，所以集中全力专注于改善（加长）木桶的最短板，就成为提高木桶质量（盛水量）的战略重点。当前，中国确定的化解重大风险（尤其是金融风险）、精准脱贫、污染防治三大攻坚战，就是采取"补短板"的非一般均衡常规战略，体现了经济发展新思维的重大实践举措。这三大攻坚战，针对的就是当前影响发展质量的最短板或最严重隐患，聚焦于人民主体的重大利益关切。

在传统经济学研究方法中，对结构性和精准性问题的关注是一个明显的薄弱环节。一方面，其倾向于断定市场经济的竞争机制可以像一只"看不见的手"那样，有效地使经济运行保持均衡，因而无须特别关注经济结构中的短板现象和矛盾，也就难以想象（或不必）应当采取精准性的非常规应对举措，解决已经发生或将要发生的结构性矛盾。另一方面，如果要采取什么结构性的政策举措，又往往落入传统计划经济的思维方式，使政府对经济运行的干预损害"市场在资源配置中发挥决定性作用"的机制，因而难以找到"更好发挥政府作用"的有效方式。而无论是市场调节还是政府干预，传统经济学因迷信无处不在的虚假一般均衡论，完全舍象了经济主体存在的内部结构关系，使之成为不知所以然的"黑箱"，或者认为那不是人的理性及信息处理能力所能解决的问题，只能留给"看不见的手"即市场机制来盲目地碰对。这种漠视对于发展中经济体跨越必然不断遭遇的结构性障碍尤为致命。

　　因此，关注"结构性失衡"，达到经济对策的"精准性"要求，是推进和实现经济高质量发展所必须具备的重要新思维方式，也是转向经济高质量发展阶段后，经济学研究的创新发展需要突破的一个重要难题。从更大意义上甚至可以说，这样的复杂性研究不啻为当代经济学发展中具有根本性变革意义的思维更新要求。

　　以往的微观经济学，只是假定市场稳定器能够自动实现"精准性"的供求均衡；宏观经济学，也假定即使市场没有达到完全"出清"，所影响的总量失衡也是暂时的"赤字"，回归均衡只是时间问题，不必考虑或担忧市场机制能否"精准性"地调节基于使用价值的具体产品或要素的供求平衡关系问题。尽管经济学运用了高深复杂的数学方法和模型，以局部均衡或一般均衡的函数关系为主要方法，但这样的"黑板经济学"对于解决实际经济发展中动态的"结构性"和"精准性"问题，总是力所不及，实为以"精准性"的学术形式和数理表达，掩盖精准性应对真实问题的无能为力。因此，中国经济进入高质量发展阶段，为精准解决现实经济发展中迫切的结构性问题，经济学亟待以新思维引领的更大努力，取得学术研究的新进展新突破。

　　困难在于，过去当经济发展处于高速度增长阶段，经济行为的目标比较单纯，甚至可以由唯一的重要指标如 GDP 增长率进行较简单的观察和评价；而当经济发展进入高质量发展阶段，质量的多维性及其一些方面的非量化性，使"精准性"思维可能遭遇同实际现象具有模糊性特征的矛盾。例如，个人或地区的"贫困"特别是贫困的感受程度，就是一个具有模糊性的概念，但实施有效的扶贫行动必须具有精准性，否则脱贫成效就难以落地，甚至可能南辕北辙。再如，防范化解风险，也是一个具有模糊性的概念，"风险"就是不确定性，而消除所有风险和不确定性是无法企及的，也没有必要。因此，防范化解风险的举措必须要有复杂性思维下的精准性，体现结构性的多样态，否则就可能无的放矢，盲目治理，难见成效。兼备结构性和精准性的复杂性思维，是一个重要的方法论和实践性问题。

在实践中，结构性和精准性思维往往表现为"底线思维"方法，把守住底线、在底线环节上着力，以此作为解决全局性问题的关键。习近平强调的"突出抓重点、补短板、强弱项，特别是要坚决打好防范化解重大风险、精准脱贫、污染防治的攻坚战"①，就是当前中国经济发展中底线思维的战略重点。取得全面建成小康社会三大攻坚战的胜利，经济发展的总体态势就将全盘皆活，可以在稳中求进的基础上，显著提升中国经济发展的总体质量水平，并拓展未来发展的巨大空间。这是体现了经济高质量发展的方法论新思维。

五、基于新发展理念的策略法则新思维

从一定意义上说，经济学是关于人类经济行为中进行选择决策的学问，更确切地说，是关于选择经济决策所基于的人与人之间生产关系的学说。在这一意义上，经济发展理念归根结底是关于选择决策的基本思路原则。按照西方主流经济学的思维，主要有两类选择决策问题：一是微观经济主体的"自由选择"；二是关于集体决策的"公共选择"。这两类选择决策都基于个体利益，超越个体利益之上的集体利益选择决策，归根结底只是基于个人对自己福利（私利）的感受和判断。对于经济主体设定的这种思维定式，阻碍了对经济高质量发展的深入认识。这种以绝对个人主义为基础的经济选择思维，更难以应对诸多政策目标的选择和排序优先问题。

如前所述，经济高速度增长阶段追求的目标相对单一，战略和政策目标的确定和决策相对简单，尽管宏观经济调控也有多个政策目标，也需要进行一定的权衡取

---

① 习近平：《决胜全面建成小康社会　夺取新时代中国特色社会主义伟大胜利——在中国共产党第十九次全国代表大会上的报告（2017 年 10 月 18 日）》，人民出版社 2017 年版，第 27—28 页。

舍。当然，即使在经济较落后的发展阶段，也往往会更倾向于实行结构性的产业政策，但从其政策目标的性质上看，所追求的实际上仍然主要是"高速度增长"这一相对单一的主导性目标，压倒性地以高速赶超作为最基本的政策取向。工具性目标终归是主要关切点，经济增长率总被视作可以"一俊遮百丑"的指标。

进入经济高质量发展阶段，情况显著不同。高质量发展含义的多维性体现为政策目标的多元化，多元化是高质量的本质特征。其中不仅有工具性目标，而且有更重要的本真性价值目标。因此，新时代中国不仅在国民经济总体发展上，而且在经济体系的各个层面和领域，都会要求进行提升发展质量的策略权衡，在各项多元政策目标间进行选择，尤其是进行复杂的协调性优化。传统的个体自由选择和公共选择思维和方法，不能适应这样的新形势，需要一种以人民为集合性主体（集体）进行"协调选择"的新思维和新方法论，以实现集体性的"共享"为根本目标。共享的主体是"全体人民"，人民利益整体与局部的受损或获益需要在实践中反复权衡，在协调中做出战略性选择决策。人民主体的共享抉择，同个体自由选择及公共选择具有显著差别。无论在时间跨度还是在空间尺度上，社会主义制度的国家对人民主体的利益目标和选择行为的确定与协调，都根本不同于西方经济学思维的判断原则和优化准则。人民主体可以有"百年大计、千年大计"的目标眼界，而其他利益主体和公共选择不会有这样的理性。人民主体可以有"人类命运共同体"利益的包容性，其他利益主体和公共选择也不会有这样的理性。

正是从人民利益出发，才能奠定经济发展新理念的逻辑基础，形成经济高质量发展的新思维。习近平总书记在党的十九大报告中指出，要"坚持新发展理念。发展是解决我国一切问题的基础和关键，发展必须是科学发展，必须坚定不移贯彻创新、协调、绿色、开放、共享的发展理念"。[①] 这一新发展理念强调的创新引领，统筹协调，绿色环保，扩大开放，归根结底是要实现人民对发展成果的共享。共享的实质如前所述，就是关于人民主体整体和局部利益的权衡和多元政策目标的协调优化选择。这样的政策选择决策，必须遵循基于新思维方式而确立的新时代经济高质量发展的战略理念。中国新时代发展战略理念，一方面继承了中国改革开放近40年来的成功实践形成的正确理念，特别是解放思想、改革开放和"发展是硬道理"的原则；另一方面也总结了以往的经验教训，纠正偏差，与时俱进地提出未来发展

① 习近平：《决胜全面建成小康社会　夺取新时代中国特色社会主义伟大胜利——在中国共产党第十九次全国代表大会上的报告（2017 年 10 月 18 日）》，人民出版社 2017 年版，第 21 页。

所要遵循的战略原则和基本行为法则，不再以追求增长速度为唯一压倒性目标，更加注重体现本真价值的重要策略目标，使经济发展更具有方向、路径、方式和模式的科学合理性。这一新的发展战略理念和策略原则，系统和深刻地体现了高质量发展的经济学思维，表现在动力论、价值论、主体论及方法论上的重大创新或积极创新意向。在此基础上要进一步研究，基于新发展理念确定的战略原则，如何具体化为期望实现的现实（或实践性）目标，以及因此遵循的行为法则。

习近平总书记在党的十九大报告中指出，"解放和发展社会生产力，是社会主义的本质要求。我们要激发全社会创造力和发展活力，努力实现更高质量、更有效率、更加公平、更可持续的发展"。[①] 实际上就是指出了在新发展理念的指引下，新时代经济发展战略的着力方向和必须遵循的基本行为法则。

——"更高质量"体现价值理性原则。这是由经济发展的本真性质所决定的。如果背离高质量发展的目标和基本法则，经济发展就失去了根本意义。

——"更有效率"体现工具理性原则。在新时代中国，工具理性仍将发挥重要作用，但应更具有科学性。在工具理性的各个行为目标中，速度、规模、营利等目标集中体现为效率目标，其中的效率目标最接近于实现本真价值理性目标的要求。

——"更加公平"体现人民主体原则。"人民"作为集合性经济主体，其利益获得感集中体现为公平性。实现人民主体全体成员的普遍公平获益，才能最终达到人民总体福利目标。

——"更可持续"体现和谐永续原则。全面协调以及人与自然和谐共生是经济发展的长久性根本价值，据此可以实现经济发展进程中价值理性、工具理性及人民主体真实获益永续繁衍在新时代中国的历史统一。

可见，基于新发展理念的新思维，奠定了经济发展战略目标选择的决策原则，也是关于发展路径和模式创新的抉择原则。进一步说，这是构建经济发展体制机制和确定基本行为法则的主导原则。总之，战略、路径、模式、政策、体制、行为法则等，都是新理念新思维的显性化和具象化。从这一意义上可以说，经济高质量发展的推进和实现，取决于高质量发展经济学新思维的突破和传播，更取决于新思维在实践中的贯彻落实、全方位展现和不断的经验总结。

（原文发表于《中国社会科学》2018年第9期，有改动。）

---

① 习近平：《决胜全面建成小康社会 夺取新时代中国特色社会主义伟大胜利——在中国共产党第十九次全国代表大会上的报告（2017年10月18日）》，人民出版社2017年版，第35页。

中国经济发展中理性观念演变历程

　　中国经济发展的一个重要特点是，由于是以马克思列宁主义的理论立国，并从中国实践中发展为毛泽东思想，作为政治经济制度和国家建设的指导原则，所以，中华人民共和国成立后的经济发展所经历的各个阶段始终伴随着观念演变的历程：树立"革命思想"，进行"思想改造"大胆"解放思想"等，都反映出经济发展同思想演变的高度相关性，按照当时政治理论的解释叫作"物质变精神""精神变物质"。1978 年开始的改革开放也必须要有思想理论依据。众所周知，从坚持两个"凡是"原则到转而接受"实践是检验真理的唯一标准"的观念，成为中国解放思想，实行改革开放的强大思想武器。"实践是检验真理的唯一标准"并非马克思主义经典作家的原话。马克思的原话是："人的思维是否具有真理性，这不是一个理论问题，而是一个实践的问题。""在实践中证明自己思维的真理性，即自己思维的现实性和力量，亦即自己思维的此岸性。"[①] 这是马克思在《关于费尔巴哈的提纲》中的一个重要论断，也是理论家们论证前一个命题的主要理论依据。这两个命题，一个表述为"实践是……标准"，另一个表述为"实践中证明"，那么，两者的含义有差别吗？前者强调"检验真理"的标准，后者强调"证明思维"的真理性；前者强调的是认识结果（真理），后者强调认识能力（思维）。也就是说，前者强调人的认识对不对，后者强调人的思维有没有认识能力（现实性和力量）。按照前一个命题的逻辑，主要考虑主观与客观的关系。而按照后一个命题的逻辑，就必须考察"理性"与"真性"的关系，进而考虑主观与客观的关系，理性着重于"能不能"，真性着重于"对不对"。

---

　　① 马克思：《关于费尔巴哈的提纲》，载《马克思恩格斯选集》（第一卷），人民出版社 1972 年版，第 16 页。

本文的研究可以表明，中国经济现代化以及人们对其规律的认识，就是围绕着"能不能"和"对不对"这两个基本问题的思考逻辑而不断演进的。中文的"真理"一词十分精巧，"真"和"理"，恰好将本文所涉及的真性与理性的概念融为一体，同时也可以区分"真"（真性）和"理"（理性）的不同含义。中国经济发展中的理性观念演变进程，就展现为"理"和"真"的关系的不断深化演进。

一、以实物为目标：朴素的物质主义

世界各国的经济现代化大多数都是在市场经济制度下启动的。中华人民共和国成立之前，从经济运行的主导机理和经济制度的一般分类看，实行的是市场经济制度（如果加上"半封建半殖民地"的社会性质，也可以称为"半封建半殖民地市场经济"）。那个时代的中国，贫穷落后、天灾战乱、列强分食、民不聊生。共产党举起"打土豪，分田地"的旗帜，赢得民心，赶走列强，推翻旧政府，实现"枪杆子里面出政权"，建立了新民主主义社会，并承诺广大人民在新国家中"当家做主"，实现和平，消灭饥饿，达到丰衣足食和国家强盛的民族发展目标。按此思路，中华人民共和国成立后，从分田到户到组织互助组、合作社，再到建立人民公社，发动工业"大跃进"，都是以达到一定的实物量为经济发展的主要目标。从中华人民共和国成立后的顺利恢复战后经济，到完成第一个五年计划的各项主要指标，使人们相信，只要方向正确，"鼓足干劲，力争上游"，就可以实现预定即计划安排的实物量指标，推动国民经济快速发展。正是这样的观念，导致产生了在生产力还不发达的条件下可以实行计划经济的"科学幻想"，同时，关于社会制度形态的目标定性也从"新民主主义"改变为"社会主义"，从而也就可以认定实行计划经济是"对"的。

以达到计划确定的实物量目标作为推进经济现代化的方式，无论方向目标"对不对"，都很容易接受计划经济的"科幻"思维，认为只要想得到就能做得到，忽视"能不能"的问题，也就是说，只有美好愿景，缺乏经济理性。当幻想的"赶超"目标不断拔高，"创造新社会"（建成社会主义）的雄心极大膨胀时，社会完全失去了理性，相信"人有多大胆，地有多高产"，可以"跑步进入共产主义"。结果是，不仅无法实现幻想目标，而且使整个国家陷入可能"被开除球籍"的经济落后和结构破坏的境地，甚至连"吃饱饭"都成为无法确保实现的承诺。

　　尽管在"文化大革命"时期，一直深陷于"对不对"的僵化思维："宁要社会主义的草，不要资本主义的苗"，但到了20世纪70年代末80年代初，面对严峻的经济形势，"对不对"的问题不得不暂时退居其次，而侧重于考虑"能不能"的问题，即能不能摆脱贫穷落后，给广大人民一个可以接受的基本生活条件。因而，受到实践的教训，理性思维终于占据主导。当时提出和接受"实践是检验真理的唯一标准"的观点，理论层面上讨论的似乎是"对不对"的问题（何为"真理"，什么是"政治正确"？），而真正要解决的却是"能不能"的问题。实质是在关于"对不对"的讨论或争议中解决"能不能"的问题，即走什么道路才能实现经济发展，摆脱贫穷落后。在这一过程中，中国的务实精神与（马克思的理论表述所体现的）德国哲学的理性精神形成鲜明对照。也就是说，我们确认"实践是检验真理的唯一标准"，将其作为政治原则，完全是从中国传统的务实精神来理解的，并不需要将其作为一个透彻理性深思的哲学命题来对待，就可以得到大多数中国人的理解和赞同：按照中国人的务实逻辑，既然实践需要这样的思维，它当然就是正确的原则。不妨可以简单回忆一下那个年代的理论讨论和思维演变，每一次思想突破都是凭借感性观察就可以务实性地实现的：从"资本主义可以有计划""社会主义也可以有市场""摸着石头过河""不论白猫黑猫，抓住耗子就是好猫""计划与市场都是手段"，直到最终确立"社会主义市场经济"。务实就是"实践"，就可以判断真理，这就是非常符合中国人思维方式的务实理性。这样，中国经济现代化的思维方式在务实精神中逐步实现理性化，中国经济发展也走上理性化的道路。可见，当年的"思想解放"，本质上就是解除对经济理性的束缚。思维方式的转变非常符合中国的务实精神，结果则是让经济理性得以张扬，极大地促进了中国工业化进入加速推进过程。可以说，这是中国人以其实事求是的务实精神，获得了马克思深刻严谨的理性思维力量。

　　当经济理性在务实的实践过程中占据主导，中国经济现代化走上市场经济的道路，经济运行的机理就开始发生根本性变化。自此以后，经济发展的实物目标（计划指标）就让位于对经济价值的无限追求。于是，实物产品的社会功能逐步蜕变为充当创造经济价值的手段，人们越来越关切经济价值而不是实物产品，特别是当经济理性推动的社会生产力所创造的实物产品越来越丰富的时候（物质产品产量越大，其边际效用越是递减），对于经济价值的关切更加占据压倒性的优势，朴素的物质主义成为历史。这就是市场经济的逻辑。

二、转向市场经济：亢奋的物质主义

1978 年中国开始改革开放，经济现代化的方向和道路转变为实行和发展市场经济。为经济发展注入经济理性，启动经济现代化快速推进的进程，这是几乎所有国家——除了少数拥有丰富的特殊资源的国家之外——经济现代化的共同道路。在传统社会中，一旦注入经济理性，就会改变传统社会的财富观，承认追求财富的正当性，允许劳动致富，企业以利润最大化为目标，并以"国内生产总值"GDP 的高速增长作为经济现代化的压倒性核心指标。尽管以 GDP 为衡量经济发展成就的指标具有众所周知的缺陷，但是，在经济现代化的工业化时期，再没有更好的指标来代替 GDP，这在很大程度上是由市场经济的理性特征所决定的。

那么，在市场经济中，所谓经济理性具有什么性质呢？它具体体现在哪里？首先体现在社会经济活动的最基层，即相信每一个微观经济主体（个人和企业）的行为都是理性的，认为他们的行为都会以追求自己利益为目标。并且相信，只要允许他们按理性自主行事，经济发展就有了强大动力。因此，收入增加、财富涌流、GDP 的高速增长，是经济理性张扬的自然结果。只要对微观经济主体"松绑"、"放权"、实行"独立核算，自负盈亏"制度，就可以启动和加速国家工业化进程，为经济现代化奠定基础。正是按此逻辑，经过短短 30 多年，拥有十几亿人口的超大型经济体中国就从一个贫穷落后的国家，发展为 GDP 总量居世界第二位的经济大国。如果按购买力平价（PPP）计算，即所生产的实物总量，中国已经是世界第一经济大国。经济理性展现了巨大的能量！

经济理性并非抽象人性，而是具有显著的商域文化特质①。中国人的经济理性有其显著特色，务实的工具主义倾向特别强烈。市场经济为什么能有如此强大

---

① 商域是指：具有一定价值文化特征和特定制度形态规则的商业活动区域或领域。参阅金碚：《以创新思维推进区域经济高质量发展》，《区域经济评论》2018 年第 4 期。

的力量，其根源在于市场机制的经济理性具有工具理性的性质，即人们所追求的理性目标实际上是工具性目标，例如收入、财富、GDP 等，而本真目标，即"使用价值"，反倒退而成为追逐工具性目标的手段。换句话说，市场经济的经济理性，是以"目的"与"手段"反转为特征的。在市场经济制度下，追求工具目标的动力越强，经济增长的能量就越大。中国人是世界上最勤劳，并且储蓄率特别高的民族。强烈的勤劳刻苦和财富积累意识，支撑了中国经济奇迹般的高速增长，使中国人很快从"穷人"的代名词，几乎已经变为"有钱"的代名词。

当中国接受了市场经济思维，不必考虑"对不对"，"不要争论"何为政治正确，一心向着如何解决"能不能"的问题。而且，"能不能"的目标是高度工具化的：赚钱、创收、财富、GDP，人们相信，就是经济发展成就的标志。不过，实物性目标退而成为创造和追逐工具性目标的手段，尽管可以推动经济强劲增长，但实体经济层面的问题也很快暴露出来。进入 21 世纪的第一个十年里，就开始感受到了"不协调、不平衡、不可持续"的突出矛盾，因而提出了要有"科学发展观"的主张。这实际上是已经看到了亢奋的物质主义的局限性或显著缺陷：饥不择食地追逐物质财富，而且是其交换价值形态——货币，而对于难以用货币计量的有用之物，却可弃之不顾，或视而不见。这严重忽视了经济发展的本真价值，具有明显的盲目性。因此，提出"科学发展观"，实际上是已经认识到市场经济的浅度理性化具有很大局限性，必须转向深度理性化。

回顾改革开放的经历可以看到，中国经济现代化转向市场经济道路，是一次非常伟大的进步，接受市场经济思维，是一次伟大的思想解放。20 世纪七八十年代，中国经济现代化进程注入经济理性，具有义无反顾的性质。不过，也许正因为这样，中国对于市场经济的理性逻辑缺乏透彻深思，所以，在不长时间内就发现了，经济理性的粗狂张扬，存在可能导向背离人类发展本真价值的严重缺陷。

三、理性的本真复兴：权衡的物质主义

进入 21 世纪第二个十年，当中国经济现代化在"能不能"的问题上取得不

可否认的巨大成就，而且经济规模继续快速扩张时，"对不对"的问题越来越凸显出来。人们不得不深刻反思：我们的路到底走得对不对？中国究竟要追求怎样的经济发展目标？人类发展的真正价值是什么？经由反思而认识到，中国经济现代化正在走到一个新的历史阶段：经济发展从高速度增长转向高质量发展，社会主要矛盾从人民日益增长的物质文化需要同落后的社会生产力之间的矛盾，转变为人民日益增长的美好生活需要和不平衡不充分的发展之间的矛盾。总之，在摆脱困扰了中华民族两百年的"落后"魔咒之后，中国经济现代化开始转向"科学发展"、"高质量发展"与"美好生活"的目标。

此时，工具主义的经济理性占主导地位的经济现代化模式表现出了其明显的局限性，人类发展的本真价值和本真目标，并非都能够通过工具理性所推动的经济增长就可以达到。甚至，不受约束、为所欲为的经济理性，可能导致与本真价值目标的背道而驰，例如，环境破坏、气候变异、贫富极化、行为腐败等，特别是当贪婪之心达到几乎失去理智的程度，其恶劣行为令人发指，如官员反腐案情中表现出的私欲疯狂，大概可以成为这一时期一个永远不会被忘却的历史疤痕。从经济学的基础理论上说就是，在市场经济的工具理性主导下，商品二重性中的交换价值成为唯一目标，而使用价值反而居于无关紧要的地位，有外国经济学家称之为"交换价值为主人，使用价值是奴隶"。我们今天看到的食品、药品安全问题、环境严重污染、各种资产的金融化狂"炒"现象、社会道德的过度自私化（不要忘记：工具理性的基本假定就是人性自私）等，是工具主义的经济理性所难以解决的，实际上就是"理性"导致的"非理性"，经济学家称之为"理性的非理性"或者"非理性的理性"。这些问题和矛盾的出现，并非理性的过度，而恰恰表明中国经济现代化的理性化过程还非常不充分，还处于"浅度"理性阶段（"不平衡不充分的发展"），即经济理性化程度尚表现为缺乏"自律"的低度文明状态。从强制性约束到自我约束，是理性从"浅度"走向成熟阶段的标志，而自律的社会道德的形成，正体现了经济现代化本真复兴时代的到来。

当前，中国的经济现代化正处于能否实现本真复兴的重要历史关头。所谓本真复兴，就是要实现使用价值与交换价值的"平权"，工具理性与本真价值的协同，表现为经济现代化进程中目标的多维性，以及多维目标之间的权衡。我称之为"权衡的物质主义"时代。之所以还是"物质主义"，是因为中国仍然是发展中国家，处于工业化中后期，发展经济仍然是"第一要务"，如果没有经济发展的支撑，其他社会问题都没有解决的基础和条件。经济这个"工具"仍然责任重大，无可替代；"金钱"仍然非常重要，尽管它并不是人类的本真目标。

进入这样的新时代，经济发展的动能将发生实质性的变化。同高速度增长时期的经济动能相比，高质量发展时期的经济动能应更具有"方向自觉性"，即不仅要关切"能不能"推动经济增长，而且要关切推动经济发展的方式"对不对"？也就是说，经济现代化不仅是理性化过程，也是真性化过程，所谓"真性化"就是，向着人类发展本真价值的目标演进，今天的经济增长必须有利于长期可持续发展。

深刻的挑战在于：也许我们知道如何做才是"对的"（什么是本真价值），但要做"对"却可能也是最难的。要完成很"对"但很难的事业，考验人类的智慧和创新能力：如何让"理性"与"真性"相辅相成，协同张扬？应该说，当进入经济现代化的深入推进阶段，限制理性张扬的障碍大多已被突破，而如何克服实现真性价值的障碍，尤其是如何以理性方式实现真性目标，会成为更大挑战。因为，真性目标并不体现为货币，也就是说，并非只要有"金钱"就一定能实现经济现代化的真性目标。因此，我们需要深刻理解经济现代化的真正的历史逻辑。

四、经济理性、价值文化、制度形态互动交融的文明过程

经济现代化在历史长河的某一时期开始启动，其推动力基于经济理性的"觉醒"。在此之前，神秘主义、蒙昧思想、神权、王权等，压抑了基于个人权利和科学思考的理性思维。因此，经济现代化的前提是思想解放，即让经济理性得以张扬，并由其主导，经济发展才能走上理性化的道路，这是各国经济现代化的共性，可称为历史进入了现代经济发展阶段。中国经济现代化，经历了两次最大的思想解放运动，体现了理性的解放，特别是经济理性的张扬。第一次是中华人民共和国成立，第二次是改革开放。第一次思想解放是朴素理性的觉醒，即物质观的觉醒；第二次思想解放是工具理性的觉醒，即财富观的觉醒。

问题的深刻性在于，经济理性的觉醒并不是在一个"空盒子"般的空间条件中发生，而是在一个经历了漫长历史的社会环境中发生的。它绝不可能以纯粹的形态出现，而必然是在一定的社会环境中以"变形"的具体状态出现。经济理性体现在每一个人的所思、所言、所行中，而人的所思、所言、所行总是受一定的价值观和文化环境所决定和影响的，也就是说，如马克思所论述的，"人的本质并不是单个人固有的抽象物。在其现实性上，它是一切社会关系的总和"①。在这一点上，人的行为无论是理性还是不理性，都是这样。人性不可能离开社会的价值文化环境而作为赤裸裸的"理性人"（经济人）而存在。所以，经济现代化，尽管是经济理性化的过程，同时也是文明化的过程，所谓文明化，则是经济理性、价值文化和制度形态相互交融的复杂社会过程和心理过程。

　　经济现代化进程中，既有的价值文化环境和制度形态，能否产生革命性的变化，以适应经济理性张扬的要求，是第一个关键问题。因此，经济现代化的启动，通常有赖于某种"革命"：社会革命、文化革命、宗教革命，甚至战争，为经济理性开路。但是，所有的革命都不可能为经济理性的张扬创造一片理想"净土"，任由经济理性天马行空。而是以极为顽强的方式，紧紧纠缠着经济理性，影响着经济理性的作用方向和丰富的表现形态，例如，从经济理性上可以说"人人爱财"，但在现实经济社会中，不同人群的取财之道却大为不同。

　　这样说，并不意味着经济理性就是绝对积极的力量，而文化和制度因素就是消极的因素。相反，经济理性也绝非神力无边，绝对的经济理性是无法存在的，一定的价值文化和制度环境，是经济理性得以存在的必要条件。也就是说，在现实中，经济理性、价值文化与制度形态总是同时存在，三位一体，无法分离的。这才可以理解，为什么现实的人是"一切社会关系的总和"，为什么经济现代化是一个经济理性、价值文化、制度形态的互动交融的文明过程，而绝不仅是一个可以由经济理性独自决定的物质技术（资源配置）优化过程。其实，作为一个文明物种，人类最大的优势不是放荡的理性，而是自律的理性，负有善美关怀的理性。

---

　　① ［德］马克思：《关于费尔巴哈的提纲》，载《马克思恩格斯选集》（第一卷），人民出版社1972年版，第18页。

五、中国经济现代化深度推进：理性升华，真性引领

改革开放 40 年，中国经济现代化进程中，理性虽然得以张扬，但整个社会的经济理性化过程还远未完成，尚处于"浅度"阶段，文明进程的强制性规则尚未理性化地成为自律性行为，而且许多强制性规则本身还未达到较为成熟完美的理性化程度。经济改革还远未完成，而此时，经济现代化的真性化要求却已成为紧迫问题。中国经济现代化进入了各方特别"纠结"的时代。

中国的经济现代化向纵深推进，面临的挑战是严峻的，新时代肩负着艰巨的历史使命。所谓"纵深推进"，不仅是经济效率（资源优化）的继续提高，而且是价值观和社会文化的现代化，以及制度形态的现代化，而所有这一切又都必然是具有"中国特色"的。实际上每一个国家都有自己的特色，没有"特色"的国家实际上是不存在的。因为，即使（抽象的）经济理性可以一元化，但价值文化和制度形态必然是多元性的。就如同生物世界的进化，竞争和进化的结果绝不是趋向于一元性的"最优化"境界，甚至物种之间竞争也并非"优胜劣汰"，而是发展为越来越多样化的世界。当我们饥饿时，最需要食物；贫穷时最需要钱；国家落后时最需要 GDP：而当我们不再落后时需要什么？需要美好生活，需要幸福，需要发挥人的潜能，需要马克思所预言的"自由人的联合体"。这是人类发展的深度理性，也就是真性（本真）价值。

人类的需要是多样性的，美好生活的目标是多维的。今天所面临的挑战是，我们没有实践过，因而并不知道如何才能实现这样的人类发展目标。改革开放40 年，我们知道了需要尊重理性，也越来越懂得对真性的关切，十多年前就提出了"科学发展"的要求和政策意向。但是，探索经济现代化未来的道路仍然充满许多困惑。改革开放将处于一个又一个十字路口。本真价值应能驾驭经济现代化的纵深推进方向，而经济理性仍然是不可或缺的有效工具。在这样的新时代，如何形成更具方向自觉性的新动能，以推动经济现代化进程，是一个的艰巨使命。

新动能的特征是具有方向自觉性，这取决于价值观和文化取向，也需要有一

定的制度安排来规范行为，维护社会秩序。改革开放的前40年，奋斗目标相对单一，牵住"牛鼻子"就可以带动全局。而今天，在目标多元下进行选择，很难做到符合"帕累托改善"的要求。方向自觉性，不仅体现在目标选择的自觉性，在工具性目标和本真目标的权衡上达到优化；而且体现在手段选择的自觉性，即不能以损害本真价值的方式"不择手段"地来达到目的（往往是工具目的）。方向自觉性是对经济现代化新动能的一个非常高的要求，是新旧动能转换中的一个关键。实际上就是要达到理性与真性的统一。为此，必须实现中国经济现代化深度推进使命的路径创新，而且是高度原创性的创新。

进入这样的新时代，必须为创新提供和创造更适合的环境，价值取向和制度安排都要以有利于创新为准则。客观地说，中华民族是一个勤劳、刻苦的民族，但不是一个具有强烈创新取向（特别是原创性创新）的民族，我们的"求同"意识远远强于"求异"意识。我们的思维定式往往是"别人能做我也可以做"，而不是"别人这样做我就那样想，那样做"。我们更倾向于宁可承受赌的风险（如凯恩斯所说，市场经济机制本身就类似于彩票），也不很愿意承受创新风险，特别是长期性创新风险。这就会限制创新的想象力，特别是核心技术创新的想象力，而新时代恰恰是一个特别需要发挥想象力的时代。我们真正缺乏的不是人才，而是让人才发挥能力，特别是发挥想象力的文化环境和制度安排。问题的深刻性在于：许多人可能都认识到了这一点，而要改变它却发现困难极大。因为我们正处于长期形成的价值文化环境和制度安排的现实之中，而要改变这一切，所要克服的传统"惯性"如此巨大，几乎就如同是要拽着自己的头发把自己拎离地面，举上天空！

可见，由于经济现代化是经济理性、价值文化、制度形态互动交融的文明过程，理性的张扬并不能替代真性的实现，也就是说，经济现代化进程中的理性化进程必须达到能够同真性复兴相容，有效推进真性目标的实现，即走向"求真"之路，才是人类发展真正的理性体现。

经济理性过度的工具理性倾向，是经济现代化的理性尚处"浅度"的低级阶段的突出表现之一，工具理性是浅层化的理性。中国经济现代化的深度推进，需要将强烈的工具主义倾向，导入更有效地实现真性目标的轨道，实际上就是进入了深层理性化的经济现代化进程。经济现代化的深层理性化应更倾向于降低市场的交易成本和社会管理的制度成本，提高营商便利性和行政管理效率。制度改革应导向于使资源配置更有助于能够提高人的素质，而且，制度的效率目标应与价值导向目标相协调。不能再以过高的价值文化代价（伦理素质代价，即通常所说的"道德滑坡"）来获取强制性经济增长的短期成效。逐步改变过度的市场经济工具理性与中国文化的务实精神相互强化，因缺乏价值文化的本真价值引领（和制约），而使制度安排的激励机制失去平衡性，导致经济现代化出现价值伦理的"劣币驱逐良币"现象。

由于经济理性的极端化是假定人人都是自私的"经济人"，在经济理性的"浅度"阶段，人们可能会视其为"天经地义"的人性取向，即认为凡是正常的人都是利己自私的。其实，如果经济现代化真的是走向人人自私的方向，人类就必然走向堕落，根本不可能实现现代化。道理非常简单：在现实中，没有人会认为或承认自己是自私的"经济人"，大多数人认为自私的人不是"好人"；也没有人或经济组织会愿意同自私的"经济人"合作，所以，如果真有极端自私的经济人，他在现实中是难以生存的（难以被社会接受）。可以说，真正的"经济人"只可能存在文学作品中，而难以在现实中存在。如英国经济学家约翰·凯伊所指出的："总体来说，极度贪婪的个人长期来看不会成功，因为在复杂的现代经济中，成功需要与他人的合作。最优秀的商业领袖比起金钱更关心事业。"[1]因此，经济现代化向深度推进，其理性化的方向是社会文明化程度的不断提高，制度的完善化显著增强，尤其是要从根本上改变工具理性过度张扬可能发生的价值伦理的"劣币驱逐良币"现象。

即使是从经济理性的角度来思考，超越物质主义的个人理性，形成社会合作的道德环境也是符合深度理性的逻辑的。英国经济学家约翰·凯伊说："卢梭（18 世纪法国伟大的启蒙思想家）认识到，自利的个人未必会参加合作——即使这类合作能让每个人都过得更好。要求社会制度强制实施合作，是一种经济上的需要。""现代经济需要——而且能获得——更多的合作，这种程度是'强制执行'或是'互惠关系'无法解释的。即使我们并不期盼着别人在未来对我们的帮助，我们也愿意帮助别人。如果碰上陌生人问路，我们通常会告诉他们。而且，我们期盼自己日后向另一个陌生人问路时，对方也会做出同样的举动。""这种行为并不是理性的——如果理性指的是'自利的物质主义行为'。但是，这种行为却具有适应性：人们能够对陌生人伸出援手的社会，不但更美好，而且

---

① ［英］约翰·凯伊：《市场的真相——为什么有些国家富有，其他国家却贫穷》，叶硕译，上海译文出版社 2018 年版，第 14 页。

会更加繁荣。"①

可见，经济现代化的理性化进程，需要不断深化，并形成更符合人类本真价值的社会文化和制度形态，实现个体理性与社会合作的良性互动。因此，理性升华，真性引领，是中国经济现代化深度推进的正确方向。经济现代化本质上是人的现代化，向着更能体现真性的人类深层理性的方向提升文明水平，人类才能成为这个地球上能够持续存在、繁衍和繁荣的物种，而不至于因自己"劣币驱逐良币"的非理性行为而被淘汰（开除球籍）。总之，中国经济现代化正在进入新阶段，从浅层（浅度）理性化转向深层（深度）理性化方向推进。前者的基本特征是"务实"；而后者的基本特征则是"求真"。从"务实"走向"求真"，是中国经济现代化的化蝶升腾之道。

（原文发表于《江苏社会科学》2019 年第 1 期，有改动。）

---

① ［英］约翰·凯伊：《市场的真相——为什么有些国家富有，其他国家却贫穷》，叶硕译，上海译文出版社 2018 年版，第 294—295 页。

第二篇　区域观察

全球化新时代的中国区域经济发展新趋势

工业革命、市场经济和经济全球化，是彻底改变人类命运和世界面貌的三位一体历史过程，当前，全世界人类发展总体上仍然处于这一历史阶段。在《论经济全球化3.0时代——兼论"一带一路"的互通观念》一文中，笔者讨论了经济全球化演进史的三个时代，并论述了当前所处经济全球化新时代（即全球化3.0时代）的主要特征。① 在这一世界工业化与全球化的新时代，中国区域经济发展也将面临一系列新情况，呈现前所未有的新趋势，把握这些新情况、新趋势，对于各地区在"十三五"期间实现"更上一层楼"的发展和治理目标，以至区域经济的可持续发展具有重要意义。

一、区域经济开放格局的深刻变化

进入21世纪第二个十年以来，世界工业化和经济全球化出现了一系列新情况，这是经济全球化从2.0时代进入3.0时代的显著表现。其中最突出的变化之一就是中国迅速崛起，融入全球化，经济高速增长，工业化加速推进，成为世界第二大经济体，在世界经济中的地位和影响力显著提高，国际话语权显著增强。

---

① 我们可以将自19世纪到20世纪中叶之前，以第二次世界大战为界，称为第一次经济全球化，或经济全球化1.0时代；20世纪中叶直到当前称为第二次经济全球化，或经济全球化2.0时代。当前，世界正在兴起第三次经济全球化浪潮，进入经济全球化3.0时代。中国在经济全球化1.0时代国运衰落，在经济全球化2.0时代寻求复兴，必将在经济全球化3.0时代占据重要国际地位，发挥影响全球的大国作用。参阅金碚：《论经济全球化3.0时代——兼论"一带一路"的互通理念》，《中国工业经济》2016年第1期。

尽管迄今为止一些国家在承认中国"市场经济地位"上仍然扭扭捏捏，但中国经济已经是全球市场经济的重要组成部分，全世界几乎没有哪个国家的市场不受中国经济冷暖的影响，已成为不可否认的事实，而且，没有哪个国家有能力和有意愿将中国排斥于全球市场经济体系之外。因为，如果将中国排斥于全球市场经济的自由贸易体系之外，对绝大多数国家都没有好处，甚至，对那些主观上可能还存有战略抵触意愿的（竞争对手）国家也没有什么好处。所以，中国经济进一步扩大对外开放，进一步融入经济全球化体系，是不可阻挡的趋势。

在这样的世界大趋势中，中国经济包括各地区经济发展态势将发生深刻变化。其突出表现之一是，世界的工业化向欧亚大陆腹地及非洲、南亚、拉美等地区深度推进，中国顺应并且有力地推动着世界工业化的这一趋势，实施"一带一路"倡议构想，以强大的基础设施建设能力，加快改善经济全球化的互联互通条件，使世界各国，也包括中国各地区经济的比较利益关系发生极大变化。首先表现为地理空间上的"远""近"关系，以及交通运输及通信成本的"高""低"比较，发生重大变化，今非昔比。例如，中国经济以往的东、中、西三大地带即沿海—内陆梯度发展关系将深刻变化。各地区同世界各国的经济往来所受空间距离的约束状况正在越来越呈现新的格局。也就是说，空间距离上的"远"未必一定就是经济成本上的"贵"，长距离交易的便利化可以为远程合作与供求连接创造有利条件。有可能形成国内及国际经济网络中新的枢纽区、经济带、增长极和交汇点。甚至在经济腹地区域（内陆地区）中实现"买全球，卖全球"，也将越来越具备物质技术条件和经济可行性。可以说，在经济全球化新格局中，无论居于中国大陆的哪个区位，通过扩大对外开放，同全国其他地区和全球经济实现互联互通，争取更大地获益于"一带一路"倡议，以促进本地区的经济繁荣与发展，都不存在不可克服的障碍。

经济全球化新时代中国区域经济开放格局变化的另一个突出表现是，现代信息技术和互联网的长足发展将对产业业态和地区环境产生根本性的重大影响。各地区的发展除了仍然可以基于自然资源、人力资源等传统优势之外，信息资源和信息技术运用将成为越来越重要的竞争力源泉。在现代信息技术高度发达的条件下，产业发展的三大基本要素——物质、能量、信息中，信息流动所受空间约束越来越小，作用日趋增强。现代信息技术和互联网的广泛运用将显著地增强地区之间的"平坦"性。交通高速化、产业智能化、城市智慧化、市场网络化和乡村互联化，将极大地拓展各地区发展的战略选择空间，更有助于实现人类"想象力的具象化"。有学者论证，实现经济发展的实质是"人们把梦想变为现实的能力"的不断增强，"所谓创新力便是我们化想象的产物为实体的能力"。人类所生产的各种产品实际上就是实现信息具象化的载体。"创新力得以让我们灵活的大脑来创想，然后再把创意具象化，正是创新力使我们人类有别于其他物种。"（塞萨尔·伊达尔戈，2015）按此理论视角，由于信息技术和互联网的发展将可以使"信息闭塞之地"不再存在，发挥想象力的思想网络不再受区域阻隔，因而各地区都可能在跨区、跨域、跨境、跨国间发挥想象力具象化的能力，实现开放式协同性创新，将区域发展推入创新驱动的轨道。

总之，当世界经济进入全球化新时代，工业化信息化向深度推进，经济全球化的基础设施条件日趋完善，特别是现代信息技术的广泛运用，极大地改变了经济空间的区域格局。

二、 区域经济利益格局的演变

区域经济开放格局的深刻变化必然导致区域经济利益格局的重大变化。其中最突出的表现是：在经济全球化新时代，市场竞争主体以及国家区域的利益关系发生极大变化。各不同经济体（国家、地区或企业）之间利益边界截然分明的状况逐渐演变为"你中有我，我中有你，你我中有他，他中有你我"的利益交织、相互依存格局（金碚，2016）。例如，假设地区 A 的一个经济主体（政府、企业或公民）Aa 在地区 B 投资了一个企业或项目 Ba，就同 Ba 构成了直接的利益相关性。实际上，地区 A 与地区 B 以及 Aa 与 Ba 就形成了共同利益关系。如果地区 A 的经济主体 Aa 同地区 B 的经济主体 Ba 是同一或相关产业链的组成部分或相关项目，地区 A 与地区 B 以及 Aa 与 Ba 就构成了另一种更深入的共同利益关系。而如果 Aa 与 Ba 合作或合资，或者 Ba 单独，在地区 C 建立企业或开发项目 Cab，则地区 A、B、C，以及 Aa、Ba、Cab 之间就构成了多边共同利益关系。类似的关系还会发展到不同国家之间，形成国际利益共同体以至命运共同体。

当上述共同利益关系越来越普遍化之后，各地区及各国的经济主体的利益疆域就变得犬牙交错，难解难分。各地区的利益边界从本地区延伸到其他地区，以至全国和全球。于是，形成域内利益、跨域利益和跨国利益相互交织的格局。一个地区的公民、企业和政府的实际利益不仅取决于本地经济，也受到其他地区以及其他国家经济表现的影响，例如，任何经济主体如果参与了在其他地区或其他国家的投资，拥有其他地区或其他国家的公司股票、债券，或者在其他地区或其他国家的证券市场或产权交易市场进行交易活动，或者成为跨域产业链或跨国产业链的组成部分，则其他地区或国家的经济状况将直接或间接地影响本地区或本国的国民利益；同样，本地区或本国的经济状况也直接或间接地影响其他地区或国家的国民利益。甚至作为经济主体的企业尤其是跨国企业，其身份认定都将成为非常复杂的问题。即何为本国企业，何为外国企业，或者何为本地企业，何为外地企业，都难以绝对划分，而取决于属类认定的定义，例如是按企业注册地，还是按企业股权归属，或者按企业实际控制人的国籍（户籍）来认定？

如果再仔细观察各种产品的复杂"迂回"生产过程，就可以看到，在生产分工高度细密的全球化经济网络中，每一件产品的生产都变得极为复杂，甚至没有人知道有哪些国家和企业参与了生产。例如，"人类每年要制造几十亿支铅笔，但没有人知道自己要如何制作它。只有少数人知道如何将荷属东印度群岛的菜籽油与硫氯化物和硫化镉结合起来制成粉色的橡皮擦。有些人将石油转化为光滑的漆皮所需要的石蜡。还有些人知道制作系纸袋的细线，以便能将在斯里兰卡开采出的石墨顺利装船。制作铅笔需要的材料还有很多。即使是制造铅笔这样简单的物品，也需要一个巨大的网络"。（杰夫·斯蒂贝尔，2015）因此，正如一些学者所说，"全球价值分工体系下，传统的国家制造已经转变成'世界制造'，'无国界生产体系'逐步形成"。"全球产业链作为一种组织和治理力量，已经牢牢将各国'虹吸'至'世界进程'中。"（杨继军、范从来，2015）

在这样的区域利益格局中，以更加开放的方式参与区际和国际合作与竞争，成为各地区发展的必由之路。这意味着，过去所定义的区际或国际"可贸易产品"与"不可贸易产品"分类也越来越失去了绝对意义，出现了"不可贸易产品"（例如基础设施建设）的可贸易化现象，形成不可贸易产品的区际竞争和国际竞争格局。

由于国际和区际利益关系格局的极大变化，产生一系列新情况、新现象，产业竞争与合作的行为和方式也必然发生极大变化，这就必然导致原有的竞争规则、贸易规则和政策的不适应，需要以新的制度、规则和政策来应对新情况。

三、国际竞争规则和区域政策的变革

人类发展史上的经济高速增长现象仅仅出现在工业革命以来两三百年的工业化时期，所以，经济高速增长实质上是工业化现象。而工业化的根本逻辑是：科学技术运用于生产过程，通过不断扩大市场规模和"大众消费"，实现物质财富的大规模创造和积累。所以，工业生产能力的增长和国际贸易的增长相互促进是工业化的基本特征之一。这样，"自由贸易"就必然从国内走向国际，即经济全球化成为世界工业化的必然现象。从经济理论上说，自由贸易可以实现各参与国的比较利益，因循"帕累托改进"的路径得以发展，即在不损害其他人（国家、地区）利益的前提下，使得一些人（国家、地区）获得利益，从而向着全球福利最大化的方向发展。

但是，在现实中，这样的纯粹经济理论的推论往往并不成立。因为，自由贸易绝不可能是完全的"自由放任"，而总是在一定的贸易规则和竞争规则中运行。而在利益关系上绝对没有偏向，或者绝对利益"中立"的规则是不存在的。任何贸易规则或竞争规则（以及发展战略、产业政策等）都会对各国国内的一些利益集团有利而对另一些利益集团不利，即使对各利益集团都有利或没有人受损（严格满足"帕累托改进"的条件），也总是会对一些利益集团更有利，而使另一些利益集团获益相对较少，而获益相对少些的利益集团就会有强烈的受损感或被剥夺感，即使实际上并没有直接受损（而间接受损则是非常难以评估认定的）。因此，国内经济政策及其国内利益平衡与国际贸易规则及其所涉及的国家间利益平衡之间处于极为复杂的状态，一国获益不等于一国内大多数人都获益。于是，当经济全球化进入新时代，越来越多的国家、地区和民族卷入世界工业化洪流，而且，各种要素和商品在地区间和国家间的大规模高速流动，使得竞争过程的利益损益和"利益纠缠"现象错综复杂。加之互联网等现代信息技术的广泛运用，一方面，确如持乐观态度的人所说的，"网络革命正在彻底地改变着我们"。"互联网不仅让我们的联系更加紧密，还让我们之间的竞争环境变得更加公平。"在互联网无所不在的现代社会，"人类网络已经变得更具有深度和广度，而网络本身比所有独裁者都强大"。（杰夫·斯蒂贝尔，2015）而且，互联网将使经济关系进一步"去中心""去等级"，分布式平等化现象将越来越居主导地位，也就是说，在互联网的支持下，市场经济的平等竞争本质将得到更大彰显。但另一方面，越来越复杂的贸易和竞争关系，也使得各种利益的平衡愈加困难，社会风险增大，而且，关于什么是"公平竞争"的理解也更具认识分歧。一些过去合理和有效的规则和政策，也可能由于形势的变化而变得不合时宜，因此，在经济全球化新时代，贸易规则和竞争规则的改革势在必行。特别是，被认为是竞争过程中的非平等或非"中立"现象或行为将受到国际竞争规则越来越严厉的禁止或限制。例如，一些国家正在设想制定的《跨太平洋伙伴关系协定》（TPP），无论其主观动机是否正当，无论其最终能否被各签约国批准实行，都已显示了国际贸易规则面临改革的动向，即实行"更高标准的自由贸易制度"。而所谓"更高标准的自由贸易制度"实际上就是更严格限制或禁止不平等或非中立的竞争地位，其中包括对环境保护与劳工权益标准的强调以及对知识产权的更强保护等，以体现竞争的公平，并对政府干预或参与行为（包括国有企业行为）进行限制或规范，实现竞争规则的中立性原则（竞争对手间的市场地位平等）。当然，什么才算作"公平"或"中立"，是非常有争议的问题，所以，制定和实施这样的新规则绝非易事。即使制定了新规则，是否能严格执行，也是一个问号。不过，进一步深化国际贸易和国际竞争的规则确是大势所趋，一方面要坚持国际"自由贸易"，另一方面要又以更为复杂细密和所谓"高标准"的规则来监管贸易行为和贸易主体，甚至涉及传统意义上的国家主权领域。因此，国际贸易规则的进一步深化，将涉及越来越"敏感"的国家内政问题，引起许多争议，不仅是不同国家间的争议，而且在各国之内（各利益集团及各政治派别之间）也会发生严重的意见分歧。不过，尽管具体的意见主张不尽相同，但国际贸易规则和竞争规则的深化细密和调整变革，则是经济全球化新时代的必然现象。

与此直接相关的是，当利益格局发生重大变化，尤其是当区域间和国家间的利益关系越来越复杂化时，在"你中有我、我中有你"以至于你我难分的利益纠缠中，各国政府都面临着一系列共同的难题，例如，如何避免过度的国家间税收制度竞争，如何进行国际税制协调？通俗地说就是：面对全球配置资源的跨国企业和可以在全球"选择和安排身份"以至安排和选择纳税地点（国家）的全球企业、"世界人"，各国政府如何征税？其中所涉及的基本理论问题是：在全球化竞争格局下，可流动要素对不可流动要素的相对优势将越来越显著，其中也包括不可流动的征税主体（政府）对可流动的纳税主体（特别是跨国公司）的相对劣势。再如，各国政府如何共同合作，以应对各种难以由各国单独解决的世界性问题，就需要各国共同参与国际贸易和竞争规则的改革，以构建更为合理有效的经济全球化秩序。也许正是基于这样的客观现实和世界趋势，在杭州举行的G20国首脑峰会上，习近平主席称各国首脑和政府来宾为"同事们"。

实际上，这一国际问题在国内的地区间也明显地存在着。改革开放以来中国地区之间也存在税收以及各种特殊政策（优惠政策）的竞争。各地都倾向于以尽可能低价格的要素（例如土地）和政策优惠（减免税费和提供补贴），增强对可流动性要素（例如外资、央企和民企）的吸引力。在区域发展政策上，这可以称为"特区时代"或"特殊政策时代"。而进入全球化新时代，这种区域政策取向的局限性将越来越突出，区域政策和竞争政策也将进入规则深化的新时代。这可以称为"自由贸易区时代"，其基本理论逻辑是：减少特殊政策，增强政策普惠性和公平性，尤其是要实行以商事便利化为主要内容的自由贸易政策，通俗地说就是无歧视地一视同仁。自由贸易政策的精神是公平竞争、避免非中立竞争，而不是依赖于特殊政策和差别化政策来牟取政策性利益。当前，各地区也正在探索更为合理有效的区域经济规则和政策安排。

特别是，当经济全球化的贸易规则进一步深化时，中国经济的整体对外开放度将进一步扩大，区域经济越来越深度地融入全国经济和全球经济，所以，国内各区域间的政策安排也必须与之适应，即所有的贸易规则、竞争规则、税收制度、监管规则等都要与时俱进地实现区际和国际接轨。这样，经济活动才能在公平环境中，畅行无阻，释放活力和增强竞争力。很显然，这是各地区所面临的一个突出的新情况。要以创新思维、开放理念推进改革，形成区域内和区域间的有效制度和政策安排，保证区域经济的公平性和可持续发展。

当必须以新的区域政策思维取代原先有效但现在正逐渐过时的区域政策思维时，人们往往产生不适应感，甚至是难解的矛盾心理。例如，为形成适应经济全球化新时代的国际和区际贸易关系，我们必须从过去的以特区特政为标志的区域政策取向，转向以自由贸易区为标志的普惠政策取向，前者的基本性质是"给特殊政策"，后者的基本性质是"无歧视政策"。过去，各地方政府的主要作为是竞相争取设立"经济特区""高新区""开发区""综合示范区"等，一言以蔽之，都是以"差别政策"构建区域优势。而现在，自由贸易试验区则是要实行没有差别（非特殊、无歧视）政策的原则。不过，在特殊政策取向的区域发展路径转向自由贸易政策取向的区域发展路径的过程中，往往也需要有"试点"

或"试验"，因此，国家批准了多个自由贸易试验区，还有更多的地方也希望被批准设立自由贸易试验区。其基本的政策逻辑是：既要搞"试验区"，又要不给特殊政策（自贸区政策必须是可复制、可推广和普惠性的）。于是，在争取设立自由贸易试验区之前以为中央总会给一些特殊优惠政策的地方，当被批准设立自由贸易试验区后，就感觉自贸区似乎没有什么政策"含金量"。那么，没有特殊政策"含金量"的自贸区建设可以试验什么呢？这一困惑正反映了区域经济政策取向转变过程所面对的挑战。应对这一挑战，更需要改革和创新精神。也就是说，各地区必须探索如何在不依赖特殊优惠政策的前提下，提升本地区的产业竞争优势和发展水平。

四、产业吸引和区域价值的政策抉择

笔者曾在《论中国产业发展的区域态势》一文中提出过关于在各地区发展中产业竞争力与区域价值的关系问题（金碚，2014）。从理论上说，各地区的产业发展与区域发展在根本上是一致的，两者相辅相成。但是在现实过程中它们确实又不是同一回事。因为，两者的主体与价值准则是不完全相同的。产业发展是企业本位，而区域发展则应是居民本位。在市场经济制度下，作为市场主体的企业发展并没有区域限制，除非其所有者是地方政府并直接为地方经济服务，绝大多数企业在区域间是可移动的，哪里更有利就到哪里去，这是企业本位的"理性"。但对于一个地区，一般来说，只有在本地发展的企业才有直接的区域价值（创造就业、提供税收），企业离开了就失去了对本地区的直接价值。所以，产业发展的逻辑是"有志企业四海为家"，"良禽择木而栖"，而区域发展的逻辑则是"本地价值优先"，"能创造本地区域价值的企业才是值得欢迎的"。因此，每个地区都会考虑各产业发展对本地区的价值贡献，而不能仅仅考虑是否对企业竞争力有利。但是，地区的产业吸引力和支撑力恰恰又必须表现为要使落户本地的企业能够具有竞争力，即迎合"企业竞争力优先"的产业发展逻辑，否则企业不会选择留驻此地，总之，企业可以"用脚投票"。这一问题在现实中往往表现为很复杂的区域产业发展关系及政策抉择。例如，地方给企业提供低价格的土地和各种政策优惠，是否能获得预期的地方利益？如果以地方利益的付出换取产业留驻，会不会有利（或有损）地方尤其是当地居民的现实利益和长久利益？如果产业发展依赖于开发地方（矿产）资源，那么，企业利益与地方利益是否能平衡和协调？一旦所开发的（矿产）资源枯竭，地方经济的未来发展和民生改善如何接续？如果再进一步考虑环境保护及当地居民生活质量，问题就更为复杂。一方面，良好的生态环境和优越的生活质量会成为吸引和支撑优质产业的重要因素，因而成为区域竞争力的基本要素之一。但另一方面，强调生态环境和生活质量（往往意味着较高的工资水平和生产成本），是否会影响企业竞争力，削弱企业留驻的吸引力？总之，各地区吸引和培育具有竞争力的本地产业同提升区域价值的关系将更为复杂，这也是各地区产业发展（例如招商引资）面临的现实挑战和取舍抉择。

同这一问题直接相关的另一个社会敏感问题是：所谓区域价值是如何体现的？如果一个地区的产业吸引力强，生态环境好，公共服务到位，居民生活质量高，当然就会表现为较强的人才和人力资源吸引力。而当人口向该地区聚集，就会表现为土地价格（地租）上升，于是，房地产价格也会上升。那么，按照这一逻辑推论，高房价是否就成为区域价值的重要表现之一了？一般来说，发展水平和居民生活水平较高的地区（城市），房地产价格也较高；人口密集度较高地区的房地产价格通常高于人口密集度较低地区。土地价格高，地方政府的涉地收入就高，政府财力增强了，提供公共服务的能力就可以提升。所以，地方政府希望土地高增值，并非不可理喻的恶意或恶政。从一定意义上说，政府致力于提升区域价值的一切行为以及地区经济繁荣的后果，都可能体现为房地产价格的上升，除非以更大规模的土地供应来"对冲"（向中央要求更多建设用地指标，加大更多土地供应），但这在现实中未必能做到，地方政府也未必愿意这样做。

当然，理论上说，也可能会有这样的逻辑：如果房地产价格过高或上涨过快，就会增加地区的产业成本，不仅租金上涨，而且会推高工资水平，从而增加企业用人的成本，降低企业的比较成本优势。所以，房地产的高价格对实体产业具有挤出效应。不过，进一步的问题是，这种挤出效应是广泛性的还是筛选性的呢？前者是指，房地产高价格损害了所有产业或大多数产业的竞争力，对它们有显著的挤出效应，可能导致地区经济的整体性衰退，不利于吸引企业留驻；后者是指，房地产价格上升对一些企业具有显著的挤出效应，使之难以生存而不得不迁出，但却没有超出另一些企业的承受能力，这类企业只要能够提高技术和效率水平，就可以留驻在该地区以求转型升级发展。面对这样的筛选性挤出效应一定是"几家欢乐几家愁"。

可见，地区（通常是城市）房地产价格的上升是良性还是恶性，是利大于弊还是弊大于利，取决于幅度和速率。房地产价格过快上升产生广泛性挤出效应，显然是不利的，这可能会从根本上损害地区的产业竞争力（吸引力）和区域价值，实际上是挤压透支了本地产业的长远发展空间。反过来，如果房地产价格持续性地显著下降，也绝非好事，这可以表明区域价值的下降以及产业和人口吸引力减弱。所以，产业竞争力与区域价值良性关系的理想表现是：产业竞争力不断增强，人才吸引力提高，房地产价格稳中趋升，生态环境和公共服务水平逐步改善；同时，筛选性挤出效应导致优势产业替代劣势产业，促进地区产业逐步升级，劳动生产率和产业附加价值水平不断提升。由于企业不断提高效率和技术水平，更有能力雇用高工资的劳动力，推动当地居民收入和生活水平的提高。很显然，要实现地区产业发展和区域价值提升这样的优化路径，很大程度上取决于政府的治理能力和政策水平。明智和有力的政府，是地区经济和社会发展不可或缺的重要条件。

值得重视的是，在经济全球化新时代，不仅产业竞争力的比较是国际性的，区域价值的比较也越来越具有国际性，尤其是国际化程度很高的大都市，其竞争（竞赛）对手不仅是本国其他地区（城市），而且是拥有同类（可替代）产业的国外（或境外）的同类地区（城市）。如前所述，区域价值往往表现为区域房地产价格水平（这是指持续性的价格水平，而不是因非理性投机所导致的价格畸形波动），不同的产业适应于不同的区域房地产价格。区域房地产价格对于国际化产业的吸引（挤出）效应和筛选效应，与区域经济的长期发展具有密切关系。过高的尤其是上涨过快的房地产价格即使在短期内反映了较高的区域价值，但也可能因其挤出效应而损害长期区域价值；反之，过低的甚至是人为压低的房地产价格（以优惠政策进行招商引资），短期内可能具有对国际产能的较强吸引力，但由于其较弱的筛选效应（饥不择食，来者不拒），很可能导致"劣者驱逐良者"，损害其长远的区域价值。

五、产业文化凸显为影响区域发展的更重要内在因素

产业竞争力与区域价值的关系还体现在另一方面，即产业发展如何同区域文化相适应。现代经济发展首先表现为产业发展，区域经济发展最具决定性的因素是地区产业发展。笔者曾在《建设制造强国需要耐心和意志》一文中指出（金碚，2015），现代产业发展主要取决于三个基本因素：资源、科技和文化。其中，文化是指一个国家或地区在其长期发展中所积淀而成的人的价值观念和行为方式以及习惯倾向。文化因素对工业化前景具有基础性、长期性影响。在工业化的初期和中期，各国工业发展的路径大同小异，表现出"标准型式"的增长路径；但到了后期，各国工业化表现各异，几乎没有两个完全相同的国家。其最根本原因之一就是国家间的文化差异，即文化的多元性决定了工业化道路的多样性。产业发展"三原色"——资源、科技、文化，绘就了不同工业国家各具特色的缤纷画面。同理也可以理解区域间的产业发展差异及不同前景。

中国产业发展的一个基本国情和突出特点和优势是：幅员辽阔、人口众多、各具区域特色，而且，经过半个多世纪的工业化，已拥有门类齐全的生产体系和庞大的生产规模，不乏发展潜力。中国各有特色的区域具有产业文化的极大丰富性。当前，中国面临的技术进步和技术创新任务是全方位、多层次的。作为一个超大型国家，中国各地区的资源条件、发展阶段、文化特性等具有极大的多样性，有条件发展各种类别的产业聚集区，占领更多产业的技术制高点。同时，追踪科学发现和技术发明前沿，紧跟第三次工业革命的步伐，中国也具有一些特殊的优势条件。因此，中国有条件可以争取到 21 世纪中叶使传统制造业和高科技制造业都达到世界领先水平，成为世界最先进的制造强国和现代产业最发达的国家之一。总之，区域间的产业文化多样性和深厚性是大国产业发展的特殊优势之一。

在整体上，无论从资源条件、技术可得性、市场需求空间看，还是从实利倾向（发展动机）、储蓄倾向（资本来源）等方面看，中国都不缺乏发展现代业的有利条件，至少并无不可克服的障碍，关键的问题是：各地区在发展各类产业时是否能同本地区的产业文化相吻合，或者是否能经过不懈的努力，形成更有利于

某类产业发展的区域产业文化优势。

依据竞争力经济学理论，一个企业或一个地区的产业核心竞争力最终取决于某种不可交易、难以模仿、不易培育的优势因素或特质。而在资源、科技和文化三个基本因素中，文化因素更具有明显的不可交易、难以模仿和不易培育特征。每一个国家或地区都有其独特的发展历史，其全部历史所经历的过程都会在不同程度上积淀为这个国家或地区的文化特性，深刻影响着人们的观念、习俗和行为，进而决定产业发展的地区特色（优势或劣势）。当然，经济全球化也是一种经历过程，也会以一定的方式积淀在各（开放型）国家和地区的文化因素中。所以，各地区的现实文化特性中大多包含着本土文化因素、植入（移民）文化因素和全球化文化因素三方面的内涵，地区产业文化是这三种文化因素的混合体或杂交体。尽管各地区在不同程度地融入经济全球化的过程中，全球化文化因素会不断加强，但是，具有长久历史渊源的本土文化因素和曾经遭遇的植入（移民）文化因素仍然会如基因般长久存在，影响深远。

深入观察中国各地区的经济、社会状况，不难发现其各具特色的产业文化特质，各地区产业发展必然会受到各具特色的区域文化的深刻影响。例如，具有采掘业发展史的地区、具有制造业发展史的地区，以及贸易发达地区、金融（借贷）经济发达地区等，各有可能形成的优势产业类型往往是很不同的，而不同文化特质之间的转化往往是很艰难的，硬性的文化模仿难免会"东施效颦"。当然，文化特质也并非绝对不能改变，"文化变革"是有可能发生的，尤其是全球化文化因素具有较强的渗透力和影响力，改变着文化演进的方向。一个地区开放程度越高，全球化文化因素的影响越强。而且，随着植入文化因素和全球化文化因素的介入，尤其是在先进技术和更高生产力水平上，各地区的本土文化因素也必然发生演化变迁。因此，当中国进入经济全球化新时代，工业化深度推进时，各地区应正视和深入研究本地区的产业文化特质及其演化态势，确立符合自身特质的产业发展方向，这可以取得顺势而为的效果。同时，也要顺应现代产业发展和社会进步的大趋势，引导和实现区域产业文化的变革与演进，例如，培育创新文化、守信观念、竞争意识、合作态度、开放心态、工匠精神等，使之更有利于增强地区产业竞争力和提高区域经济社会发展水平。当然，如前所述，文化变革是一个长程现象，其时间跨度通常远远长于资源配置和技术结构的调整过程，往往是以代际变化为特征。因此，当经济全球化进入新时代，工业化的广度和深度大大提高，一方面，市场机制调节资源配置和技术变迁的决定作用更趋增强，即区域竞争力的可交易性因素在更大范围内广泛显现；另一方面，产业文化将凸显为影响区域发展更根本、更深刻的内在因素，即区域竞争力的非交易性因素在更深度上发挥实质性作用。

总之，当世界工业化进入全球化新时代，各地区的对外开放格局将发生非常深刻的变化，区域利益关系格局也将发生重大变化，从而导致国际贸易和竞争规则以及区域政策的变革，在此条件下各地方政府在发展产业和提升区域价值的关系上面临政策抉择。而在影响区域产业发展的诸因素中，文化因素将日益凸显，深刻地决定着各地区产业以至整个区域发展的长远走势。因此，区域经济增长与发展的未来前景取决于在应对经济全球化新时代的新形势、新挑战中，能否在产业文化深度上实现从资源投资驱动向创新驱动的转型。这将是一个累积性过程（专注性优势与连续性创新）与变革性过程（适应性转型与颠覆性创新）共同作用的区域经济发展路径，不仅是一个物质技术过程，更是一个人类发展的文明演进过程。

［参考文献］

［1］［美］塞萨尔·伊达尔戈：《增长的本质——秩序的进化，从原子到经济》，中信出版社 2015 年版。

［2］金碚：《论经济全球化 3.0 时代——兼论"一带一路"的互通理念》，《中国工业经济》2016 年第 1 期。

［3］［美］杰夫·斯蒂贝尔：《断点：互联网进化启示录》，中国人民大学出版社 2015 年版。

［4］United Nations, World Investment Report 2013, New York, United Nations Publication, 2013. 转自杨继军、范从来：《"中国制造"对全球经济"大稳定"的影响——基于价值链的实证检验》，《中国社会科学》2015 年第 10 期。

［5］金碚：《论中国产业发展的区域态势》，《区域经济评论》2014 年第 4 期。

［6］金碚：《建设制造强国需要耐心和意志》，《人民日报》2015 年 9 月 9 日第 7 版。

（原文发表于《区域经济评论》2017 年第 1 期，有改动。）

探索区域发展工具理性与价值目标的相容机制

——基于长江经济带绿色发展的观察与思考

21世纪第二个十年，中国经济进入一个新的发展时期，尽管作为发展中国家，经济发展仍是主题，但其内涵已发生实质性变化。一个曾经十分贫穷、生产力低下的国家，今天已经成为世界第二大经济体，正以其巨大的生产能力，在地球上踏上自己的巨大"足迹"，让整个世界因此而面貌大变。与此同时，中国这一体量庞大的经济巨人，也将面临人类发展的终极问题：要让自己唯一的国土家园变得怎样？以至要让"地球村"变成怎样？我们可以称之为"巨人之惑"：当人类发展成具有超级能力的种群之后，自己的生存和延续却反而受到了前所未有的挑战，强大的人类是否正在破坏自己的生存之地？长江经济带自古以来就是中国经济较发达的地区，至今成为中国发展最先进、经济密度最高的地区之一。正如一条经济巨龙，首当其冲地面临"巨人之惑"的严峻挑战。长江经济带的发展不仅体现了中国工业化和城镇化所达到的水平，而且也凸显了所导致的问题和面临的挑战。当前，各地区都在从以"脱贫"为主要目标的发展阶段走向以"全面建设小康社会"为目标的发展阶段。较发达地区正在率先实现这一历史性转变。当前长江经济带产业发展必须做出的十分紧迫的战略抉择，不仅具有代表性，而且具有先行性，即其他地区也都将走上这一共同的道路，面临相同的挑战。其中最重要的一个问题是如何实现绿色发展，其重点则是如何处理好产业发展与环境保护的关系。

一、绿色发展理念触及人类发展的价值核心

在市场经济制度下实现工业革命和工业化，是人类发展最伟大的业绩，迄今为止没有任何其他历史事件可与之相提并论。但是，也正是在工业化进程中，迅速成长起来的巨大经济体，往往忘乎所以，陷入难以自拔的"巨人之惑"，甚至失去了人类理智，即被极端的工具主义所湮没，忘记了人类发展的原本价值和目的，发生了"手段"与"目的"颠倒的现象。

人们欢呼工业革命和各国工业化的巨大成就，将工业化迅速推进的时期称为人类发展的"黄金时代"。连对资本主义持最彻底批判态度的马克思都高度肯定资本主义曾经发挥过的非常革命的作用，肯定其创造财富的巨大历史贡献。但是，对于工业化的批评和诅咒也从来没有停止过，他们认为那不是"黄金时代"，而不过是"镀金年代"，表面亮丽辉煌，其实内藏苦难和龌龊。直到今天，许多人仍然在问：工业化是值得的吗？年轻的以色列学者尤瓦尔·赫拉利在《人类简史》一书中写道："工业革命找出新方法来进行能量转换和商品生产，于是人类对于周遭生态系统的依赖大减。结果就是人类开始砍伐森林、抽干沼泽、筑坝挡河、水漫平原，再铺上总长万公里的铁路，并兴建摩天大都会。世界越来越被塑造成适合智人需求的样子，但其他物种的栖地就遭到破坏，这让它们迅速灭绝。地球曾经是一片蓝天绿地，但现在已经成了混凝土和塑料构成的商场。"① 那么，经历了工业化，并且还将继续在全世界更大范围推进工业化，人类是否真的更幸福了？或者更准确地说：工业化是否能使大多数人更幸福了？这是一个人类发展的难解之问：人类所做过的所有创举中最伟大的一个事业即工业革命或工业化，是真正有价值的吗，或者根本就是得不偿失的？经济发展就是人类发展吗？②

正是面临这个人类发展之问，人们希望以绿色发展作为其求解之答案。绿色发展或绿色增长作为一种观念或思潮，最初是对导致了资源及生态环境严重问题的资本主义大机器生产的逆反，产生于 20 世纪六七十年代，即世界进入了所谓

① ［以色列］尤瓦尔·赫拉利：《人类简史——从动物到上帝》，林俊宏译，中信出版社 2014 年版，第 343 页。

② 金碚：《中国工业化的道路——奋进与包容》，中国社会科学出版社 2017 年版，第 2 页。

"石油时代"的那个时期。当时主要有两种具有代表性的主张：一是主张经济"零增长"，即以停止经济增长来维护人类生存所不可缺少的资源和环境条件。二是主张以"中间技术"（既区别于传统技术，也区别于现代大工业大机器技术的适用技术）代替以化石能源消耗为特征的大工业大机器生产方式，也包括主张大力推行"绿色农业"技术，力求不使用化石能源、化肥，以及化学农药等工业品作为农业生产的手段，以避免环境污染。这些主张有其合理性，但半个世纪以来并未被普遍采纳，以大工业大机器生产为特征的大规模工业化，仍然是大多数国家为实现经济现代化和国家强盛所选择的道路和模式。其实，与其说是各国"选择"的结果，不如说是不以人的意志为转移的必然。尽管许多有识之士预见到，如果忽视生产污染和放任无节制的消费主义生活方式对生态环境的破坏，将导致的严重后果，并大声疾呼，但人类仍然不得不吞下苦果，因为，在那个年代，贫穷是最大的敌人，为了战胜贫穷，即使是苦果，也不得不食以果腹。

以机器大工业生产方式为特征的工业化强有力地推动了技术进步和经济现代化，但其强烈的工具主义倾向也导致了同人类发展的本原性价值目标相背离的不合意现象，所以，当进入 21 世纪，绿色发展（或绿色增长）理念又再次受到世界关注，被提上重要议事日程。中国是这次绿色发展新理念、新模式和新道路的积极提倡者和实践者。

2016 年 1 月 5 日，习近平总书记在重庆召开的推动长江经济带发展座谈会上强调，长江是中华民族的母亲河，也是中华民族发展的重要支撑。推动长江经济带发展必须从中华民族长远利益考虑，走生态优先、绿色发展之路，使绿水青山产生巨大生态效益、经济效益、社会效益，使母亲河永葆生机活力。当前和今后相当长一个时期，要把修复长江生态环境摆在压倒性位置，共抓大保护，不搞大开发。① 2016 年 9 月颁布的《长江经济带发展规划纲要》设立了两大战略目标：到 2020 年，生态环境明显改善，创新驱动取得重大进展，战略性新兴产业形成规模，培育形成一批世界级的企业和产业集群；到 2030 年，水脉畅通、功能完备的长江全流域黄金水道全面建成，创新型现代产业体系全面建立，在全国经济社会发展中发挥更加重要的示范引领和战略支撑作用。

在一个地区性的发展规划中，将生态环境作为第一位的目标，摆在"压倒性

---

① 新华社：《习近平：走生态优先绿色发展之路　让中华民族母亲河永葆生机活力》，新华网，2016年 1 月 7 日。

位置"，体现了中国经济发展达到了一个新高度，正越来越切身感受到人类活动的"生态足迹"的破坏性后果。人类在自己所创造的辉煌业绩和巨大财富中似乎变得比自然界更强大，甚至以为已经成为可以"胜天"的巨人，可以实现"人定胜天"的愿望。其实，自然对人类肆意妄为的"胜天"行为的报复，绝非人类可以承受，人类在自己的辉煌成就面前很快就遭受"巨人之惑"的挑战：自以为富足强大，其实面临险境，更为脆弱。这就像是一个斯芬克斯之谜，人类如果回答错误，就将死在怪兽脚下。因而发展行为的政策目标优先顺序必须进行重大调整。而且，这也是对发展历史和现状的一个深刻反思和自省评价：认识到了经济发展并非无条件地就是人类发展之福。

英国古典政治经济学创始人威廉·配第说，劳动是财富之父，土地是财富之母。人类的生产活动总是首先体现而且永远不能脱离人与自然的互动，即人类生产活动不仅依赖自然环境，而且必然对自然环境产生一定的影响，其中有些重大影响是不可逆的，破坏之后难以修复或还原。其实，作为生命体的演化，人类发展本身从根本上说也是自然演化的组成部分。人类依赖自然而生存和繁衍。而人类活动也对自然环境产生越来越大的影响，大范围、纵深性地改变着自然界的面貌。如果人类活动对自然环境造成根本性破坏，实际上就是对人类发展釜底抽薪的伤害。所以，人类发展产业切不可忽视其对环境的影响。产业活动与环境保护（或环境影响）之间的关系大体上可以分为三种情况：相斥、相容、相促。"相斥"是指生产活动会严重破坏环境，如果要保护生态环境就不得进行这样的生产活动，而如果要进行这样的生产活动，就必须付出很大的环境代价，即两者相互排斥，只能取此舍彼。"相容"是指生产活动能够在一定的环境容量中进行，可以不对生态环境造成重大破坏，处于自然界可自我净化的范围之内，或可以进行环境还原或修复，反之，对生态环境的保护也不构成对生产活动的完全禁止，两者可以共存。"相促"是指产业活动有助于保护生态环境，促进环境改善，两者间是互利共赢关系。

导致这三种不同情况的原因，可能是物源性的、技术性的，也可能是社会性的。物源因素是指生产的物质性质，例如，用人力、畜力等作为动力，或采用煤炭、石油、天然气等作为能源，会对生态环境造成不同影响。技术因素是指生产流程和工艺及其先进程度，例如，煤发电是否采用脱硫等环保技术，对生态环境造成不同影响。社会因素是指经济体制、管理水平、政策行为等，导致产业活动对生态环境造成的不同影响。

在现实中，产业发展与环境保护之间总是同时存在相斥、相容、相促的各种复杂关系，其间，物源、技术和社会因素都会发生作用。而随着经济发展水平的不断提高，以上三种关系及三种因素的关系，也会发生某种此消彼长的变化。一般来说，相斥性逐渐减少，相容性尤其是相促性逐步增强；技术因素和社会因素的重要性越来越比物源性因素发挥更重要的作用。作为中国经济最发达地区的长江经济带，正在发生这样的历史性变化。

当提出并越来越重视绿色发展时，实际上意味着人类发展对于环境的大范围深度影响已经直接触及人类发展的价值核心，其严重性已经为人类所切身感受，再也不可忽视。此时，在一些领域，人们可能都已是"事后诸葛亮"了。不过，吃一堑长一智，绿色发展观念就是人类醒悟的标志。

二、成本竞争与环境友好的产业技术选择

生产活动原本是人类发展中的工具性行为，即通过生产活动，使更多原本（对人类）无用之物转变（加工制造）为有用之物，使原本人类难以居住和到达的地方变为（建设为）可以方便到达和宜于居住之地。目的与手段之间关系原来是朴素和明了的。但在人类获取巨大经济成就的时候，一些地方怎么反而会变得环境恶劣了呢？人们为什么要做同自己的初衷目标背道而驰的事情呢？

在经济发展中，产业进步的基本路径是沿着寻求和获得资源和实现物质转换（即加工制造）的低成本方向演化的。即尽可能用自然储量多、获取和加工比较容易的物质，以较低的成本生产更多的产品。各生产者之间的竞争，主要体现为成本竞争；一项新技术能否被采用于大规模生产，也必须解决降低成本的问题，以达到其经济性要求，否则就无法被广泛使用。当工业化水平不高时，在技术路线的选择上往往更注重其成本竞争要求，而难以更多注重其环境友好性，往往不得不以牺牲环境来获得成本竞争优势。此时，生产与环保之间的相斥性非常突出，将生产控制在同环境相容的范围内都得进行很大的努力和做出困难的抉择。权衡中往往"紧迫性超过了重要性"，其后果是产业的大规模发展导致地区生态环境的严重破坏，实际上是以很高的环境成本求得较低的企业生产内部成本，而环境成本的外部性却被在技术选择中降低了其重要性。也就是说，虽然从人类发

展的价值准则看环境保护是更重要的，具有根本性价值，但从市场竞争来看产业增长所需要的企业生产低内部成本要求却更具紧迫性和工具理性意义。因此，人们以牺牲目的为代价，追求手段的更强大。后果是，手段更强大有力了，但离目标却更远了。目前，长江流域地区的经济发展和人类活动已超过了生态环境的可承载度，必须进行生态修复，才能保护好这条中华民族的母亲河。"重要性"最终成为更大的"紧迫性"，"目的"最终显示了高于"手段"的重要性。

就对产业发展的影响而言，进行生态修复和提高环境保护标准实际上归结为两个经济学含义：一是将环境成本内部化，即生产企业必须承担全部的环保责任，因环境成本内部化要求而完全失去竞争力的生产技术和工艺（即企业无力承担环保责任）将被淘汰和禁止，因为那意味着得不偿失，事与愿违；二是采取环境友好的技术路线，或者发展本身具有促进环境改善的产业。前者主要表现为让具有较强成本竞争优势的产业，承担更多的环境成本，势必在一定程度上削弱其成本竞争优势。企业（及产业）可以通过自我消化（降低利润率）和/或转移成本（提高产品价格）来应对因更加严格的环境保护标准而导致的环境成本内部化压力。后者主要表现为提高技术水平或改变技术路线，从而提高技术对环境的有利影响，降低以至消除对生态环境的不利影响。实现产业发展与环境改善的共赢。

对于像长江经济带这样的经济发达、技术水平较高的地区，在进行成本竞争导向还是环境友好导向的产业技术路线选择中，有可能（实际上是更有能力）更倾向于致力后者，这意味着要以更大程度的原创性技术创新来提高整个长江经济带产业群的环境友好性，使产业与环境的相互促进成为技术进步路线选择的主要方向。因此，长江经济带的产业发展不仅应率先实现向创新驱动增长模式的转变，而且应在技术路线选择上更注重环境友好性上发挥的引领作用，为全国做表率。

值得注意的是，长江经济带的产业结构具有较高的重化工业比重，也有不少环境污染性较强的产业，因此，无论是将环境成本内部化，还是转变为环境友好主导的技术路线或产业类型，都不是一件很轻松的事情，需要付出极大的努力。解决"巨人之惑"不仅要靠巨人之力，更需要有巨人的智慧。

更注重环境友好性，也不是无视产业竞争力的重要性，而是要使产业竞争力更多地体现在其环境友好性上，使环境友好性成为产业竞争优势的一个重要因素。这是对技术先进性的更高要求，一般来说，只有在经济较发达的基础上才能达到这样的高技术要求。长江经济带是中国最有条件率先转向这样的产业技术路线的经济较发达地区之一，最有条件以基于经济实力的巨人之智，解答中国经济发展面临的"巨人之惑"。

三、工具理性与价值目标的激励相容

人类经济发展的目的是，通过与自然的互动，使自己能够生活在更安全、更适宜、更富足、更愉快的环境和状态中。这是产业发展的价值目标，即本原意义。但是在现实中，特别是在以工业化和城镇化为主要方式，以市场经济为基本制度机制的发展过程中，发挥直接作用的主要是体现工具理性的行为和方式，也可以称之为工具主义的增长机理和发展模式。市场经济的一个重要特点就是其具有强烈的工具主义理性倾向。所谓工具理性，或工具主义的增长机理和发展模式是指，人类生产活动的直接目的和动力，并非其真正的或本原的价值目标，而是工具目标，例如收入、财富、利润、GDP及其增长率，以至企业做大做强、产业规模扩张等。最大限度地满足人的需要的价值目标，只能以追求收入最大化、利润最大化、财富最大化的动力（欲望和偏好）来实现。也就是说，市场经济行为主体具有强烈的工具理性，所追求的经济目标大多是工具性目标。[①]

从理论上说，工具理性是有利于最终实现价值目标的，而且，如果没有工具理性，不经工具主义主导的经济发展阶段，实际上无法实现人类发展的价值目标，这就是市场经济为什么是人类发展无可替代的道路的根本原因。但是，如果完全沉迷于工具主义中，而忘却本原的价值目标，就会走向发展的迷途，失去人类发展的正确方向。例如，在产业发展中严重破坏生态环境，危害健康和安全，就是典型的迷失价值目标而盲目地受工具主义理性驱使的现象。是"目的"与"手段"的颠倒，将"工具"作为无度追求的"目标"。此时，所谓"业绩"或"政绩"已经成为虚幻之物，以致从根本上背离了真正值得追求的人类发展目标。这就必然会发生一系列矛盾、冲突、丑恶现象，而且将越来越难以容忍。从根本上说，这是由于人类没有建立起工具理性与价值目标激励相容的有效体制机制。当人类终于认识到由工具理性驱动的产业发展必须具有明确而坚持的价值理性（目标）方向时，必然将绿色发展作为可行的道路和模式选择。如前所述，

---

① 金碚:《供给侧结构性改革论纲》，广东经济出版社2016年版，第62页。

绿色发展的核心含义是经济发展与环境保护的共赢,是以技术创新实现环境友好主导的产业技术路线。为此,居民、企业和政府都必须回答"工具理性如何导向价值目标"的问题。对于政府来说,这主要涉及三个问题,需要有新思维:

第一,政策目标的优先顺序及权衡。任何地区的政府都会有多项政策目标,尽管各个目标都很重要,但在政策清单中总有优先顺序的排列,也需要在各目标间做出权衡,有的重点执行,有的必须兼顾,也有的则不得不暂时缓行。一般来说,当经济处于十分落后的境地时,发展经济就是第一优先政策目标,尽管也应注重生态环境,但它毕竟难以作为第一优先目标,不得不居于"兼顾"类次序。而当经济发展达到一定水平,而生态环境问题越来越突出时,修复生态、保护环境就会上升为第一优先政策目标。长江经济带发展的历程就体现了不同时期政策目标先顺序的调整。过去30多年,长江经济带是将经济发展作为压倒一切的第一政策目标,而在这次长江经济带发展规划中,生态环境提升为第一优先政策目标。这反映了新时期须有新思维和新的优先目标这一政策抉择的客观规律。当然,确定政策目标的优先顺序,绝不意味着可以顾此失彼,而是必须对各政策目标进行合理权衡和安排。特别是,发展经济仍是重要目标,发挥长江黄金水道的经济功能,提升长江流域地区的工业化城镇化水平等,也是不可忽视的政策目标。实际上,制定《长江经济带发展规划纲要》本身就是为了更好地规划发展目标和进程,选择更科学可行的发展路径,也使实现各政策目标时,不仅要知之所为,而且要具有明确的法规性依据。

第二,价值目标与工具理性的激励相容体制。任何地区的发展,在安排政策目标及其优先顺序时,都必然涉及价值目标与工具理性之间的关系,即有些政策目标更倾向于体现价值目标,例如,宜居、健康、安全、公益、就业与闲暇等;而有些政策目标更倾向于工具理性,例如,收入(GDP)、财富、竞争力等。价值目标具有终极重要性,但价值目标的实现需要有工具理性的动力,工具理性通常要求有体现其意义的工具性政策目标。工具主义行为尽管是间接手段,但却是直接经济动力,尽管不可颠倒为最终目的,却也是不可或缺的操作目标。在市场经济制度下,否定工具主义理性,就会破坏市场机制的有效作用,实际上也难以达到最终的价值目标。

所以,当进行制度和政策安排时,使价值目标与工具理性之间形成激励相容性,具有重要意义。也就是说,当进行由工具理性(追求工具理性目标)所驱使的经济活动更有助于实现价值目标时,地区发展的道路和结果都会更具合意性。形象地说就是要力求做到：通过发展经济创造金山银山，使居民有条件能够在青山绿水蓝天中享受富足的生活。

第三，更自觉、有效地处理发挥市场作用与政府作用的关系。地区产业发展的战略抉择现实地体现为：如何处理好发挥市场在资源配置中的决定性作用和更好地发挥政府作用之间的关系。战略抉择总是需要有其决策主体，即谁来进行抉择？中国的现实国情是，在区域发展上，政府在许多领域和方面都发挥着主导性或引导性作用，特别是在制定规划、确定重点、划分区位、提供优惠、项目审批等方面，政府具有强大的力量，对地区产业发展具有全局性和长远性的影响。而且，政府在有些方面的决策所产生的作用或后果是不可逆的。所以，各地政府总是处于必须审时度势，慎用巧用政策手段，应对复杂具体问题的处境。

一般来说，市场机制更倾向于工具主义理性，而政府作用所代表的主要是人类发展（社会和人民）的价值目标。所以，一方面，政府要持**积极无为**态度：即尊重市场的工具主义机理，不要破坏市场机制有效发挥资源配置的决定性作用。要相信，只要市场机制有效运行，维护公平竞争秩序，工具理性行为是实现价值目标的可行有效方式之一，而且无可替代。政府应在完善市场体制、监管市场运行方面发挥积极作用，而在具体经济决策上，则应尽可能"无为而治"，避免自作聪明式的越位干预。另一方面，政府也要有**积极有为**的行动：即更注重维护价值目标准则，实现区域发展的根本性民生目标和坚持可持续发展道路，例如，长江经济带发展规划所提及的修复和保护生态环境、建立创新型现代产业体系、建成全流域黄金水道等，就是政府必须积极有为实现的目标。

总之，中国各地区的发展正在进入一个需要深刻思考、认真权衡、周密规划、慎重抉择的新时期。因为，改革开放以来，各地发展取得了很大的经济成就，也付出了不小的代价，现在如果不能正确认识工具理性与价值目标的关系，通过深化改革，形成经济发展工具理性与价值目标的相容机制，地区发展就会迷失方向，走上歧途。即使是经济相对滞后并面临大发展机遇的地区（例如雄安新区），也同样是这样。今天，中国真正走在了不仅需要勇气，而且需要智慧的道路上。从一定意义上可以说，21世纪，对于各地区发展，方向比努力更重要，耐心比速度更重要，明智比辉煌更重要。长江经济带绿色发展所肩负的使命和面临的挑战，正是一个有力佐证。

（原文发表于《区域经济评论》2017年第3期，有改动。）

共享经济发展取决于公共道德水平

党的十九大报告指出，在中高端消费、创新引领、绿色低碳、共享经济、现代供应链、人力资本服务等领域培育新增长点、形成新动能。当前，作为新增长点、新动能之一的共享经济方兴未艾，但发展中也出现了一些问题。引导共享经济健康发展，需要深入认识其特点和运行规律。

从一定意义上说，共享经济过去就有，并非全新事物，只要满足三个基本条件即可称之为共享经济：第一，物品具有耐用性，即可以多次使用；第二，边际使用成本非常低，即多次使用并不会明显增加成本；第三，在一定范围内可以实现按需、便利使用，不会出现严重短缺。例如，家庭成员共用的耐用品、一些公共场合共用的物品在某种意义上都属于共享经济范畴。而当前作为新增长点、新动能的共享经济，主要是指这样一种新情况：原先私有私用的物品在更大范围让非拥有者按需、便利使用。例如，共享自行车、共享汽车等。这些物品具有明显的耐用性，重复使用的成本很低。过去，因遵循"拥有才能使用"的原则，大量这类物品被长期闲置。充分利用这些物品的耐用性和低使用成本特点，让更多人按需使用，可以更充分地实现其使用价值，大大节约社会资源。这显然是一个值得鼓励、提倡和发展的方向。

问题在于，共享经济在运行中要严格满足物品耐用、低边际使用成本和按需、便利使用三个基本条件，因而会遇到一些复杂问题。第一，许多人共享使用的物品能否保持耐用性？第二，能否做到每次使用的边际成本很低？第三，能否保证共享物品不短缺？如果发生显著的边际使用成本，则使用者就应付费，这就使共享经济具有了有偿使用的性质。要在较大社会范围实现按需、便利使用，就得有充足的物品供应。这些供应者的身份实际上是投资者和经营管理者。营利性经济必然要参与商业竞争。因此，一般来说，现在还难以做到像在家庭（或社区单位）中那样纯粹意义上的耐用品共享。严格地说，当前的共享经济业态应称之为经营共享经济的商业经济，它既有充分发挥物品使用价值的社会共享性，又有以市场交换为原则的资本营利性。

导致共享经济运行中产生上述复杂问题的一个关键因素是，不同场合的道德文化环境不同，人们表现出的道德素养不同。在家庭或社区单位中使用共享物品时，成员大多会自觉爱护物品；使用后会存放在合适的地方，方便自己和他人下次使用；使用中也会注意不影响家庭或社区单位的环境、秩序等。而在更大的社会范围将原先私有私用的物品转化为共享共用物品，就会面对一系列复杂问题。比如，使用者会不会爱惜物品？会不会考虑到下次或他人使用的方便？会不会为了同其他人争夺使用权而将物品据为己用？有没有注意共享物品的使用不能影响公共环境和他人生活？又如，由于现实中的共享经济同商业经济密切相关，具有营利动机的投资人和经营者应遵循什么行为规则、承担什么社会责任？当参与共享经济的行为主体不能遵循公共道德和行为规范时，应该如何加以规范与监督？等等。

可见，共享经济能否充分发挥优势、持续健康发展，在很大程度上取决于社会公共道德水平。社会公共道德水平越高，共享经济的优势就越明显。如果社会公共道德水平不够高，不仅共享经济的优势难以体现，还可能产生额外的资源浪费及社会损失，并付出一定的社会管理监督成本。

共享经济的发展一方面体现了社会生产力的进步和消费大众化、平等化的进展，表明整个社会正向着按需使用、节约资源的方向前进；另一方面也表明发达生产力需要更高的社会道德水平与之匹配。因此，要像重视发展社会生产力一样重视培育互助互利的公共道德，推动共享经济健康发展，更好地贯彻共享发展理念。

（原文发表于《人民日报》2017年12月19日第7版，有改动。）

环保与扶贫是中国经济增长新秘方

进入新时代，贯彻新发展理念的重要体现之一是：既要继续解放和发展社会生产力，又要保护好生态环境，还要坚决打赢脱贫攻坚战，让贫困人口和贫困地区同全国一道进入全面小康社会。在统筹推进环境保护、精准扶贫和经济增长方面，中国理念具有先进性，中国实践具有开创性。可以说，环保和扶贫是中国经济增长的新秘方，发挥着助推创新驱动发展的积极作用，为中国跨越"中等收入陷阱"提供了重要保障。

一、环境保护：调整产业、提升技术、激励创新

随着中国特色社会主义进入新时代，在新发展理念的引领下，我国政策目标体系中环境保护的重要性显著提升，环境大保护比经济大开发更具政策次序上的优先性：既要金山银山，又要绿水青山；宁要绿水青山，不要金山银山。但是，也绝不可因此就认为保护环境必须牺牲经济增长。其实，如果没有经济增长，没有工业化的推进，环境是不可能得到长期有效保护的。例如，如果没有现代能源工业，人们就不得不上山砍柴，这怎么能保持绿水青山？如果没有以强大工业为基础的国土整治能力，怎么能有良好的生态环境和源流水利？反之，如果严重破坏生态环境，也就不能实现可持续发展。因此，强调环境的重要性，绝不是不要经济增长，而恰恰是为了实现长期可持续的经济增长。只要协调好环境保护和经济增长的关系，就能进入经济持续增长—优化环境能力增强—环境质量提高—经济持续增长的良性循环。协调好两者关系的关键是摒弃环境保护与经济增长非此

即彼、不可兼得的落后观念，坚持新发展理念，在加大环境保护力度的同时，使环境保护有利于调整产业、提升技术、激励创新。

从调整产业看，应按照生产和消费清洁化的要求调整优化产业结构。这不是要抑制产业发展，更不是要以"零增长"来消极保护环境，而是让不符合环保要求的企业限产停产以致关闭，让环境友好型产业和企业获得更大发展空间，从而在整体上促进经济增长和高质量发展。经济发展史表明，正是不断提升和优化产业结构，才有效利用和节约了人类发展的最重要资源：土地和水源。否则，初始的自然资源根本不可能为数十亿人口提供生存条件。

从提升技术看，保护和改善环境的基本方向是要以更先进的技术特别是环境友好型技术来实现经济增长和高质量发展。环境友好型产业和环保产业具有巨大增长空间，可以形成前景广阔的产业链和循环经济体系。各种科学成果和高新技术在环保领域的运用和发展，将改造提升传统产业，推动形成新兴产业，促进经济强劲增长。

从激励创新看，提高环境保护标准能激励企业进行技术创新和管理创新，提高资源利用效率。在我国的实践中可以看到，节能减排要求的逐步提高并没有损害产业包括资源型产业的发展，而是促使其提升技术或转变技术路线。环保政策的创新激励效应越来越显著。环境保护所激发的创新浪潮和科技应用，是促进我国经济从高速增长阶段转向高质量发展阶段的一个非常积极的因素。

二、精准扶贫：激活基层、启发民智、拓展市场

我国的实践证明，精准扶贫、精准脱贫对经济增长具有积极作用。扶贫脱贫战略的实施，强有力地将经济活动的动能推向基层，渗透到经济体的"毛细血管"和"细胞"中，特别是有效激活了经济发展长期滞后的"老、少、边、穷"地区的创造性经济活动，使之摆脱低收入恶性循环，形成新的生产能力。

还应看到，扶贫过程不仅是物质交流，更是思想交流，可以极大地启发民智，促使贫困地区和贫困群众树立现代观念、产生创新灵感，较快形成新的生产力。笔者曾考察过一个地区，一家企业为了推动电子商务向广大农村腹地延伸，连续举办互联网运用和电子商务培训班，很快形成了地区性创业热潮，使一个经

济相对落后的地区变为开展电子商务的特色地区。这个地区的诸多电商将本地产品卖到全国和境外，大大提高了当地投资吸引力，促进了规模化生产。还有一些地方，电子商务向农村下沉，不仅激活本地传统产业，而且带动各种生产性服务业（如工业设计、视频摄制、软件编程、传媒广告、仓储物流、包装保鲜、金融服务等）同当地产业合作，激发和促进原有的"草根产业"发展成为产品行销全国乃至世界的大产业，使整个地区走上创新脱贫之路。可以说，只要有效启发民智，就有可能使一些贫困地区成为经济发展的宝地，形成特色经济增长极。

扶贫对经济增长的另一个积极作用就是拓展市场空间。实现更大的包容性是现代经济持续发展的必要条件，也是现代化经济体系的基本特征之一。而经济包容性的主要表现之一就是广大人民群众充分就业和有购买力的需求不断增长。精准扶贫、精准脱贫的深入推进，能大大增加贫困人口的就业机会和收入，进而大大增强经济体系的包容性。可以说，每实现一个贫困户脱贫，就是增加一块有效需求的"蛋糕"，经济发展也就相应扩大一份新空间。

三、措施到位：优化供给、扩大需求、互促共进

从国家治理角度看，环境保护和精准扶贫在国家政策目标优先次序中的地位提升，实际上改变和优化了企业决策的选择环境，从而增强了环境保护、精准扶贫和经济增长之间的相容性。选择环境的安排既是一种约束条件，也是一种路径指引。在当前新的选择环境中，企业必须更加注重提高供给质量和技术路线的先进性，更加注重将先进技术和经营活动下沉到经济相对落后的贫困地区，使更多传统产业和传统技艺同先进技术特别是互联网接轨和融合。对连片贫困地区进行创新性援助和点对点帮扶，将环保、扶贫与革新创造相结合，特别是进行制度创新，使"输血"机制转变为"造血"机制，既能显著改善环境、提高农民收入，又能促进经济增长和高质量发展，吸引劳动者回乡就业创业。同时，进行扶贫的企业自身也能拓展业务范围和市场空间，得到更大发展。

在实践中，不仅有众多具体案例可以表明环境保护、精准扶贫和经济增长之间的相容性，而且从统计数据中也可以看到，一些人均收入水平较低的地区近年来已成为经济增长较快的地区，而且这些地区深刻吸取其他地区的经验教训，非

常注重高标准环保，更好体现了"绿水青山就是金山银山"的地区优势。总之，中国丰富的实践表明：只要政策得当、措施到位，环境保护、精准扶贫和经济增长就能形成相互有效助推和激励相容的关系。其中的关键是必须由创新来引领，靠创新驱动使三者形成良性互动关系。

要真正实现环境保护、精准扶贫和经济增长互促共进，需要进行创造性的制度设计和政策安排，形成具有激励效应的体制机制，通俗地说就是"要把激励搞对"。只有在制度设计和政策安排上搞对激励方向，才能形成创新驱动局面，环境保护、精准扶贫和经济增长才能实现目标相容和行为相容。这样，鼓励环保、支持脱贫同促进经济增长的努力就能相互协调和方向一致，汇合成为跨越"中等收入陷阱"的强大力量。

（原文发表于《人民日报》2018 年 1 月 14 日第 5 版，有改动。）

本真价值理性时代的区域经济学使命

中国经济发展进入新时代，出现许多新情况，必须要有新理念、新思想、新战略。数十年来，几乎每一个历史时期甚至每一年都说要"新"，年年说"新"已成语言惯性。但当前所说的"新"，却与以往不同，更具有深刻性，不仅是战略新、政策新，而且真正进入了一个新时代，深入到了理念和思维方式的变革。这对经济学提出了极具深刻性的挑战。而在经济学的所有各分支学科中，区域经济学是一个迎接新时代首当其冲的领域。区域经济学不仅率先面对各种新情况、新现象，需要确立新理念、新思维，并为制定新战略做出直接贡献，而且必须在经济学本身的变革中，发挥重要作用。因为，随着工业化进入中后期，人们越来越深感传统经济学的局限性，难以解释和应对日新月异的现实，甚至其学术逻辑的底层结构都面临挑战。从一定意义上可以说，区域经济学正在成为经济发展进入本真理性时代的学术"尖兵"，须从经济学的根基处进行变革，推进其发展，甚至发生具有颠覆性的理念更新和方法创新。

一、从交换价值主导向本真价值理性的演进

鉴于本文所研究问题的学术深刻性，我们的讨论须从经济学的根基处，即商品价值理论开始。按照马克思的商品价值理论，商品具有使用价值与交换价值二重性。人的消费需要是由商品的使用价值来满足的，但在市场经济制度下，由于所生产的商品是用来交换其他商品，即为交换而生产的，而且商品交换是以货币为媒介的，所以，人们的行为目标特别是生产活动目标主要不是消费使用价值，

而是追求交换价值，特别是追求交换价值的代表——货币。于是，在市场经济发展历史中，往往充满了"重商主义"的观念、思维和行为，即视货币为财富，以货币单位所表现的交换价值是经济体系中的主人、统治者；而使用价值反而成为交换价值的仆人、工具。人们疯狂地追求交换价值，积累财富，增殖货币，以至整个经济机体从微观到宏观都越来越金融化。而无限度地追求物质财富特别是物质财富的数量表现货币以及核算数据（GDP 等），往往导致经济活动根本的目的——以有用的自然物质和所生产的产品和服务的使用价值满足人的生活和发展需要，反而被极大地忽视。即使是原本为计量使用价值量的指标，例如 GDP 等，也转化为交换价值单位即货币指标，从而使人们彻底地认为，经济发展的目标就是交换价值量的增长，并且表现为货币单位计量的金融性数字。有经济学家称之为"认知俘获"，即人对事物性质的认识被根本性扭曲。

改革开放以来，中国工业化和城镇化迅速推进，以经济建设为中心，发展生产力，追求物质成就，成为"中轴原理"，个人努力脱贫致富，企业经营以利润最大化为目标，而且，金融活动越来越兴盛。改革开放初期，"万元户"就已算是稀有的"暴发户"；而今天，"百万富翁""千万富翁""亿万富翁"乃至"首富"，成为令人羡慕甚至奋力追求的身价目标。同时，各地区的发展也以物质成就论英雄，进行以 GDP 增长为目标的竞赛和竞争。为此，各地区追求 GDP 排名，乐此不疲，身不由己。在此过程中，稍有成就的企业家们纷纷转身为投资家、金融家。资本运作、收购兼并，转战房地产，涉足金融界，所拥有或控制的金融资产如同是炼金术的产物，迅速膨胀。短短 30 多年，进入世界 500 强（实际是 500 大）行列的中国企业逐年递增。而"低调"地隐于各地的百亿、千亿、万亿企业更是与日俱增，不计其数。

由于中国仍然是发展中国家，发展仍然是"第一要务"，所以，当前以至相当一段时期在总体上将仍然处于物质主义的发展时期。追求物质财富特别是物质财富的货币表现（即重商主义倾向）具有历史合理性和必然性。不过，从 21 世纪第二个十年开始，中国成为世界第二大经济体，进入中等收入水平，物质匮乏的境况已彻底改变，甩掉了"落后"的帽子，甚至在许多外国人心目中，"中国人"已经成为"有钱人"的代名词；"中国"已经有了"真有钱"的形象。此时，物质成就尽管仍然重要，但已越来越不再是唯一重要的目标，甚至，为了实现其他目标，值得付出一定的物质代价，社会价值观倾向于多元目标，例如，为了保护环境，宁可牺牲一些 GDP，可以说，中国正在从"亢奋的物质主义"转向"权衡的物质主义"。

这是一个多么耀眼的、经济繁荣的黄金时代！但也是市场经济发展的一个得失兼具的时代。"亢奋"是有代价的，"权衡"才是理性的本性。而当社会转向权衡的物质主义，人们和社会将更理智地认识使用价值与交换价值的关系，在各种体现了交换经济或使用价值的目标中，有必要进行适当的权衡，以实现发展的平衡性和全面性。

如前所述，市场经济的基本特征之一是，绝大多数生产活动是为交换而进行的。生产者是为向他人提供使用价值而进行劳动，其目的是获得更多的交换价值（货币），而交换价值（货币）本身并不具有使用价值。这样的生产方式，实际上是生产活动目的与手段的角色反转。但也正因为这样，为社会生产注入了经济增长的强劲动力。可以设想，如果生产者仅仅为满足自己消费的产品使用价值而生产，其数量将是非常有限的，如果由一个社会计划中心来计算所有人所需要的使用价值并据此进行生产（即计划经济的逻辑），其有效的动力和效率机制更是难以形成；相反，当人们为获得交换价值（货币）而生产时，其数量可以是无限的，动力可以极为强劲。因此，当以追求交换价值为目标时，物质财富可以快速增长和极大积累。而从整个社会看，大量商品的生产和交换，可以实现商品（主要是工业品）的消费大众化。所以，我们不必诅咒以交换价值为目的的市场经济活动的目的与手段的颠倒，所有的人都会在这个目的和手段换位的市场经济蓬勃发展中获益。

但是，事情不可走到极端，人对事物的认识不可偏颇，"认知俘获"不应泯灭了理智。如果极端崇拜交换价值，失去生产活动的根本目的，使目的和手段的颠倒走到盲目境地，就会导致出现如马克思所说的"异化"现象，即人所创造的物反而统治了人，并损害人的根本利益。例如，体现了交换价值统治的亢奋物质主义，有可能导致环境破坏、空间失序、精神空虚。从理论上说，这就是因为无度崇拜"无用"的交换价值目标，而舍弃了"有用"的使用价值目的。为了"手段"的膨胀，失去了本真的"目的"。而我们的世界确实已经在很大程度上脱离了人类发展的本真目的。如美国学者拉娜·弗洛哈尔所指出的：金融原本是一种工具，但现在，"金融业是世界权力和信息的终极聚所。如果把全球经济比作一个沙漏，金融业就是沙漏正中间最狭窄的那截通道：世界上所有的财富，所有谁创造了财富谁又攫取了财富的信息都从中间这通道穿过。金融家们坐在最高级的位置上，随心所欲地从中收取过路费。单从科技层面就可见一斑：科技通常能够降低行业的运营成本，却没能让金融中介的成本降下来。实际上，随着金融业采用了更新、更先进的工具，这个行业的成本却越来越高，效率却越来越低"。"就像皮凯蒂在《21世纪资本论》中所主张的那样，金融家从某些意义上讲颇像旧时代的地主，只不过他们不控制劳工，而是掌握了现代经济中更加重要的资源的使用权：资本和信息。结果他们成了地球上最富有、最有权势的那批人中的最大群体。比起硅谷巨头或石油'沙皇'，金融家才是当代资本主义的真正主人。"在这样的世界中，经济脱实向虚，财富创造、积累和索取的过程，并没有带来大多数人实际生活包括生存空间同样程度的条件改善。①

所以，当我们取得了经济发展的巨大物质成就后，必须以更为科学理性的精神，来反思经济发展的本真价值，拨正人类发展的方向，这可以称之为经济发展的本真复兴。②

二、经济发展的本真复兴

市场经济是人类最伟大的制度创造，人类发展进入市场经济是一个伟大的历史进步。市场经济的基本逻辑是：以"换"（交换）激励和创造更多的"享"（享用），交换越发达，享用之物就越丰富。可见，只是将市场经济定义为"交换经济"是有失偏颇的。市场经济从本质上说是"交换"与"享用"的二重经济。市场经济的这一逻辑基于一个潜在的假设（有经济学家认为这是无须证明的公理）：人能够确定自己的行为目的和选择手段（当然未必是有效成功的手段）。而相信市场经济逻辑的有效性实际上是相信"市场最了解情况"，至少是相信没有任何高明之人或社会中心能比市场更了解情况。因此，让市场机制在资源配置中发挥决定性作用，说到了市场经济理论的根本点上。也可以说这是对人类最伟大的制度创造的理论认可。

认定市场经济的有效性，实际上还要有一个"技术性"假设：交换价值与使用价值具有直接的数量相关性，所以，实现交换价值量的增长或最大化目标，

---

① ［美］拉娜·弗洛哈尔：《制造者与索取者：金融的崛起与美国实体经济的衰落》，尹芳芋译，新华出版社2017年版，第29—30页。

② 金碚：《论经济发展的本真复兴》，《城市与环境研究》2017年第3期。

就可以达成使用价值量的增长和最大化目标。基于这一技术性假设，在统计上，就可以用交换价值单位作为使用价值的计量指标，例如，将以货币为单位的 GDP 作为计量真实产品和服务数量增长的指标，以致使人们误以为 GDP 是一个交换价值量，而往往忘记了它实际上是反映使用价值量及其增长的统计指标。

尽管经济学的整个体系都基于上述假设，而且这些假设似乎都合情合理，但人们对于以下推断并没有绝对的把握：第一，人类在任何情况下都能够分清目的与手段吗？第二，"市场最了解"这一信条是无条件正确的吗？第三，交换价值和使用价值具有完全的数量一致性吗？现代经济学（常常被称为"西方经济学"）试图将使用价值作为交换价值量的决定因素，例如，认为商品的（交换）价值取决于其"边际效用"。而马克思关于商品使用价值和交换价值二重性的理论却未得到后来的马克思主义经济学家们充分的学术延展。这使得关于现实经济的认知，往往陷入混沌。经济学本身也像谜一样，其概念和术语大多为经济学家所"定义"的，而却未必与现实相合。

人类所生产的具有二重性的商品，使用价值是"目的"，交换价值是"手段"，这本应是不证自明的常识性"公理"。但如前所述，市场经济的行为机理实际上将目的与手段反转倒置，即原本的"享"是目的，"换"是手段，反转倒置为为了"换"的目的可以牺牲"享"的需要。例如，为了利润最大化或更多 GDP，可以损害环境和健康；为了金山银山，损失了绿水青山。人们花钱去旅游，不就是因为向往享受绿水青山而得愉悦吗？但就为了更多的钱（其本质不过是获取使用价值的"媒介"或索取权），为什么宁可破坏绿水青山呢？

如上所述，市场经济有"换"和"享"两个根本基因。而当以交换为统治（主人）时，就需要有产权的绝对封闭性，即只有取得所有权才可使用（获得使用权）。此时，"换"主导"享"，甚至压抑"享"。因为，许多东西在其性质上原本是可以共享的，即只要产权具有非封闭性，"享"的因素可以大展其能，大创其功。而交换价值的无度滥权，就可能使社会偏离"共享"的本真理性。例如，人类集体共享的生态环境就会因没有产权封闭性而受到破坏。而这就直接损害了所有人的享用利益。因此，经济发展必须实现其本真复兴，克服人类认知俘获所导致的各种"非理性的理性"现象，复兴人类发展的本真理性。这实际上是对市场经济认知的第二次思想启蒙。

经济发展的本真复兴首先会体现在区域发展的现实中。（顺便提一下，"共产主义"的原意就是一个具有社区共享含义的概念，其词根为"commun"。）一个区域就是一个具有共享性因素的地理空间。在区域中，生态环境是最基本的共享条件，区域空间条件具有极强的共享性，区域（包括城乡的）基础设施、公共服务也具有很强的共享性。所以，当前正方兴未艾的各种"共享经济"业态，也都是区域经济现象。

可见，经济发展的本真复兴，从根本上说就是"享用"的崛起，是"享用"对于"交换"的"平权运动"。当然，市场经济条件下，"交换"仍然作用巨大，所有的"享用"或"共享"，都不可能完全脱离"交换"所发挥的手段作用。拓展交换空间，实现更大区域范围的互联互通，也是拓展共享空间的最重要手段之一。

三、区域经济学是本真理性时代的探路"尖兵"

笔者在《论经济发展的本真复兴》一文中讨论了当人类发展进入本真价值理性时代，经济学面临的挑战和使命。而市场经济发展的本质属性和内在关系所产生的"换"（交换价值）和"享"（使用价值）之间的对立运动和矛盾现象及突出问题，在区域经济发展中首先突出地表现出来。

例如，环境保护与经济增长的关系。生态环境是人类生存的最基本条件，是最重要的有用物。人类发展必须适应环境，或者改造环境以使之有利于人类到达和居住。但在区域经济发展的一定时期，追求以交换价值（货币）量为目标的经济增长（GDP 增长），反而导致生态环境的严重破坏，不宜人居。因此，站在本真理性的立场上，如果要以严重破坏生态环境为代价追求经济产能和产出的规模扩张，那么，宁可不要"大开发"，也要进行"大保护"。[①]

再如，房地产问题。房子是用来住的，这是一个极为浅显的常识，但在许多地区特别是城市化过程中，房地产被彻底地金融化，房子成为交换价值的体现物。原本是最实在的使用物，蜕变为像货币一样的"财富符号"和金融投资的标的物。其使用价值不过是资产增殖的工具和"奴仆"。[②] 但房地产业在交换价

---

① 金碚：《探索区域发展工具理性与价值目标的相容机制》，《区域经济评论》2017 年第 3 期。
② ［美］大卫·哈维：《资本社会的 17 个矛盾》，许瑞宋译，中信出版集团 2016 年版，第 58 页。

值侧所发挥的独特作用，特别是当房地产成为投资标的而进行金融性交易运作，也确实能对经济繁荣和增长起推动作用。而且房地产作为较可靠的抵押物也往往成为金融业的"宠儿"。特别是，房地产的价格主要并不取决于其自身的生产成本，买房子其实在很大程度上是购买房子的区位以及周边环境和公共设施，后者都属于区域性因素，而非房产本身的成本因素。这样，房地产就是一个极具区域经济学性质的产业。由房地产的特殊性所导致的各种关系和现象，都是区域经济学应着力研究的。

又如，经济发展中产生的地区差距以及地区协调问题。经济活动在空间上的分布如何才是有效和合理的？以交换价值工具——货币、价格所引导的资源和人口空间分布，能否实现合意的优化格局？如果据此不能实现合意格局，那么，可以或者应该以怎样的方式来进行调节？例如，北京市要疏解非首都功能、超大城市要治理过度密集和拥挤的"城市病"等，从根本的理论上说，就是当交换价值这个"统治者"无力指挥时，必须诉诸对真实使用价值的直接安排。加强空间规划，也是基于这样的理论逻辑。

于是，我们的讨论触及了本文前述的现代经济学关于市场经济认知的最底层的逻辑基石：即关于人的行为的理性假定和人具有能够区分目的与手段的行为特征假定，以及关于"市场最了解"情况的有效市场理论。当人类发展进入本真理性时代，经济学关于市场经济的上述认识会发生怎样的变化？区域经济学首先就要面对这个问题。对于区域如何发展，市场真的具有可以无条件地"最了解"的功能吗？人为了趋利避害，真的在任何情况下都能分清目的和手段吗，并且能在区域经济发展中体现其"理性"吗？特别是，当经济学的利益主体"人"（个体）扩展为"居民"以至"人民"（群体）时，何为"理性"？区域经济学能够仅仅基于个体理性而忽视群体理性吗？

在这里，我们可以发现现代经济学的缺陷：对空间和时间的假定是非常任意的。可以说，在经济学主体逻辑中是没有现实的空间和时间条件的。因此，在那里，以交换价值（价格）调节的供求关系，似乎可以在没有空间障碍和时间过程的假设条件下，瞬间完成。即使考虑到"时滞""期间"等问题，也总是在可以用数学方法进行处理的限度内进行思考，而不考虑空间和时间的现实复杂性问题。而当我们重点研究人类发展的本真价值时，就必须侧重于对真实使用价值的观察，复杂的现实时空因素是不可忽视的。而区域经济学正是特别专注于研究经济发展的时间和空间复杂性的学科。显然，当区域发展进入本真理性时代，区域经济学研究大有可为。也正因为这样，面对急剧变化的现实经济以及解决区域发展问题的紧迫需要，区域经济学难免常常感觉"力不从心"。区域经济学有自己的"金刚钻"，可以揽下区域发展的"瓷器活"吗？

在时间上，区域经济学面对的是超长期的"长程调节"经济问题，区域均衡、区域协调、区域优化、区域价值等，不能像一般市场均衡理论那样假定其可以在瞬间达成，及时调节，而是要有数十年、数百年，甚至更长期（雄安发展是"千年大计"）的眼界，其中要处理各种"不可逆"或现象（例如，把农地建成城市后，如果再要恢复为农地，其成本非常大；建成了道路、桥梁后，如果发现其不妥，要重建，也是很困难的）。因此，关于区域经济发展，如何进行规划、决策？对其价值的判断和评估应基于多长的时间跨度，以什么时点作为基准？以至如何据此而安排区域发展的演进阶段？这些都是区域经济学必然会直接面对的问题，甚至可以说，区域经济学的"主业"和专长领域正在这里，需要有其切合实际的学术逻辑和分析方法。

在空间上，区域经济学面对的是极为复杂而且范围迅速扩大，联系日趋紧密的研究对象。特别是由于基础设施建设的快速进展，过去相互分离、互不往来、甚至隔山隔水相望的不同区域，连接融合为同一个区域。因而，定义为"区域"的空间范围越来越大。那么，在区域内及区域间，众多人的"享用"还是都必须仅仅由"交换"（价格）来调节吗？如果需要"交换"，那么，此种交换的原理是什么？特别是，那些共享性极高的空间设施（享用空间），例如，公园、风景区、博物馆的享用等，也都要以价格调节来进行交换性供给吗？再如，当我们说"京津冀协同发展"或"京津冀一体化""长株潭一体化"时，对于区域共享性很强的空间设施，经济学如何进行研究？应采用怎样的学术逻辑和分析方法？

在区域空间中生产（建设）的公共性产品，不仅具有很强的公益性，而且往往因规模巨大的土方工程而具有极强的不可逆性和长周期性，例如，水电站建设、高铁建设等，如果只能以价格所调节的供求来进行生产（建设）决策，则以交换价格机制调节的时滞性和超长程性（今天的产生决策往往是对应着几年、十几年，甚至几十年后的需求），使得难以判断"市场均衡"状态，所以不得不以群体理性来替代。空间性规划就成为群体享用的理性代表，此时，显然要重点考虑使用价值侧的因素，当然也要兼顾交换价值侧因素，即进行经济性预测。而当将更大程度上体现了群体理性的行政力量、空间规划行为引入区域经济分析的学术框架中，就是对经济学时空假设缺陷的重大弥补。这在经济学方法论上是一个重大变革。

总之，无论是在经济学的宏观领域还是微观领域，或者是在经济学的各分支学科中，区域经济学是触及经济活动的本真理性因素最广泛、最直接和最深入的学科之一。区域经济学很难像宏观经济学或微观经济学那样抽象掉经济活动的本真性（使用价值侧）因素，而专注于交换价值侧关系，或在一定的假设条件下以交换价值替代使用价值因素（以价格替代效用和享用）。也不可能像宏观经济学或微观经济学那样忽视时间和空间因素对经济决策（经济平衡与决策权衡）的复杂作用。而当经济发展进入本真理性时代，那些被宏观经济学和微观经济学抽象掉的因素，正变为区域经济学特别需要重视和专注研究的问题。可见，称区域经济学为"本真理性时代的探路尖兵"，是毫不过分的。

四、基于本真理性视角的区域经济学

从本真理性的视角看，人类经济活动的根本目的是通过经济活动实现人类的生存、繁荣和传承，而且在此过程中感受尽可能的愉快（幸福感）。简单说就是，经济活动的目的是为了人类的更美好生活。那么，更美好生活的首要条件是什么？人类需要生活在适宜的环境空间中，这一空间能够具有人类可以在那里满足衣食住行需要的良好条件，显然，这正是区域经济学（以及它的相邻学科经济地理学和城市规划学等）的研究对象。以传统经济学的方法来研究，区域经济学的这一本真理性被纳入交换价值的工具理性的思维模式，即以成本—效益分析为基本工具进行经济分析，以一个地区的生产发展和收入水平的提高作为目标指向。研究各地区如何从低收入发展为中等收入，以至高收入地区，以及各地区之间发展差距如何趋向收敛？

区域经济学的上述研究当然是很有意义的，特别是对于工业化中期之前的经济发展，区域经济开发是中心议题。但是，进入工业化中后期，人类更需要从本真理性的视角研究经济发展，需要研究经济开发所带来的可以用交换价值单位计量的产出和收入增长，是否真正带来人类生存环境的改善？其中特别需要研究的是，那些难以直接用交换价值单位（货币）计量而又对人类生活产生很大影响的因素，如何进入区域经济学研究的领域？区域经济学能够以怎样的方法来对其进行刻画和解释，从而能够提出对其进行改善的主张和对策？

对于人类发展来说，时间周期和跨度是另一个核心问题。人类个体有从幼年、成年到老年的过程，生命周期的不同时期对生活空间的要求不尽相同。在一定的区域中，如何更适于他们各个时期的生活？而从人类发展的群体历史看，需要地区环境适宜于人类繁衍即代际传承，而从人类的本真价值看，人不仅是"个"体，而且是"类"体，进化中的群类，因此，区域经济学的研究方法不能仅仅是短期均衡，甚至不仅是生命周期跨度中的利益权衡（所谓"永久收入假定"理论），而是要将视野延展到数代人（数十年到百年）甚至"千年大计"的时间跨度。这是一个需要本真理性主导的问题。从本真理性的视角看，人类生产活动的目的是在一定的时间过程中改变自然物质的形态使之为人所用。奥地利经济学家路德维希·冯·米塞斯指出："资本品——过去生产出来的再生产要素——不是一个独立要素。它们是过去消耗掉的两个原始要素——自然与劳动——的联合产品。资本没有它们自己的生产力。把资本品说成贮藏起来的劳动和自然（资源），这也不对。倒不如说它们是贮藏起来的劳动、自然和时间。不靠资本品帮助的生产与利用资本品的生产，其间的区别在于时间。资本品是从生产的开端走向其最后目标（生产消费品）之过程中的一些中转站。利用资本品生产的人，比那开始时不使用资本品的人享有一大利益；他在时间上更接近于他努力的最后目标。"①

如前所述，在本真理性视角下，人类价值不仅是生存、繁荣和传承，而且需要"幸福"。因此，如何使人身心健康和愉快（精神性享用的主观幸福感）是一个根本性目的。而达到这一目的的手段，需要有一定的物质条件，表现为物质财富的增长，这是传统经济学研究的主要领域。但仅此是非常不够的，人的身心健康和愉快还需要有更多其他条件，例如，除了优美的生态环境，还要有生活区域内的便利公共服务的可得性、共享空间设施的完备性、人际交流便利性、文体娱乐活动方式和内容的丰富性等。所以，区域规划和区域建设，交换价值并非抉择的唯一准则，甚至不是首要准则。区域规划和建设的抉择原则首先是"功能"即空间效用，不同的区域应有不同的主体功能，各主体功能区域均有其特殊的区域经济问题。而在区域功能中，不仅有保护与发展的需要，而且也要留下"记

---

① ［奥地利］路德维希·冯·米塞斯：《人的行动：关于经济学的论文》（下册），余晖译，世纪出版集团、上海人民出版社2013年版，第513页。

忆"即各种历史遗产遗迹，以体现历史记忆的区域功能。因为，历史性遗产遗迹对于人类也具有极高的享用价值（精神性使用价值），区域发展绝不应患"老年失忆症"。可见，在本真理性视角下，区域经济学的发展具有极大的学术张力空间。从这一意义上说，区域经济学不仅是一门"应用经济学"，它涉及一系列非常深刻的基本理论问题，具有很强的基础性（甚至哲学性）学术特性。

总之，进入本真理性时代，区域经济学从其自身的研究领域和关注问题中向前推进深入探索，将经济学反转的镜像端正过来，正视和直面经济发展现实。这就会顺理成章、水到渠成地将经济学引入对本真性问题和本真目的的研究领域，这实质上是将经济学所认知的使用价值和交换价值二重性，置于统一的理论框架中，做出更符合实际和吻合人类发展本性的学术贡献。这是经济学研究视角的根本性调整：使经济学的视野从"独眼"观世界变为"双眼"观世界。"独眼"所见只是一个平面的图像，而"双眼"所见才是一个立体的世界。以前者的视角，经济学真的是一门"忧郁的科学"，正因为这样，我们可以看到，许多经济学论文都如同"精致的浅碟"，盘子似乎很华丽，但盘中盛不了多少新鲜物：尽管使用了各种精致的数学方法和复杂模型，却没有多少实质性思想新意。而以后者的视角，经济学是一门寻求人类幸福道路的科学，可以在广阔的时空中驰骋，观察丰富现实中的人类行为，发挥科学理性的想象力潜能，探寻实现人类幸福的真谛。

[参考文献]

[1] ［美］大卫·哈维：《资本社会的17个矛盾》，许瑞宋译，中信出版集团2016年版。

[2] ［奥地利］路德维希·冯·米塞斯：《人的行动：关于经济学的论文》，余晖译，世纪出版集团、上海人民出版社2013年版。

[3] ［美］拉娜·弗洛哈尔：《制造者与索取者：金融的崛起与美国实体经济的衰落》(2016)，尹芳芊译，新华出版社2017年版。

[4] 金碚：《经济发展的本真复兴》，《城市与环境研究》2017年第3期。

[5] 金碚：《探索区域发展工具理性与价值目标的相容机制》，《区域经济评论》2017年第3期。

（原文发表于《区域经济评论》2018年第1期，有改动。）

第三篇　中国问题

总需求调控与供给侧改革的
理论逻辑与有效实施

  2015 年 12 月召开的中央经济工作会议提出，"稳定经济增长，要更加注重供给侧结构性改革"。并强调这"是适应和引领经济发展新常态的重大创新，是适应国际金融危机发生后综合国力竞争新形势的主动选择，是适应我国经济发展新常态的必然要求"。将一个学术性意涵很强的概念引入政策话语体系，反映了中国经济当前面临问题的复杂性和深刻性。关于供给与需求关系的理论是经济学最基本和最核心的内容之一，也是经济学各学派间最具争议的学术立场之一。马克思主义经济学持生产（或生产力）决定论和需求约束论的基本立场，同时也对市场经济中的供求关系有极为深刻的理解和分析，以致成为其认识和批判资本主义经济制度并预言未来社会的理论基础。基于对供求关系基本理论的理解以及对当前中国经济发展及基本供求关系现实的判断，中央在强调供给侧结构性改革的时候，也未否定总需求管理的必要，而是说"要在适度扩大总需求的同时"，更加注重供给侧改革。就当前政府经济政策的抉择和操作而言，深刻理解供求关系的理论逻辑和实施条件，把握好总需求调控与供给侧改革的关系，"两手并用"，双管齐下，才能取得有效结果。

一、当前为什么强调供给侧结构性改革

  从朴素意义上说，供给就是出售，需求则是购买。供给方为产品卖方，需求方为产品买方。供给方持有产品，需求方持有货币。在现代市场经济条件中，产

品—货币关系高度发展和复杂化、系统化。从总体上观察，产品方和货币方都形成了非常庞大的体系，经济学可以将这复杂系统大致归类描述为有其供给侧和需求侧。供给侧为产品侧，需求侧就是货币侧。前者是生产和提供产品的所有活动，即实体经济体系；后者是形成购买力的活动，即货币经济体系。

其中最重要的是，在早期市场经济中，货币也是实体经济产出品，即主要是金银等贵金属。因此古典经济学将货币定义为充当交换媒介的商品，马克思则认为货币是充当一般等价物的特殊商品。总之，那时货币体系的主体是同其他商品一样由劳动所生产的产品。但在现代市场经济中，情况发生了根本性变化，绝大多数货币不是由实体经济生产出来，而是由货币当局（通常是政府）和金融体系"创造"出来的，甚至被通俗地说成是由货币当局"印"出来的，过去叫"铸币"，现在叫"发行"。实际上，除占少数的"基础货币"由货币当局供给外，流通中的绝大多数货币是由金融机构，主要是商业银行通过储蓄—放贷活动所"创造"的，是信用关系的产物。于是，所谓"货币"演化为一个极为复杂的复合系统，而且具有很大程度的"虚拟"性，甚至可以脱离实体经济而自我"创新"发展。这样，甚至连经济学家都难以准确定义货币和精确计量经济体系中的货币量。因而对货币的统计不仅有 M0、M1，还有 M2、M3……根据国家统计局的《中国 2015 年统计公报》，到 2015 年 12 月末，全国流通中货币（M0）余额 6.32 万亿元，狭义货币（M1）余额 40.10 万亿元，广义货币（M2）余额达 139.23 万亿元。如果需要，还可以统计 M3、M4，以致更加广义的具有交易媒介功能或能够发挥"流动性"功能的"准货币""类货币"等。

由于存在这样的供求对应关系，所谓宏观经济供求平衡就可以大致理解为供给系统所生产的产品总量同货币系统所形成的流动性总量间的均衡。据此可以设想，通过调控货币流通总量（流动性）来对产品产生即经济增长进行调控：当增长缓慢（失业率高）时扩大流动性（实施货币宽松政策），刺激经济增长加速；当经济过热时收缩流动性（实施货币紧缩政策），给经济降温。这就是以需求管理为主要内容的宏观经济学干预政策的基本原理，通常也称为凯恩斯主义宏观经济理论。

由于在现代经济中货币已经失去了同（贵金属）生产的联系，经济体系中的货币量或流动性主要由金融体系的信用活动所产生的"乘数效应"所创造的，所以主要表现为"债务"量，特别是商业银行发放的贷款额。于是，从需求侧着力的经济刺激，即扩张货币，总是表现为形成更多的债务。所以如果长期实行需求刺激政策，无节制的债务扩张超过一定的限度，不良债务和不良贷款的比重必然上升，积累越来越大的金融风险。这就是当前世界经济面临的现实。

为了应对 2008 年爆发的金融危机，人类历史上第一次全世界主要国家联手实行货币扩张政策，美国叫"量化宽松"，中国叫"扩大投资"。其实质都是扩张货币，加速债务增长（扩大政府债务、金融机构债务、企业债务，也叫加"杠杆"），也就是以加大流动性来"创造"需求，力图遏制"自由落体式"的经济下滑。这样的宏观需求管理政策在一定限度内可以起到经济调控作用。但是如果超出一定限度，不能适可而止，就必然导致供给方"产能过剩"和"库存积压"，因为与其对应的则是大量增长的债务而不是有效需求。于是，有效需求仍然不足，而不良债务，特别是银行不良贷款，却越积越多。

在此情况下，如果为了追求高速增长而继续通过扩张货币来刺激经济，就意味着不良债务与过剩产能及库存的不断轮番增加，无异于饮鸩止渴。统计数据显示，当前中国经济的债务总量已经接近可能危及安全的限度，因此，经济策略转向更加注重供给侧就是必然选择。即要通过去产能、去库存、去杠杆、降成本、补短板等措施，简政放权，消冗排毒，激活供给，轻装前进。

二、基于对市场失灵不同理解的政策主张

关于市场经济的研究主要集中于两个问题：第一，市场能够顺畅运行并实现资源有效配置吗？第二，政府与市场应是什么关系，政府要对市场进行干预吗？如果需要，那么，如何有效干预呢？第二个问题实际上是以第一个问题为基础的。如果认为市场万能并且完美无缺，就可以完全不需要政府干预，但实现中很少有这样的国家存在这样的情况。即使在理论上主张市场经济近乎完美因而政府干预越少越好的自由主义经济学，当面对并非完美无缺的现实经济状况，也会主张政府应采取积极而强有力的政策举措，例如，信奉自由主义市场经济的英国撒切尔夫人时期的政府恰恰表现得政策手段十分强悍。

在美国，关于市场是否需要政府干预以及如何干预也有不同的认识，在不同时期有不同的社会意识倾向。起先美国人相信"除了受到收入分配和外部性的限制外，自由市场经济是我们实现的最好的世界。让所有人都'自由选择'，我们

就能够拥有一个人间天堂"。而在 19 世纪下半叶到 20 世纪中叶，美国的主流意识转向认为"政府应当在诸多方面发挥作用。"到 20 世纪下半叶风向又变，罗纳德·里根在其总统就职演说中有一句著名的话："在当前的危机中，政府并不是我们解决问题的救星，政府正是问题所在。"反映了那个时期的社会主流倾向。但是，也有学者指出，"政府正是问题所在"的说法"本身就是一种欺骗"。它显得如此有吸引力是因为："那些宣扬类似'有坏事发生'的报纸比宣扬'一切都很顺利'的报纸要好卖得多。""公众其实非常依赖政府项目的良好运作，这也是为什么新闻总是聚焦于政府没有尽职。"其实，市场"不仅仅有好的一面，还有其不完美的一面"，不能没有政府的参与。①

从理论根源上说，政府之所以要实施经济治理和管控措施，是基于对市场失灵的认识：或者认为市场非万能，或者认为市场不完善。在古典经济学看来，除为市场运行提供必要条件（如保护产权、制定交易规则等）和生产某些公共产品外，政府不必干预市场，市场经济自身可以实现供求均衡，达到资源有效配置。经济学家以市场供求的一般均衡或局部均衡理论，不断"论证"这一理论，即只要保证市场顺畅运行，就不会发生系统性的供求失衡现象，甚至有所谓"萨伊定律"。即 19 世纪法国自由主义古典经济学家让·巴蒂斯特·萨伊在阐释和拓展亚当·斯密的理论时，提出了众所周知的"供给创造自己的需求"论断，断定在自由市场经济条件下一般不会发生供过于求即生产过剩现象。

萨伊在讨论到市场供求关系时说："常常听到各种产业冒险家声称，他们的困难不在生产中，而是在销售上。如果产品随时都有需求或市场，产品就永远不会缺乏。当商品的需求减少、销售困难、利润不丰的时候，他们就认为货币不足。"他认为，事情绝不是这样，而总是"生产为产品创造需求"。② 因为形成需求的手段就是其他人手中的货币，而货币也是"由同样是劳动、资本和土地的果实的其他产品构成。"也就是说，货币本身就是生产活动的产物，"贸易如果扩大到现有货币不能应付的程度，这正是好现象，恰如货物多到仓库容纳不下的程度是好现象一样。""如果一种产品过剩没有销路，货币短缺一点也不会构成对其销售的阻碍。"因为，"一种产品从被生产出来那一刻起就为价值完全与之相等的其他产品提供了销路。生产者在完成产品的最后一道加工之后，总是急于把

---

① ［美］乔治·阿克洛夫、［美］罗伯特·席勒：《钓愚：操纵与欺骗的经济学》，中信出版社 2016 年版，第 214—218、第 231 页。

② ［法］让·巴蒂斯特·萨伊：《政治经济学概论》，华夏出版社 2014 年版，第 84 页。

产品卖出去。因为他害怕产品在自己手中丧失价值。他同样急于把出卖商品所得的货币花掉，因为货币的价值也容易消失。但摆脱手中货币唯一可行的方法就是用它购买一些产品。所以，仅仅一种产品的生产就为其他产品提供了销路"。仔细领会萨伊的思路，就可以发现，其理论逻辑中的关键假设是：买卖双方都"不会要货币，也不需要货币，因为货币对于他们唯一的用处就是换取自己所需要的物品。""货币在买卖双方交易中完成的只不过是瞬间的作用。当交易最后结束时，你就会发现，交易实际上永远是一种货物交换另一种货物。"① 因此，他断言，"除非存在某些激烈手段，除非发生某些特殊情况，如政治变动或自然灾害，或除非政府当局愚昧无知或贪婪无度，否则一种产品供应不足而另一种产品充斥过剩的现象绝不会永远存在。……如果生产完全自由，一种生产很少超过其他生产，一种产品也很少会便宜到与其他产品价格不相称的程度。"②

可见，所谓"萨伊定律"是以商品交换的效用价值原则为前提的，而其根基则是关于货币中性的假定。用马克思的话说这实际上就是假定一切交易都只是W—G—W，即商品与商品的交换。如果作这样的假定，那么就如萨伊所说"货币其实只不过是媒介而已"，但人们却将其误解为"是一切交易的最终目的"了。问题是，萨伊的假设忽视了现实，在资本主义市场经济中，以积累物质财富为行为目标的社会精神得成为社会主流意识。这种"囤积倾向"注入市场经济，就形成了普遍性社会心理：追求"源于占有的快乐"③，而货币则成为财富象征（经济史上称为"重商主义"）。

可见，货币并非只是一种没有效用价值的媒介，它本身确实可以成为人们追求的目标，所以，以货币增殖为目的的交易并不是一个"误解"，而是真正的现实，即如马克思所系统论证的，在资本主义市场经济中，G—W—G′是普遍存在的事实，交易的目的确实就是追求货币形态的剩余价值。从这一意义上说，马克思是持货币非中性理论立场的。马克思正是基于这一理论基因论证了市场经济发生供给过剩的可能性，而在资本主义市场经济中则具有必然性。与古典经济学家和马克思经济学的理论所不同的是，现代经济中的货币同他们那个时代具有非常不同的形态，即货币已经不再主要是贵金属商品，货币主体部分是纸币和信用货币，而纸币和信用货币实际上只是一种对产品或财富的索取权。但是，人们对它

---

① ［法］让·巴蒂斯特·萨伊：《政治经济学概论》，华夏出版社 2014 年版，第 86 页。

② 同上，第 87 页。

③ ［美］艾里希·弗洛姆：《健全的社会》，上海译文出版社 2011 年版，第 73、74 页。

们仍然具有强烈的囤积偏好。

从其理论的学术根基来说，所谓"凯恩斯革命"也基于否定了货币中性假设。凯恩斯认为，货币绝不仅是对市场交易不发生实质性影响的媒介，似乎像是覆盖在经济活动之上的一层"面纱"，将其揭开，所看到的才是交易活动的真实，而货币"面纱"对真实经济没有实质影响。他认为，货币在经济活动中具有非中性的重要影响，这就非常可能导致发生以"有效需求不足"为特征的宏观经济失衡，即确实可能发生萨伊所否认的"货币不足"现象。

众所周知，与马克思的经济危机理论不同，凯恩斯主要从需求侧观察市场失灵现象，据此提出以需求管理为基本内容的宏观经济理论。按照凯恩斯主义宏观经济学的逻辑，市场失灵主要体现为其功能性局限，即认为市场机制即使能够顺畅运行，也就是即使是在发展成熟而充分完善的市场体制中（如萨伊所说的"生产完全自由"），仍然可能发生总体上的需求不足和非自愿性失业的不合意现象。因此，以需求管理为基本内容的宏观政策的基本特征是货币性、短期性和总量性。即政策措施主要是货币面操作，包括调控货币供应和财政收支的松紧。调控时间是短期的，即"熨平"经济波动周期。调控目标和干预方式着力于总量指标：生产总量的增长率、就业率、物价总水平、进出口总量等。

但是，从供给侧观察市场失灵与从需求侧观察市场失灵的意涵则是很不同的。如果从供给侧观察，市场失灵主要是由于存在结构性的障碍，即因市场未能顺畅地运行而导致调节机制的系统性失效。因此，从供给侧着力的对策措施是实体性、长期性和结构性的。即主要是对实体经济层面的调整，着眼于实现长期效果，如提高劳动生产率、增强经济活力、技术创新能力等。调控目标和干预方式主要着力于结构指标，如化解特定产业的过剩产能（退出援助）、消化库存、促进产业结构升级等。

由于供给侧对策基于认识到市场未能充分顺畅地运行，特别是看到市场体系和机制的不完善之处，所以，更强调体制改革和结构政策调整。例如，20 世纪八九十年代，为了应对因长期实行需求管理政策而导致的经济滞胀困境，英国（撒切尔政府）和美国（里根政府）实施了著名的供给侧对策，通常称为"供给学派"主张。主要通过减税、控制政府规模、国有企业私有化、放松产业管制等对策，减少政府对市场的干预，维护自由企业制度，以期达到增强经济活力和产业竞争力的目标，从而摆脱滞胀困境，改善宏观经济状况。

所以，在西方国家的政策话语中，以需求管理为特征的宏观调控政策被理解为政府对经济的"干预"（称为凯恩斯主义）。而以"供给学派"为标志的供给侧对策被理解为减少政府对经济的干预，让市场更顺畅地发挥调节功能。中国的对策明确表述为"供给侧结构性改革"，强调主要通过深化改革来解决所面临的问题。尽管中国的国情与美英不同，强调供给侧结构性改革并不等同于美英的"供给学派"主张，但在力图通过体制机制改革，激发微观主体活力和技术创新能力，更好地发挥市场机制在资源配置过程中的决定性作用上，具有一定的相似之处。

可见，一般来说，对于市场失灵，基于需求侧的观察，往往认定市场非万能，不能自发实现市场出清和合意均衡，因此政府必须实施宏观需求管理政策进行干预。而基于供给侧的观察，往往认为市场不完善，现实体制缺陷（以及政府干预的扭曲效应）导致市场决定资源配置的功能难以发挥，因此政府必须大力推进结构性改革，完善市场机制。

三、推进供给侧改革应有科学思维

当前，中国着力推进供给侧结构性改革所要达到的紧迫目标，一是"稳定经济增长"，二是"实现经济转型升级"。其中，"稳定经济增长"的含义希望不再是采取刺激性政策来扩张生产规模，而是要从实体经济深处激活新的增长动力，着力于提高"潜在增长率"水平。而"实现经济转型升级"的含义则是希望逐步摆脱资源驱动和投资驱动，转向创新驱动的增长模式，使产业结构现代化、绿色化、高效化，产业升级体现创新、协调、绿色、开放和共享的新发展理念。因此，强调供给侧结构性改革，实质上就是主张以更高质量的供给机制来实现可持续的发展。

需要科学认识的是，所谓"供给侧"和"需求侧"，是经济学描述复杂经济现实所定义的概念，而任何经济学概念都不可能是绝对精确地对应客观现实，因为现实世界本身并无绝对的界限。所以可以看到，同一类经济行为（现象）往往都会具有供需的双重含义。以通常认为是需求"三驾马车"之一的"投资"为例，对短期（本期）来说"投资"是需求，表现为支出货币购买生产要素；而对长期（下期）来说"投资"是供给，决定了生产能力和技术状况。其实，无论是需求侧对策还是供给侧对策，都得运用投资手段，只不过前者主要着眼于短期目标（应对经济波动），后者主要着眼于长期目标（实现创新升级）。

所谓"消费"也是如此。经济学定义的消费需求只是购买产品的瞬间，一旦支付了货币完成了购买进入实际消费过程，无论是生活消费还是生产消费，就都成为了供给，即劳动力的生产和产品的生产。所以，在经济学的供求恒等式"消费＋储蓄＝消费＋投资"中，"消费"既是供给也是需求。从一方面看，生产（供给）决定消费（需求），因为人们只能消费能够生产出的产品；但从另一方面看，消费（需求）也决定生产（供给），因为如果不能适合买方的需求，生产再多的产品也是过剩之物。所以，需求政策主要着眼于消费购买行为：有人买就好；供给政策主要着眼于实际消费过程：用得好才好。

在实施具体经济对策时，供给侧与需求侧更是难解难分。供给侧结构性改革固然是着眼和着力于实体经济，但也离不开货币经济。实际上，每一个供给行为（出售）都表现为对应的需求行为（购买），实体经济得以货币金融为"血液"。所以，推进供给侧结构性改革，总是需要从实体经济和货币金融两方面着手。实体经济的改革必须有金融体制改革相配合。如果金融不能有效发挥功能，为实体经济服务，实体经济的改革也难以有效推进。

更重要的是，实施经济对策绝不可忽视宏观需求管理与供给侧改革的协调。供给侧结构性改革更关注经济转型升级，但经济转型升级是一个长期动态过程，而整个过程的每一时间段，都是不能略过的"短期"：长期是由短期组成的。如果短期过不去，也就达不到期望的长期目标。所以，经济转型升级必须在一定的经济增长过程中实现，如果不能稳住一定的增长率，经济转型升级就没有支撑条件。反过来，如果不能实现经济转型升级，经济增长就不可持续，一味进行短期需求扩张也就难以避免"硬着陆"和金融风险的产生。

可见，在以交换为基本关系的市场经济中，一切经济行为和现象都是双面性的和对立统一的。有买就有卖，有收入就有支出，有债务就有债权，有供给就有需求。中国经济历经改革开放和经济高增长时代，现在已经进入了一个需要全面深化改革才能适应和引领新常态的新时代。需要开拓更大的经济策略运作空间，推进供给侧结构性改革，促进经济转型升级。但供给侧结构性改革同需求侧调控密切相连，供给侧结构性改革归根结底将体现在供给系统对于需求变化的更高弹性，即灵活反应能力。产能过剩和库存积压，本质上就是因供给弹性缺乏而无法实现市场出清，是供需关系矛盾的凸显。

供给和需求密切关系的最集中表现就是价格。价格是调节供求的决定性参数。价格机制是否有效，决定着整个经济系统是否具有供给弹性和需求弹性，能否适时实现市场出清。所以，供给侧结构性改革的核心内容之一就是要让价格机制更有效地发挥功能，无论是在实体经济方面还是在货币经济方面都是如此。打破行政垄断和消除各种制度障碍，让所有的微观经济主体充分活跃起来，保证各类产品价格、要素价格以及利率、汇率等"资金价格"都能按市场经济规律形成并有效发挥作用，是发挥市场在资源配置中决定性作用，激发创新驱动力，促进经济转型升级的根本性和关键性改革。总之，推进供给侧结构性改革的要义是形成使市场更有效发挥资源配置决定性作用的体制机制。

四、通过供给侧改革改善需求管理的微观基础

本文以上的理论讨论给我们的启示是：在运行顺畅的市场经济中，政府干预经济活动的主要方式之一是宏观需求管理，即主要通过货币政策和财政政策，应对周期波动，保持宏观经济平稳增长和主要宏观经济指标的合意均衡。反过来说，只有在市场经济能够较顺畅运行的条件下，政府的宏观需求管理政策才可能取得有效的结果。也就是说，如果经济体制机制中存在严重的障碍和缺陷，市场无法有效地发挥资源配置的决定性作用，或者经济主体因体制不善而缺乏活力，尤其是如果受到政府的不适当干预而导致经济关系的扭曲，政府的宏观需求管理政策就难以发挥有效作用。20世纪70年代，美欧等发达市场经济国家都曾发生过宏观政策与微观基础不协调，甚至相互矛盾冲突的情况，使得宏观经济政策失效，即发生经济衰退（失业率居高）与通货膨胀并现的状况，使宏观政策左右为难，一筹莫展。因此，在应对经济危机中，美欧等西方发达国家总是自觉或不自觉地在运用需求调控政策的同时，进行体制机制调整，以致采取更倾向于供给侧治理的所谓"供应学派"主张。

中国作为后发的市场经济国家，随着改革的推进和市场经济体制机制的逐步完善，政府管理经济的方式才可能从直接控制供应侧（生产计划和项目审批），逐步转向更多依赖宏观需求管理，即放开微观，调控宏观，让生产者有更大自主权，而政府采用货币政策和财政政策的间接干预方式，保持宏观经济的大体

平衡。

现在的问题是，由于许多方面的改革尚未完成，一些关键领域的改革进展缓慢，微观经济基础层面还存在许多不顺畅环节。此时，当产生经济矛盾，经济过热或者过冷时，政府经济管理当局往往倾向于强烈操作和过度使用需求管理工具。特别是在经济下行时，误以为可以更大幅度的需求扩张政策来拉动经济增长，以此弥补实体经济尤其是供给面的弱势。这样的情况自 2008 年以来表现得尤其突出。

2008 年以来，中国不仅 M2 存量超过世界第一大经济体美国，而且 M2/GDP 比率逐年提高，2015 年末达到 2.058，即 M2 已超过 GDP 的 200%（见表 1），远高于大多数美欧国家（通常不超过 200%，而美国不足 100%）。更值得注意的是，中国的 M2 还将继续以大大高于 GDP 增长的速度增长，否则似乎就会落入通货紧缩窘境。根据 2016 年政府工作报告预期，GDP 增长率将为 6.5%~7%，而 M2 增长率将为 13%。尽管对于中国 M2/GDP 的比率为什么如此之高可以有不同的认识和解释，但中国经济增长对于货币量增长的高度依赖已是一个无疑的事实。这也表明，以宏观需求管理，即扩张货币刺激经济增长的政策"边际效应"已经越来越递减了。可以推断，如果实体经济面的供应侧改革不能取得更大成效，经济结构不能得到显著改善，中国宏观需求管理政策将因缺乏微观基础的支撑而效能不彰。

表 1 中国 1990~2015 年历年 M2/GDP 比率

年份	M2 年末值（亿元）	GDP 绝对额（亿元）	M2/GDP
2015	1392300.00	676708.00	2.0575
2014	1228374.81	635910.00	1.9317
2013	1106524.98	588018.76	1.8818
2012	974148.80	534123.04	1.8238
2011	851590.90	473104.05	1.8000
2010	725851.79	401512.80	1.8078
2009	610224.52	340902.81	1.7900
2008	475166.60	314045.40	1.5131
2007	403442.2	265810.30	1.5178
2006	345603.6	216314.4	1.5977

续表

年份	M2 年末值（亿元）	GDP 绝对额（亿元）	M2/GDP
2005	298755. 7	184937. 4	1. 6154
2004	253207. 7	159878. 3	1. 5838
2003	221222. 8	135822. 8	1. 6288
2002	185007	120332. 7	1. 5375
2001	158301. 9	109655. 2	1. 4436
2000	134610. 3	99214. 6	1. 3568
1999	119897. 9	89677. 1	1. 3370
1998	104498. 5	84402. 3	1. 2381
1997	90995. 3	78973	1. 1522
1996	76094. 9	71176. 6	1. 0691
1995	60750. 5	60793. 7	0. 9993
1994	46923. 5	48197. 9	0. 9736
1993	34879. 8	35333. 9	0. 9871
1992	25402. 2	26923. 5	0. 9435
1991	19349. 9	21781. 5	0. 8884
1990	15293. 4	18667. 8	0. 8192

资料来源：国家统计局历年《中国统计年鉴》及《2015 年国民经济和社会发展统计公报》。

　　总之，宏观需求管理政策的有效性是以市场经济体制机制的完善和市场运行高度顺畅为前提的。从这一意义上可以说，当前中国提出更加注重供给侧结构性改革，并非否定宏观需求管理政策的必要性，也不是期望以政府对实体经济供给侧的直接干预来替代宏观需求管理政策。恰恰相反，推进供给侧结构性改革的目的之一就是，要让市场经济体制更加完善，尤其是要克服导致供给侧严重结构性扭曲的政府不当干预，使宏观需求管理政策能够更有效地发挥对总体经济的调控功能，提高宏观需求管理的可行性和作用效力，不仅要避免过大的周期波动，而且要保持中国经济长期健康的增长走势和实现经济社会发展的国家战略目标。其中，当然也包括政府通过必要的市场规管和弥补市场无法自动实现的供给结构条件，例如基础设施建设、环境保护和社会保障等，来完善市场经济体的供给侧有效性。

五、以适当的需求调控为供给侧改革
铺垫必要的景气条件

当特别强调供给侧结构性改革时，往往是由于宏观需求管理政策效力的减弱，以大众媒体上的形象比喻就是"大水漫灌式的货币投放"已无力刺激经济增长的回升。于是，不得不期望于微观活力的释放和对失衡结构的调整。此时，政府政策抉择往往处于两难境地：如果采取需求扩张政策，给经济体"注水"，那么，由于供给侧的结构性体制性缺陷，放出的货币往往未流入政策当局所期望的实体经济领域，激发实体经济活力，拉动实体经济增长，反而事与愿违地出现"去实体经济"现象，如大量货币进入房地产市场，推动房地产价格非正常上升。反之，如果严格控制货币扩张，实行从紧的货币政策和财政政策，则由于融资环境的恶劣而使实体经济的结构性调整和活力释放难以实现。而且，过度紧缩的政策可能导致通货紧缩现象，让经济陷于严重衰退而难以自拔。

要看到，供给侧结构性改革归根结底是由企业在一定的市场环境中能动地实现的，而不可能主要依靠政府的直接干预和政策运作来实现。但企业所处的经营情景往往是：当宏观经济景气度很高时，由于"赚钱容易"，所以虽有转型升级和技术创新的能力，但往往缺乏转型和创新动力；而当宏观经济景气度很低时，由于企业经营困难，拼力"活下去"是当务之急，所以尽管深切感受到转型升级和技术创新的必要性和迫切性，具有结构调整和转型升级的内在动力，但却恰恰缺乏财务能力。而如果整个宏观经济处于衰退紧缩状态，大多数企业感觉调整升级力不从心，则政策当局所期望的推进供给侧结构性改革，也会遇到很大困难。

所以，政府经济政策的运作，实际上就是要创造一种让企业既有动力也有能力进行结构调整和创新升级的经济环境。这主要体现为三方面的政策安排：第一，采取适当的宽松搭配的宏观需求管理政策，包括货币金融政策和财政税收政策，稳住经济增长速度，使之保持在一定的增长率区间，避免"硬着陆"，从而稳定和增强企业信心。第二，加快改革，扩大企业经营的自由度，减少政府不当干预和烦琐管制对经济活力的约束，最大限度增强生产和生活的便利性。只要企业生产和居民生活更便利，即使不考虑其可以产生的供给侧效应，仅就其产生的需求效应，也可以在短期内较快改善经济景气状况。第三，对严重失衡而必须进行强力调整的结构性"淤结"，如严重过剩的产能、库存等，采取"外科手术"式方式进行处置，当然，政府也应采取一定的援助方式，以减少"手术"过程的"疼痛感"。

总之，当前，确有必要更加注重供给侧结构性改革，但也必须认识到，供给侧结构性改革是不可能单兵突进的。就经济管控和干预政策而言，宏观需求管理与供给侧改革，并不是非此即彼的选择，而是两者搭配的"组合拳"。更何况，如前所述，需求与供给之间本无绝对分明的界限。尤其是在实际政策操作中，任何政策举措都会产生需求侧与供给侧两方面的效应。这就如同使用剪刀，无论操作过程是左把使力还是右把使力，其效应都是双方着力的结果。就推进供给侧结构性改革的现实过程而言，保持一定的宏观经济景气度是其必要的实施条件。所以，政府在强调注重供给侧结构性改革的同时，实施一定的宏观需求调控政策，避免经济增长失速，并不令人吃惊。当然，必须密切关注政策效应，为供给侧结构性改革铺垫必要景气条件的适度宽松政策同强烈经济刺激政策之间也没有绝对的界限。

六、结　语

实施总需求调控与推进供给侧改革，是应对当前复杂经济形势，体现发挥市场在资源配置中的决定性作用和更好发挥政府作用的两种基本的对策方式。深刻理解市场过程以及政府与市场关系的理论逻辑，才能有效实施基于客观经济规律的对策方案，恰当使用可行的政策工具。既能应对短期矛盾，克服失衡障碍，保持平稳增长；又能着眼长期目标，实现结构优化和可持续发展。

[参考文献]

[1] 李扬、张晓晶：《论新常态》，人民出版社 2015 年版。

[2] 沈坤荣：《供给侧结构性改革是经济治理思路的重大调整》，《南京社会科学》2016年第 2 期。

［3］金碚：《科学把握供给侧结构性改革的深刻内涵》，《人民日报》2016 年 3 月 7 日第 7 版。

［4］金碚：《改革红利与经济便利性》，《中国经济学人》（中英文版）2015 年第 2 期。

［5］金碚：《深化改革基于市场经济共识》，《社会科学战线》2014 年第 11 期。

［6］［法］让·巴蒂斯特·萨伊：《政治经济学概论》，华夏出版社 2014 年版。

［7］［英］凯恩斯：《就业、利息与货币通论》，经济管理出版社 2012 年版。

［8］［美］艾里希·弗洛姆：《健全的社会》，上海译文出版社 2011 年版。

［9］［英］尼尔·弗格森：《货币崛起——金融如何影响世界历史》，中信出版社 2009 年版。

［10］［美］伊斯雷尔·阿兹纳：《市场过程的含义》，中国社会科学出版社 2012 年版。

［11］［美］罗伯特·L. 海尔布罗纳、威廉·米尔博格：《经济社会的起源》，格致出版社、上海三联出版社、上海人民出版社 2012 年版。

［12］［美］乔治·阿克洛夫、［美］罗伯特·席勒：《钓愚：操纵与欺骗的经济学》，中信出版社 2016 年版。

（原文发表于《经济管理》2016 年第 5 期，有改动。）

基于价值论与供求论范式的
供给侧结构性改革研析

供给侧结构性改革是针对中国当前所面临的现实问题而确定的国家经济政策思路主线，同时也是一个具有深刻学术意涵的政策理论创建，它几乎涉及经济学体系的各个主要方面，只有从经济学最基本的底层结构上才能深刻认识其科学性和现实指导意义。理论经济学的基石是价值论和供求（均衡）论。马克思经济学是以价值论为主线，以供求论为辅线的严密学术范式体系。本文基于这一学术范式，研析同供给侧结构性改革直接相关的若干理论问题，为把握供给侧结构性改革的着力方向和对策抉择进行深层理论探索。

一、基于马克思价值论的供给侧意涵

"供给侧"是经济学在一定的学术范式体系中所定义的一个重要概念。要理解供给侧，首先要认识经济学的范式特征。所谓经济或经济学都是人们认识人类活动所建构的概念、范畴及逻辑构架。也就是说，客观世界中并没有同人的观察和认识无关的"经济"实在。这类似于量子理论中的物理世界：当人们没有观察它时，所谓"经济"以及所有与之相关的现象都是不确定（即没有定义，无法把握）的，也可以说是没有确定的存在形态的（不知为何物）。要认识世界，就必须对纷繁的现象进行定义，即赋予它意义（确定概念或术语所反映的现象类别，即在"连续"的客观实现中划定"间断"的界限），这就是经济学的基本功能方法。经济学本身也在发挥此功能方法中，建构和不断发展自己。这样，经济学的每一个重大进步都体现在赋予基本概念以新的含义。正如恩格斯所说：在马克思的《资本论》中，"某些术语的应用，不仅同它们在日常生活中的含义不同，而且和它们在普通政治经济学中的含义也不同。但这是不可避免的。一门科学提出的每一种新见解，都包含着这门科学的术语的革命。"① 也可以说，在观察客观现象中赋予概念和术语以新的意涵，是经济学进步的体现。

古典经济学，直到马克思的经济学，观察人类物质生活（经济）活动，首先使用了"劳动""生产""消费""流通""分配"等较宽泛的概念和术语。而在建构经济学理论体系时，运用思维的抽象力，着力打造的则是其核心概念：价值。因而，价值论是古典经济学和马克思经济学的学术范式基石。在马克思经济学的价值理论中，"商品"是其发现并定义的市场经济"细胞"，成为其经济学理论体系的逻辑起点。作为马克思经济学的第一个最重要的抽象概念，商品的最重要属性是具有使用价值和交换价值二重性，而这又是由生产商品的劳动二重性即具体劳动和抽象劳动所决定的。

同时，既然商品是用于交换的劳动产品，那么，商品概念中就已蕴含着商品交换双方或多方之间的供需关系。所以，在马克思经济学的逻辑体系中，关于供给与需要（或需求）关系的理论，即供求论，也是一条重要逻辑线索，尽管同其价值论相比属于辅线，但仍然具有支撑学术体系基本架构的重要性。特别是，关于供给侧的理论，同其价值论密切相关。因为马克思经济学的价值论是供给侧（生产方）主导的，认为商品价值在根本上是由供给因素所决定：即商品的价值取决于其生产过程中劳动者所付出的劳动量，准确地说就是，生产商品的社会必要劳动时间决定其价值，而商品的使用价值则是具体劳动的产物。也就是说，商品的二重属性都是由供给因素决定的。

那么，究竟什么是供给呢？或者，经济学是怎样定义供给概念的呢？马克思、恩格斯在《德意志意识形态》第一卷第一章中写道："人们为了能够'创造历史'，必须能够生活。但是为了生活，首先就需要衣、食、住以及其他东西。因此第一个历史活动就是生产满足这些需要的资料，即生产物质生活本身。"② 这里所说的"生产满足这些需要的资料，即生产物质生活本身"就是人类经济生活中的供给活动或供给体系。也就是说，实质供给（本源意义上的供给），就

---

① 恩格斯：《资本论》英文版序言，马克思：《资本论》（第一卷），人民出版社1975年版，第34页。

② 马克思、恩格斯：《费尔巴哈》，载《马克思恩格斯选集》（第一卷），人民出版社1972年版，第32页。

是生产性劳动所创造并在消费中实现的使用价值，通俗地说就是，有用产品的被使用（完成使用），或包含在产品中的有用性（使用价值，效用）。

实质供给在现实经济关系中直接表现为实际供给，即生产性劳动所创造的具有使用价值的产品。特别是，工业劳动（生产过程）将不能直接使用的物质加工制造成对人有用的物质，将有用物提供给市场，是经济学最为关注的供给活动。

由于实质供给在现实经济中表现为实际供给，即提供具有使用价值的产品，所以，当以交换方式提供产品时，就成为具有使用价值的商品。此时，供给以及与之相应的需求才有了确切的经济学意义。如马克思所说，"商品交换过程是在两个互相对立、互为补充的形态变化中完成的：从商品转化为货币，又从货币转化为商品。商品形态变化的两个因素同时就是商品所有者的两种行为：一种是卖，把商品换成货币；一种是买，把货币换成商品，这两种行为的统一就是：为买而卖。"① 在这里，卖就是供给，买则是需求。当然，在不同的经济学理论范式中，关于"供给"和"需求"的定义是不尽相同的。在价值论范式中，供给被定义为生产和提供有用产品的全部过程；而在供求论范式中，供给与需求是货币产生后，商品与货币相对立，才可定义的概念，供给被定义为产品持有者向货币持有者出售产品，与此同时，货币持有者支付货币就被定义为"需求"，卖与买、供给与需求，是同一过程的两个方面，同时发生，如同量子理论中相互"纠缠"的现象。所以，在"事后"意义上，供给与需求恒等，而无论产品方提供的是什么性质的物品。只有在"事前"意义上（即尚未发生时），供求才可能发生不相等的情况。②

由于在市场关系中，供给的经济意义更倾向于以货币单位计算的商品交换价值，即尽管商品的交换价值是以商品的有用性（具有使用价值）为前提的，但交换价值总是被主要关注的经济实质。而且，在经济学分析中，供给同需求一样，都表现为等价交换关系中的一方，所有的计量都是以货币单位标示，而不是以使用价值的物理量纲单位来标示的。此时，供给就离开了其实质和实际意义即使用价值性质，而成为名义供给，即以一定的交换价值量存在于市。特别是供给方，关注的是能够在等价交换中换取多少货币量，而不在意使用价值有何特质，

---

① 马克思：《资本论》（第二卷），人民出版社 1975 年版，第 124 页。

② 金碚：《供给侧结构性改革论纲》，广东经济出版社 2016 年版，第 23—25 页。

除非它会影响可换取的货币量。在经济学分析中，作为实质供给的使用价值被"存而不论"，作为名义供给的交换价值却堂而皇之地成为主角。例如，国内生产总值（GDP）其实是一个实际供给量，但由于"GDP 的基本经济学意义是：以交换价值计量单位即货币尺度作为核算工具估算真实使用价值量的生产规模总量及其增长。"① 所以，往往被误解为是一个计量交换价值的指标，即把实际GDP（或真实 GDP）视为名义 GDP。

从这里开始，供给的名义性（交换价值）超过了它的实质性（使用价值）。供给的目的性（有用产品）与工具性（价值增殖）具有了换位颠倒的可能，以至必然。不仅如此，更重要的是，一旦供给的目的性与工具性发生颠倒，即产生了名义供给（交换价值主导的供给），也就蕴含着产生虚拟供给的可能。虚拟供给就是以信用货币单位标示的无使用价值的名义价格现象，即货币创造货币，而且其主要部分是没有使用价值的信用货币，即同可使用性（有用性）相脱离的名义货币额的增殖。供求活动成为符号化现象，物质财富成为符号值，马克思称之为虚拟资本。

这样，基于价值论范式，所谓供给侧就体现为（或定义为）：提供效用的实质供给、提供有用产品的实际供给、提供以使用价值为前提而以货币单位计量的交换价值名义供给，以及以信用货币标示的无使用价值"空洞之物"的虚拟供给四种形态。简言之，实质供给的核心意义是"提供有用性"，实际供给的核心意义是"提供有用物"，名义供给的核心意义是"提供价值量"，虚拟供给的核心意义是"符号值增殖"。

关于供给的上述四种形态的认识，不仅具有重要的理论价值，而且也具有重要的现实意义（见表1）。在现实供给体系和供给过程中，实质供给与实际供给可能同时发生，也可能相互分离，例如，许多服务产品的实质供给与实际供给是同时发生的（生产过程与消费过程同时完成），各种直接服务劳动，如理发美容、教师授课、医生诊疗等就是这样。但更多情况下，实质供给与实际供给是分离的，例如提供工业品是实际供给，而工业品的使用才是实质供给，如果所提供的工业品并不立即使用（大多数情况是这样），就是实质供给与实际供给的分离，如生产电脑的企业向客户出售电脑只是实际供给，而实质供给表现为客户使用电脑；但如果电脑企业（如 IBM）向客户提供"解决方案"，即直接帮客户使

---

① 金碚：《马克思劳动价值论的现实意义及理论启示》，《中国工业经济》2016 年第 6 期，第 5—13 页。

用电脑完成有关业务，就是在实际供给同时提供实质供给了。而实质供给、实际供给同名义供给之间的关系就更为复杂，实际供给同名义供给在许多情况下是分离的，除非"一手交钱，一手交货"的现金交易。特别是复杂产品的供给，往往采取"预购""赊销""分期付款""约定付款账期"等各种交易方式，形成各种"应收""应付"账款，这些就是实际供给同名义供给相分离的现象。而如果引入复杂的金融信用方式，形成债权—债务链，实际供给与名义供给之间的分离和纠缠就更加错综复杂。至于虚拟供给同实质供给、实际供给以至名义供给之间的分离现象就更明显了，因为虚拟供给在性质上就已经脱离了使用价值，例如，当购买的房子不是用来住，而是用来"炒"，就是虚拟供给脱离实质供给和实际供给的表现，更不用说各种虚拟资本投资现象如证券交易，以至将用所谓"金融工程"方式设计出的各种金融组合产品作为交易标的，更是同实质供给及实际供给无关的虚拟经济现象。

表1 供给的基本形态

供给形态	基本含义	经济学意义
实质供给	生产性劳动所创造并在消费中实现的使用价值，产品的有用性及其实现	供给的本原性，即最终目的
实际供给	具有使用价值的产品	实现实质供给的物质工具或可行方式，真实GDP
名义供给	以货币单位计算的商品交换价值	以市场交易方式获得实际供给的工具（索取权），名义GDP
虚拟供给	以信用货币单位标示的无使用价值的名义价格现象	脱离使用价值的"符号"现象，但可以间接方式影响实际供给与名义供给过程

资料来源：笔者整理。

二、供给侧失调的供求论实质

如前所述，在价值论范式中，供给是生产满足消费的行为，大体上可以理解为供给＝生产，需求＝消费。当然，生产与消费的关系是辩证的。如马克思所说："生产直接是消费，消费直接是生产。每一方直接是它的对方。""没有生产，就没有消费，但是，没有消费，也没有生产，因为如果这样，生产就没有目的。""产品在消费中才得到最后完成。""只是在消费中产品才成为现实的产品，例如，一件衣服由于穿的行为才现实地成为衣服；一间房屋无人居住，事实上就不称其为现实的房屋；因此，产品不同于单纯的自然对象，它在消费中才证实自己是产品，才成为产品。消费是在把产品消灭的时候才使产品最后完成，因为产品之所以是产品，不是它作为物化了的活动，而只是作为活动着的主体的对象。"① 在价值论的这种概念纠缠中，实际上潜藏着供给失调的可能性，这种可能性在现实中往往成为必然性。在《资本论》第二卷中，马克思所详尽论述的第一部类与第二部类之间的关系，实际上就是生产及生产资料与消费及消费资料间的平衡条件或矛盾关系，在社会再生产过程中的充分展开。

学术逻辑的进一步延展，在供求论范式中，基于价值论的逻辑起点，引入货币与商品的对立关系，即产生了经济学所建构的市场供求关系学术范式，即在以货币为媒介的交换关系中，供给＝出售（卖），需求＝支出（买）。将静态供求关系发展为动态供求关系，即引入经济增长因素，把简单再生产延伸为扩大再生产，其中的核心概念积累，就分离为储蓄与投资两个过程（储蓄转化为投资就是积累），前者定义为供给，后者定义为需求。而在总平衡公式：供给（消费＋储蓄＋进口）＝需求（消费＋投资＋出口）中，消费既是供给，也是需求。

如价值论所证，在市场经济关系中，供给受使用价值和交换价值双重决定和制约。尽管在原本的商品概念中，使用价值与交换价值是密切相关的，因为，创造使用价值和交换价值的劳动过程中的具体劳动和抽象劳动是同时发生的，但是，在商品经济关系的复杂化和衍生化之后，使用价值与交换价值是可以分离的，这样，供给的经济学性质也会发生从实到虚的演化以至异化。所以，当进入现实的市场供求互动中，可能甚至难以避免发生供给侧失调现象。可以说，从商品二重性和劳动二重性的逻辑起点出发，供给侧失调的价值论性质已经"内嵌"在供求体系中。只要供求关系在社会再生产过程中不断展开，供给失调现象必然产生，其主要表现为结构失衡和质效缺陷。

---

① 马克思：《政治经济学批判》导言，载《马克思恩格斯选集》（第一卷），人民出版社1972年版，第93—94页。

（1）结构失衡，表现为重要比例关系的不均衡。众所周知，马克思基于其劳动价值论，深刻论证了，在资本主义市场经济中，必然系统性地（普遍性地）发生供给大于需求的现象，即爆发全面供给过剩（生产过剩）的经济危机：有支付能力的需求小于无限扩张的供给能力，导致社会再生产循环过程受阻，产生严重的社会后果。而此后的英国经济学家凯恩斯，仅从现象层面论证了总需求不足所导致的宏观经济总体失衡的可能性。

在供求论层面，马克思论证了供给结构（部类关系）与需求结构的平衡须满足相当严格的条件，而现实中并非总是能够维持这样的结构均衡条件。在马克思所建构的社会再生产两大部类范式中，供求平衡的条件至少应满足：

第一，商品资本、生产资本、货币资本之间的平衡与循环通畅。马克思说："这三种循环，三种资本形态的这些再生产形式，是连续地并列进行的。""资本在它的任何一种形式和任何一个阶段的再生产都是连续进行的，就像这些形式的形态变化和依次经过这三个阶段是连续进行的一样。可见，在这里，总循环是它的三个形式的现实的统一。"[①]

第二，在两大部类再生产过程中，不仅物质得到补偿，而且预付的货币也须回流。最著名的平衡条件就是 $I(v+m)=IIc$，其含义是"第 I 部类的商品资本中的 $v+m$ 价值额（也就是第 I 部类的总商品中与此相应的比例部分），必须等于不变资本 IIc，也就是第 II 部类的总商品产品中分出来的与此相对应的部分。"[②] 这种平衡条件既具有使用价值性质，也具有交换价值性质。

第三，在再生产过程中，还必然发生"货币贮藏"现象：即"在许多点上，货币被从流通中取出，并积累成无数单个的贮藏货币或可能的货币资本。这许多点也就像是流通的许多障碍，因为它们使货币的运动停止，使货币在一个或长或短的时间内失去流通能力。"[③] 而且，"对社会总资本来说，就其流动部分而言，——资本游离必然是通例，""这种游离资本的量和劳动过程的范围或生产的规模一起增大，因而和资本主义生产的发展一起增大。"[④] 在这样的社会再生产条件下，供给结构的平衡和供给活动的协调受到货币因素的深刻影响，货币的"游离"或"溢出"导致虚拟资本和虚拟经济现象。因而产生马克思所指出的现

---

①　马克思：《资本论》（第二卷），人民出版社1975年版，第117页。

②　同①，第445、446、459页。

③　同①，第555页。

④　同①，第311页。

象："货币资本的积累是由一群发了财并退出再生产领域的人引起的。"① （下文还将进一步讨论）。

（2）质效缺陷，供给失调往往表现为市场交易行为受阻，发生局部非均衡现象，甚至导致市场紊乱。马克思说，从商品转化为币，即 W—G，是"商品的第一形态变化"。这对于生产者具有重要意义，"是商品的惊险的跳跃。这个跳跃如果不成功，摔坏的不是商品，但一定是商品所有者。"② 也就是说，在市场经济条件下，如果商品滞销，生产者就将承受损失，生产过程就难以持续。这或者是由于其产品使用价值不能满足消费者需要，质量低劣；或者是由于其生产效率低下，产品成本高，缺乏竞争力。

一个经济体的供给侧质效缺陷，可能是个体性（局部性）的，也可能是产业性（结构性）的。前者是在某一产业内的部分生产者（个体）供给能力缺陷，属于企业竞争力问题；后者是整个产业供给能力缺陷，属于产业竞争力问题。马克思指出："物的有用性使物成为使用价值。""不论财富的社会形式如何，使用价值总是构成财富的物质内容。""使用价值同时又是交换价值的物质承担者。""交换价值首先表现为一种使用价值同另一种使用价值相交换的量的关系或比例。""交换价值只能是可以与它相区别的某种内容的表现方式，'表现形式'。""没有一个物可以是价值而不是使用价值。"③ 显然，如果产品的使用价值存在缺陷，或者不如其他生产者的产品质量而不被消费者（购买者）接受，其交换价值就失去基础，无法完成价值的市场实现过程，表现为市场供求矛盾，即所谓无法实现"市场出清"。

三、供给侧体系的价值——供求关系

以上研究表明，供给的自然性质，或最终价值是效用（使用价值的实现）。而具有使用价值的产品不仅可以消费，也可以保存下来成为物质财富，从这一性质上说，"劳动并不是它所生产的使用价值即物质财富的唯一源泉。正像威廉·

---

① 马克思：《资本论》（第三卷），人民出版社 1975 年版，第 574 页。
② 马克思：《资本论》（第一卷），人民出版社 1975 年版，第 124 页。
③ 同①，第 48、49、54 页。

配第所说，劳动是财富之父，土地是财富之母。"① 但是，当交换关系发生并成为普遍现象时，交换价值的意义越来越强，尽管"一个商品的价值表现在另一个商品的使用价值上。"② 但正如美国著名《资本论》研究学者大卫·哈维所说："无论在哪里，交换价值都是主人，使用价值都是奴隶。"③

由于交换价值并不受人的消费能力的限制，所以，追求和囤积作为交换价值载体的可保存物品，即所谓物质财富，可以成为无限的目标，而不像使用价值那样只能是有限目标。尽管物质财富是以使用价值为前提的交换价值，但这个"前提"在人的想象中或欲望中却是可以省略的，只要交换价值可以有其他的载体。这样，追求物质财富就会演变为本文上节中所说的"货币贮藏"，而且"货币贮藏"的不断增长成为马克思所说的"通例"。由于起先的货币是商品货币（贵金属本位制），后来，演变为信用货币，即没有使用价值的交换媒介，所以追求信用货币也会成为"通例"。现代经济中，所谓"货币"已经成为一个无人能定义的东西，西方学者称之为"金融炼金术"的产物。它的基础仅仅是"相信其他人会接受它"，也就是说，只要相信其他人可以接受，无论何种东西都可以充当"货币"。这样，货币就虚拟化了，马克思首先发现的"虚拟资本"现象，就发展为越来越膨胀的虚拟财产和虚拟经济。虚拟经济实际上是脱离使用价值的货币符号。虚拟财产也具有寄生性，即需要有"虚拟资本"投资的标的物。此种情况下，虚拟经济规模的扩张表现为其标的物价格（所谓资产价格）的飙升，即所谓"泡沫"。在这样的经济现实中，人的需要、需求，最后演变异化为货币欲望，或欲望的货币化，以至于虚拟的货币数字满足财富占有的心理欲望。表2简单示意了供给形态的演化与异化的上述过程。其中有几个特别值得注意的演变环节：即"目的"与"工具"的三次颠倒，也就是马克思所说得商品拜物教和货币拜物教的产生。

表2 供给形态的演化与异化

供给形态的演化	性质	功能	意义
效用发挥（有用性的实现）	供给的本源	实际消费或享用，维持人类生存、发展、繁衍的过程	最终价值，按需分配的可能

① 马克思：《资本论》（第一卷），人民出版社1975年版，第57页。
② 同①，第66页。
③ ［美］大卫·哈维：《资本社会的17个矛盾》，许瑞宋译，中信出版集团2016年版，第58页。

续表

供给形态的演化	性质	功能	意义
使用价值	供给的本体物	有用产品，具有效用的存在载体	劳动生产力
交换价值	供给的等价物	在交换关系中可以被他人接受的产品	分工与效率
价值	供给的经济性	使用价值与交换价值的二重性实现	真实财富即可估值的有用产品增长——"目的"与"工具"的第一次颠倒
货币	供给的一般等价物和价值尺度	以货币为价值尺度和媒介的交换，收入—支出（卖与买的对立）	市场经济与社会化分工的扩大
物质财富（以货币估价的有用产品）	供给的保存物积累	具有使用价值与交换价值的实质价值产品	经济活动的时空扩张，"囤积"的无限性
货币贮藏（贵金属）	一般等价物的积累	囤积意愿一般化：物质财富囤积的货币形态	资本主义，无限的经济动力——"目的"与"工具"的第二次颠倒
信用货币	供给的索取权	以信任为基础：没有使用价值的交换媒介	供给侧与需求侧的平行化：金融炼金术
信用货币积蓄	供给索取权的囤积	脱离使用价值的货币符号，财富的名义化	虚拟经济的产生——"目的"与"工具"的第三次颠倒
虚拟财产标的物	房地产、收藏品、资产凭证（股票、债券）成为供给标志物	资产的估值价格，财富的虚拟化（符号化）	交换价值成为主人，使用价值成为奴隶
财富"身价"的货币估值	信用体系下货币欲望的符号载体	欲望的货币化，财富的心理偏好形成财富幻觉	货币拜物教的极端化。从全社会看，如果财富幻觉觉醒，将导致私有产权的幻灭和新社会的诞生

资料来源：笔者整理。

第一次颠倒：原本作为工具的物质财富成为追逐目标，而人的消费满足（目的）以及商品使用价值反倒成为财富囤积的工具。这样，原本体现实质供给的"简单商品流通——为买而卖——是达到流通以外的最终目的，占有使用价值，满足需要的手段。相反，作为资本的货币的流通本身就是目的，因为只是在这个不断更新的运动中才有价值的增殖。因此，资本的运动是没有限度的。"" 绝不能把使用价值看作资本家的直接目的。"① 也就是说，作为供给活动的目的的使用价值变为追求交换价值的工具，而交换价值原本只是获取使用价值的工具，现在反倒成为目的。

第二次颠倒：作为工具的货币成为囤积目标，而具有使用价值（作为供给目的）的产品反倒成为工具。如马克思所说，"对货币本身的渴求，始终只是这样一种愿望：把价值由商品或债权的形式转化为货币形式。""货币财产作为一种特殊的财产发展这一事实，……，意味着它以货币索取权的形式拥有它的一切索取权。"② 也就是说，在"有用产品＝货币"的关系中，原本是目的的有用产品成为货币增殖的工具，而原本作为流通工具的货币反而成为目的。

第三次颠倒：没有使用价值的信用货币符号成为目的，其他一切有用或无用之物都成为作为虚拟资产增殖工具的标的物，即信用货币贮藏和增殖的工具。如马克思所说，"信用货币是直接从货币作为支付手段的职能中产生的，""在商品生产达到一定水平和规模时，货币作为支付手段的职能就会越出商品流通领域。货币变成契约上的一般商品。"③ 这样，"那些本身没有任何价值，即不是劳动产品的东西（如土地），或者至少不能由劳动再生产的东西（如古董，某些名家的艺术品等）的价格，可以由一系列非常偶然的情况决定。"④ 价格不再与实际价值相关，而彻底成为符号值，即符号性估值单位。如马克思所说，"在这里，一切都以颠倒的形式表现出来，因为在这个纸券的世界里，现实价格和它的现实要素不会在任何地方表现出来。"⑤

重要的是在现实世界中，财富并没有因为其虚化而变得无关痛痒，货币特别是信用货币尽管没有使用价值，但并没有降低其在现实经济中的重要性。人们对信用货币的需要并非完全是虚幻的欲望，而是现实的必需，甚至比具有真实使用价值的物品更重要。马克思说：当发生货币危机时，"商品的使用价值变得毫无价值，而商品价值在它自己的价值形式面前消失了。昨天，资产者还被繁荣所陶

① 马克思：《资本论》（第一卷），人民出版社 1975 年版，第 173—174 页。
② 同①，第 483、689 页。
③ 同①，第 160—161 页。
④ 同①，第 714 页。
⑤ 同①，第 555 页。

醉，怀着启蒙的骄傲，宣称货币是空虚的幻想。只有商品才是货币。今天，他们在世界市场上到处叫嚷：只有货币才是商品！像鹿渴求清水一样，他们的灵魂渴求货币这唯一的财富。在危机时期，商品和它的价值形态（货币）之间的对立发展成绝对矛盾。"① 人们时刻体会着：货币不仅满足欲望，而且是须臾不可或缺的"君王"，企业家们都明白"现金为王"的经营铁律，因为，货币形式的资本是经济正常运行的"第一推动力和持续的动力"。② 一旦货币断流，必然大难临头。

简言之，"目的"与"工具"的第一次颠倒，使生产分工和社会分工的发展成为可能，促进效率提高；第二次颠倒，为经济增长注入动力，让贪婪成为财富创造的"能源"；第三次颠倒，使人类永远不得满足，欲望难填，经济增长似乎需要"永动机"。那么，在这个世界上，供给体系如何满足人类的需要、需求和欲望呢？

很显然，人类吃、穿、住、用、行等实际需要，即人类生存、生活、发展的物质条件，只能用实质供给来满足。而这种需要也受人的消费能力的约束，即衣、食、住、行都有一定的物理或生理限度，例如，人吃饱了就不能继续吃，只能穿有限件衣服，睡一张床，住一处房，乘一辆车。从这一意义上说，只要生产力充分发达，物质充分丰富，人类是完全可以做到"各取所需"的，这里所说的"需"是人的实际需要，由实质供给满足。

与上述人类需要不同，经济意义上的"需求"，是指有购买力的有效需求，它由有效实际供给，即具有使用价值的商品来满足。但有效需求还与货币有关，购买方拥有货币，才产生对售方商品的需求；宏观上看，一个经济体的货币供给量在总体上决定了需求总量。所以，以实际供给满足有效需求，是一个受制于货币的关系，是以货币为媒介的市场供求关系。问题是，供给体系所面对的购买力即货币的创造是非常复杂的，从微观看，货币是"挣来的"，即要取得货币就要生产和提供产品，需要以更高的生产力创造更多产品来换取更多的货币，这样，更多的货币就产生更高的购买力即有效需求。但从宏观看，在现代经济中，信用货币是被货币当局（央行）以及整个金融体系无中生有地创造出来的，完全可能同实体经济活动脱节而自我循环和扩张。所以，实际供给满足有效需求，变成

---

① 马克思：《资本论》（第一卷），人民出版社 1975 年版，第 159 页。

② 同①，第 393 页。

虚实交织的复杂关系和难以把握的复杂过程。这就是发生不断困扰社会的宏观经济失衡问题的经济体"基因编码"特质。

而当进入"欲望"层面，情况进一步发生实质性变化。人追求和积累物质财富、货币财富以至信用货币制度条件下的财富欲望，超越一定限度，实际上是由财富幻觉来满足的。亚当·斯密称之为"人类本性的欺骗"，即人们无止境地追求并不需要或者实际上并不能带来更大快乐的东西。这是一种无止境、无约束的幻想目的。马克思说："货币在执行价值尺度的职能时，只是想象的或观念的货币。"① 当人们以信用货币作为价格符号和资产价格标示单位时，更加只是想象的或观念的货币。人类像崇拜神一样崇拜货币，顶礼膜拜，甚至人的"身价"可以由货币量标示。这就是马克思所说的货币拜物教：在"宗教世界的幻境中""人脑的产物表现为赋有生命的、彼此发生关系并同人发生关系的独立存在的东西。在商品世界里，人手的产物也是这样。我把这叫作拜物教。劳动产品一旦作为商品来生产，就带上拜物教性质，因此拜物教是同商品生产分不开的。""货币形式只是其他一切商品的关系固定在一种商品上面的反映。""货币拜物教的谜就是商品拜物教的谜，只不过变得明显了，耀眼了。"② 如前所述，货币拜物教绝不因为其幻想性而无关紧要，相反，人类经济社会几乎就是构建在一个货币幻觉的沙滩之上。用现代经济学语言说就是，一切都基于"信心"之上，如果信心崩溃，现实经济也将崩溃。可以设想，如果有一天人们突然都醒悟了：信用货币其实毫无用处，因而都拒绝接受这个无用之物，那么，世界会变得怎样？幸好，供求体系和货币支付网络已将人类紧紧捆绑在一起，成为"利益共同体"，现在谁都不愿意看到那个同归于尽的结局。从全社会看，如果人类真的从财富幻觉中觉醒，就将导致私有产权的幻灭和新社会的诞生，这就是马克思的学术逻辑所推导出的人类终将进入在生产力高度发达基础上"按需分配"或"各取所需"的未来社会预言。当然，这个社会还非常遥远，但马克思的逻辑力量是强大的。

不过，我们今天还身处于当代的现实中。人类无论怎样生活在充满货币幻觉的世界，无论复杂的货币世界把经济关系编织得如何复杂诡异，甚至让人类完全颠倒地看待这个世界，分不清"目的"与"工具"，在价值理性上糊涂迷茫，但是，一旦供给体系，尤其是实质供给问题凸显，矛盾严重，而货币性（需求侧）

① 马克思：《资本论》（第一卷），人民出版社 1975 年版，第 114 页。
② 同①，第 89、108、111 页。

政策效率递减，无力回天，人们就不得不迷途知返，回到经济的最实质其实也是最本原的层面，从实质供给与实际有效供给上寻找出路。这就是中国必须更加注重供给侧结构性改革的根本缘由。

四、"三去、一降、一补"的经济学实质

从以上讨论中可以看到，供给侧结构性改革触及了经济关系和经济体系的最深层面。在经济学的颠倒影像中，折射着目的与工具关系颠倒的现实世界。人类进化数百万年，为了生存、发展、繁衍，奋力增进自己的供给能力，怎么会在今天，供给过剩竟然成为困扰人类社会的怪相？当前，中国经济面临极为复杂的形势，深层矛盾困扰着企业、社会和政府，必须以供给侧结构性改革作为政策思路主线，化解发展障碍。其中，尤为突出的是，要进行以"去产能、去库存、去杠杆、降成本、补短板"为重点的结构性调整。如果将此置于本文所讨论的价值论与供求论范式的理论框架中来认识，那么，"三去、一降、一补"所言何意？其经济学实质究竟为何？

如文本第二节所述，供给侧失调主要表现为结构失衡和质效缺陷。在本文的分析框架中，产能过剩和库存积压，属于实际供给过剩问题；高杠杆，属于货币层面的失调或功能失效；而高成本和短板现象，则主要属于供给体系的质效缺陷问题。以下分别简要讨论：

去产能。由于存在严重的产业性过剩产能，即"事前"供给难以实现（如前所述，只有在"事前"意义上，才会发生供求不等现象），表现为供给能力闲置或无效供给（产量过剩）。这实质是生产性产业的非生产性化：提供了不被使用的使用价值（产品）和交易循环受阻的交换价值（难以完成市场实现的"惊险跳跃"）。出现如马克思所说的"产业资本的再生产能力不顾消费界限的极度紧张"状况。在这种紧张状态下，"一旦由于回流延迟，市场商品过剩，价格下降而出现停滞时，产业资本就会出现过剩，不过这种过剩是在产业资本不能执行自己的各种职能的形式上表现出来的。有大量的商品资本，但找不到销路。有大

量的固定资本，但由于再生产停滞，大部分闲置不用。"① 因此，需要削减无效供给的过剩产能。否则，整个供给体系处于严重的低效、梗阻状态，如同患了"肥胖症"和血栓症。

去库存。过剩库存的经济学性质是产出存量冗余。供给过程的一次流程环节是：产能—产出（产量）—存货—实现。即发挥产能进行生产，形成产出量（产品），在未进入市场前为存货（发生积压就成为过度库存），只有当存货销售出去完成产品的市场实现，一次供给过程才告完成，下一次供给过程才能启动。如果一些行业（例如房地产）存在大量库存，不仅阻滞了本产业的供给循环，而且导致相关产业供应链的破坏，以致影响社会供给体系的流程运行，就必须进行库存削减，纾解淤积。

去杠杆。所谓杠杆，其实就是货币信用关系的叠加和膨胀。过高的杠杆引发经济风险，可能导致债权债务链条断裂，难以维持社会"信心"，甚至导致连锁性崩溃现象。而如前所述，现代经济是建筑在"信心"基础之上的。信用货币的重要组成部分就是"债务"。大卫·哈维说："随意检视总体国内生产总值历史数据，我们会发现，在整个资本史上，财富与债务积累之间一直有松散的关系，但是自20世纪70年代以来，财富积累与公共、企业和私人债务积累之间的关系变得密切得多。"② 这并非巧合。众所周知，正是在20世纪70年代，美国宣布美元同黄金脱钩，布雷顿森林体系崩溃，美元汇兑金本位制彻底转变为信用货币制度，而各国原先通过美元而与黄金间接挂钩的关系也彻底变为信用货币制度，全世界的货币体系从根本上说都基于"虚本位"，只能靠央行的政策调控为其设定币值之"锚"。这就提供了高杠杆的货币金融制度基础和债务疯狂增长的土壤。"借贷货币资本的总量，实际上会在同现实积累完全无关的情况下增加起来。"③ 过高的杠杆，即负债率，不仅累积风险，而且增高成本。去杠杆，实际上就是要降低"信心崩溃"的可能性和危险性。更重要的是，过高杠杆（债务）所对应的是无效的供给：过剩产能和过度库存。所以，去杠杆不仅是降风险，也是降成本、降产能、降库存。

降成本。是为了降低供给侧体系的负担超载，提高供给侧效率。当然，任何供给活动都是负载进行的，"天下没有免费的午餐"，任何获益都必须付出代价。

① 马克思：《资本论》（第三卷），人民出版社1975年版，第546页。
② ［美］大卫·哈维：《资本社会的17个矛盾》，许瑞宋译，中信出版集团2016年版，第248页。
③ 马克思：《资本论》（第三卷），人民出版社1975年版，第562页。

但是，过高的成本压抑了生产性劳动的供给能力和供给效率，也会降低实际供给（产品）的质量。而且，如果供给成本和价格过高，就会形成更多的过剩产品、过剩产能和过剩库存。因为，成本的高低划定了有效供给与无效供给之间的界限。

补短板。供给体系失调和质效缺陷的突出表现之一是存在结构短板：供给链的瓶颈和薄弱环节，导致投入—产出关系的不匹配、不协调。价值创造必须在生产过程的不断循环中完成，既包含物质资料的供求、投入—产出衔接平衡，也包括交换价值在顺畅交易中实现为实质价值，而供给体系的结构性短板如果导致供给活动循环不畅、效率不高、质量低下，就会降低整个供给体系的有效性和平衡性。

如供给侧的价值论与供求论的理论分析所揭示的，供给侧结构性改革的目标是提高供给体系的协调性、高效性和高质性。而"三去、一降、一补"最终体现为劳动生产率的提高。按照马克思的劳动价值论，"劳动生产力越高，生产一种物品所需要的劳动时间就越少，凝结在该物品中的劳动量就越少。""商品的价值量与体现在商品中的劳动量成正比，与这一劳动的生产力成。"[1] 可见，以"三去、一降、一补"为重点的供给侧结构性改革的经济学实质，是提高生产力，节约劳动，增加供给有效性。这就实现了人类发展的价值目的与工具理性的统一：价值理性是人的满足，工具理性则是供给效率的提高。供给侧失调的最终根源就是工具理性的极端化和异化，以致同价值理性相分裂。

马克思在预言人类发展的未来情景时就论及了人类的价值目标与工具理性的对立统一关系，他说："像野蛮人为了满足自己的需要，为了维持和再生产自己的生命，必须与自然进行斗争一样，文明人也必须这样做；而且在一切社会形态中，在一切可能的生产方式中，他都必须这样做。这个自然必然性的王国会随着人的发展而扩大，这个领域内的自由只能是：社会化的人，联合起来的生产者，将合理地调节他们和自然之间的物质变换，把它置于他们的共同控制之下，而不让它作为盲目的力量来统治自己；靠消耗最小的力量，在最无愧于和最适合于他们的人类本性的条件下来进行这种物质变换。但是不管怎样，这个领域始终是一个必然王国。在这个必然王国的彼岸，作为目的本身的人类能力的发展，真正的自由王国，就开始了。但是，这个自由王国只有建立在必然王国的基础上，才能

---

① 马克思：《资本论》（第一卷），人民出版社 1975 年版，第 53、54 页。

繁荣起来。工作日的缩短是根本条件。"① 马克思所说的"必然王国"是客观规律所决定的世界，在这个世界中，工具理性具有必然性，即人类必须遵循客观规律，而"自由王国"是将颠倒的世界再端正过来的世界：即"人类能力的发展"成为供给活动的根本目的。

何为"人类能力的发展"？人类最重要的能力是创造和创新，它体现了人类进行供给活动的力量和价值。亚里士多德曾说，人的最高满足，是最大限度地运用和发挥其思维能力，他称其为人类的最高之善，意思大体上相当于今天所说的研究、思辨与创新。也就是说，创新不仅是促进发展的动力、供给的能量，更具根本性意义的是，创新本身就是人类之价值和幸福之源（满足之源）。人类的供给体系和供给活动，归根结底，是从创新中获得过程的快乐、挑战的快乐和成功的快乐。人类新的生活方式将是：以创新孕育希望，以创新寻求幸福，以创新实现自我价值。因此，供给侧结构性改革的主要方向不仅是要通过"三去、一降、一补"，消除供给体系中的"淤结""血栓""瓶颈"，而且要使供给体系的创新空间更加宽阔，促进整个经济社会充满活力。让想象力自由翱翔，为人才松绑铺路，创新才能插上翅膀，供给才能发挥高效，国家才能充满希望，社会才能永远乐观。这就是基于马克思价值论和供求论学术范式，研析供给侧结构性改革可以获得的最终结论。

（原文发表于《中国工业经济》2017 年第 4 期，有改动。）

---

① 马克思：《资本论》（第一卷），人民出版社 1975 年版，第 926—927 页。

供给侧政策功能研究

——从产业政策看政府如何有效发挥作用

经过 30 多年的改革探索和理论研究，中国确定了"要使市场在资源配置中起决定性作用和更好发挥政府作用"的基本原则和改革方向。如果将经济活动和经济体系划分为需求侧和供给侧，那么，政府发挥干预经济活动的作用也可相应地划分为需求侧政策和供给侧政策。在经济学理论体系中，基于宏观需求管理的理论逻辑，政府需求侧政策有了一个较清晰的理论范式框架，而关于供给侧的政府政策，还缺乏清晰的范式框架，所以，往往成为分歧和争议很大的问题。特别是，产业政策是供给侧政策的重要组成部分之一，关于供给侧政策的理论争议也往往集中于对产业政策的讨论。本文以产业政策为重点，深入研究政府供给侧政策的基本理论思路。由于供给侧政策是供给侧结构性改革的重要内容之一，所以，研究供给侧政策理论具有重要现实意义。

一、区别于纯学术理论的政策实务思维逻辑

只要有国家存在，政府参与和干预经济活动就是一个必然的事实。经济活动的完全无政府状态，只存在于假构性想象或学术假设中。也就是说，在理论中可以想象（或假定）没有政府参与和干预的经济体，即假构一种完全自由的"纯"经济运行模式，但在现代经济现实中绝少存在这样的情况，在讨论经济实务时，就不能设想没有政府作用（政府政策）的场景。所以，讨论如何更好地发挥政府作用，首先须区分所谈话题是理论还是实务。因为，两者具有不同的逻辑：前

者更注重抽象思维逻辑，追求逻辑的缜密性和极致性；而后者倾向于具象思维逻辑，要求适用性和可行性。

在经济学说史上，关于政府政策的系统思考并形成较完整的理论逻辑，一般认为以凯恩斯《通论》（1936 年）的出版为分水岭。此前以主张"自由放任"为主流，此后以承认政府干预经济的必要性为主流，而这种干预主要是从需求侧着力，并假定供给侧的资源配置由市场自主决定。如此极度简化的学术史归纳往往使人产生一个误解，似乎在此之前的经济是不受政府干预，或者政府是没有经济政策的，并往往冠之为"自由资本主义"。其实，在经济现实中，只要存在政府（无论是王权、集权还是分权），它从来都是积极参与经济活动的，政府本身就是国民经济的组成部分，依赖国民经济而存在。拥有强制力的政府不可能对经济活动"自由放任"。所谓"自由放任"只不过是经济学家或民间利益集团的一种主张、愿望或呼吁，从来不是事实。例如，"一带一路"倡议中涉及 60 多个沿线国家和更多的相关国家，有哪一个国家的政府是对经济"自由放任"的吗？

由于凯恩斯《通论》所论证的政府干预基于有效需求不足和需求管理的逻辑，所以，经济学理论的讨论或争论更多地集中于政府是否有必要或如何实施需求管理政策。其实，在经济现实中，政府对经济活动的干预或参与实际上大多是着力于供给侧的。在漫长的人类经济发展史上，政府实施需求管理政策只是小概率事件（因而往往成为大新闻），而大概率事件则是供给侧的政府经济行为（因而大部分被认为没有新闻价值）。也就是说，在经济现实中，政府发挥作用主要体现在供给侧。但在理论思维中（实际上是在现代西方主流经济学思维中），情况恰恰相反，（自所谓"凯恩斯革命"后）似乎除承认政府宏观需求管理的必要性外，政府的供给侧政策，如产业政策等反倒成为边缘性问题，甚至被视为非常态现象，在经济学主体框架中没有重要地位。

2016 年，两位中国经济学家对产业政策合理性和必要性的争议引发了关于政府在经济运行和发展中是否应发挥积极作用的广泛讨论。其中一位经济学认为产业政策理论上完全无理，现实中从来没有成功过，只有失败的记录，因而主张取消一切产业政策。另一位经济学家则认为各国都实行过产业政策，有其可信的理论根据，尤其是一些发展中国家实行了很有成效的产业政策，因而明确主张应实行有效的产业政策发挥政府推进经济发展的积极作用。其实，关于产业政策的依据、成败、得失、存废，是经济学家们长期争论的问题。就其争论的要点和例证，这两位经济学家并未超越以往。争论下去大概也不会取得一致意见。当然，不同观点的争鸣本身具有积极意义，可以深化认识和启发思考。不过，争论如果只是在理论上各执一端，各方都将观点极而言之，以致意识形态化或信仰化，那恐怕就价值不大了。因为，赞成和反对产业政策的论著和文献早已汗牛充栋，再增加一些也不会有显著裨益。关键在于首先要弄清楚：人们究竟争论的是什么？是理论还是实务？

如果争论的是理论，那么，关于产业政策的不同主张几乎就是对于政府作用的不同观点，各家之言，见解各异，学派林立。如果争论的是经济实务（或实际政策），那么，关于产业政策的不同主张只能归结于"实事求是""一把钥匙开一把锁""具体问题具体分析"。在实务中，无论哪个理论学派或观点主张都不可能独揽决策，政府的决策机构兼听则明，就不枉各派学者们费尽心力的钻研和激辩。

学术理论与经济实务当然有一定的甚至密切的关系，理论需要联系实际，但是两者毕竟并非同一回事。作为学术理论，尤其是为了张扬某一学术主张，总是求其"纯粹""彻底"，不把话"说绝"不足以显示其逻辑力量。而经济实务则是复杂现实中的困难抉择，适时而为，量力而行，受制而动，可行为上。理论的彻底性要求无时无刻绝不妥协，"滴水不漏""不留缺口""是非分明"；而现实抉择则必须权衡利弊、估算得失，难免"此一时，彼一时"，"一方面这样，另一方面那样"，妥协是其本性。一些在思想理论（意识形态）上反对产业政策的国家，在实务政策中也难免采取类似产业政策的政府干预手段（尽管拒绝使用"产业政策"概念），就像主张"小政府"的国家，也往往要做不少"大政府"的事。现实世界中，"小政府"的主张与大政府的实务，矛盾地并行着。甚至，（为了政治上的可行性）往往需要"打右灯，往左转"，即一方面大声宣称"减少政府干预""不搞产业政策"，另一方面却大幅增加政府支出和拨款项目（当然可以声言那全都不算是产业政策）。其实，即使是理论上坚决反对产业政策的国家，至少也不会放弃对一些产业项目的"审批""审查"或"核准"。既然这样，也总得有一定的产业政策理论依据或务实考虑（发展什么产业，不发展什么产业？什么项目安全，什么项目不安全？什么产业有益，什么产业无益？）。从这一意义上说，有理由认为世界上根本就没有在政府干预行为中完全不含产业政策内容的国家。特别是，我们所看到的现实世界是：几乎所有实行市场经济制度的国家都声称要避免和减少政府不当干预经济，但几乎所有国家的政府支出占GDP的比重都呈上升趋势。如果为了在理论上否认产业政策，而认定所有的政府支出都与产业无关，都不涉及产业政策，或者"不算是产业政策"，那不过是"此地无银三百两"的辩论术，否定的只是概念而不是事实。

当我们讨论政府实行经济政策的必要性和可行性的时候，应听取因首先提出"新常态"概念而知名的美国学者穆罕默德·埃尔－埃里安的忠告："现在这个世界，太多无法想象的事情已经变成了现实；这个世界，经济和金融教科书中的说教已经脱离现实生活太远了。""实际上，我们最终关注的还是选择的功能，而非命运。当然，这很大程度上取决于各国政府和央行共同肩负起制定政策的意愿和能力——在国家、区域和多边层面。"① 也就是说：抽象地争议政府经济政策的理论往往远离了现实，而处理经济实务则必须面对现实，做出必要的抉择。那么，如何评价现实经济中的产业政策（系统性的产业政策或相机性的产业政策）得失和决定其存废呢？

首先，取决于政策目标的确立以及各目标的优先顺序。在一定时期，实行产业政策总是要确立其所要达到的主要目标（各利益集团如果能达成一致或求同存异），为了达成政策目标就必须付出一定的代价。而考虑到代价多少，也会反过来制约目标的设定，因为再重要的目标都不可能"不惜一切代价"。所以，权衡利弊得失、分析成本收益原本就是产业政策的题中应有之意。没有十全十美、完全理想、有得无失的产业政策，只有"值得"或"不值得"的抉择权衡。纵观世界各国的经济发展史，即使基于今天的立场或视角，我们也没有理由认为所有的产业政策都是值得的，同样也没有根据断定所有的产业政策注定都是得不偿失的。日本和韩国等国实行的产业政策，曾经被视为成功典范，后来又有意见对其完全否定，绝对化的观点恐怕都过于武断和有失偏颇。理论可以极端一些，但理论主张不应代替对历史事实的客观分析与判断。2009 年 1 月，时任美国总统巴拉克·奥巴马在其就职演说中宣布："我们如今问自己的问题不是想知道我们的政府是否过于庞大或狭小，而是想知道它是否起作用，是否运转良好……如果答案是肯定的，那么我们就向前走。如果答案是否定的，那么这些计划就将被砍掉。"② 现任美国总统特朗普，实行"凡是奥巴马所做的就反对"的政策，不也是对经济和产业的"任性"干预吗？他宣布退出《巴黎协定》不更具有强烈的

① ［美］穆罕默德·埃尔－埃里安：《负利率时代：货币为什么买不到增长》，巨澜译，中信出版社 2017 年版，第 203—204、316 页。
② ［法］弗雷德里克·马特尔：《论美国的文化——在本土与全球化之间双向运行的文化体制》，周莽译，商务印书馆 2013 年版，第 236 页。

产业政策（对某些产业的倾斜）意向吗？一方面是化石能源产业，另一方面是新能源产业，政府总会有政策吧？其实，英美德法等发达国家的产业发展史都表明，在工业化过程中，问题并不在于有没有实行或要不要实行产业政策，而在于政府有多大的能力明智地制定和实施产业政策（当然，利益权衡也是一个问题）。这实际上也可以转换为本文下节将讨论的问题：产业政策以及政府干预经济活动的各种行为可适用于怎样的范围？

其次，当一项产业政策发挥了一定作用后，其后续的影响可能很久远，其长期效果还同后来的形势变化相关，所以，一项在一定时期发挥了积极作用的产业政策，不应因后来的形势变化导致其产生未曾预见的情况，而完全否定其历史合理性。经济发展中实行经济政策如同长途跋涉，每一步都有其历史理由，不能以后一步的失足否定前一步的努力，关键是总体方向把握是否适当。产业政策是政府在经济活动中发挥作用的积极行为，服从于国家的体制结构与大政方针，也同一定时期国家所面临的形势和要实现的经济发展目标相关。产业政策是政府经济政策"工具箱"中可以选择的工具之一，用现在的流行语就叫作政策"抓手"。当然，如前所述，任何政策都不可能没有成本和代价，而且运用"抓手"可能用对也可能用错，但也不能因此而认定绝不应该运用"抓手"。凡是工具，都可能会被滥用，但这并不是绝不能使用工具的理由。

最后，产业政策正确与否，值得与否不仅取决于其具体内容，而且取决于其实施方式和力度。有的政策措施立意初衷可能很不错，有实施必要，但是，如果采用的方式不科学，力度不够，或力度过大，过犹不及，也会导致严重的副作用。一般来说，任何经济政策都会产生一定的激励—反应效应，即政策激励导致市场主体行为相应的迎合性变化。如果政策实施方式不当、用力失度，有可能产生反向或偏向性的激励—反应效应，导致市场主体的偏向性迎合行为，扭曲市场关系。例如，鼓励某种技术创新的补贴政策，可能激励企业为牟取政府补贴而不是进行真正有条件的技术创新投资项目（甚至可能编造技术创新申报项目，骗取政府资金）。

从世界各国的经济发展历程看，实行产业政策有得有失，而各种关于产业政策的理论主张，无论赞成或反对，都对产业政策的制定、实施、评估具有参考价值。产业政策确实是一种既可以有助政府积极作为，发挥有效作用，但也可能因其过度自信，自以为是，而"好事做过头"甚至"事与愿违"的政策工具。所以，产业政策必须谨慎实施，这也是有史可鉴的经验教训。

二、市场经济现实中的政府作用功能与方式

　　尽管政府干预市场是一个必然现象，而任何必然现象总是对人有利有弊，但在理论争论中，人们往往将赞成或反对政府干预市场的论点极端化了，因而导致对理论和现实的误解。例如，对自由主义市场经济的思想鼻祖亚当·斯密，许多人都有不求甚解的印象。"不少经济学家认为，因为亚当·斯密曾经反对重商主义时期的政府监管，所以他一定会反对所有形式的政府监管。这就像因医生反对使用一些有害药物，就认为医生会反对所有药物的逻辑一样是错误的。"其实，"亚当·斯密从未幻想过'自由主义'政策以及'看不见的手'在任何情况下都能提高'公共福利'。尽管亚当·斯密对自由市场和自由商业制度充满信心，但是，他并不信任那些在自由市场上从事商业活动的实业家和商人。他多次指责'高利润的坏处'、商人的'吝啬本性'和'垄断情结'。"因此，他并不反对对市场运行进行必要的监管。而且，"他也意识到，他所提倡的制度（后来被称为'资本主义'）会导致财富分配不均。因此，如果亚当·斯密加入当今世界关于'政府的目标是增长还是平等'的讨论，他应该会站在主张增长一方，因为增长会增加工人的绝对收入。然而，对于政府向最贫穷的人群提供帮助的做法，亚当·斯密并没有任何异议。自1601年以来，英国政府开始向贫困人群提供帮助。亚当·斯密甚至支持按比例征税以及对奢侈品而非生活必需品征税，以便'使穷人得到宽慰'。"① 而对市场经济运行的效能持怀疑态度的"凯恩斯将市场活动定义为类似购买'彩票'的行为"②，更是主张要以政府干预方式弥补市场无法达到充分就业均衡的缺陷。

　　尽管关于政府干预市场的研究和争论的文献汗牛充栋，但是我们仍然可以梳理出一个基本线索来进行简要讨论（见表1）。首先，没有人怀疑，市场经济的运行必须基于一定的法律制度，所以，政府有责任维护私有产权制度和实行自由契约、自由企业制度，才能保证市场经济主体具有正常的"理性"行为。即市

① ［美］维托·坦茨：《政府与市场——变革中的政府职能》，王宇译，商务印书馆2014年版，第58—59页。

② 同①，第154页。

场经济需要政府为其奠定基本的产权制度基础，维护市场主体的自主和自由。但是，如亚当·斯密所担心的，市场主体的行为未必能自发确保市场有效运行，因此政府应该对市场竞争进行必要的规管（Regulation），经济学家们对此基本没有异议。而且，政府的规管不仅限于经济性，而且也需要社会性规管，即避免市场竞争行为导致的社会损害，如损害劳工权益、破坏环境、损害消费者权益等。再进一步，经济学家们也都不反对政府应进行公共投资，提供市场难以自发提供的公共品，如基础设施、科研教育以及公共卫生等各种公益性项目。

表1　政府发挥作用的功能与方式

	功能类别	目标	主要方式
1	为市场奠定制度基础	保护产权、维护契约自由	私有产权制度、民商法、现代企业制度（公司法）、警察制度
2	对市场结构及行为的规管	保证市场有效运行	《反垄断法》、《反不当竞争法》，市场监管
3	社会性规管	避免市场对社会的破坏	劳工保障，环境保护，维护消费者权益
4	公共投资	提供市场难以自发提供的公共品	基础设施建设、科研教育、公共卫生等公益性项目
5	抗经济波动	反危机，稳增长，保就业	宏观需求管理政策：货币政策、财政政策
6	维护和促进发展	产业发展、区域发展、调控国际经济关系（贸易平衡）	国家发展规划、产业政策、区域规划、国际经济政策（贸易政策等）
7	安全网	弱者生存，风险防范	社会保障制度：医疗、养老、失业、贫困救济
8	再分配	公平、分享	收入转移、社会福利、财产调节
9	国家主义	实现国家利益和意志、增强中央政府控制力	产业安全审查、国防、情报机构

资料来源：笔者整理。

　　再深入地讨论下去，经济学家们就开始产生意见分歧了。首先，市场即使能够顺利运行，就一定能实现充分就业的供求均衡吗？自由主义的古典经济学家认为答案是肯定的。而凯恩斯则认为答案是否定的，因此，后者主张政府必须实施抗经济波动的宏观调控政策（熨平经济波动），以实现"反危机、稳增长、保就业"的目标。其基本政策手段就是货币政策和财政政策。对于这种被称为凯恩斯主义的经济理论经济学家之间有学派之争，但在现实中，当面对剧烈经济波动特别是经济危机时，政府总是不得不主动（自愿）或被动（不情愿）地实行宏观需求管理政策。从这一意义上说，尽管经济学家严重分派，而各政府其实都将宏观政策作为经济干预的重要方式之一。

宏观政策主要是对经济增长和通货膨胀的调控，那么，是否可以再进一步，即政府是否可以对促进经济发展采取积极干预政策呢？也就是说，政府可不可以实行国家规划（计划）、产业政策、区域政策、国际经济政策（保护关税）等方式，来促进产业和区域发展，尤其是以鼓励和支持"重点"产业和地区的发展，从而推动国民经济发展进程呢？这就会产生很尖锐的理论争论。但如本文上节中所述，在现实中并非像理论争论那样非此即彼。这方面的政府经济行为往往会形成各种发展战略或发展政策，如"进口替代""出口替代""幼稚产业保护"等。对这些发展战略或发展政策的成败得失也往往引起各种不同意见的争议。但是，很少有国家（政府）对国民经济发展不做任何战略性考虑，完全不制定和实行一定的发展战略或规划，以体现政府执政的积极作为。甚至可以说，对于经济发展完全不发挥积极作用或绝对不作为（不干预）的政府是没有执政合法性的。即使是仅仅为了从国际组织（如世界银行等）获得援助或合作项目，有关国家政府也必须要有发展经济的计划或政策安排。对于经济发展绝对没有积极作为的政府在现实中是不存在的。即使是被认为全世界经济最自由的地区中国香港政府也设有投资推广署、生产力促进局、贸易发展局等机构，发挥促进经济发展的作用。在美国，即使是持很典型的经济自由主义立场的里根政府和现在的特朗普政府，也都实行各种强烈的政府干预经济的政策。他们所主张的放松管制、"小政府"等政策理念，绝不表明会减少政府干预经济特别是实行一定的"大战略"的意愿和力度。相反，他们都有强力干预经济的大举措、硬手段，实行政策很"任性"。

随着工业化的推进，各国政府干预经济的范围具有不断扩大的趋势，表现为政府支出（收入）占 GDP 的比重呈上升趋势，发达国家通常达到30% ~ 60%（见表2）。主要表现为三个方面：一是构建越来越大，标准越来越高的社会"安全网"，即社会保障制度。在现代国家中，"社会保障制度不仅是一种社会责任，而且是一种经济责任，因此有必要建立多种多样的社会'安全网'。""在过去几十年中，工业化国家的政府支出增长大多用于社会养老金、援助老年人、公共卫生以及与大家庭有关的项目，如为这些家庭的孩子提供养育和教育补助。这些政府支出旨在帮助人们抵御年老、疾病、文盲、家庭负担等引发的风险。"① 从各国尤其是发达国家的现实看，几乎无一例外，自 20 世纪五六十年代以来，各国政府支出占 GDP 的比重都有大幅度提高，而政府支出中用于社会保障的比重也显著提高。可以说，福利政策是工业化的一个必然伴随现象。因为工业化在大幅度提高生产力和生活水平的同时，也增加了社会风险。而一旦走向福利国家道路，居民就会将更多的保障责任推给国家（例如，既然国家负责养老，家庭就不用再承担养老责任，少子或"丁克"家庭就成为普遍现象），这又迫使国家承担更多的社会福利责任，增加社会保障支出。

二是财富和收入再分配，主要是通过收入和财产的转移（所得税、财产税，财政补贴等）和实行如前所述的"福利国家"制度，以期实现公平和分享的目标。尽管这方面政策在大多数国家都未取得很满意效果，但再分配和社会福利政策已成为各国政府越来越重要的责任，以致形成很大的负担。不过，没有哪个政府有能力（或胆量）退回不做。所以，无论情愿或不情愿，在这方面，政府干预经济没有回头路。再分配政策也是一个往往引起争议的问题。有人认为，再分配是对私人产权的侵犯，会影响劳动积极性和生产效率，导致懒惰和寄生心理。但更多的人认为，再分配体现社会正义和公平，降低社会风险，有利社会稳定。

表 2　一般政府收入占 GDP 的百分比　　　　单位:%

国家	比重	国家	比重
科威特	70.25	新西兰	34.60
挪威	56.44	澳大利亚	34.50
丹麦	54.76	瑞士	33.18
芬兰	54.19	美国	32.93
法国	52.89	日本	31.57
比利时	51.00	南非	27.80
瑞典	49.89	肯尼亚	25.89
奥地利	49.04	埃及	25.79
意大利	48.20	越南	25.04
荷兰	46.82	马来西亚	24.03

---

① ［美］维托·坦茨：《政府与市场——变革中的政府职能》，王宇译，商务印书馆 2014 年版，第 155—156 页。

续表

国家	比重	国家	比重
德国	44.37	韩国	23.33
葡萄牙	42.60	墨西哥	23.08
英国	38.56	新加坡	22.76
加拿大	37.97	中国	22.06
西班牙	37.11	泰国	21.63
巴西	36.97	印度	19.47
俄国	36.16	印度尼西亚	17.64
土耳其	35.62		

资料来源：IMF：《世界经济展望》2013 年 4 月版。

三是为了实现和维护国家利益和战略目标，各国都实行具有显著的国家主义特征的经济干预政策。例如，为了国家产业安全（对经济活动的安全审查）、国防安全，为了保持产业技术优势（禁止或限制高技术产品出口），尤其是为了增强中央政府控制力（实行强政府），政府必然会对经济活动进行很强的干预。即使是如美国这样的经济自由主义和实行联邦制度的国家也不例外。美国建国 200多年来，国家治理结构演变的基本趋势是联邦政府的权力越来越大，越来越多的经济和社会事务倾向于向联邦政府（中央）集权，而且行政权力不断增强。更何况有关国防、情报机构等的庞大国家机构的财政资金拨付和使用，根本脱离了市场调节机制。

三、政策有效发挥作用的可行边界

从现实看，即使是被视为经济自由主义最典型的美国，政府对经济活动的干预也越来越多。美国法学家劳伦斯·弗里德曼纵观美国法律史，强调说："今天，在我们的日常生活中，很难找到哪一个领域是不受某个管制机构干预的：举凡我们吃的食物、赚的钱、如何投资理财、住在哪儿、怎么住、如何建构房屋、如何管理公寓，均受到管理与规范，而其间的大部分规定，都是在 20 世纪出台的。""社会福利制度亦然。或许我们将社会福利视为天经地义，但是我们所认识的社会福利，其实仅始于 20 世纪，是'新政'与'大社会'的产物。即使那些竭力声讨福利国家的人，或多或少也想着保持（或者不敢抨击）某些形式的社会与医疗保障制度，也没有人谈论终结劳工赔偿、失业保险或灾难救助等制度。"即使是涉及私有产权，也不是绝对地"私有产权神圣不可侵犯的"。联邦最高法院判案时就明确主张："发展是必然的，如果在发展的过程中，个人利益与之相冲突，那么这些个人利益就必须屈服于公共社区利益。"①

中国的体制改革正在路上。党的十八届三中全会以及此后的一系列重要决定和规划都一再明确和强调，中国经济体制改革的方向是"健全使市场在资源配置中起决定性作用和更好发挥政府作用的制度体系"，因此，改革的关键是处理好市场的"决定作用"和政府的"更好作用"之间的关系。在理论逻辑上政府干预一般被视为弥补市场缺陷的必要，具有补充性。其实，市场经济本质上就是一种需要有治理结构安排的经济制度，缺乏有效治理的市场经济是难以顺畅运行的。但仅仅认定其必要是不够的，重要的是必须确定其"度"，即政府政策发挥作用总有一定限度，如果超过一定限度，难免事与愿违。所以，认识和研究政策干预的可行边界，是更好发挥政府作用的一个关键问题。在现实中，主要涉及以下五个方面：

（一）可识别性

可识别性即政策对象是否可识别？关于公共政策与经济政策的国际比较研究表明，"比起西方，政府参与更可能在第三世界国家的城市发展中实现。在 19 世纪的欧洲，是工匠和小企业主促进了工业化的发展，而不是受过高等教育的国家官员。由于缺少私人发展资金和企业家阶层，第三世界的发展更多的是政府主导的，并受到外国经济技术援助的影响，在国际外交中政府需要扮演一个精明果断的角色。作为发展过程中政府领导地位的结果，公共目标具有超越私人目标的优先权。"② 既然认为政府可以做出"精明果断"的决策，就意味着预期政府能够获得关于实际经济情况的信息，并具有处理和判断能力。尤其是实行具有差别性和选择性的政策时，政策的应"补贴"（或优惠）对象必须是可识别的，这才能保证政策实施到位，并发挥期望的效果。如果政府的政策干预超出了其识别能力

---

① ［美］劳伦斯·弗里德曼：《二十世纪美国法律史》，周大伟等译，北京大学出版社 2016 年版，第 4、28 页。

② ［美］布赖恩·贝利：《比较城市化》，顾朝林等译，商务印书馆 2014 年版，第 89—90 页。

边界，就会发生"不到位""不准确"甚至"错位"现象。此时，政府就不是"一个精明果断的角色"。政策对象的可识别性，取决于政策内容的差别化程度和政府的信息收集处理能力。政策内容的差别化程度（具体化程度）越高，实际上就是要求政府进行精准的微观选择性决策，通常对政策对象的可识别要求就越高，对政府政策识别能力的要求也更高。例如，财政专项资金拨款所体现的政策鼓励、补贴、援助、救济等，就需要有政策对象的高度可识别性，即政策实施机制的有效性取决于政府能否"精明果断"地将财政资金按能够体现政策目标的精准要求准确及时拨款到位。如果是鼓励或补贴"高新技术""环保产业"等企业，就必须能识别哪些企业真正从事这类业务。如果是扶贫，就必须能准确识别哪些地区、哪些人是真正应该补贴救助的对象。

更基本的问题是如何定义政策对象，这是决定政策对象可识别性的一个重要前提。例如，鼓励高技术产业，就得界定什么是高技术产业；补贴新能源汽车，就必须界定哪些技术属于补贴对象；实施扶贫政策，就得制定贫困标准。政策实施的对象识别过程实际上是以对象定义为准则的。因此，政策对象的可识别性实际上涉及两个层面的问题：第一，政策对象的定义（判别指标）能否反映客观事实；第二，能否依据政策定义及判别指标，筛选和确定具体对象，落实政策，准确无误。当我们认定市场经济应发挥资源配置决定性作用时，实际上就是承认在经济运行的无数细节上，政府（社会计划中心）的信息收集和处理能力是有限的，即它的识别能力限制了政府干预的有效性。因此，要更好发挥政府的作用，就应将政策干预设定在政策对象的可识别范围内，政策对象的可识别性越强，政府政策干预达到预期目标的可能性就越高。反之，如果政策干预的设定超越了对象的可识别性程度，政府政策干预就处于盲目境地，失灵的可能性就会很大。在所有奉行自由主义市场经济的国家中，美国是最强调"去中心化"，最反对政府干预具体经济和社会事务的国家之一，其理由就是政府难以选准项目。不过，这并不意味着政府没有政策意向和鼓励措施，它所实行的一个政策措施就是支持慈善事业和非营利活动（及组织）的制度安排。据有关资料反映，"由慈善资助的整个非营利领域如今占美国国民生产总值的 8.5%（德国为 3.7%，法国为 4.2%），即每年 6650 亿美元，等于墨西哥、加拿大或者澳大利亚这样的国家的国家的国民生产总值。同时还存在 114 万个非营利的协会，这一领域雇用 1100万名雇员，即美国就业人口的 9.3%，已经是农业人口的 3 倍，这是世界上的无与伦比的数字。在雇员数量上，还要加上志愿者，相当于 900 万全职雇员。非营利的活动存在于社会的各个方面，在社会救济和健康卫生方面（半数的医院医疗和45%的外部医疗）、教育和大学、宗教与文化领域尤其有影响力。……74.5%的钱大多来自个人捐赠，然后是基金会（10.9%），接着是个人遗赠（9%），最后是企业（5.6%）。……捐赠的36%给教堂，13%给中小学和大学，8.6%给健康卫生，5.4%给文化和艺术。"① 这意味着，在美国，当政府无力直接进行项目识别和选择时，民间非营利机制成为实现社会目标的重要制度安排。例如，从表面上看，美国没有文化部，也似乎没有文化政策，但是美国的文化实力和文化产业居世界首位，被称为"文化霸权"，高度活跃的文化经济活动形成其"创意产业"的核心。那么，不设文化部，是不是真的就没有文化政策？其实并非如此。对美国文化体制进行了长期深入考察研究的法国社会学家弗雷德里克·马特尔在其《论美国文化》一书中，详尽地论述了美国的文化政策的"隐蔽性"，即美国文化政策是一种"无名"和"隐形"的政策，在其中发挥重要作用的是一个"看不见的却又无所不在的政府"。② 可以说是一种表现为"不干预"的普遍性政策干预行为，是巧妙的"软干预"和产业发展诱导性或鼓励性政策。

（二）激励相容

激励相容即政策目标与相关行为体的行为是否激励相容？政府实行某种政策，补贴或限制某些产业或经济活动，主观上是希望激励市场行为主体能够按照顺应政府政策目标的方向调整自己的决策目标和行为方向。但是，在现实中却往往发生市场行为主体决策目标和行为方向并非政府政策所愿。最常见的现象就是，市场行为主体将决策目标和行为方向调整为能够获取尽可能多的政府补贴，而无论自己是否能够达到政府所期望实现的政策目标。也就是说，政府政策所导致的激励—反应效应，并未将市场行为主体导向政策目标的实现。例如，政府对"贫困"进行补贴的政策目标是消除贫困，但是，一旦不再"贫困"就意味着没有补贴了，所以，市场行为主体只有争取或保持"贫困"状态（或形象），才能获得政府补贴。于是，我们可以看到，"贫困县""贫困村"是有政策"含金量"的，因此补贴"贫困"所产生的激励—反应效应反倒变为力争保持"贫困"帽子了。

---

① ［法］弗雷德里克·马特尔：《论美国的文化——在本土与全球化之间双向运行的文化体制》，周莽译，商务印书馆2013年版，第258页。

② 同①，第431页。

与政策干预所产生的激励—反应效应直接相关的是，具有差别性和选择性的政策措施，应尽可能避免导致市场价格信号扭曲。特别是在鼓励创新的政策安排上，尤其要注意这一问题。因为，具有强烈创新性的新兴产业或新技术，其技术路线是不确定的，如发展新能源汽车，具有多种技术路线选择的可能性，哪种技术路线最终取得"主流"或"主导"地位，没有人有绝对的把握。如果政府的鼓励政策只选择其中一种技术路线，进行高强度的补贴，实际上就抑制了其他技术路线的创新。相当于政府直接决定了市场竞争的赢家和输家，补贴前者，抑制后者。这就必然产生企业向政府选定的技术路线方向的"蜂拥效应"和迎合行为，既可能导致技术路线选择的整体性方向误判，也可能诱发"产能过剩"现象。美国经济学家威廉·伊斯特利依据多年参与国际开发和援助项目的经验指出，许多发展政策之所以失败，就是由于没有正确处理好激励—反应效应关系，即没有给政策对象以正确的激励。他说："任何时候，只要经济中的主要营利机会是利用政府政策来牟利，实际经济运行就不会有什么好结果。"①

（三）利益权衡

利益权衡即能否合理权衡各方利益。实行任何政策干预其实质都是对利益的调整，即改变利益格局，所以政策干预必须着眼于利益权衡。关于利益格局改进即利益权衡的经济学逻辑，一般有帕累托改进和卡尔多－希克斯改进两种基本思路。前者的逻辑是，在确保其他人的利益不受损的前提下，使一些人获益，就算是有了利益增进，这样的政策干预就是合理的。后者的逻辑是，实行一项政策，有些人获益，有些人受损，只要获益超过受损，而且能够对受损者进行补偿，也可以算是利益增进或改善。帕累托改进的含义是：每个人的利益是否增进或受损只有自己知道，同其他人无关，人与人之间的利益增进和受损难以计量比较，不仅只能"各人算各人的账"，而且，各人之间无法进行受益与受损的抵换（不能用我的获益抵消你的损失）。所以，只有当没有任何一个人感觉受损而有一些人感觉受益，才可以判定社会在总体上是福利增加了。卡尔多—希克斯改进的假定稍宽松些，其含义也是：每个人的利益是否增进或受损只有自己知道，也是"各人算各人的账"，同其他人无关，但假定人与人之间的利益增进和受损在量上是

---

① ［美］威廉·伊斯特利：《经济增长的迷雾：经济学家的发展政策为何失败》，姜世明译，中信出版社 2016 年版，第 208 页。

可以计算比较的，因此，一些人的受益量同另一些人的受损量可以抵换，进而可以计算出当一些人受损而一些人受益时，社会福利总量是否增加。以上两种福利经济学理论方法，如印度经济学家阿马蒂亚·森所指出的，都是基于这样的前提："纯粹经济学理论中的人往往被假定成眼中'只有自己'的人。"① 我们可以称之为"自我实感的利益判断"，即对于利益的判断仅考虑自己的实际状况，而同其他人的状况无关。

但是，任何政策所面对的现实中的人并非像上述理论所假定的那样单纯地进行自己的利益判断和算计。而是在判断自己的利益得失时，总会以其他人的状况为参照系，即对其他人的利益增进或受损的考虑将计入对自我利益的判断和算计中。这可以有两种典型的现象：同类攀比的利益判断和异类比较的利益判断。阿马蒂亚·森说："在我们的日常生活中，我们将自己看作是许多不同群体的成员——我们同时归属于它们。一个人的公民身份、居住地、籍贯、性别、阶级、政治立场、职业、工作。状况、饮食习惯、所爱好的运动、音乐鉴赏水平、对社会事业的投入，等等，使我们归属于各个不同群体。每个人同时属于这许多个群体，而其中任何一种归属都赋予她一种具体的身份。没有一种能够被视为该人唯一的身份，或者一种单一的成员划分。"但"事实上，在我们不同的归属与社会关系中，我们每个人都在不断地决定何者更为优先，哪怕只是在下意识地这么做。"② 也就是说，在做出利益判断时，人们总是倾向于认定自己属于某个群体，甚至以单一标准进行身份划分。由于客观上存在许多差别，而人们在进行利益判断时往往会突出和特别"在意"某种差别，以致按此标准进行想象中的身份认同与划分。而关于身份划分及其所产生的各种"想象的内容，正如我们所看到的，人为地促进了全球分裂。"③

于是，在进行自我利益判断时，人们并非是处于"只有自己"、心无旁骛的状态，而一方面，总是倾向于进行同类中个人间的攀比：尽管我没有获益也没有受损，但如果可比（同类）的其他人获益，我也感觉受损了，即产生相对剥夺感。另一方面，又总是趋向于同类相惜：尽管我没有实际获益或受损，但如果与我身份相同的人获益或受损，我也会感觉自己的获益或受损。例如，发生了医患

---

① ［印］阿马蒂亚·森：《身份与暴力——命运的幻象》，李风华等译，中国人民大学出版社2014年版，第16页。

② 同①，第4页。

③ 同①，第101页。

矛盾，如果你想象为属于"患者"类，你会趋向于同情患者；如果你想象为属于"医者"类，就会趋向于同情医者。

可见，由于存在上述自我实感的利益判断、同类攀比的利益判断和异类比较的利益判断等人类各种心理特性（或偏向），在政策干预中进行利益权衡就成为一个非常复杂的问题。这往往对政策干预设定了必须谨慎处置的可行边界。有些政策孤立地看也许很好，可以使该获益的人得到实际利益，但却可能由于会影响"左邻右舍"，牵扯复杂利益关系，导致"利益攀比"或"身份幻象"的各种想象纠结而不可实行。尤其是，身份幻象的各种想象往往具有可怕的流行性传染趋势，在媒体传播中可能形成强大的舆论压力，对政策安排设置了不便触碰的可行边界。有些政策甚至具有"见光死"的性质，即一旦被媒体曝光，所形成的社会舆论和众人行为可能导致政策胎死腹中。

（四）传递通路

传递通路即政策实施通路的各环节能否保证有效传递和执行落实。任何政策都需要通过一系列传递渠道才能达至作用对象，实现政策效力。劳伦斯·弗里德曼说："每一个政府机关本身都是一个小世界。""每一个政府机关都有其需要履行的任务。为了达成目的，不论这些机关有多大，都必须找到一个渠道将他们的指令传达给地方分支部门和员工，从那里再得以实际落实。所有的协调都依赖于大量的指示、手册、命令、卷宗、大型会议以及拜会各分部主管。有些部分（如土壤保护局）主要是以提供服务为导向，另一些部门则是严格的管制单位（或者理应如此）。联邦贸易委员会在 20 世纪 60 年代颁布了许多指导文件，有些覆盖了特定的产业，有些则是针对'一般商业作为，像是欺骗性的定价'。它也会提出顾问性的意见。该委员会同时也听取投诉、发布禁止令、采纳和解协议等。其他政府部门则完全是侵入性的：调查、窥探、派政府人员走访工厂及劳动场所。"① 很显然，政府干预的传递渠道不可能没有"摩擦"阻力，任何传递过程不可能不付代价。换句话说，政策干预过程总是有成本的。超越一定的成本限度，政策实施的效率将大打折扣。

第一，政策从决策颁布到落实到基层，难免发生信息衰减现象，导致政策传

---

① ［美］劳伦斯·弗里德曼：《二十世纪美国法律史》，周大伟等译，北京大学出版社 2016 年版，第248—249 页。

递的各级执行层对政策精神的理解偏离政策原意。

第二，政策传递执行过程中，政策目标与各级或各环节的执行目标（往往就是对各执行者的业绩考核指标）是有差别的。而执行目标或考核指标是高度工具性的，如果执行者仅以执行目标或指标（通常是分解指标）为行为目标，往往导致偏离政策目标。

第三，政策传递或执行的各级组织均有其自身利益（或业绩利益），总是在政策传递的各项目标中按照更符合自身利益的倾向进行优先顺序安排。特别是，当多个上级部门下达给同一下级（所谓"上面千条线，下面一根针"）时，下级具有安排各项政策目标优先顺序的决定权。即对于上级来说，每一个政策目标都是"重要的"，但并无明确的优先顺序。而下级执行者则可以决定（而且必须选择）哪一个目标第一重要，哪些是第二重要、第三重要、第四重要……很显然，优先顺序前后的执行力度是不相同的。所以，当政策文件过多时，排序靠后的政策即使非常重要，可能也是"传达过后放一边"的。

第四，凡补贴性政策，其分解、传递和执行过程，往往会发生"泄露"现象，资金补贴几乎不可能100%到达政策对象。其"泄露"现象有些是合理的（一定的执行成本或必要的利益平衡），有些是不合理的（任意截留资金挪作他用），甚至是腐败的和违法的。

重要的是，政策传递的偏离同政策本身的不尽完善，特别是难以避免的不合理"一刀切"内容，往往是难分是非的。往往很难判断，执行层的一定"变通"，究竟是偏离政策还是因地制宜。是给下级以一定的自由裁量权和执行自由度，还是顶层政策与实施细则"一竿子到底"，丝毫不容下级变通？或者如何在其间取一折中？这是政策安排上的一个永恒难题。

（五）可评估性

可评估性即对政策效果能否进行令人信服的后评估。可评估性是避免政策任意性和补贴"泄露"的必要条件。而且，应有一定的政策责任机制，制定政策和执行政策的责任机构和负责人，应承受政策后评估结果的问责。不可评估的政策，难免导致极大的资源浪费。当然，对政府决策效果的评价是十分困难的，往往产生非常不同的观点立场。例如，评价产业政策得失、成败，值得还是不值得，取决于评价的时期基准，即以什么时间作为衡量其得失或价值的时期或时点。一个经济行为或经济项目（一项产业政策），对于不同时期，其价值或得失可能是非常不同的。对于一定时期来说很不值得、很错误的经济行为或项目，对于另一时期可能是很值得，因而很"正确"的。反之，一定时期很值得的行为或项目，对于另一时期也许是很不值得，或得不偿失的。一个极端的例证是：建造中国万里长城、埃及金字塔等，在当时都是劳民伤财，没大用途；但对今天来说，很少还有哪个建设项目比它们更"值得"、更"伟大"，估值更高。所以，评估产业政策必须有一个时间期限，没有时空限定的政策评价是没有实际意义的。尤其是在政府决策中，进行评估的价值准则往往是多维的，市场价值只是评估准则之一，此外还有社会价值、国家价值等。例如，中国修建地下铁路的初衷主要并非发展城市交通，而是备战，但后来，地铁的作用变为城市公共交通体系的重要组成部分。再如，在城市建设（建造新城）过程中，往往会经历一段"空城"阶段，即房多、路宽、人少，连今天极为繁华的上海浦东地区当年也曾被媒体批评为"空城"，许多上海人在当年"宁要浦西一张床，不要浦东一套房"。可见，对政府干预或参与经济活动的政策或决策进行评估是受评估的预设条件特别是时间基准为前提的。而且，所有的政策或决策都是有利有弊，有效益有成本的。因此，很少有完全不遭到批评的政府行为，尤其是像产业政策这样具有差别性、选择性的干预决策。但是，这也不构成对政府干预作用完全持怀疑以致否定态度的充分理由，而是要求实施经济政策应具有科学性。

四、坚持经济政策的竞争友好原则

产业政策的核心内容是政府对经济（产业）结构的调节和产业发展路径的选择性政策。这样一种政府干预经济的行为，其存在理由依赖于一系列严格的基本逻辑基础。其中的一个关键是，当实行产业政策时，是否还需要保持竞争性关系？政策实施的有效性是基于微观经济主体对政策当局的"服从"或强制执行，还是应保持微观经济主体的自主性和竞争性？如果两者均是产业政策以及各种供给侧政策所需要，那么，它们之间应是怎样的关系才最具有效性和合意性？

实行产业政策的逻辑前提是，人们确认：由市场自发调节的产业结构演变方向和路径不能有效实现合意目标。所谓合意目标，是指符合国家发展愿望而且在客观上存在实现可能的未来状况。由于市场调节难以自发实现这样的产业发展目标，或者达到这样的目标所经历的时间和路径是无法令人满意的，所以，需要实行产业政策来"催生"合意的未来状况。产业政策的这一逻辑前提与宏观经济政策的逻辑前提有一定的共同之处，即确信市场调节并不充分有效。而两者的区别是，实行宏观经济政策的理由是确认市场调节在自发保持总体经济均衡上可能失灵；实行产业政策的理由则是确认在实现主观期望的合意目标上市场调节无法令人满意。可见，产业政策所期望的市场调节有效性，高于宏观经济政策对市场调节有效性的期望。从这一意义上可以说，宏观经济政策的逻辑前提是对市场调节有效性的低期望，而产业政策的逻辑前提则是对市场调节有效性的高期望。

实行产业政策的另一个逻辑前提是：相信国家（政府）至少在一定范围内可以准确地判断（至少是比市场中的微观经济主体的判断能力更强、更精明）：哪些产业值得发展或者应该发展，哪些产业不值得发展或者应该限制甚至禁止发展。也就是，可以充分清晰地（通常是指标化地）描述调节产业结构所要达到的合意目标。任何经济政策都指向于能够确定的政策目标，而产业政策所要求的政策目标必须是能够相当具体的和切合客观实际的。而且，与宏观经济政策目标（保持总量指标平衡状态）不同，产业政策目标是"业绩性"的，所以，产业政策合意目标的确切描述基于产业政策决策部门对产业发展以及整体经济发展走势的把握。很显然，只有能够相当确切地（能够以指标化刻画）描述至少是勾画合意目标的状况，产业政策才有明确的调节指向和着力方式。而且要确信，至少在一定领域和一定限度内，通过国家干预的方式，一定可以实现合意的产业结构调节目标，并且，没有比政府干预更优的方式来弥补市场调节的低效性和不合意性。这意味着，实施产业政策应有相当高的成功概率，尽管不能期望其必须100%地有效和合意。

不过，任何政策干预毕竟都是有得有失的，想得美未必做得好。显然，其基本要求之一是：国家干预产业发展（主要是产业结构）的得益应显著大于干预市场导致的扭曲代价，包括：影响市场竞争的公平性、对企业的政策激励导致企业行为的扭曲（例如，企业行为目标转移为获取优惠政策）、获得优惠政策支持的企业竞争动力减弱。否则，实施产业政策可能得不偿失。这实际上是要求产业政策不仅要理论可信，而且要方式有效，即可以有效地利用可行的政策工具来实施产业政策，如采取税收、审批、补贴、国家投资、土地供应、信息服务、产业辅导等政策工具，足以保证产业政策的实施符合产业政策意图。

由于产业政策的有效性以上述各种条件为转移，所以，产业政策必须充分体现竞争友好精神，即有益于竞争，在实施产业政策中维护公平竞争秩序，尊重竞争参与权利，坚持竞争优先原则。公平竞争是市场经济有效性的根本原则，破坏竞争性原则会从根本上损坏市场经济。所以，维护市场机制即公平竞争在资源配置中的决定性作用，是有效实施产业政策的前提。这实际上就意味着：以政府决策替代竞争选择必须十分慎重。一般来说，鼓励和维护竞争秩序的政策优先于产业政策的选择性干预。实行任何产业政策，都必须充分估计和尽可能减少有可能对竞争秩序和竞争规则造成的负面影响。有效的产业政策更应起修复市场机制的作用，或促进市场经济更有效发挥作用，而不是试图完全替代市场机制的作用。从政策理论说，就是要处理好产业政策与竞争政策的关系。这实际上就是政府实行供给侧结构性改革的核心问题：完善供给侧的有效竞争和有效配置体系机制，供给侧政策即政府从供给侧干预经济活动必须坚持竞争友好原则。

以《中国制造 2025》为例，这无疑是一个具有强烈产业政策意涵的国家发展规划。它确定了中国制造业发展的战略目标，提出力争通过"三步走"实现制造强国的战略目标。即第一步：力争用 10 年时间，迈入制造强国行列。第二步：到 2035 年，我国制造业整体达到世界制造强国阵营中等水平。第三步：中华人民共和国成立一百年时，制造业大国地位更加巩固，综合实力进入世界制造强国前列。能否成功实现这一规划战略目标，最重要的不是国家如何"集中力量办大事"，向制造业投入多少资金，安排多少大项目，而是能否使之实施过程及相关政策安排更具竞争友好性，激发微观主体的创造力和创新活力。总之，具有竞争友好性质的产业政策，才能有助于使供给体系更具活力，真正实现持续的创新驱动。

从理论上说，产业政策和竞争政策都是纠正市场失灵的政策，产业政策（狭义）的中心任务是纠正市场在配置资源中可能产生的失误或不合意性（不能自动实现所期望的产业发展目标），而竞争政策则是为了保证市场竞争机制的有效运转。在条件具备时，市场本来可以在配置社会资源方面发挥有效作用，只是由于在某种状况下，市场不能对社会资源进行最佳的（和合意的）配置，才需要政府采取产业政策和竞争政策来纠正市场可能发生的失灵或不足。从这个意义上说，产业政策与竞争政策都属于政府的供给侧政策。产业政策和竞争政策的内容和界限并非绝对泾渭分明，两者经常互相交融、互为补充。尽管如此，竞争政策还是有其不同于产业政策的特点的。

第一，与产业政策相比，竞争政策更强调以具体法律（竞争法）为基础，是一种高度法律化的经济政策。例如，《反垄断法》《反不正当竞争法》，以及对弱势竞争主体的法定援助（优惠）等法规。

第二，尽管产业政策与竞争政策的终极目的都是实现资源有效配置，但两者的性质和采用的手段不尽相同，甚至可能存在矛盾。因为，产业政策通常具有一定的倾向性和选择性，而竞争政策是对任何企业都没有偏向的中性政策，反对政策性歧视。产业政策往往侧重于集中资源维持或支持某些产业和产品的生产，一般通过鼓励和援助（或限制）做什么来实施。而竞争政策侧重于调节特定市场行为以实现整体性目标，一般通过明确规定不能做什么来实施。即产业政策更倾向于"正面列表"原则和方式，竞争政策更倾向于"负面列表"原则和方式。

第三，经济发展的不同阶段，产业政策和竞争政策的适应性程度也不同。一般来说，在经济发展的初期和市场体制不很健全的经济体中，更倾向于利用产业政策。在成熟的市场经济国家里，竞争政策作为维持竞争秩序的政策优先于其他干预经济过程的政策，包括产业政策。例如，欧盟的竞争法和竞争政策优先于欧盟及其成员国的区域性产业政策。

第四，产业政策强调中期政策效果，竞争政策强调有效市场秩序和长期政策效果。前者要求尽快满足消费者对产品和服务的需求，后者要求建立为经济运行过程创造和保持长期有效性的体制机制、行为规则和公平权限。

实现产业政策和竞争政策的协调，是中国市场经济制度建设和完善政策体系的重要内容。特别是，尽快实现竞争政策的法制化，形成切实可行的竞争政策体系。一个可行的制度安排是，对产业政策进行竞争政策审查，即规定政府制定的产业政策必须以不破坏公平竞争为前提。

由于竞争政策与市场经济基本制度密切相连，竞争政策和产业政策都包含有政府干预成分，竞争政策与产业政策的关系和冲突往往成为关注的焦点。传统的产业政策以扶持特定部门为主要特点，而竞争政策是以改善商业环境，使竞争机制得到发挥为宗旨。从世界各国经济政策体系的演变趋势看，产业政策和竞争政策倾向于融合互补，逐步演变成为"产业竞争政策"（Industrial Competitiveness Policy）。这种产业竞争政策避免政府充当"圈定赢家"（Picking Winner）的角色，而要求其积极发挥营造产业发展良好环境的作用。这要求政府实施产业支持政策，也应规范程序，强调其与贸易政策、竞争政策的协调。最根本的是要坚持无歧视原则，确保公平竞争、自由贸易。主要通过市场机制来实现产业结构调整目标。政府仍然可以按一定的规则提供补贴，但不再是给个别产业或少数企业"吃偏饭"，而主要是用于支持研究开发、信息服务、新产业投资以及新企业进入等。

过去，产业政策和竞争政策都被认为是国内经济政策。随着经济全球化和贸易自由化的推进，各国间的经济政策协调已越来越重要。规范竞争政策和协调产业政策将成为国际贸易政策体系不可分割的一部分。更有效地坚持竞争友好原则，即维护和遵守公平竞争秩序将成为经济全球化新时代国际贸易政策和产业政策相协调的基本方向。

[参考文献]

［1］［英］马丁·沃尔夫：《全球化为什么可行》，中信出版社 2008 年版。

［2］［美］丹尼尔·F. 史普博：《管制与市场》，上海三联书店、上海人民出版社 1999年版。

［3］［美］赫尔曼·E. 戴利：《超越增长——可持续发展的经济学》，上海译文出版社2001 年版。

［4］［美］维托·坦茨：《政府与市场——变革中的政府职能》，王宇译，商务印书馆2014 年版。

［5］［美］劳伦斯·弗里德曼：《二十世纪美国法律史》，周大伟等译，北京大学出版社2016 年版。

［6］王俊豪：《政府管制经济学导论——基本理论及其在政府管制实践中的应用》，商务印书馆 2001 年版。

［7］［美］乔治·斯蒂纳、约翰·斯蒂纳：《企业、政府与社会》，华夏出版社 2002年版。

［8］［美］阿尔文·托夫勒、海蒂·托夫勒：《财富的革命》，中信出版社 2006 年版。

［9］［美］布赖恩·贝利：《比较城市化》，顾朝林等译，商务印书馆 2014 年版。

［10］［法］弗雷德里克·马特尔：《论美国的文化——在本土与全球化之间双向运行的文化体制》，周莽译，商务印书馆 2013 年版。

［11］［美］威廉·伊斯特利：《经济增长的迷雾：经济学家的发展政策为何失败》，姜世明译，中信出版社 2016 年版。

［12］［印］阿马蒂亚·森：《身份与暴力——命运的幻象》，李风华等译，中国人民大学出版社 2014 年版。

［13］［美］穆罕默德·埃尔－埃里安：《负利率时代：货币为什么买不到增长》，巨澜

译，中信出版社 2017 年版。

［14］金碚：《竞争秩序与竞争政策》，社会科学文献出版社 2005 年版。

［15］金碚：《供给侧结构性改革论纲》，广东经济出版社 2016 年版。

（原文发表于《经济管理》2017 年第 7 期，有改动。）

中国改革开放 40 年的制度
逻辑与治理思维

  自 1978 年以来的 40 年，是中国加速工业化的时代，这一时代最突出的社会经济质态和标志性特征就是"改革开放"创造"巨变"。在这 40 年中，中国经济发展创造了人类发展史上罕见的超大型经济体高速工业化的奇迹。在此之前，从 17～18 世纪开始的世界工业化进程，表现为在各个最多数千万人口的经济体中，所发生的工业革命和经济高速增长现象，即使是英、法、美等工业大国，在其工业化初期，也都是 4000 万～8000 万人口的经济体。在那样规模的经济体中，实行市场经济制度，由市场供求机制推进工业化进程，表现出无可否认的有效性，同时也产生了许多难以容忍的问题，付出了很大的社会代价。美国学者杜赞奇在《全球现代性的危机——亚洲传统和可持续的未来》一书中指出："在一个社会形态的内部，现代性的到来伴随着对一个在社会上更公正、在物质上更丰裕的未来的启蒙主义的许诺。但它也曾伴随着一系列物质和实践方面的恶行，以及对自然无限制的开采"（杜赞奇，2017）。与其他国家的工业化不同的是，中华人民共和国成立时，就已是一个 6 亿左右人口的经济体，如何实现工业化有其很大的特殊性和艰难性。基于对西方国家工业化道路的批判和对社会主义制度的高度自信，新中国基于非常"革命"的理论信念，试图在一个数亿人口的巨大型国家，走出一条"有计划，按比例"发展的道路，尽快赶超发达工业国，创造一个"人间奇迹"。但是，事与愿违，非常"革命"的理论和实践，并没有带来所期望的理想奇迹，却是事倍功半的不良后果。实践的严酷教训是：要实现工业化和经济现代化，就必须遵循客观经济规律，即使不得不接受工业化先行国家所制定的规则（往往对后发国家不利），也绝不可完全背离世界各国工业化和经济发展的共同路径，另辟计划经济蹊径。即必须走发展市场经济的道路，而没有其他可行道路。这就是中国毅然决然实行"改革开放"的根本缘由和历史背景。依此逻辑，中国走过改革开放 40 年，极大地改变了中国工业化进程的基本轨迹，既创造了巨大的成就，也认识到了"不平衡、不协调、不可持续"的突出问题，提出了科学发展观的诉求，并在 2012 年进行了迈向新时代的新部署，调整战略，转战五年，首战告捷，奠定了未来发展的坚实基础。在漫长的人类发展历史中，40 年如弹指一挥间，历史画卷翻过一页，今天中国工业化进入新时代，须有新的理念引领新的征程。

一、改革开放的逻辑起点：对计划经济
体制绩效的反思

1. "传统体制"并不传统

现在，我们通常将 1978 年实行改革开放以前的经济制度称为"传统计划经济体制"，把坚持实行那种体制的主张称为"保守观念"。其实，从工业化和经济现代化的历史看，那样的体制既不"传统"也不"保守"，而恰恰是非常"革命"的，是一种"彻底颠覆""重起炉灶"式的制度设想或安排。它不仅否定资本主义，也否定市场经济；不仅否定经济全球化，也否定经济开放；不仅否定金融自由，也抑制甚至拒绝各种金融经济关系和金融活动，例如，将"既无内债又无外债"视为经济健康的理想标志。

同今天许多人所想象的不同，那不仅不是保守的体制设想，也不是保守的发展观，恰恰相反，完全是一个激进主义的和超越客观条件的赶超型发展观，例如，声称"有条件要上，没有条件创造条件也要上""人有多大胆，地有多高产"。即试图采取一种特别"优越"的方式（称为"先进生产关系"）和极大的主观努力，来促进生产力发展和经济高速增长。瞄准的目标则是世界上最发达的资本主义国家即英国和美国的经济发展水平。其思维依据是：既然在军事战场上可以战胜美国，至少是打个平手，那么，为什么在经济战场上就不能尽快赶超英美（以社会主义战胜资本主义）？而且，那时还有苏联作为榜样和提供后援，更增强了赶超先进工业国的自信。总之，现在我们通常将那样的理论和实践称为

"传统体制"，而在当时，人们却视之为可以体现非常先进的生产关系的崭新制度，据此可以促进生产力的快速提高，实现工业化的赶超目标。人们相信："天下无难事，只要敢登攀。"

2. 计划经济体制表现出"悖理"的后果

历史有其自身的逻辑，赶超工业发达国家的强烈愿望和激进的"崭新制度"反而可能成为束缚手脚的羁绊。那么，事情为什么会是这样呢？即为什么先进的思想会"事与愿违"？付出了巨大的努力，收获的却仍然是"贫穷"和"落后"。人们可能想当然地认为，那是由于在计划经济制度下，人们普遍"懒惰"，不思进取，躺着吃"大锅饭"。其实，从那个时代过来的人都曾感受过，事实并非如此。计划经济中劳动者的勤劳勇敢、吃苦耐劳、任劳任怨者，恐怕并不比今天少。那么，问题究竟出在哪里呢？

当时所设想的计划经济体制并非没有其理论的"逻辑自洽性"。众所周知，它有三大基本特征，称为社会主义制度的三大"优越性"：公有制、计划经济（指令性计划）和按劳分配。而且在理论逻辑上，它们之间是"三位一体"的关系，相互依存，一存俱存，一损俱损。但是，这种理论上具有"优越性"和"逻辑自洽性"的社会主义计划经济体制在现实中却表现出诸多"悖理"的现象和后果。

按照计划经济的理论设想，可以克服市场经济的盲目自发性，确保国民经济按照事前所科学确定的计划安排进行生产和消费，这就可以自觉利用客观规律，并更好地"发挥人的主观能动性"，实现更快速度的经济增长，推进工业化，达到赶超目标。例如，可以发挥国家力量，集中调配资源，实行"优先发展重工业"的战略，以满足加速工业化的要求，即使发生一定程度的不平衡现象，也是体现客观规律的本质要求和必然趋势。但是，这种出于"有计划、按比例"地推进经济高速增长的愿望和行为，却反而导致了国民经济的严重失调和经济困难。理论的"正确"性在实践中碰壁，主观上要"大跃进"，结果事倍功半，甚至适得其反。

3. 反思曾导致错误归因

当计划执行结果不尽如人意时，人们认为那是由于计划经济的纪律不够严格，或者是由于计划控制之外的因素和力量干扰了计划的严肃性和严格性，特别是由于公有制水平不高，使计划执行的所有制基础不够坚实牢固。因此，为了确保指令性计划的落实，就必须实行更高水平的公有制以确保执行更严格的计划经济管理制度。当时的公有制形式主要分为全民所有制和集体所有者两大类，前者又分为国营和地方国营两类，后者则分为"大集体"和"小集体"两类①。因此，按当年的认识，公有制经济的等级从高到低分别为：国营、地方国营、大集体、小集体四种形式。等级越高的公有制形式，社会化程度越高，就可以在更大范围内以指令性指标方式实行按计划生产。因此，人们相信，作为计划经济的产权制度基础，公有制形式的等级越高，计划纪律越严格，实行计划经济就越顺畅。反过来也可以说，计划经济之所以执行不理想，主要是因为公有制形式不够发达（层级不够高）。人们相信，只要所有的经济活动主体都实行单一的全民所有即国有国营，全国所有的工厂就像一家大企业，执行严格的计划管理，计划经济就能够表现出极大的优越性。可见，计划经济与公有制具有相互强化的关系。而且，按照当时的理论逻辑，实行公有制，可以解放私有制的约束，劳动者不再是为别人工作，而是为自己工作，消除了"剥削"关系，当然就能够极大地解放劳动生产力，激发生产积极性。所以，公有制是最能适应生产力特别是先进生产力发展的先进生产关系和经济制度。不过，这样的理论设想在现实中却表现出相当悖理的结果。反而阻碍了生产力发展，而且劳动者并未切身感觉到是在"为自己工作"。即使通过思想灌输（按照当时的理论，人民的正确思想不是自发产生的，而是从外部灌输的），劳动者明白了是在"为自己的国家"或"为完成自己国家下达的计划指标"而工作，也难以持续保持日常劳动和工作的利益关切性，以动员和政治运动的方式所激发的热情毕竟难以持续和常态化。

与公有制和指令性计划互为前提条件的是，社会主义经济全面实行按劳分配制度。理论上说，劳动者可以获得自己劳动（做了必要扣除之后）的创造物，称为"消费基金"或"消费资料"，此外的部分全部归公，其经济性质为"必要扣除"部分，称为"积累基金"或"生产资料"。这样，劳动者就完全是为自己工作，获得相应的劳动报酬（消费资料），确保不会形成私人财产积累（生产资料），而导致败坏公有制基础的后果。不过，其中有一个显然的矛盾：实行按劳分配或按劳取酬，劳动者是否可以在做了"必要扣除"之后就能够获得与个人贡献完全相等的报酬了呢？如果是，那么即使实行严格的按劳分配，劳动贡献大的人也必然报酬会更多，而且，每个劳动者的家庭人口不同，所以，只要不是实

---

① 按当时的理论解释，大集体是指一个地区，如全市、全县的全行业全体劳动者共同所有；小集体是指一个企业内的全体劳动者共同所有。

行实物供给制,而实行工资薪金制,就必然会产生个人或家庭拥有的私有财产(产生于更多的劳动报酬);而如果为了防止发生这样的情况,就得实行实物供给制,那么又显然违背了按劳分配原则。所以,当时的理论界借用马克思的有关论述,不得不承认按劳分配仍然是一种"资产阶级法权"。也就是说,即使实行严格的按劳分配制度,在理论逻辑上也会产生资本主义经济关系,即形成私人财产积累,进而可能侵蚀公有制和计划经济。所以,在那个时代,计件工资、等级工资、奖金制度等,也都被视为"资本主义因素",总是想去之而后快。因为那是关系到能否确保计划经济有效运行性的原则性问题。

可见,传统社会主义经济的"三位一体"原则,尽管是一个美妙的理论构想,可以论证其"优越性",似乎是理论领域中的一片朗朗晴空,运用于实践就可以成为美好现实。但在天边却似有隐约存在而难以抹去的"乌云",人们总是担心天边的"乌云"可能不断扩散,终而演变形成大气候,彻底改变整个晴朗天空,损害了美好世界。因此,社会主义经济体制必须纯而又纯,否则就会潜伏着可能爆发的矛盾,因而使想象的"优越性"难以实现,或者得而复失。在中国改革开放之前的30年中,这样的忧虑一直困扰着中国理论界学者和政治领导人。特别是由于在中国的现实国情下,实际上很难实行苏联式的严格纯粹的计划经济体制,如果要符合计划经济的理论原则,就必须不断地清除现实中的资本主义因素,"割资本主义尾巴"。这就必须"不断革命""继续革命",竭尽所能地消除社会主义天空中可能出现的任何一板资本主义"乌云",时时保持高度警惕(当年叫做"年年讲、月月讲、天天讲"),绝不能让其蔓延而成了气候。这似乎成为计划经济的宿命。在这样的逻辑下,计划经济对经济活动的管束必然越来越严格(称为"计划就是法律")。

4. 对制度绩效的再反思

如果承认"劳动创造价值",那么,对于中国经济发展,劳动者的吃苦耐劳从来不是问题,因此,加速工业化也不应成为问题。共产党人即使主张"阶级斗争",其本意也从来就是为了激发社会底层的积极性,即让劳动者充满"当家做主"的主人翁自豪感和责任心而加倍努力工作,并且拥护共产党为实现国家发展而做出的政治决策和政策安排,坚持社会主义制度,从而解放生产力,实现物质繁荣。但事实为什么会是竭尽极大努力,而且从来未曾懈怠,却仍然是事倍功半,难尽人意呢?为什么中华人民共和国成立后全力发动,强力推进工业化,却并没有取得令人满意的起色?当时以"总路线"的战略高度确立和宣称"鼓足干劲，力争上游，多快好省地建设社会主义"，但人口占世界22%的中国占世界的经济份额（以GDP估算）仍然一直徘徊于不足5%，同中华人民共和国成立时相比基本没有进步，甚至使中国经济陷于有可能被"开除球籍"的境地。这无论如何是没法向历史交代的。在理论上更是难以自圆其说的。

40年前开始的改革开放，正是从反思计划经济为何事与愿违和在实践中事倍功半出发。

二、改革路径：从局部突破到全方位制度变革

1. 理论上承认市场经济的可行性与合理性

中国推进工业化的愿望是非常急切的，自中华人民共和国成立始就试图以革命的思维，依靠政治力量，采取动员方式，实行"大推进"战略。问题是，革命可以打破旧制度建立新国家，但"另起炉灶"式的"革命"思维，如果表现为凭借热情的运动方式和自上而下的命令体制，往往会违背客观规律，难以为中国工业化进程提供一个可以事半功倍地加速其增长的"阿基米德支点"，无论是"全心全意抓生产"还是"抓革命，促生产"，都不能有效推动工业化进程。换句话说，以计划经济为支点，即使采取渐进的"革命性"手段，"抓"字当头，动员起人民的生产热情，也难以撬动中国经济庞大的躯体，将其引入加速工业化的道路，而只能导致事倍功半甚至得不偿失的后果。

其实，人类发展史表明，原本存在一个现成的选择：现代市场经济就是一个可以"事半功倍"地推进经济增长的经济体制，所以，绝大多数国家的工业革命和工业化都是在市场经济制度下实现的。在工业革命之前的数千年历史中，以人均收入来衡量，整个世界经济几乎处于停滞状态（据学者估算，人均收入年均增长率仅为0.02%）。而工业革命为经济发展提供了两个巨轮：制造和贸易，即大机器工业和大范围市场的形成。同时表现为市场经济制度的普世化，当然主要表现为资本主义市场经济的主导。

计划经济理论在实践中表现出的"悖理"现象表明：推进工业化不可能不依靠市场经济制度。因此，改革的关键就是必须接受：在传统社会主义经济制度的"三位一体"逻辑链条上打开缺口，即承认市场经济的可行性和合理性，同

时又能保持同社会主义的契合。从 1978 年开始，经过十多年的探索和争论，到 1992 年，中国才正式肯定了社会主义也可以搞市场经济。从改革历程来看，这是一个石破天惊的理论突破。因为，如前所述，只要在传统社会主义理论"三位一体"的构架中任意抽取或改变一处，整个理论构架就将发生颠覆性改变。但从人类发展的历史长程看，承认市场经济毕竟不是"彻底颠覆"和"另起炉灶"式的激进革命思维，而是渐进的和撞击突破式的改革思维。而且承认市场经济并不意味着否定社会主义和计划手段，实际上在世界所有实行市场经济的国家中，有数十个国家也是声称要实行"社会主义"或承认其社会制度具有社会主义因素的（据不完全统计，至少有 60 多个这样的国家）。中国改革过程中，虽然主张"大胆闯，大胆试，大胆破"，但也不是为所欲为，而是试错式践行，"走一步看一步"，形象地称之为"摸着石头过河"。总之，从"革命"转向"改革"，体现了对客观规律的尊重和道路选择的可行。

2. 实践中选择结构冲突较小的渐进式改革路径

不过，一旦承认市场经济的正当性，指令性计划就必然会逐步缩小其范围，直至基本上完全退出，这样，以指令性计划指标为特征的计划经济体制就必然彻底改变。尽管中国改革的过程其实是高度受控的，以免发生难以承受的混乱，但指令性计划的体系一旦被打开缺口，即使只是从"边缘"处尝试"变通"，以"双规制"过渡，但一旦尝到"甜头"，就将一发而不可收拾，所有的界限都有可能被突破。起先人们还在为从哪里开始松绑和从何处解扣而争议、犹豫和徘徊，甚至一次次设置制度变革的"底线"和"禁区"。但"渐进式改革"具有难以抗拒的"潜移默化效应"，其向各领域推进的渗透性甚至比休克式改革更强，因为渐进式改革走的是一条利益诱导性很强而结构冲突性较小的道路。所以，"三位一体"原则的链条无论在哪里解开锁扣，都会导致其整体解构，如同多米诺骨牌，推倒一块，连锁反应，局部突破必然演变为全方位变革。只要承认了市场经济具有优于计划经济的可行性，公有制和按劳分配制度也必然发生根本性变化，甚至其核心——国有企业体制也将进入根本性改革进程。改革的突破，牵一发而动全身，为中国经济发展和工业化进程迎来了全新的局面。

在国内经济体制上为市场经济正名，对公有制和收入分配制度进行相应的改革，同时也必然会导致对当代世界经济认识的根本性改变。即对当代资本主义经济以及美国等"帝国主义"国家及其主导制定的国际经济秩序产生新的认识。这实际上就是对资本主义经济全球化的重新认识。因此，国内经济体制的改革必然同对外经济的开放相契合。可以说，改革与开放如同一枚硬币的两面，实际上是同一个理论逻辑在现实政策上的两方面表现。如果说1992年是在改革方向上终于"想明白，下决心了"，那么，2001年中国加入世界贸易组织（WTO），则标志着中国在对外开放上也终于彻底想明白和下决心了。这是一场真正的关于在社会主义制度下放手发展市场经济的伟大启蒙运动，中国经济发展和工业化进程的面貌焕然一新，整个世界的工业化版图和经济全球化格局也将发生根本性改观（金碚，2017）。

3. 关键节点的重大举措逐步推动改革"由点到面"铺开

纵观40年来中国经济的巨变，改革开放如同一个"阿基米德支点"，支撑着步步深入的各项重大举措，产生强有力的"杠杆"作用，有效地撬动了中国这个超大规模经济体，推动其走上加速工业化进程：

——第一次撬动：1978年，解放思想，突破禁锢。这一年，以党的十一届三中全会为标志，以"实践是检验真理的唯一标准"的理论为思想武器，开始了向教条主义意识形态的挑战，直面传统经济体制的矛盾痼疾，深刻反思，勇于首创。特别是勇敢地强调要反对"极左"思想，彻底摆脱"宁左勿右"的思维，这就拉开了经济体制改革大幕。这一年可称为中国的"改革开放元年"。

——第二次撬动：1992年，市场正名，方向明确。从1978年到20世纪90年代初，尽管提倡解放思想，但传统思想的桎梏仍然严重约束着理论突破，特别是对于"市场经济"认识，纠结难解。经过十多年的探索争论，在这一年，邓小平表现出了巨大的理论勇气，在南方视察期间发表一系列重要讲话，确定了中国经济改革的方向是建立社会主义市场经济，以此为引领，中国经济体制改革从此具有了市场开放、管制松绑、效益导向的明确方向。这一年可称为中国的"市场经济元年"。

——第三次撬动：2001年，参加世贸，融入全球。这一年中国加入了世界贸易组织，标志着中国决意摆脱自我封闭，实行开放政策，开门拆墙，引进放活，不仅同国际"接轨"，而且要全方位融入经济全球化。这不仅对于中国经济发展具有深远意义，而且世界经济格局也从此发生巨变。这一年可称为中国融入世界经济的"全球化元年"。

——第四次撬动：2008年，逆势勇进，助力擎天。在应对美国次贷危机所引发的国际金融危机和世界性经济危机中，中国有力地发挥了遏制世界经济"自由落体式下滑"势头的重要作用，第一次成为对稳定全球经济增长贡献最大的国家，承担起大国责任。也正是在做出了这一世界性贡献的过程中，中国自己发展成为 GDP 总量世界第二（2010 年）、进出口贸易总额世界第一（2014 年）的国家，国际地位和话语权显著提高。这一年可称为中国重返世界舞台中心的"大中国元年"。

——第五次撬动：2012 年，"清洁风暴"，除障稳进。改革开放创造了巨大成就，但也叠加起诸多矛盾，特别是，整体环境的恶化成为突出问题。以党的十八大为起点，发起强有力的反腐倡廉斗争、党风政纪整肃、生态环境治理等行动，进行政治、经济、社会、环境、营商等各领域的"大扫除"，驱邪守正，整治纲纪。这是历史转折中跨入新时代的"第一战役"，自此中国经济进入稳中求进的"新常态"，走上中国崛起和实现"中国梦"的新征程。这一年可称为中国特色社会主义的"新时代元年"。

2018 年，改革开放 40 周年之际，经历伟大巨变的崭新中国，站在了民族复兴新的历史起点上。

三、方式与效果：以渐进式制度变革终结中国"落后"历史

1. 渐进式变革推动工业化加速

如前所述，中国改革开放尽管具有彻底的创新性，但并非"休克"式的另起炉灶和断然颠覆，它的"革命性"和"颠覆性"蕴含于连续性过程之中，具有渐进式推进的显著特点：改革开放、经济发展、维护稳定始终是三个不可偏废或忽视的"命脉"。改革开放以不破坏稳定为底线，发展成就为衡量改革成败的标志。同时，稳定的要求也不可阻碍改革与发展，因为深刻认识到没有改革发展，最终无法保持长治久安的稳定。可以说，这是中国 40 年改革开放道路与工业化进程的最突出特点，也是其战略推进的高度技巧性所在。全世界能够成功把握好这一关系的国家尤其是大国实属罕有。

渐进式改革开放必须冲破一个个障碍，松解一道道桎梏，拆除一扇扇藩篱。各种障碍、桎梏、藩篱，有利益性的，也有意识性的，当然更有制度和惯例性的，常常是盘根错节，难以下手。因此，改革开放进程往往是从呼吁"松绑"

开始，经由"变通"，逐步"放开手脚"，最终才能实现"市场决定"。其实，市场经济之所以是一个"事半功倍"的有效制度，其奥秘就在于，只要"放开""搞活"，就会有动力、活力和效率。在中国改革开放进程中，几乎是"松绑""放手""开放"到哪里，经济繁荣就展现在哪里。

如前所述，计划经济下推进经济发展总是倾向于"抓"字当头，而市场经济下促进经济发展更倾向于"放"字当先。直到今天，深化改革，简政放权，优化营商环境的举措仍然是"放"字当先。

40 年来的改革开放，在所有领域中，松绑、放手和开放最彻底的产业是工业部门。正是由于对工业的松绑和放手，并且率先对外开放和迎接全球化挑战，就给中国工业化的"制造"和"贸易"两个巨轮以强大能量：释放出巨大的加工制造能力和高渗透性的贸易活力。其结果是：在工业统计的所有门类中，中国工业均有不凡表现，这在世界所有国家中是独一无二的。中国工业化呈现加速态势，就成为必然：工业品生产和货物贸易推动两大巨轮迅速转动，"中国制造"的工业品（尽管主要是处于中低端领域的产品）在全球市场竞争中几乎呈所向披靡之势，在各国市场"攻城略地"，占据越来越大的国际市场份额，中国经济发展的成就令世界惊叹。

2. 渐进式变革推动中国综合国力提升

中国作为世界人口数量第一，国土面积居世界第四位的巨大型国家，在 1978年，国内总产值居世界第 12 位，仅占世界 GDP 总额不足 2%[①]（当年中国人口占世界 22%）。而且，当时的中国经济处于高度封闭状态，国际贸易非常不发达，货物进出口贸易总额列世界第 29 位，外商直接投资列世界第 128 位。

经过 40 多年的经济高速增长，现在中国国内生产总值已跃居世界第二位，[②]约占世界 GDP 的 15%。而且毫无悬念，在不太长的时期内，中国的 GDP 总额就将超过美国，居世界第一。而且，今天的中国经济已经高度开放，货物进出口贸易总额和外商直接投资均居世界前列。经历短短三四十年，中国就从一个十分贫穷，外汇极度缺乏的国家，一跃成为世界外汇储备最多的国家，到 2015 年，中国的外汇储备约占世界 1/3（如表 1、表 2 所示）。

---

① 按汇率计算为 1.7%，而有的学者按购买力平价计算，大约不足 5%。
② 据一些国际组织计算，按购买力平价计算，中国 GDP 已超过美国居世界第一。

表1 中国主要指标居世界的位次

指标＼年份	1978	1980	1990	2000	2010	2014	2015
国土面积	4	4	4	4	4	4	4
人口	1	1	1	1	1	1	1
国内生产总值	11	12	11	6	2	2	2
人均国民总收入	175（188）	177（188）	178（200）	141（207）	120（215）	100（214）	96（217）
货物进出口贸易总额	29	26	16	8	2	1	1
外商直接投资	128	55	13	9	2	1	3
外汇储备	23	36	9	2	1	1	1

注：括号中所列为参加排序的国家和地区数。

资料来源：中华人民共和国国家统计局（2016）。

表2 中国主要指标居世界的比重　　　　　　　　　　单位：%

指标＼年份	1978	1980	1990	2000	2010	2014	2015
国土面积	7.1	7.1	7.1	7.1	7.1	7.1	7.1
人口	22.3	22.1	21.5	20.7	19.4	18.9	18.7
国内生产总值	1.7	1.7	1.6	3.6	9.2	13.3	14.8
货物进出口贸易总额	0.8	0.9	1.6	3.6	9.7	11.3	11.9
外商直接投资		0.1	1.7	3.0	8.6	10.5	7.7
外汇储备				8.6	30.7	33.2	30.6

资料来源：中华人民共和国国家统计局（2016）。

3.40 年改革开放带来物质生活和社会心态的巨变

正是在 40 年改革开放所取得的巨大成就的基础上，党的十九大宣告了新时代的到来，并且做出了一个重大的政治和战略判断："我国社会主要矛盾已经转化为人民日益增长的美好生活需要和不平衡不充分的发展之间的矛盾"。这是一个彪炳史册的伟大宣告。此前，中国社会的主要矛盾长期一直是"人民日益增长的物质文化需要与落后生产力之间的矛盾"，现在，这一表述从此改变。那么，关于社会主要矛盾的新旧两个表述的含义有何根本性区别呢？最引人注目，也是最让中国人振奋的是，在新的表述中没有了"落后"两字！实际上是向世界宣告：中国从此不再落后！

一个在民族心理上非常注重脸面的国家，不得不承认自己的"落后"，是很痛苦和很"没有面子"的。其实，从西欧国家发生工业革命的18世纪以来，中国就落后了。开始时尚不自知，或者"死要面子"，不想承认。直到19世纪中叶，拥有强大工业生产能力的西方列强，以"工业化"的武器打开中国大门，才迫使中国睁开眼睛面对世界。那时，中国人不得不承认自己这个居于"世界中心"，曾经将外国视为不开化"蛮夷"的"泱泱大国"，实际上已经远远落后于西方工业化国家了，反而被称为"东亚病夫"和"泥足巨人"。此后一百多年的中国历史，留下迄今难以磨灭的落后挨打的痛苦记忆。"落后"两字，就像是深入中国人肌肤的"纹身"和屈辱颜面的印记，无法遮掩，难以抹去，成为近现代史上中华民族几代人的"痛点"。因此，"留洋""出国"甚至"崇洋媚外"，成为千万中国人寻求摆脱落后境地的群体性行为倾向和心态惯性。难以否认，相对于落后的中国，在当时中国人眼中，"外国"几乎就是"发达"的代名词，"洋人"成为富人的代名词。因此，在许多中国人看来，"留洋"就是"人往高处走"，连外国的月亮圆都比中国的更圆。经济落后导致了社会精神和文化心态上的深切落后感、屈辱感和自卑感。

正是由于渴望消灭这"落后"，为自立于世界民族之林而扬眉吐气，亿万中华儿女艰难苦斗，不惜血汗，前赴后继。中华人民共和国成立就是这种长期苦斗未果而爆发人民革命的结果：中国人民从落后挨打的屈辱境地中站起来了，而站起来的中国更不甘于"一穷二白"的落后面貌。毛泽东立下誓言，要带领中国人民"把贫穷落后的帽子甩到太平洋里去！"今天，这一数百年夙愿终于实现了。40年的改革开放回报的是中华民族苦苦追寻的梦想成真。对于经历了漫长苦难岁月的亿万中国人民，以至遍布世界各地的海外华人，这是一个激动人心的时刻，不由得感慨万千：过去数百年，我的前辈们长期生活在经济落后的年代，今天，我们终于迎来了一个不再"落后"的新时代，真的可以扬眉吐气了。数百年变迁，历史的伟大转折就展现在眼前，我们就是这个伟大转变时刻幸运的亲历者：中华人民共和国国歌中"最危险的时候"悲壮呼号，已经成为历史警语。今后的中华子孙后代，如果不是通过历史知识的学习，恐怕再也难以理解这一国运警语的意义了。因为，他们再不会有"落后中国"的切身感受了。在以往中国人眼中因物质富足而生活状况令人羡慕的外国，在下一代中国孩子们眼中很可能会成为"生活没有中国方便"的国度。过去，中国人大多是"怕苦才出国"，而到了下一代，很可能反而变为"不怕苦才出国"了。到国外不是去享受物质富足，反而是去"吃苦"，去经受"磨炼"。总之，中国人从此不会再像穷国羡慕富国那样仰视外国，即使是对于发达国家，中国人也绝不会再因自己国家的落后而羞愧。40 年改革开放真正是一个伟大历史，使中国"换了人间"：不仅是物质生产和物质生活状况的巨变，而且是民族精神和社会心态的巨变。

四、新时代新要求：治理新思维开启改革新征程

1. 经济发展新时代需要治理新思维

40 年甩掉"落后"的帽子，显然直接得益于改革开放所带来的连续数十年的高速经济增长，特别是，工业化加速推进，规模庞大的中国工业能力，包括强大的基础设施建设能力，铸造了"大国筋骨"。同历史上中国经济也曾有过的巨大规模不同，今天中国经济规模之大是"硬实力"之大，硬产业之巨，基础设施建设之强。但是，我们也必须清醒地认识到，中国工业化的进程尚未完成，同世界发达国家相比，中国工业的技术水平差距仍然非常大，至少还要经过 30 ~ 50 年的持续努力，才能进入发达工业国的先进行列。

不过，中国毕竟是进入了工业化的新时代，在社会经济发展的不同历史阶段必然会有不同思维和方略。在生产力落后的过去时代，中国曾经有句非常著名的口号，体现着那个时代的工业精神，至今令人难忘，那就是大庆油田"铁人"王进喜的豪言壮语，叫"宁可少活 20 年，也要拿下大油田！"。这是那个时代的英雄主义，激励着千万人的忘我奋斗：面对"落后"这个当时的最大敌人和使人民最大不满的状况，为了实现工业发展，必须奋不顾身，义无反顾，即使损害一些环境和健康也在所不惜。那也许是不得不付出的代价，当年叫作"一不怕苦，二不怕死""不惜一切代价把工业搞上去"，否则中国就会有被"开除球籍"危险。这样的大无畏精神在很大程度上被改革开放的 40 年所继承，即义无反顾向着目标前进！今天，我们必须历史地评价那个时代，尽管为了经济发展和工业化而付出了巨大代价，但也应感恩那个"为有牺牲多壮志"的献身时代，实现了"敢叫日月换新天"的誓言，迎来了不再落后的新时代，创造了今天能够有

底气走进全面小康社会的物质条件。

新时代今非昔比，创新、协调、绿色、开放、共享，一切为了人民福祉，是经济发展新理念。这是新时代的"正确"：时代不同了，不再落后了，"不惜一切代价"的思维方式已经成为过去，实现更高水平的现代化治理已经成为体现新时代新发展理念的要求。今天，我们绝不能再容忍为了"金山银山"而破坏绿水青山，也不允许为了追求财富而牺牲民生健康。因此，习近平总书记在中国共产党第十九次全国代表大会所作的《决胜全面建成小康社会 夺取新时代中国特色社会主义伟大胜利》报告中指出："我国经济已由高速增长阶段转向高质量发展阶段，正处在转变发展方式、优化经济结构、转换增长动力的攻关期，建设现代化经济体系是跨越关口的迫切要求和我国发展的战略目标。"（习近平，2017）

从高速增长转向高质量发展，是中国经济社会发展新的巨变，也体现为工业化的生产方式和根本模式的深刻变革。当我们充分肯定40年改革开放成就的同时，更要冷静地看到留存和潜伏的问题。正如本文开头所引述的美国学者的告诫：在工业化和现代化进程中，确"曾伴随着一系列物质和实践方面的恶行，以及对自然无限制的开采"。究其根源，是因为自西方工业革命以来，"现代性和现代化的模式是以征服自然这一概念为基础，并以扩大生产力为动力的。这一模式已不可持续"（杜赞奇，2017）。

基于40年的发展成就，新时代有了雄厚的物质基础，但也绝不能坐享其成，全面建设小康社会的任务十分艰巨，没有舒舒服服就可以轻松达到目标的捷径，而且，要实现现代化的"中国梦"，还必须跨越诸多难关，实现人类发展及工业化过程中的根本性历史转折。当工业化达到一定阶段，经济发展创造了大量物质财富，如何实现可持续发展，就成为越来越重要的问题。其突出表现是，经济发展和工业化进程中的不平衡和不充分现象凸显出来，经济社会中"短板"现象往往成为发展障碍和影响稳定的隐患。而且，经济和社会关系中可能发生各种"恶行"，如果不能遏制和消除，不仅将严重阻碍发展进程，而且会导致经济发展失去正确方向。因此，新时代并不是处处阳光明媚，发展进程更不是一路坦途。相反，面临和可能遭遇的问题会更复杂，矛盾会很突出，而且，各种矛盾和问题有可能叠加出现。更重要的是，人民的需要"日益增长"，人民向往的满足永无止境，因此，要使人民满意可能更加不易。历史经验告诉我们：要实现"满足"就必须不断发展，发展仍然是解决我国一切问题的基础和关键，过去是这样，未来仍然会是这样。当前的现实是，中国至今还不是一个发达工业化国家，仍然处于社会主义初级阶段，当属发展中国家，要充分满足人民需要，还有许多"心有余而力不足"的困难，更有许多艰巨目标要实现。因此，如党的十九大所提出的，不仅必须坚定不移把发展作为党执政兴国的第一要务，坚持解放和发展社会生产力，坚持社会主义市场经济改革方向，推动经济持续健康发展，而且，由高速增长阶段转向高质量发展阶段，必须要通过深化改革，转变发展方式，建立现代化经济体系。因此，未来的发展模式要有更严的标准、更高的水平，需要更多的智慧，付出更大的努力。

这种智慧和努力必须体现为通过全面深化改革和进一步扩大开放，使市场更有效地在资源配置中发挥决定性作用和更好发挥政府作用。如果说，40年改革开放强有力地推动了中国工业化的加速进程，实现了中国经济社会的伟大巨变；那么，未来的高质量发展新阶段，仍然要通过全面深化改革和进一步扩大开放来促进中国经济社会更高水平上的巨变。从这一意义上说，新时代将迎来中国工业化进程的又一次伟大巨变：40年改革开放的主要目标是建立社会主义市场经济体制，新时代改革的总目标是将在40年改革巨变的基础上，建立国家治理体系和治理能力现代化。这一改革总目标的确立，正体现了高质量发展的客观要求和新时代的质态巨变。

高质量发展是能够更好满足人民不断增长的真实需要的经济发展方式、结构和动力状态。从高速增长转向高质量发展，不仅是经济增长方式和路径转变，也是一个体制改革和机制转换的过程。高速增长转向高质量发展的实现，必须基于新发展理念进行新的制度安排，特别是要进行供给侧结构性改革。也就是说，高质量发展必须通过一定的制度安排和形成新的机制才能得以实现。高速增长阶段转向高质量发展阶段，需要改革开放新思维，更精心地安排新制度、新战略与新政策。

2. 新的全球化时代需要治理新思维

新时代的改革是在新的更加开放的形势中进行的，而且，世界各国间的竞争归根结底是制度和治理竞争。因此，一方面，世界各国竞争是关于各国如何"善治"的竞争，即看哪个国家能把自己国家治理和发展得更好，人民更加满意，社会更加安全。在制度和政策安排上做得更好的国家，将成为国际竞争中的赢家。另一方面，在开放条件下，各国的制度和政策安排是相互影响的，一个国家的制度和政策安排的变动，往往会对其他国家形成压力或影响，甚至导致相关国家不得不进行制度和政策调整。当然，各国之间也可以就制度和政策的调整进行协调。总之，在新的全球化时代，各国的改革是在开放条件下进行的，因此，改革的新思维必须体现在更加开放的心态上。各国间所进行的非接触性竞争（如上述第一方面）和接触性竞争（如上述第二方面），都会成为各国发展进程和国家治理现代化的巨大动因。

当今世界，尽管也有逆全球化甚至反全球化的现象，但总体上还是正处于各国经济更加开放和向着自由贸易方向发展的大势之下，无论是经济的、社会的，还是科学技术的力量，都强烈地推动着经济全球化潮流。在经济全球化新时代，世界各国都在奋力发展，连发达国家也绝不敢怠慢，为此甚至"奇招""怪招""损招"频出。各国发展的历史经验告诉我们，经济全球化是良药也是苦饮，机会更多，竞争也更激烈。在此形势下，无论是低收入、中等收入，甚至高收入阶段，都可能会有风云莫测的"陷阱"，世界各国不乏落入各种"陷阱"而难以自拔的先例，以及因经济不振而遗憾的"失去"年代。今天的中国尽管国运昌盛，社会安全网相当稳固，日益健全，有力量抵御较大风险，但也绝不是无险避风港和观潮俱乐部。参与全球化竞争，与更强者过招，接受优胜劣汰的洗礼，在风险中前行，仍然是人类不变的发展主题。在经济全球化的国际竞争中，谁都逃脱不了这一铁律。

与上述新时代改革思维的开放性同样重要的是，改革新思维的全面性和协调性，即只有全面深化改革，实现国家治理体系和治理能力现代化，才能保持国家长治久安和经济可持续发展。历经 40 年改革和发展，中国经济"做大经济规模"的目标在高速增长阶段已基本达成，而"提升发展质量"已成为新时代工业化进程的主导方向。从理论上说，高增长的速度目标可以表现为一元性，即以工具性指标 GDP（或人均 GDP）及其增长率为代表性核心指标，但发展质量目标则是多元化的，没有任何单一指标或少数几个指标就能刻画发展质量水平。发展质量的内容所表现出的多维性和丰富性，要求发展战略和模式选择的高度创新性和系统性，要求以新的指标体系来更全面地反映高质量发展要求及其实现程度，并以此作为国家治理有效性的显示性标尺。因此，全面深化改革，系统性地创造发展优势，协调好各方面关系，走符合实际和具有特色的道路，以各种有效和可持续方式满足人民不断增长的多方面需要，是高质量发展的本质性特征，也是国家治理体系现代化和提升国家治理能力的新思维体现。这就决定了，转向高质量发展阶段，更需要以新的系统性思维方式推进各领域的改革，形成新的发展方式、动力机制和治理秩序，使整个国家从传统发展模式转向新的发展模式，实现长期可持续发展。这不仅是中国发展的历史性转折，也是人类发展所面临的共同问题（金碚，2018）。

转向高质量发展的上述改革新思维所引领的工业化新征程，在现实过程中将突出地表现为：工业化进程将转向更具高清洁化特征的道路和模式，这样的道路和模式体现了绿色发展和可持续发展的治理理念，也体现了更高文明程度（即文明质量）的治理体制要求。如前所述，在40年改革开放的最后5年，中国进行了"清洁风暴"行动。众所周知，清洁是文明程度的标志，就像高质量的生活体现为高水平的清洁卫生状况一样，高质量发展，必将在经济、社会和政治各领域中表现为更高的清洁化程度：生产清洁、环境清洁、政纪清洁、营商清洁、社会风气清洁。如果说以往40年工业化进程的巨变主要体现在"高歌猛进"规模迅速扩张上，从而使越来越多中国人从低收入生活状态改变为中高收入生活状态，那么，未来的工业化新征程所带来的新巨变，将在很大程度上体现为中国人民将生活在各领域都具有更高清洁度的状态中，体现为以文明合规为特征的现代国家治理体系要求。综观全世界，没有哪个充满"污泥浊水"和"肮脏恶行"的国家可以称得上实现了高质量发展。清洁性将成为高质量发展的一个重要的和具有标志性的特征，也是社会正义的重要标志之一。从这一角度看，自党的十八大以来，中国在经济、社会、环境、政法、党纪等诸多领域所进行的"清洁风暴"行动，是转向高质量发展的突出体现。这也是中国改革从以建立社会主义市场经济体制为目标，转变为以实现国家治理体系和治理能力现代化为总目标的又一个重要原因。

如果要用一个词语来刻画中国40年改革开放所推进的工业化进程及其成就，没有比"巨变"更贴切了。一个十几亿人口的巨大型经济体，在短短40年中所发生的巨变，在人类发展史上是空前的。改革开放不仅彻底改变了中国的面貌和国运，而且也改变了整个世界的工业化版图和人类发展全球态势。这40年的巨变，不仅使中国彻底摆脱落后，而且将开启一个新时代。进入新时代，踏上新征程，须有新理念、新体制、新战略、新举措。解放思想，改革开放，勇于创新，奋进包容，是中国40年加速工业化的历史留给新时代的最珍贵精神遗产。在继承40年改革开放精神基础上，善治为民、全面协调、清洁高质，将成为新时代改革新思维的突出体现。

[参考文献]

[1]［美］杜赞奇. 全球现代性的危机——亚洲传统和可持续的未来[M]. 黄彦杰译. 北

京：商务印书馆，2017.

[2] 金碚. 中国工业化的道路：奋进与包容 [M]. 北京：中国社会科学出版社，2017.

[3] 中华人民共和国国家统计局. 国际统计年鉴 2016 [M]. 北京：中国统计出版社，2016.

[4] 习近平. 在中国共产党第十九次全国代表大会上的报告 [N]. 人民日报，2017 - 10 - 28.

[5] 金碚. 关于"高质量发展"的经济学研究 [J]. 中国工业经济，2018（4）.

[6] 汪海波，刘立峰. 新中国工业经济史（第三版） [M]. 北京：经济管理出版社，2017.

（原文发表于《经济管理》2018 年第 6 期，有改动。）

中国改革历程中的"目的—手段"机理变迁

如果从最抽象的意义上观察和认识人类的经济活动，经济学必须基于一定的思维逻辑，即假定人的行动总是出于一定的目的，并且采取或寻求一定的手段来努力达到目的（当然可能成功也可能不成功），也就是假定人或人的集体（企业或国家）是有行为目的和行为能力的经济主体。不同的经济学学派对于人的行为目的如何产生，是基于人的本能（人性）、心理倾向（爱好）还是由一定的客观环境（社会条件）所决定，持有不同的理论主张，但（明确的或隐含的）"目的—手段"范式是大致一致的认知框架。康德在《纯粹理性批判》一书中说："幸福是对我们的一切爱好的满足。""出自幸福动机的实践规律我称之为实用的规律（明智的规律）；但如果有这样一种实践，它在动机上没有别的，只是要配得上幸福，那我就称它为道德的（道德律）。前者建议我们，如果要享有幸福的话必须做什么，后者命令我们，仅仅为了配得上幸福我们应该怎么做。"借用他的说法，我们把人的行为目的设定为"期望达到的幸福"，所采取的手段则是"必须做什么"和"应该怎样做"的选择。尤其是中国特色社会主义必须坚持"以人民为中心"的发展理念，更加强调生产之目的是满足人们"期望达到的幸福"，如何处理"必须做什么"和"应该怎么做"的关系，就比较明确了。以这样的认知框架来观察和分析中国 40 年来的经济改革历程，可以看到，经济体制的"目的—手段"机理发生着根本性变迁，可以解释一系列现象的背后逻辑，并预示未来的道路。

一、实物目标与计划经济臆想：求变动因

中华人民共和国是在经历了多年战争之后诞生的。恢复和发展生产，达到一定的实物产量，使人民能够"吃饱肚子""有衣可穿"，国民经济能够正常运行是当时最重要的经济目标。所以，实物生产，例如，粮食、棉花、布匹、钢铁、煤炭、石油等产量是国民经济发展最重要的指标，经济发展状况是否满意，首先看这些实物性指标所达到的水平。

以此为经济发展目标，可以而且必须采取国家指令性计划方式，直接下达各种产品的生产量实物指标，要求生产单位（工厂、农村生产组织）承诺完成。这就同社会主义经济理论所预想的由国家计划中心向生产单位下达生产任务计划，生产单位组织生产活动以确保完成指标任务的计划经济体制有着形式上的相似性和执行方式上的类同性。两者虽不同质，但却有些同形。而且在当时的战后条件下，可以进行动员性资源调动配置，如将军队转业干部和年轻的复员退伍军人，投入生产建设，组建生产单位，直接"攻克"计划指标，并且鼓励"超额完成任务"。因此，"鼓足干劲，力争上游，多快好省地建设社会主义"，自然可以成为20世纪80年代的社会主义经济建设"总路线"。

按照这样的认识和思维逻辑，人们往往会在强烈的动员性热情中，陷入计划经济的臆想。以为只要计划到位，指令明确，凭借生产热情和政治动员，就可以完成和超额完成计划指标，重要的只是必须发挥计划经济的动员力。于是，原先作为战时和战后经济的动员性手段的国家指令性经济计划体系，转而成为期望达到的目的，即试图在生产力不发达的经济基础上实行计划经济制度。由于手段成为目的，原先是体现目的的经济指标就反而成为国家经济计划的行政性手段，而在具体执行中，作为国家经济手段的指令性经济指标，又成为各生产单位的生产行为目的，即为了完成国家指令性经济指标而生产，一切经济活动都变为"服从性"的行政执行行为。

这样，从"目的—手段"的机理逻辑看，计划经济在制度逻辑上不仅必须是以实物生产量作为目标的，而且经济计划是具有法律效力的行政性指令体系，如果背离实物性计划指标，就会破坏计划经济的制度逻辑，所以，背离实物性计

划的行为，就会被认定为"破坏计划经济"，破坏计划经济就是"违法"行为。计划经济就这样从臆想变为严格的行政性组织行为，必须高度依赖行政体系才能推动经济运转。在这样的"目的—手段"机理体制中，事无巨细都是执行计划，甚至连变动一盒火柴的价格，都必须经过国家最高行政领导机构批准。在那样的制度体系中，没有人可以超越行政性的管制框架，除非甘于成为边缘成分。这样的制度系统具有自我强化的倾向，将未在体系内的"边缘成分"吸纳进体系之内，实际上，那些"边缘成分"也具有进入体系内的强烈动机，因为只有进入这一体系内才算是"正规"地进入了国家经济体系中，在此之外的经济活动均属于不正规的"低级"成分或"低级"形式，其从业者也当然只能拥有低级的甚至是边缘化的社会身份。

在这样的体制下，尽管人们也是努力工作的，还要参加各种形式的"劳动竞赛"活动，虽然"劳动模范""生产标兵"层出不穷，但生产效率却难以提高，生活水平始终处于非常低下的状态。"以钢为纲""以粮为纲"的实物目标，以及以指令性计划指标为手段的经济机理，无法激励效率提高和实现物质丰富的目的，实际上连如何进行经济核算来衡量经济效率都是非常困难的。所以，计划经济无论在理论上表述得如何"完美"，在制度上执行得如何"规范"和"严格"，但其运行效果总是难以达到预期。与此相应的是，居民的生活用品也实行实物供给体制，城市居民的主要生活用品，粮食、纺织品、副食品、家具、家用电器等均须凭票证购买，住房也实行实物分配制度。这样的实物供应方式，不仅限制了消费选择权和丰富性，而且供应数量也难以满足实际需要，只能依赖更为严格的票证制度来维持供求关系的勉强平衡，增长潜力非常有限，人民消费水平和生活状况总是难以令人满意。

因此，在计划经济的实际运行中，一方面越来越强调以"严格执行"来达到目标；另一方面又试图通过"完善计划经济"来使僵化的体制适应复杂的现实，挽回不令人满意的计划经济实施效果。但是，将建立计划经济体制作为目的，必然偏向于采取"政治挂帅"的社会运动方式；将执行指令性计划指标强制性地规定为生产单位的经营目标，必然偏向于忽视经济核算和效率激励的经济管理方式，而采取政治性的动员方式和意识形态灌输力图塑造"社会主义新人"，即通过改变人的行为目标来服从于实现计划经济指标的体制逻辑。这样的"目的—手段"机理构建是可行的吗？强扭的瓜真的也可以很甜吗？

1978年，当政治思维确立为"实践是检验真理的唯一标准"和认识到主观努力必须尊重客观经济规律后，把实行经济计划从制度"目的"，回归为经济计划和市场调节都是"手段"，而认同创造物质财富为经济发展"目的"，就成为顺理成章的改革思维方向，于是，变革的动因起始于对价值规律和财富观念的反思。过去既然目的被扭曲，手段不可行，那么，进行根本性变革就成为必然。

二、财富觉醒与市场经济取向：改革走势

在计划经济臆想的"目的—手段"机理体系中，价值规律是异己性的，因为，实物性生产指标是以实物量单位为计算尺度的，如果以价值规律作为计划经济运行规则，就难以体现计划经济的"有计划，按比例"要求。在没有市场竞争的条件下，根本不存在价值或价格的发现机制，实际上是找不到可以有效使用的价值工具和经济核算方式的。既然价值规律是异己的，那么，追求财富的行为也必然是异己的。所以，按照计划经济臆想，在意识形态以至法规政策上，追求财富都是不正当的，甚至是违法的。因为，如果不计价值地生产和囤积实物，会导致物质耗损浪费或者冗余闲置（库存而不消费），而没有实际的财富意义。当财富失去经济功能，即在否定了财富正当性的体制中，财富的创造和积累就失去了动力，贫穷就成为必然。总之，否定财富，经济运行和发展就会缺乏有效的"目的—手段"机理，堕入无速状态（没有经济增长机制）。

因此，如果要以实现经济增长和摆脱贫困为目的，那么，经济改革就必须从认可承认追求财富的正当性的价值规律开始，财富觉醒，价值规律发挥作用，经济才可能起飞。于是，中国经济改革的理论反思就从关于价值规律的讨论开始，认识到只有服从价值规律才能实现经济发展。而承认价值规律就必须承认价值规律的基本要求，即经济行为必须以效率为中心，以效率为中心，就必须要进行经济核算，而可行的经济核算只能以货币为计量单位。因为作为价值形式的货币，是唯一可以作为统一计量单位进行加总性经济核算的工具（尺度）。

以货币计量的财富同实物财富的差别是，前者是"无限"的，而后者总是有限的，超过一定量就会"过剩"。所以，以作为价值形式的货币额为经济活动目标，就赋予了经济动力以"无限"性和效率可比性。允许一部分人、一部分地区"先富起来"，而富裕的标志显然是货币性的，即以达到一定量的可以货币

单位计算的财物收入或存量作为是否"富裕"的标准。于是，创造更多的收入和利润，成为各生产单位的经营目标，这就必然冲击以实物量指标为生产目标的计划经济体制。改革开放初期的一个著名口号就是："时间就是金钱、效率就是生命。"因此，反思计划经济和市场经济何者更具历史必然性，进而呼唤以市场经济为取向的变革，就成为经济体制改革的思考方向（以及理论争论的焦点），这称之为理论的"思想解放"。回顾40年改革开放的历史，中国经济体制改革的基本取向和清晰脉络就是越来越明确和强调承认市场经济及其调节机制的地位和作为。官方的正式提法从"以计划经济为主，市场调节为辅""计划和市场都是手段""有计划的商品经济"，到"社会主义市场经济"，再到"发挥市场在资源配置中的基础性作用"，进而是"使市场在资源配置中起决定性作用"。

承认和实行市场经济，发挥市场在资源配置中的基础性或决定性作用，意味着经济运行的"目的—手段"机理发生了根本性变化。一方面，以政治第一（"政治挂帅"）为目标，转变为"以经济建设为中心"，要发展生产力，实现物质财富增长，"富起来"来是人心所向。另一方面，财富目标体现为以货币单位计算的价值量，即使是关于使用价值量的核算也必须转换为以货币单位计算的统计数据，如国内生产总值GDP。这样，如果从商品的二重性——使用价值与交换价值的视角来观察，经济活动的目标就从主要体现使用价值的实物侧转变为财富的价值形式侧即交换价值。与此相应的是，实物生产转而成为获得作为价值形式的交换价值量（货币额）的手段，生产出实物产品，如果不能转变（销售）为货币形态，其价值就没有实现，属于"过剩"现象。

经济改革所指向和实现的"目的—手段"机理的这两个根本性转变，产生了难以估量的强大社会能量，神奇地彻底改变了中国经济社会的整个面貌（常常被称为"经济奇迹"）。从世界近现代历史看，工业化总是同市场经济紧密相连，市场经济是工业化的强大推动力和实现机制，工业化进而可以形成市场经济向各领域全面渗透以至导致全球化现象（将所有国家都卷入其中）的巨大动能。工业化需要两个互为条件的加速因素：生产和交换。科学技术的工业化运用激发了强大的生产力，大规模生产是工业化的本性，而市场经济的"交换"性，可以使工业化的社会分工特性和大规模生产及大众消费本性得以极大张扬。近40年来，中国经济在市场经济的"目的—手段"机理推动下，工业生产的迂回性充分延展，各领域的产业链不断延长扩展。在此过程中，工业材料、能源供应、产品设计、零部件生产、加工组装、营销物流等产业分工关系日趋复杂交织，同时，由于可以通过市场交易过程形成巨大的供应链和产业系统，使每一个环节都可以从生产体系中的一个"手段"功能，转变为该产业环节生产者和参与者的特定生产"目标"，同时，各生产者和参与者又将各自的生产目标，转变为追求体现自己经济利益的工具性目标——收入和利润的手段。总之，市场经济使得国民经济中各生产、流通和分配活动的参与者，在庞大的社会分工体系中，以提供各自在分工环节中的产品或服务的方式（手段），实现（追求）工具性目标，即获得财富索取权——货币。在市场经济制度下，这样的"目的—手段"机理是非常有效和极为强大的。在整个人类文明史中，市场经济是一个最伟大的制度创造。中国40年的改革开放所推动的高速工业化，是市场经济机制体制高度有效和强大力量的充分体现。与此相应，市场经济的发展使消费品供应彻底摒弃了票证分配制度，完全实行市场调节的供求制度，连城市居民住房也取消实物分配，实行货币化供应，即市场化的商品房制度。近40年来，中国人民的生活水平显著提高，消费品供求极大丰富，相当一部分居民富裕起来。中国的国际形象居然在短短三四十年间就从"贫穷"变为"有钱"！

同样的国度和人民，在计划经济体制下和市场经济体制下，创造出非常不同的经济业绩和导致完全不同的工业化态势。计划经济以钢、粮、煤等实物为"目标"，虽然竭尽"干劲"，但始终处于实物短缺状态，欲物而不足，欲速却不达；市场经济以"收入""财富""利润"、GDP等交换价值指标为目标，放开手脚，就使经济体充满活力，生产规模大幅扩张，物质财富极大增长。改革开放使中国社会"换了人间"。

三、价值形式驱动与金融地产繁盛：亢奋增长

如前所述，市场经济的"目的—手段"机理具有反转性特征，即作为经济活动目的的使用价值（实物）在市场机制中转变为追求价值形式即交换价值的手段，而原本作为经济发展手段的价值形式即交换价值却转变为经济活动的目的，而且整个经济分工系统中的各个微观经济主体都在这一关系反转的"目的—手段"机理体系中发挥生产积极性和产生追求工具性目标的极大欲望力量（有学者称之为"贪婪"的人类心理动因）。

从经济理论上说（或者经济理论试图这样做），以货币单位计量的物质财富是"真实"的财富（称为"真实量"），而其表现的货币量则是其"名义量"。经济理论和研究所分析的主要是真实量关系（尽管采用货币单位），只有当引入了"预期"等心理因素或研究通货膨胀等现象时才关注名义量。所以，经济理论分析中所假定的"目的—手段"行为逻辑中的"目的"通常是（或假定是）真实量，否则就被认为是"非理性"的。问题是，在现实经济中，所谓"真实量"和"名义量"实际上难以截然区分，因为"价格"本身就是以货币单位来表现，而要区分真实价格和名义价格，只能是思维中的游戏。

因此，在市场经济反转的"目的—手段"机理中，总是伴随着"使用价值—交换价值"的机理关系反转，而且，交换价值总是表现为其纯粹形式——货币。而货币形态本身的发展也已经过了漫长的历史，今天的货币已经既不是商品本位、金（银）本位，也不再是（美元）金汇兑本位，而已完全是信用货币，进而还可以发展为"数字"货币。总之，任何可以被接受的东西都可以被视同为"货币"，具有货币性"财富"的价值。不动产就更是可以货币化。例如，同样一座房子，其财富价值取决于其"价格"，并且未必是交换中发生的价格，而是"评估"价格。同样，对公司的"估值"也会脱离其真实。一家严重亏损的公司，只要大家认为（应该是大家认为其他人会认为）它"前途可观"，公司"估值"就可能连连高升。只要你"相信"，或者你相信"其他人会相信"，那么其经济价值就是可以"信以为真"的。

如果经济运行越来越具有货币目标特性，货币金融以及作为货币金融伴生现象的资产价格（特别是房地产价格）机制就会发挥更强烈的作用。进入 21 世纪以来，中国经济就在很大程度上表现出这样的显著特征，即金融地产因素成为推动"亢奋增长"的巨大力量。几乎是无论什么产业，企业创业和投资的第一个行为大多数都是"买地""圈地"，只要有了"地"就可以获得"钱"，至少可以"抵押贷款"而获得"流动性"。地方政府规划推动经济发展的第一个行为也往往是"划地""圈地"，然后"卖地"筹钱，"以地生钱"。居民改善生活和增加家庭资产的行为也是"买房"（因为在中国私人不可以买地），房产的名义价值（价格）成为城市中产阶级最大的家庭财产构成部分。而这样的庞大房地产资产（其名义价值据估已超过 GDP 数倍，达 400 万亿元之巨），主要是金融活动（借贷款）的产物。

如果进一步讨论就不难看到，在以金融活动为主导的"目的—手段"机理中，一切都可以"货币化"，即以货币金融手段，实现货币金融价值增长的目的，这通常就被称为"虚拟资本"增殖或"虚拟经济"现象。它与实体经济活动的"目的—手段"机理相脱离，即与满足人的实际需要相脱离，而成为主要是满足货币数字增长欲望的游戏（以货币数字的不断增长而获得满足感或"快乐感"）。这正成为一个越来越受到关注，并难以应对的社会现象。

从改革开放以来的一些统计数据中，也可以看到，大约从世纪之交开始，中国经济增长就体现出金融地产驱动的显著特征。作为价值形式的交换价值侧表现出强劲扩张态势。2017年底，以 M2 计算，中国的货币供应量为 170 万亿元人民币，同年的 GDP 为 82 万亿元人民币，两者之比为 2.1:1。而被称为"金融资本主义"的美国，这一比例为 0.9:1。金融业增加值占 GDP 的比重，中国 2016 年底 8.4%，2017 年底为 7.9%；而全球仅为 4.1%。美国的这一比例较高年份：2001 年为最高点，达 7.7%，2006 年为 7.6%，这样高的比例被认为可以预示随后发生的金融危机。日本的这一比例 1990 年达到 6.9%，被认为过高，随后爆发经济危机。一般来说，发展中国家往往具有"金融抑制"特征，金融业不发达，金融资产不会占比很高，否则可能爆发恶行通货膨胀。而在中国，尽管金融体系还不够发达，但货币量和金融业的比重却已相当高，似乎到处都表现得"很有钱"。过去通常认为，中国人是不太愿意借债的，但有学者指出，现在，以家庭债务/家庭可支配收入测算，中国家庭部门的杠杆率高达 110.9%，甚至超过了通常被认为更愿意借债的美国，后者的这一数值为 108.1%。不过，尽管金融和债务规模大幅度提高，但中国经济似乎仍处于可以"适应"的状态，并未爆发恶性通货膨胀（国家货币金融管理部门也总是很有信心地判断"风险总体可控"），而只是表现为资产价格，最突出的就是城市房地产价格大幅上涨。幸运的是，中国经济并未因此而崩溃，也许是因为，中国经济凭借其非常高的储蓄率支撑，具有对货币金融更强依赖性和承受力的特性。这还表现为，地方经济高度依赖债务，地方政府的债务杠杆率非常高，如果不是由于中央政府不断出台政策，限制地方政府扩大负债，中国经济的高负债率现象可能更为突出。因此，在进行经济调整中，"去杠杆"成为重要目标之一。

不过，我们也不能就此而否定货币金融业的发展。货币金融是经济运转的"血液"，经济实体与货币金融深度"纠缠"，体现了市场经济的"目的—手段"机理本身具有的高度复杂性和关系反转颠倒的特性，它的运动是快速"旋转"，不断"循环"的，各种因素的位势"置换""偏移"是时刻发生的。其实，从不同的角度和断面来观察，市场经济中各种行为和现象的"目的"和"手段"之间的关系是不确定的（甚至是难以确切定义的），往往是从一方面看是"手段"，从另一方面看则是"目的"；对于一些经济行为人是"手段"的，对另一些经济行为人可能是"目的"；相反，一些经济行为人追求的"目的"，对另一些经济行为人来说却是"手段"。例如，对于满足人类生存需要的经济活动而言，"赚钱"当然只是手段，但却表现为众多经济活动的"目的"。与"赚钱"相对应，产品的使用价值应是"目的"，但生产有用产品却表现为获取货币收入或利润的"手段"。从经济发展的本质看，GDP 当然是手段，但在现实中却成为最重要（显示性最强）的目标性指标之一。金融活动只是经济活动的交易方式，货币是交换中介，金融应为实体经济服务，当然属于"手段"侧，但在现实中，以至在人们的观念意识中，追求货币增殖（赚更多的钱），往往成为工具理性主导下的行为"目的"，甚至是终身追求的目的。因而如马克思所说，在资本主义条件下，资本家只不过是人格化的资本，资本的本性就是无止境地追求剩余价值。而在市场经济条件下，企业的行为目的都被认定为"追求利润最大化"或"实现出资人收益或资产最大化"。

无论是以什么"最大化"为目的，在经济运行中都表现为某个货币形态（至少是可以货币单位计量）的指标最大化。例如，以某某数值的收入水平作为达到是否"脱贫"的指标，以到达多少年收入水平作为"中等收入阶层"的指标，以拥有多少可投资资产净值作为高收入阶层的标志等。衡量一个地区或国家的经济发展水平，通常也是采用"低收入""中等收入"和"高收入"这类可以货币计量的指标。而这类作为"手段"的工具性指标，在现实中以至人们的观念中，总是难以抗拒地转化为"目的"性的指标，人们竞相追逐这些指标，认为其体现或展示了达到经济发展目的的程度（成就）。如果人们无法接受这样的关系颠倒，那么可以反问：难道还有更具显示性、可比性和更易理解的指标吗？

以货币金融工具的"手段目的化"为特征的经济增长，往往可以促进经济亢奋，这可能表现为经济的高速增长，当然也可能表现为经济的非理性繁荣。前者反映了真实经济增长，后者在很大程度上反映的是虚拟经济的泡沫膨胀。问题还在于，人们在观念上往往难以理智地区分"目的"和"手段"，因而在金融地产驱动的经济增长和繁荣中，也往往难以理智地区分实质财富和虚拟财富。市场经济的交换本性决定了，实质经济或实物财富与虚拟财富是可以交易置换的，只要能够等价交换，就没有必要在意它究竟是什么东西。以此来看，最具交换便利性的当然是货币，所以"货币为王""现金为王"，拥有货币才是拥有可以万变形态的有效"财富"。因此，亢奋增长的市场经济，往往倾向于"重商主义"，即视货币为真实财富。

在这样的"目的—手段"机理推动下，中国改革开放近40年来，一方面取得了经济高速增长的巨大成就，另一方面也形成了很大的金融性资产。而金融性资产的快速膨胀，很大程度上体现为以资产价格上涨所产生的财富增长和"有钱""富裕"幻象（只要是已经拥有并且不想再买房的人，就会感觉自己挺"富裕"；而只要是想买房，就一定会感觉自己是严重缺钱的"穷人"）。不过，无论是前者还是后者，都是经济繁荣和经济发展水平的体现。所以，中国可以宣告："中国特色社会主义进入新时代，我国社会主要矛盾已经转化为人民日益增长的美好生活需要和不平衡不充分的发展之间的矛盾。"与过去关于中国主要矛盾的表述"人民日益增长的物质文化需要同落后的生产力之间的矛盾"相比，关于社会主要矛盾的新表述甩掉了"落后"二字，实际上是做出了一个重大判断：今天的中国已经不再"落后"。至少是以GDP总量计算，中国已经成为世界第二大经济体。那么，我们确实是在向着所要达到的目的前进并取得了令人满意的成效了吗？中国的经济发展目的和手段都是非常理智的吗？

四、转向高质量发展的新时代：本真复兴

如果说，实行改革开放，我们从违背客观规律转变为尊重客观规律，做了"必须做"的事情，那么，从人类发展的趋势看，那都是"应该做"的吗？例如，为了推动经济增长，"先污染，再治理"是"必须做"还是"应该做"的？更重要的是，即使过去"必须做"，那么，未来"应该怎么做"呢？从"目的—手段"机理的视角来看：目的与手段间的关系反转，即手段的目的化和目的的手段化，可能使"必须做什么"和"应该怎么做"之间产生机理性矛盾。当经济发展达到一定水平，人类将更深刻地认识"目的—手段"关系，更理智地处理"必须做什么"和"应该怎么做"的问题。自问：人类有能力更理智地发展经济吗？

进入21世纪，中国加入WTO，市场化改革加速推进，经济高速增长，同

时，一些矛盾也开始显现。人们开始反思：为什么要发展，怎样发展？实际上就是将如何认识经济发展的目的和手段的问题提到了关注中心。2007 年，胡锦涛在党的十七大报告中对此作了回答，即认为中国经济发展存在不平衡、不协调和不可持续的突出矛盾，提出了以人为本的科学发展观。2008 年，美国次贷危机诱发的国际金融危机和经济衰退，各国政府都将注意力转向经济刺激政策，以货币金融手段，特别是投资扩张方式，遏制"自由落体式"的经济下滑。中国政府也是如此，并采取了非常强烈的举措。尽管取得了宏观调控的效果，保住了增长，GDP 总量达到世界第二，制造业规模世界居首，但也为此付出了偏离全面协调可持续发展路径的较大代价。

以 2012 年党的十八大为标志，中国经济发展进入新时代，即在取得了巨大的物质成就的基础上，中国必须更深刻地反思经济发展的本真目的和本真价值，也要更科学理性地选择有效手段。笔者称之为中国"经济发展的本真复兴"。经济发展根本的"目的—手段"关系体现人类发展的本真理性，人类发展的本真价值目标是人类的生存、繁衍和幸福，最终体现为人的能力的充分发挥和实现。而收入、利润和 GDP 等经济指标，归根结底只是实现人类本真价值目标的工具性目标，即实现本真目标所采取的手段。所以，进入经济发展新时代，就要更自觉地实现人类发展的本真复兴，使工具理性（以手段的目的化为特征）与人类价值目标（本真目的的自觉性）相契合。以工具理性的可行性和有效性更自觉地达成人类发展的本真价值目标。实际上就是更自觉理性地坚持人类发展最本质的"目的—手段"关系。

经济发展的本真复兴，就是在市场经济高度发达的基础上，人类再次审视科学理性的根本价值目标，从"目的—手段"关系的工具性颠倒，回复其本来性质，即人类从曾经发挥了积极作用的工具主义的财富观中进一步觉醒，升华为本真价值观的觉醒。更深刻地认识：市场经济的理性主义是经济价值（交换价值）主导的工具理性，手段驾驭目的；而人类发展本真的理性主义则是人本价值主导的目的理性，目的驾驭手段。人类进行物质生产活动，特别是进行工业生产，目的是将自然物质转变为具有经济价值的物质财富，并进行财富囤积（积累），而这样的经济活动不应同人类发展的本真价值目标相悖，即不应违背通过一定的方式（手段）将原本对人无用甚至有害的物质转变为有用之物这一根本方向。即使是以市场经济的方式进行生产活动，以工具理性主导，将无用物转变为有用物的行为即使是服从于创造或获取经济价值，尤其是价值形式货币，也不应改变这一人类活动的根本性质，这就是"以人为本"的经济发展，即经济发展必须以对人有实质裨益，对人的健康有利，使人居住环境适宜和生活愉快，为中轴原理和本真价值。

经济发展观念的再进步则将体现为：对于"以人为本"也不应作狭隘理解，以为只要是为了获得人的利益，就可以不顾及其他一切，为了使地球成为人类的乐园，就可以不惜牺牲其他一切生命体的生存环境和条件，人类的道德关切只是人自身。实际上，人类是自然的一部分，自然界是一个丰富多彩的物质世界和多样化的生态系统，人类只有在这样的物质世界和多样化的生态系统中，才能生生不息，健康生存和永续繁衍。所以，本真意义的以人为本要实现人与自然的和谐，人类不能是除了自己之外目空一切的自私霸主。人类如果破坏了自然，使生态系统失去平衡与和谐，也就从根本上破坏了人类自身赖以生存繁衍的最基本条件，这就从根本上背离了以人为本的经济发展原则。按这样的发展理念，就如习近平总书记所反复强调的，"绿水青山就是金山银山"，如果为了"金山银山"而损害了绿水青山，就从根本上违背了经济发展的本真价值。我们终于在更高的物质成就基础上，达到了"四十而不惑"的认识境界。

仅端正认识转变观念当然是不够的，更重要的是要使理念转化为行动。这是中国改革开放面临的新挑战，即中国必须通过进一步的改革开放，实现党的十九大所提出的从高速度增长到高质量发展的转变。从经济学的基础理论看，所谓质量，是指产品能够满足实际需要的使用价值特性。高质量发展将更自觉地体现经济发展的本真性质，更加关切满足人民日益增长的美好生活需要，无论是经济发展的目的取向、行为目标确定，还是手段选择，都将更加具有"目的—手段"的抉择理智，体现科学发展的根本原则。由于发展质量的高低，最终是以经济发展能否满足人民日益增长的美好生活需要为判断准则的，而美好生活需要绝不仅仅是单纯的物质性要求，还将越来越多地表现为人的全面发展的要求。所以，与高速增长阶段主要以工具理性为动力的"目的—手段"机理机制不同，高质量发展阶段必须更具方向自觉性，也就是在经济发展各个环节所体现的"目的—手段"关系中，即使可能仍然含有工具理性的环节，也要更加具有体现人类发展本真价值所决定的"目的—手段"机理法则，这就要更自觉地服从本真价值取向，主攻能够更直接体现人民向往目标和经济发展本真目的的发展战略目标，即以更具方向自觉性的手段，实现体现更能体现本真理性的目的。

五、具有方向自觉性的新动能："两个一百年"目标

党的十八大报告提出"两个一百年"奋斗目标：第一个一百年，是到中国共产党成立 100 年时（2021 年）全面建成小康社会；第二个一百年，是到新中国成立 100 年时（2049 年）建成富强、民主、文明、和谐的社会主义现代化国家。习近平总书记指出，实现中华民族伟大复兴，就是中华民族近代以来最伟大的梦想。而这"两个一百年"目标就是中华民族伟大复兴的梦想。这就更加明确了中国未来数十年的奋斗目标。为此，必须确立达到这一目标的改革方向。

党的十八届三中全会于 2013 年 11 月 12 日通过的《中共中央关于全面深化改革若干重大问题的决定》提出"全面深化改革的总目标是完善和发展中国特色社会主义制度，推进国家治理体系和治理能力现代化"。这实际上是确定了改革与治理并重的思路，而且要通过全面深化改革达到更有效的（现代化的）国家治理的目标。党的十九大进一步明确，"发展是解决我国一切问题的基础和关键，发展必须是科学发展，必须坚定不移贯彻创新、协调、绿色、开放、共享的发展理念"。为此，要"使市场在资源配置中起决定性作用，更好发挥政府作用"。这是对中国改革开放近 40 年经验教训的精辟总结，按照这样的思路，可以更好地构建中国经济发展"目的—手段"机理的内在逻辑。

要实现这一"目的—手段"机理内在逻辑的自洽性，其关键之一是：经济发展必须实现新旧动能的转换。与旧动能所具有的高度工具理性主义特征相区别的是，新动能要更好地实现动力机制与目标达成之间的"激励相容"，即新动能中必须内在地含有本真理性的价值取向，而不仅仅是完全的工具理性主导。如前所述，新动能的根本性特征是"更具方向自觉性"。新动能不仅是强劲的"能量"，而且含有更能体现经济发展本真价值取向的自觉性"动机"，也就是说，新动能是具有更科学的目标指向的驱动能量。因此，进入新时代，经济发展的"目的—手段"机理中，手段的选择本身必须有助于达成本真目的，发挥动能的手段作用，不可偏离正确的方向（本真目的）。例如，不能以严重破坏生态环境的方式来追求 GDP 增长；不能以容忍腐败行为的方式来争取发展成就；不能以违反合规性的方式来激发进取的"活力"；不能以有损劳动者健康的方式获取收

入、利润和财富等等。可见，在新时代，经济发展的"目的"与"手段"之间必须具有激励相容的协调性，发展战略要有全面性和统筹性，目的与手段不可顾此失彼，更不能导致"目的"与"手段"的南辕北辙，事与愿违。

进一步的深入思考将发现，要达到这样的"目的—手段"机理要求，当前中国的经济体制和国家治理体系还难以胜任。所以，当我们庆祝中国40年改革开放伟大成就的时候，更要认识到，改革与开放仍然任重道远，推进改革开放还要冲破许多障碍和藩篱。特别是，中国40年来的经济发展成就，已经改变了全球的经济和治理格局。面对中国的崛起，以美国为首的西方国家承受巨大竞争压力，势必会调整战略，以应对挑战。其中，将特别关注中国国家制度和经济体制的"目的—手段"机理机制的演变方向。因为，从根本上说，所谓"中国特色"，就是中国制度的"目标—手段"机理机制的特色。中国以什么样的"手段"，要达到什么"目的"？因而将如何影响整个世界？这对于全世界都是一个新课题。中国宣称：在实现中华民族伟大复兴的同时，倡导构建"人类命运共同体"。既然这样，那么，中国制度的"目的—手段"机理机制变化方向就不仅是中国自身的事情，而且是国际社会关注的事情。例如，在最近发生的中美贸易摩擦中，表面上是关于外贸利益的政策讨价还价，实质上，深层的较量是中国制度体制的"特色"如何与世界接轨与相容？中国实行中国共产党领导的社会主义市场经济制度，这是我们的国本国体，是不容外国干预的内政。但是，在经济全球化条件下，特别是，中国宣称主张和坚持自由贸易，反对保护主义，那么中国经济的体制机制构建实际上就具有了国际性，许多东西是可以而且难免要进入国际谈判的。作为一个世界大国，中国的国家利益遍布世界，中国的体制机制必须同世界接轨和协调。因此，在与世界的关系越来越紧密的条件下，中国经济的"目的—手段"机理机制的变迁，将在全球化环境中进展。中国将以自己经济体制的"目的—手段"机理机制的具体构建，告诉世界：我们所说的"社会主义市场经济"是什么样的经济？我们所主张的"自由贸易"是什么样的贸易制度？我们的"一带一路"构想或倡议，目的是什么，将采取怎样的实现手段？反过来思考，为了全面融入经济全球化，体现中国特色的"目的—手段"机理的"中国方法"应如何进一步改革，使中国经济更加开放，以适应全球化条件下世界各国对"自由贸易"或"公平贸易"的共同理解？

站在改革开放40年的历史时刻，思考未来的改革开放走向，我们不仅要坚持中国特色社会主义的方向，而且更要有国际观念和全球化观念。绝不能忘记，中国推进改革开放的过程本身就是开放的，中国是在不断扩大开放的条件下推进改革，是在各种"左邻右舍"关系协调中进行新体制机制建设和政策实施，所以，"目的—手段"机理的进一步变迁更加需要体现"方向的自觉性"法则。因而无论从国内还是从国际视角看，体现"目的—手段"机理机制的新动能，其"方向的自觉性"都要展现创新、自律、理智的基本特征：即在新时代，面对新形势，创新性是"目的—手段"机理机制以及新动能的核心特征；而绿色、低碳、协调、克制等要求则是其不可或缺的自律特征；和谐共存、互利共赢、可持续等要求则是其更具包容性的理智特征。在人类发展的 21 世纪，各种国内和国际因素都会要求我们循着创新、自律、理智的路径，以更具方向自觉性的新动能，实现新时代的发展目标。

[参考文献]

［1］［德］康德：《三大批判合集》（上），人民出版社 2017 年版，第 534 页。

［2］习近平：《决胜全面建成小康社会　夺取新时代中国特色社会主义伟大胜利》，《人民日报》2017 年 10 月 19 日。

［3］《胡锦涛在中国共产党第十七次全国代表大会上的报告》，《人民日报》2007 年 10 月 25 日。

［4］金碚：《论经济发展的本真复兴》，《城市与环境研究》2017 年第 3 期。

［5］金碚：《关于"高质量发展"的经济学研究》，《中国工业经济》2018 第 4 期。

［6］《中共中央关于全面深化改革若干重大问题的决定》（2013 年 11 月 12 日中国共产党第十八届中央委员会第三次全体会议通过），《人民日报》2013 年 11 月 16 日。

（原文发表于《经济体制改革》2018 年第 5 期，有改动。）

第四篇　全　球　思　维

论经济全球化 3.0 时代

——兼论"一带一路"的互通观念

工业革命、市场经济和经济全球化，是彻底改变人类命运和世界面貌的"三位一体"历史过程。200 多年来，尽管历经"天翻地覆"，但人类发展并未脱离这三位一体的基本轨迹。时至今日，世界仍然处于市场经济纵深发展、工业化创新推进、经济全球化势头强劲的时代。当然，今天各国的工业化和市场经济发展同 200 多年前的工业化先行国家有别，今天的经济全球化同以往时代也大为不同。我们可以将自 19 世纪到 20 世纪中叶之前，以第二次世界大战为界，称为第一次经济全球化，或经济全球化 1.0 时代；20 世纪中叶直到当前称为第二次经济全球化，或经济全球化 2.0 时代。当前，世界正在兴起第三次经济全球化浪潮，进入经济全球化 3.0 时代。中国在经济全球化 1.0 时代国运衰落，在经济全球化 2.0 时代寻求复兴，必将在经济全球化 3.0 时代占据重要的国际地位，发挥影响全球的大国作用。中国的"一带一路"倡议，将成为经济全球化 3.0 时代具有标志性意义的伟大壮举。而实现"一带一路"倡议的关键，则在于必须有顺应经济全球化 3.0 时代的全球互通观念。

一、工业革命和市场经济的必然趋势：经济全球化

纵观世界历史，人类最伟大的制度创造是市场经济，最伟大的发展壮举是工业革命。当市场经济插上工业革命的翅膀，人类发展进入工业化时代。工业生产可以将原本无用的物质大规模地转变为对人类有用的物质，使物质财富大量涌现

和积累。在此基础上，以积累物质财富为行为目标的资本主义精神得以产生，成为社会主流意识。这种"囤积倾向"注入市场经济，就形成了普遍性社会心理：追求"源于占有的快乐"。无节制的占有欲望和无止境的经济增长需要无限广阔的市场。只要市场空间足够大，经济增长就具有无限的扩展性，直到全世界都被卷入市场经济的巨流。研究和论述市场经济基本规律的古典经济学家亚当·斯密在其《国富论》一书中为市场经济发展的强大扩张性特征构建了系统的理论逻辑，即基于人类所具有的交换本能和追求财富的本性，劳动分工和市场规模不断扩大，经济效率不断提高，经济产出不断增长，国民财富大量积累，推动人类社会快速发展。也就是说，以交换行为为基本特征的市场经济，依赖于专业化分工的不断深化和市场规模的不断扩大。这种分工和市场规模的日益扩大，必将使交换关系无限扩展，跨越国界，遍布世界。所以，市场经济在本质上不仅是"全国化"的，而且是"全球化"的，即不仅要求形成包罗本土的统一全国市场，而且要冲破国家界限实现一体化的全球市场和全球经济。

在亚当·斯密的绝对成本优势理论的基础上（即各国生产比其他国家成本更低的产品，然后进行自由交换，即可使各方获益），另一位古典经济学家大卫·李嘉图以其所创立的比较成本（或比较优势）理论，进一步论证了国际间自由贸易的合理性，即各国只要根据自己的要素禀赋，专业化分工生产各自具有相对成本优势的产品（同自己生产的其他产品相比），通过国际自由贸易，就可以获得对各贸易国都最有利的结果。如果全世界各国都这样做，也就能够实现全世界的福利最大化。尽管这一理论的初始假定是"要素不流动而产品可流动"，但其自由贸易的理论主张却扩展到了要素（资本和人员）的国际流动。这样，古典经济学家们为经济全球化奠定了最初的理论基础，论证了经济全球化的合理性和正当性。实际上，18~19世纪资本主义市场经济的巨大发展也确实形成了第一次经济全球化浪潮。那时的经济全球化理念甚至比今天更"彻底"：不仅主张商品贸易自由化、国际投资自由化，而且主张人员的国际流动也要自由化，即移民自由。

对于资本主义市场经济向全世界的扩张，马克思曾经做过精辟的论述。马克思主义之所以是"国际主义"的，也正是因为在马克思主义经典作家们看来，工业革命是没有国家界限的，资本主义市场经济在本质上是国际性和全球性的，一切阻碍商品、资本、劳动在国际间自由流动的国境壁垒都是资本主义市场经济所不能容忍的。因此，在马克思主义经典作家们看来，未来社会（共产主义社会）的经济形态也将是全球化的，而国家则是必然要"消亡"的。可以说，马克思主义经典作家最先系统研究和论述了经济全球化及其后果。马克思还认为，这种市场经济的全球化一旦与东方国家（中国）相接触，也将摧毁那里的旧秩序。也就是说，资本主义市场经济的全球化趋势将会把所有的国家，包括那些与西方国家非常不同的东方国家，都卷入资本主义市场经济的一体化系统之中，阻碍经济全球化是徒劳的。1904年，颇具盛名和争议的英国地理学家哈·麦金德则从地理学和地缘政治的角度提出："世界是一个整体，它已经成为一个联系紧密的体系"。

当然，市场经济在世界各国的发展并非一帆风顺没有阻力。其实，关于是否有可能走非市场经济的发展道路，人类也做过无数次的尝试和探索，其历史并不比市场经济短。但迄今的历史表明，一切非市场经济的制度选择均无成功希望，即使有过一时的兴旺也难以持续，很快就会归于破灭。在以市场经济为主流的世界经济系统中，任何国家或经济体如果试图走封闭发展的道路，终将丧失活力，自绝于繁荣，或者被市场经济的洪流所淘汰，或者被市场经济吞噬而重生。

总之，只要发展市场经济，全球化趋势就具有不可阻挡之势。19世纪，以英国为首的西方市场经济国家，发动了第一次经济全球化浪潮。20世纪中叶，美国成为经济全球化的"领头羊"，推动了第二次经济全球化浪潮。在此过程中，许多后发国家虽都曾经拒绝过全球化，试图以闭关锁国的方式实现国家富强，但均无成功者。最终，各个国家都不得不实行开放政策，融入以"自由贸易"为旗帜的经济全球化体系。至今记忆犹新的是，曾经进行过非市场经济发展道路的最辉煌尝试的苏联东欧国家和中国等亚洲国家，在20世纪实行了社会主义计划经济制度，经济成长业绩也曾一度超过资本主义市场经济国家，甚至形成了与市场经济相"平行"的另一个世界，但最终未能取得成功：或者解体，或者"归顺"市场经济。因为，非市场经济的制度活力、包容性和国际竞争力终究无法与全球化发展的市场经济相抗衡，最终不得不放弃计划经济，并入市场经济的全球化体系。

当前，世界正处于第二次工业革命向各新兴经济体加速扩散、第三次工业革命方兴未艾，第二次经济全球化浪潮走向极盛、第三次全球化浪潮正在兴起的时代。以第二次工业革命为基础的第二次经济全球化的长足推进，导致世界政治经济格局发生了深刻变化。任何国家以至整个世界，若不再次变革就将难以适应危机四伏的复杂现实，难逃"盛极而衰"的命运。

尽管经济全球化是一种历史必然，但后发国家进入经济全球化，并不就是走上了一条铺满鲜花的道路，而往往是踏上一条荆棘丛生的险途，难免付出代价和经历痛苦。对于经济落后国家，承认经济全球化和一体化，往往是一个两难的选择。因为，全球化意味着打开国门参与强手如林的国际竞争，意味着将自己的一切弱点都在经济开放中暴露无遗，失去保护。弱者能够同强者"自由贸易""公平竞争"吗？尤其是，全球化的竞争规则是强国主导制定的，弱国只是规则接受者，缺乏制定和修改规则的话语权。所以，可以理解，当孩子同巨人竞赛时，有理由寻求"保护"。因此，落后国家总是怀疑经济全球化是一种恃强凌弱的"新殖民主义"阴谋，试图以封闭作为避难所。

但是，在全球化大趋势下，封闭和"保护"毕竟没有出路，封闭越久落后越远，客观规律之势终究不可阻挡。尤其是在 20 世纪中后叶，经济全球化 2.0时代实现了巨大繁荣，诸多发展中国家特别是新兴经济体加速实现工业化，在经济全球化中崛起：从东亚"四小龙"到"金砖"国家，都经历了从封闭到开放、从保护到自由的曲折过程。其中，从开始抵制经济全球化到后来被动地接受经济全球化，进而主动地融入经济全球化的最突出表现，就是中国的改革开放经历。

在西方国家进入工业革命和经济全球化的相当长一段时期，即在整个经济全球化 1.0 时代和 2.0 时代前期，中国一直在封闭和开放的两难选择中徘徊。20 世纪中叶，新中国成立，中国工业化进入起步阶段，但仍然强烈倾向于抵制经济全球化，视经济全球化为洪水猛兽。当时，虽然也看到了西方发达国家的先进工业和发达经济，也曾因而有"超英赶美"的目标，但是，对于市场经济的拒绝和对于经济全球化的敌视，主宰了将近 30 年。这极大地限制了中国发展的战略眼界和施展空间。由于缺乏全球化思维和眼界，总是强调中国"地大物博"，实际上就是将国家的战略利益空间局限于 960 万平方千米的内陆国土，视中国为完全的大陆国家（即欧亚大陆中的一个板块）。并至今仍习惯性地称之为"中国大陆"或者"内地"。其实，正如有的学者指出的，"中国是一个海陆兼备的国家，海岸线总长约 3.2 万千米（其中大陆海岸线 1.8 万千米，岛屿海岸线 1.4 万千米），海洋专属经济区和大陆架面积约 300 万平方千米，有面积 500 平方千米以上的岛屿 7000 多个。在接近陆地国土面积 1/3 的海洋国土上，中国有着广泛的利益"。

直到 20 世纪的最后 20 年，中国才幡然醒悟，决意向市场经济转变，实行开放政策，勇敢地融入经济全球化。这样，历经短短 30 多年就获得了与经济全球化接轨的利益，实现了加速工业化和极大的经济扩张，取得出人意料的巨大成效。到 2010 年，中国成为生产规模仅次于美国的"世界第二大经济体"，并继续迅速缩小同第一大国的差距，不断拉开同第三经济大国（日本）的距离。展望未来，只要继续走发展市场经济的道路，向更广阔的世界市场拓展，中国的战略利益边界将不断延伸。总之，作为一个人口占世界 1/5 的大国，走上市场经济的发展道路，全球化的意义将无限深远。

二、市场经济逻辑的全球化现实：未实现的美景

接受经济全球化不仅是对历史必然的遵从，而且，经济学理论也可以令人信服地"证明"全球化的合理与"美妙"。如前所述，从古典经济学开始，市场经济的理论逻辑就"推论"出经济全球化的必然性和有效性，论证了经济全球化有助于全人类的福利增进，达到"世界福利最大化"。因此，以比较优势理论、自由贸易理论、国际分工理论以及市场规模（国际市场和全球市场）理论等为理念基础，越来越多的国家主动或被动地接受了经济全球化，融入了经济全球化。于是，贸易自由主义不断征服世界，成为宗教般的信仰。

但是，现实的情况并不像经济理论所描绘的那么美妙。我们可以看到，经过了 19 世纪和 20 世纪的经济全球化，迄今为止，世界上大多数国家还没有获得工业化的成功。整个世界仍然充满了不发达和贫困现象，明显地分化为南北国家，贫富差距巨大；世界经济的中心—外围格局以及由此决定的不平等现象仍然非常突出。有人认为这是由于经济全球化尚不彻底；但也有人认为这是由于发达国家强行推进经济全球化和自由主义，导致了世界经济发展的两极分化。总之，世界上反对全球化的声音一向不小，而且也并非全无道理。反对者的理据包括：弱肉强食的全球竞争不具道德正当性；全球化成为强国对弱国进行掠夺的借口；全球化并没有像其支持者鼓吹的那样使各国平等获益，而是导致更加巨大的国际不平等；而且，经济全球化损害了世界的文化多样性，让世界"索然无味"：以追求物质财富为目标的人类异化现象畅通无阻，缺乏人道和人类尊严的正义性。即使是在工业革命的发源国——英国，对工业发展也一直存有文化抵触，有学者说："工业价值观念——对机器、效率和物质财富的崇拜——从未征服过英国特性的

内在核心。"英国精英们"对技术进步和经济增长是既向往又害怕"。英国尚且如此，更何况其他国家！尤其是经济不发达国家，更有可能对以工业化扩张为基本特征的经济全球化抱有怀疑和抵触的态度。实际上，几乎每一个国家都曾经历过社会主流观念不接受经济全球化的时期。

可见，经济全球化并非天生美好。全球化利益的实现依赖于一系列现实条件。也可以说，在不同的现实条件下，经济全球化会表现出非常不同的状况和后果。这些条件主要包括：物质技术状况和基础设施条件、地缘利益格局和市场势力结构、国际制度安排即全球治理结构等（本节主要讨论前一方面，第三、四节讨论后两个方面）。

关于经济全球化受到物质技术状况和基础设施条件的影响，这是很容易理解的。经济全球化要求在国家间、地区间，包括各大洲间进行大规模通商和交流，国际产业分工依赖于国际物流和人流的通畅性，这些都需要具有物质技术条件的保障，特别是海陆空交通运输基础设施、国际通信设施、安全保障设施等，都直接决定了经济全球化的可行性和有效性。由于经济全球化的基本内容是国际贸易和国际投资，所以，由实际生产力所决定的各国产业发展水平及其参与国际分工的广度和深度，也影响着经济全球化的实际状况。

从经济全球化的历史和现状看，以交通运输为代表的基础设施建设和发展，一方面为经济全球化提供了越来越便利的条件；另一方面，迄今为止，许多国家和地区，尤其是经济不发达的内陆型国家的基础设施现状仍然是制约经济全球化的瓶颈。海运方面，尽管世界航运取得长足发展，但是仍然存在不少瓶颈，如马六甲海峡、巴拿马运河等航运"咽喉"，以及进入欧亚大陆和非洲大陆的港口条件等，都需要有更适应经济全球化的基础设施条件。铁路方面，作为传统运输方式的铁路运输为经济全球化提供了重要的陆运条件。虽然在一些国家例如美国也曾因为公路运输和航空运输的更大优势，铁路运输一度衰落，但是，从世界范围看，在许多地区，尤其是陆地面积广阔、人口和经济活动比较密集的地区以及这些地区之间，仍存在许多交通运输瓶颈，铁路运输包括高速铁路，仍具有很大的需求和发展空间。可以说，铁路建设对于世界许多国家和地区至今仍然是久盼未到的"雪中碳"。空运方面，当前，对于发达国家和发达地区，航空运输已经充分发达，但是，对于广阔的世界腹地，尤其是地理条件不便的经济不发达地区，机场建设和更多航运支线的开通，仍具有很大的需求。建设更发达密集的航空运输网，才能适应经济全球化向广度和深度的发展。公路方面，就世界范围来看，在经济全球化大趋势下，公路包括高速公路的建设，将具有非常巨大的需求。只要工程技术能够到达，在世界许多国家的地形复杂地区，都需要修建更多的公路以至高速公路。

工业革命以来，交通运输基础设施建设为经济全球化 1.0 和 2.0 时代提供了必要条件。而在经济全球化 3.0 时代，世界经济将向各洲大陆腹地和海洋空间纵深发展，亿万人口将告别封闭进入全球市场经济，因此，全世界需要进行更大规模的基础设施建设。据麦肯锡咨询公司估计，今后 20 年内，全球需要 57 万亿美元投资于电力、公路、港口和供水等基础设施。很显然，如果不能建设好必要的基础设施，经济理论所描绘的经济全球化理想状态就是一个无法实现的海市蜃楼。

三、经济全球化的地缘格局：霸权渐弱的新均势

关于地缘利益格局和市场势力结构对经济全球化的影响，实质上就是参与全球化竞争的各经济体间的力量对比，对国际经济竞争（或垄断）与合作（或斗争）中的博弈关系所产生的决定性作用。国际经济活动是在一定的地缘政治经济格局中进行的，参与国际经济活动的经济体在世界经济中的市场势力（Market Power）存在很大的差别，因此，经济全球化中的国际竞争主体，并不是经典经济学论证自由贸易合理性时所假设的"原子"式厂商，而是在一定的地缘政治格局中具有不同"国籍"的商家，它们可能拥有非常不同的"母国势力"，这种母国势力在全球化的经济竞争中表现为非常不同甚至是力量极为悬殊的市场势力差距。

英国历史学家艾瑞克·霍布斯鲍姆说："自由经济理论所承认的唯一均衡，是世界性的均衡。""19 世纪最主要的事实之一是单一全球经济的创建，这个经济一步步进入世界最偏远角落。借着贸易、交通，以及货物、金钱和人口的流动，这个日益紧密的网络逐渐将已开发国家联系在一起，也将它们与未开发国家结成一体。""但是，实际上，这个模式是不够的。逐渐形成中的资本主义世界经济，既是一群固体集团的结合，也是一个易变的流体。不论构成这些集团的'国家经济'（也就是以国家边界所界定的经济）起源是什么，也不论以它们为

基础的经济理论（主要是德国理论家的理论）具有怎样的缺陷，国家经济之所以存在是由于民族国家的存在。"

不仅是从各国经济发展阶段看存在巨大的利益偏差，而且从空间关系看，经济全球化也并非像经济学所抽象的那样，是在一个"空盒子"式的无障碍空间中展开。恰恰相反，经济全球化的现实空间是极度不平坦的。无论是在经济活动得以进行的自然物质条件方面，还是在以此为基础的地缘政治经济关系方面，经济全球化都是一个以现实的地缘条件和地缘政治格局为转移的过程。也就是说，在什么样的地缘格局现实条件下就会有什么样的经济全球化特征。在工业革命之前，由于地理条件的恶劣，地球上的大多数地方都是人类难以顺利到达，也不适于居住。如果没有工业，即将无用物转变为有用物的人类生产活动，地球上无"资源"可言，所谓"自然资源"完全是以一定的工业生产能力为前提的。辽阔的海洋和大陆，只有当人类拥有了生产技术能力（即工业）才可能成为现实的经济活动空间。而当人类拥有了可以利用海洋和陆地的工业能力时，"领域"就具有了战略价值。于是，争夺"领域"的行为导致"帝国"时代的出现。

在一定意义上，所谓"帝国主义"就是试图通过直接"占领""统治""控制"而形成大规模统一市场的强权意图。在经济全球化具有越来越重要意义的19～20世纪，以"领域"控制为思维指向的陆权论与海权论就成为谋求"占领""统治"和"控制"的全球战略观和帝国思维。

关于陆权论，人们常常津津乐道麦金德的话："谁统治了东欧，谁便控制了'中心'地带；谁统治了'中心'地带，谁便控制了'世界岛'；谁统治了'世界岛'，谁便控制了整个世界。"尽管麦金德的本意是说欧亚大陆"中心地带"的地理条件重要，"那里的大自然，提供了最终统治全世界的所有先决条件；""占领这些要地，既可以促成，也可以阻止世界霸权的出现。"因而提醒说，"必须有人通过自己的远见卓识，并且采取可靠的保障措施，来防止出现一国独霸世界的局面。"但是，与之相反，他的理论却启发了试图称霸世界的帝国梦想者的野心。

关于海权论，人们往往是将其代表人阿尔弗雷德·马汉的理论归结为：谁控制了海洋谁就主宰了全世界。其实，这一理论并非是无条件成立的。工业革命之前，如果讲海权，只能是无的放矢。海权论的理论逻辑基于工业革命所形成的19～20世纪的物质技术条件，即长距离交通运输的海运成本远远低于空运和陆运。因此，濒海国家享有进入国际市场、开拓国际市场和远距离投放军事力量的地缘优势。有了强大的工业也就拥有了控制海权的优越条件。没有强大的工业，即使是非常富有的国家，也只能"望洋兴叹"，闭关锁国或保护主义往往成为它们的选择。

可见，各种地缘政治思维同经济全球化存在很大的差距。各种地缘政治思维都着眼于"占领""统治""控制"，而经济全球化则诉诸于"自由""交换""开放"。所以，现实的地缘政治格局破坏了经济全球化的理论逻辑基础：经济全球化设想的是一个无障碍的自由竞技场，规则透明，裁判公正；而现实的地缘政治状态则如同荆棘丛生、险象环生的崇山峻岭，道路阻碍，盗贼猖獗。陆权论和海权论的逻辑均试图通过建立"一统霸业"来构建世界大市场。当然，在现实中，任何国家无论多么强大，都难以一统全球，因此，要么战争，要么共存，而共存必须达到一定的"均势"。仅此一点，即在均势思维中，地缘政治和军事战略逻辑同经济全球化逻辑具有了一定的契合点。

陆权论的代表人麦金德说："没有哪一个自重的国家，会允许他人来剥夺自己应有的高级产业。但是，这些产业之间的关系如此紧密，以至于除非它们彼此之间保持平衡，否则都无法发展起来。因此可以说，每个国家都会努力发展工业活动中的每一大类的产业，并且都应该容许它们达到这一目的。""为了让各国满意，我们必须努力确保各国都有某种平等发展的机会。"

均势意识在美国著名地缘政治学家尼古拉斯·斯皮克曼（1893～1943）的论著中就曾显露，"他主张在世界大战中美不要完全消灭日本，因为中国人口众多，面积广阔，早晚会成为亚洲强国，保留日本可以平衡中国的影响。在欧洲，打败德国但不要灭亡德国，主要用来战后在欧洲平衡苏联这个陆地强国"。

海权论的代表人物马汉在阐述他的地缘战略理论时，也体现了均势思想。例如，在论及美国倡导"门户开放"政策时，他说："门户开放政策在另一重要意义上体现权力的平等，而门户开放意味着机会的平等。还有，门户开放和均势一样都取决于各个国家军事实力的平衡，这些国家是指对中国有浓厚兴趣的国家，因为门户开放这个词汇是专门针对中国的"。"门户开放政策是一个新名词，它的主要内容是维护世界各国的自由竞争和商业机会的平等，防止一些国家在有关地区依靠自己的优势为自己的工商业牟取暴利。""所以，要使门户开放政策发挥有效作用，就要让太平洋地区特别是西太平洋地区的各种力量达成平衡，这样门户开放政策才能有效实施，不会受到干扰。"这一主张实际上就是要在瓜分中国这个大市场中，各列强形成一个势均力敌、利益均沾的格局。而且，"任何一个国家绝不干涉其他国家的分内之事，因为不适当的行为往往会使最好的合作伙伴反目成仇。"

当世界进入核时代，尤其是在美苏冷战时期，核威慑和核均势成为使世界在确信核战争可以相互"毁灭"的"恐怖平衡"中避免核战争，实现核威慑下的和平。在第二次世界大战期间，正因为当时只有美国拥有核武器，没有核威慑下的恐怖平衡，所以才敢于向日本投放原子弹；而当苏联以及后来中国也拥有了核打击力量，特别是拥有"第二次核打击力量"，使各方确信对方的第二次核打击可以造成自己不可承受的损失时，反而可以避免核战争。

而当美国成为唯一的超级大国，自认为有"责任"维护世界秩序时，以布热津斯基等为代表的美国战略家提出了由美国领导全球的均势"棋局"理论，即要使世界任何地区都不出现能够挑战美国的势力，因此，必须在欧洲、太平洋等各个地缘政治空间中形成各国相互制衡的格局。从而使得无论是欧盟、俄罗斯，还是中国、日本，或者是伊斯兰国家之间，均处于势均力敌状态，以保持美国可以控制的"均势"。

其实，不仅大国谋求均势，小国更需要在均势中谋生存。第二次世界大战以来，民族国家相继独立，国家数量越来越多，各类国家都必须在均势中生存。例如，新加坡就是一个在大国博弈及地区均势中获得成功的绝好例子。而战争的爆发和暴力恐怖主义的产生几乎都是失去均势的产物。可见，权力平衡，形成地缘政治格局的均势，是保持和平和发展经济的重要条件，更是经济全球化能够取得趋利避害后果的必要条件。经济全球化是"双刃剑"，失去均势基础的全球化绝非人类之福。

20世纪后期以来，由于世界经济增长格局的迅速变化，经济中心东移，尤其是以中国为中心的东亚地缘板块崛起。不仅美国深感必须实现"再平衡"的迫切性，而且，实际上在新的世界经济政治格局中达成新的权力均势，以保证全球化趋势的良性延续，正成为世界必须面对的紧迫课题。即如何实现全球化市场经济的结构性均衡、各利益主体间利益平衡，同地缘政治经济格局的权力均势之间的有效契合？

对历史过程的简单回溯可以看到，经济全球化需要维持和平，也需要保持全球航道的通畅。同全球化利益一致的国家，主要是工业化的主导国家，它们自认为依据自己的实力实现全球势力的均衡是一种国际责任。但其他国家由于在经济全球化中未获利益或遭受损失，甚至沦为强国的殖民地或被其"控制"而处于政治不平等地位。有些国家因地缘政治格局中的不利地位而被边缘化，经济发展受到严重制约甚至被战乱所中断，长期处于"落后国家""失败国家"的境地。列强争斗甚至会使市场沦为战场，经济全球化扭曲为世界大战。因此，经济全球化能否取得积极效果，高度依赖于世界治理结构的有效性。

四、经济全球化的治理结构：秩序的演化与选择

国际制度安排即全球治理结构对经济全球化的影响，更具有决定性意义。全球治理结构是基于国家利益和国家实力的制度选择。经济理论所描绘的经济全球化总是以经济自由主义为理想，但历史也确如有的学者所指出的："自由市场和全球自由贸易并不是自然而然就出现的。这是一种选择，而且也是强国强加于弱国的结果。"有史以来，"几乎没有国家有缔造并维持自由经济的意愿和能力。事实上，在民族国家出现的近代，只有两个国家这样做：19世纪的英国和20世纪的美国。"而且这两个国家也都是在"相信自由主义国际经济秩序是增进财富和实力最好的方式"的时候，才从自己的国家利益出发，主张和推行自由市场和自由贸易。也就是说，在现实中，经济全球化对不同的国家并非都如经济理论所描绘的那样都能充分获得各自的比较利益。实际上，确有国家是可能在经济全球化中严重受损的。各国是否欢迎经济全球化，取决于国家利益考虑。所以，"即使是英国和美国也不是一直欢迎自由贸易体系。……英美两国在接受自由贸易之前都经历了漫长的保护主义时期。然而，在两国的权力顶峰时，也就是英国在19世纪中期，美国在20世纪时，两国都从市场开放和自由贸易中获益最多。两国先进的工业处于主导地位，两国势头强劲的经济都受益于产品的出口和资本输出。当两国的竞争者都还大多是陆地国家并且依赖它们维持航道通畅时，英美强大的海军控制了海洋并且主导了贸易航线"。可见，经济全球化及其支持政策国际自由贸易，最符合工业化的主导国家的利益。经济全球化进程总是沿着同工业化主导国家的利益相一致的方向推进。并无对所有国家"一视同仁"的经济全球化和全球治理结构。正是经济全球化在现实中的利益偏向性和全球治理结构的利益偏向性，决定了市场均衡理想与全球化现实之间必然会存在巨大的差距。

很容易理解，经济全球化总是在一定的制度环境中推进和实现的。国际制度

安排即全球治理结构对经济全球化的影响，体现了不同时代的国际政治秩序和经济秩序对国际经济活动的治理方式，规定了国际经济活动的行为规范，以及处理纠纷的规则程序。

经济全球化要求商品、资金（资本）、人员等在世界范围的顺畅流动，表现为贸易自由、投资自由、移民自由（自然人国际迁移自由）等政策主张及制度安排。而在现实中，所有的"自由"都是在一定的地缘政治格局中实现的，因而总是存在各种难以突破的障碍和错综复杂的关系。欧洲各国历经长年战乱，在17世纪达成了以承认国家主权和多元化共存为基本原则的威斯特伐利亚体系，其精神一直产生着深刻的影响[1]。尽管威斯特伐利亚体系承认大小各国权力平等，遵守共同认可的若干国际关系准则，可以达到"谁也不吃掉谁"的均势状态，但这是以国家实力相当或者国家实力对比不发生极大变化为假定前提。而且以各国均不阻碍贸易、投资和人员自由流动，也不谋求国家"野心"为条件。但这些前提和条件并非总能存在。所以，尽管人类尚未形成比威斯特伐利亚体系更能获得共识的国际关系体系，但威斯特伐利亚体系也未能确保长久的世界和平。

当世界进入第一次经济全球化时代，即欧洲工业革命极大地促进了生产力发展，各国为拓展全球市场和投资空间，表现为以占据更多领土，拓展更大殖民地，控制更广泛的"势力范围"为特征的国家间争夺，直至爆发战争。所以，第一次经济全球化具有"列强吞食"的特征。而"直到第一次世界大战爆发前，英国始终扮演着均势维护者的角色。"它"把国家利益与维护均势视为一体"。虽然当各列强或不同列强集团势均力敌的时候，威斯特伐利亚体系可以维持，但当列强之间的实力关系发生重大变化，产生了重新瓜分领土和势力范围的野心国家时，威斯特伐利亚体系就会被列强战争所取代，而英国已完全没有能力控制局面。因为，当时"均势至少受到两方面的挑战：一是某大国的实力强大到足以称霸的水平；二是从前的二流国家想跻身列强行列，从而导致其他大国采取一系列应对措施，直到达成新的平衡或爆发一场全面战争"。到第一次世界大战之前，威斯特伐利亚体系已经无法应对这样的挑战。这就是经济全球化1.0时代人类爆

---

① 欧洲国家经历了30年战争，于1648年10月24日签订了一系列合约，史称《威斯特伐利亚和约》。以这一合约精神所形成的均势格局称为威斯特伐利亚体系。虽然以此建立的均势并不巩固，但确定了以平等、主权为基础的国际关系准则。《威斯特伐利亚和约》签订后长达几百年的时间里依然是解决各国间矛盾、冲突的基本方法。

发了两次世界大战的根本原因。即自由资本主义的经济全球化，走向了帝国主义列强之间无节制的争夺和战争。

第二次世界大战后，在反思第一次经济全球化利弊得失的基础上，世界进入了"战后秩序"时期。其区别于战前的特征是：建立联合国、国际货币基金、世界银行、世界贸易组织等全球性组织，尊重各国主权，结束殖民地占领，主张民族国家独立和国家主权利益，但各国均实行开放政策和自由贸易制度。这在相当程度上回归到威斯特伐利亚体系的治理逻辑。而区别在于，战后秩序承认若干大国拥有维护国际规则的特权，表面上是联合国的五大常任理事国（美、苏、英、法、中），实际上是美国与苏联两大国主导。这样，第二次经济全球化即经济全球化2.0时代的全球治理格局表现为霸权主义掌控下的权力均势特征，20世纪90年代以前是两霸争夺、平行掌控。20世纪90年代，苏联解体，世界出现了美国"一霸独大"的罕见局面。美国以"美国例外"和"世界领袖"为据，充当"世界警察"和"全球老大"，维持全球的"自由航行"。这弥补了威斯特伐利亚体系的不足，即缺乏"执法者"而成为"没有牙齿的治理"，但同时也破坏了威斯特伐利亚体系的内在逻辑。据称具有"孤立主义"传统的美国是被各国"请来"充当"执法者"的，其实，这样的治理结构非常符合美国的国家利益。美国不仅将自己的利益、法制和权力居于其他国家之上，而且将推行其价值观（自由、民主、人权等）作为世界治理目标。显然，这是同威斯特伐利亚体系包容多元化和不干涉国家内部事务的原则精神不一致的。威斯特伐利亚体系着眼于形成均势，避免战争；而霸权主义的制度逻辑则是维持"强权掌控下的均势"，可能导致国际关系紧张甚至必然引致战争，即对被霸权国家判定"违规"国家的制裁以致入侵，引发局部战争或"代理人战争"。在两霸时期和一霸时期都屡屡发生这样的情况。

经济全球化2.0时代尽管仍然充满着矛盾、"冷战"和冲突，但第二次经济全球化毕竟取得了巨大的积极进展，使越来越多的国家从中获益。特别是，以中国为代表的一些发展中国家，融入经济全球化后迅速崛起，成为改变世界格局的"新兴经济体"。

著名未来学家奈斯比特说："国与国之间经济表现的此消彼长在某种程度上是经济全球化的一个结果，因为我们正在从资本国家化的时代进入资本全球化的时代。这个过程非常漫长，但是最终我们能够实现全球经济一体化"。

新兴经济体的崛起，意味着美国一霸地位的相对下降和控制全球局面的力不从心。作为唯一霸权国家的美国，希望继续推进经济全球化，因为这不仅是其作为世界领导国家的"国际责任"，而且也符合其自己的国家利益。与小国相比，大国的国家战略利益边界总是范围更广，世界大国的国家战略利益遍布全球。而当更多新兴经济体国家的实力增长到接近美国时，客观上就对一霸体系构成挑战。从经济规模的全球份额看，美国从20世纪中叶GDP占世界的1/3到1/2，已经下降到当前的1/5，而中国的人均GDP只要达到世界平均水平，其总量就将显著超过美国！因此，一方面，第二次经济全球化的霸权干预特征，必然导致世界部分地区地缘政治格局的"破碎"和对经济全球化的疏离，霸权国家面对的局面越来越复杂，越来越难以控制。另一方面，独霸国家越来越感觉相对实力减弱，解决困局力不从心，希望新兴国家分担压力，但同时又担心因此而导致一霸地位的进一步削弱，"老大"地位被其他国家动摇。这正是世界从经济全球化2.0时代向经济全球化3.0时代过渡的结构性矛盾的症结所在。

更值得重视的是，在以霸权掌控全球均势为特征的第二次经济全球化时期，国际经济规则主要由霸权国家制定，落后国家处于不利地位，世界各国社会发展差距扩大，疏离经济全球化的国家可能越来越趋向于另辟蹊径，试图完全颠覆威斯特伐利亚体系，无视国家主权和边界，并且往往以宗教极端主义行为对抗经济全球化，直至走向恐怖主义道路。一些国家的经济落后，以及在一霸国家干预下原有政府的溃败，政治格局严重失控，导致无政府状况下的国际"难民潮"。原本是符合经济全球化原则的自然人国际自由流动（移民自由），恶性化为难以接受的国际"难民潮"。这有可能使移民流入国不得不采取限制措施，以致产生社会性的反全球化倾向。可以说，经济全球化2.0时代留给3.0时代的一个"负遗产"就是霸权"失控"、秩序失治。

美国当代著名战略理论家、地缘政治学家兹比格纽·布热津斯基说："欧亚这个超级大陆面积太广、人口太多、文化差异太大，历史上有野心和政治上有活力的国家也太多，即使美国这样一个经济上最成功、政治上最有影响的全球性大国也难以驾驭它。""遗憾的是迄今为止，在为美国确定一个冷战结束以后新的主要全球目标方面所作出的努力一直是片面的，没有把改善人类生存条件的需要与保持美国力量在世界事务中的重要地位的必要性联系起来。"

总之，经济全球化又一次遭遇全球治体系理失序窘境。正如基辛格博士所说："在地缘政治世界中，西方一手建立并声称全球适用的秩序正处在一个转折点上。这一秩序给出的对策已经全球知晓，但在这些对策的应用上却没有共识。"

而且，"事实证明它不能适应权力关系发生的重大变化。"经济全球化的进一步推进必须建立适应新形势的全球治理结构，如基辛格所说，"挑战变成了一个治理问题。……，之所以需要对全球化加以规范，是因为可持续发展需要调整传统模式。"

当前的现实是：①尽管美国仍然是世界"老大"，新兴国家不挑战其领导地位，但一霸独强的格局渐成历史，必须有新兴大国参与全球领导体系。因此，建立"新型大国关系"是完善全球治理的关键。②新兴大国与美国分担全球治理领导责任的前提是，其自身的权力空间也必须同其壮大的国力相当。一个自身国家利益受损的大国，不可能同美国有效合作，而更可能为维护和争取国家利益而同美国发生冲突。这不利于全球治理，也不符合美国利益。因此，美国是世界大国，新兴大国是地区大国，首先必须支持建立新兴大国所在地区的地缘政治新均势，才有可能在新型大国关系下，维护全球新均势。③新兴大国的实力不断增强，战略利益边界不断扩大，企业和公民"走出去"，进而"走进去"即融入海外经济和社会。这样，新兴大国的国家利益越来越具有全球性，因此，更多地承担国际责任同行维护国家利益具有越来越强的一致性。维护世界和平，扩大经济全球化的更大空间，让更多未进入经济全球化的国家和地区具备与全球经济接轨和融入全球化的条件和意愿，符合各国国家利益。因此，第三次经济全球化进程中形成的新的全球治理体系，将逐渐摆脱霸权主义，走向多元共治，达成以大国均势、地区均势和全球均势为基础，包容多元利益的全球治理格局。

总之，从全球治理结构的角度看，均势论这一关于国家关系的古老理论，尽管因其只强调均衡状态下的和平，忽视是否保障了正义，而往往被批判为缺乏价值正义性，但是，纵观历史，非均势论的其他理论所产生的负作用远远大于均势论。经济全球化需要以一定的国际均势格局为条件，但是，并非任何形式的国际均势格局都能保证经济全球化实现其效率和公平目标。以列强均势为特征的经济全球化1.0时代和以霸权均势为条件的经济全球化2.0时代，均有其显著的缺陷和非正义性。经济全球化并未达到其理想状态。本文所预示的经济全球化3.0时代，是否能够比前两个时代更美好一些，且更具正义性，取决于世界各国的努力，这是对人类智慧的一次严峻挑战。

五、经济全球化3.0时代的中国：善治、活力与创新

经济全球化2.0时代的一个最新近的突出特点是，以中国为代表的发展中经济大国以新兴经济体强劲增长的态势深度融入全球化格局之中，改变了经济全球化的整体面貌，并强有力地推动经济全球化从2.0时代进入3.0时代。从全球经济的视角看，中国经济的一个突出特点是：规模巨大，人均居中。

据统计，在当今世界200多个国家（地区）中，有60多个实现了工业化，进入工业社会。这些国家的总人口占全世界人口总数的不足20%。而中国有13.7亿人口，接近世界人口20%。也就是说，中国工业化将在几十年时期内使全世界工业社会的人口翻一番，使全球工业化的版图发生巨大变化。从20世纪80年代以来，中国工业化的进程伴随着全方位的对外开放过程。同世界其他大国的工业化进程相比，在许多方面，中国实行对外开放的速度和广度是罕见的。特别是中国进入世界贸易组织所做出的开放承诺，连外国和国际组织的一些专家都承认，在许多方面是"非常激进"的，可以说是有史以来，在工业化进程仍然处于（人均）低收入状态时，开放速度最快、开放领域最广、开放政策最激进的一个大国①。进入21世纪，中国经济快速融入世界经济，特别是中国制造业越来越广泛地融入国际分工体系之中，曾经高度封闭的中国市场在短时间内就转变成为国际市场的组成部分。

在加速工业化时期，中国相当激进的对外开放政策所获得的一个直接益处是：广泛地获得了国际分工所提供的制造业发展机会。在工业化过程中，产业分解是国际分工深化的表现。由于世界产业的分解，使得发达国家和新兴工业化国家的传统产业有可能迅速地向中国转移。中国通过承接制造业的组装加工环节，形成了从沿海地区开始，并不断向内地延伸的众多加工区和产业集群区。产业分解是技术扩散和产业扩张的重要条件之一。在世界高新技术产业快速分解的过程中，不仅传统产业向中国转移，而且，高技术产业中的一些加工环节也迅速地向

---

① 在人类历史上，从来没有一个人口超过1亿人的国家，在处于中国这样的发展水平时，实行像中国这样的全方位彻底的对外开放政策，特别是对外商直接投资所实行的高度容忍和彻底开放的政策。

中国转移①。实际上，在产业高度分解，分工极端细化的条件下，被统计为"高技术产业"的产品生产工艺同传统产业产品的生产工艺之间并没有不可逾越的鸿沟。这样，中国工业很快进入广泛的国际分工体系。

巨大经济体融入经济全球化，不仅改变了全球经济体系的基本结构，而且各国经济尤其是产业体系高度绞合，国际分工合作冲破地理国界和政治国界，不仅经济行为普遍跨越国界，而且经济主体的组织形态跨越国籍，跨国公司以及跨国产业链成为经济全球化的重要载体和实现形式，产生了各种犬牙交错的"超国籍"现象，甚至按产（股）权、注册地、所在地、控制权等原则都难以明确定义其国籍归属。在经济全球化 3.0 时代，经济国界正在变得越来越模糊，经济主体和经济行为的"混血""交织""转基因"现象正越来越深刻地改变着整个世界。因此，"经济规模"的国别绝对意义在改变，而其全球相对意义则越来越具重要性。

中国虽然经济规模巨大，但人均水平仍然低下。据统计，按人均产出和收入计算，中国的发展水平至今尚未达到世界平均水平，仍属于世界"平均数"之下的国家（大约为世界平均值的 2/3 ~ 3/4）。在世界 200 个左右国家（地区）的人均 GDP 排名中，中国目前仅居 80 位上下。根据安格斯·麦迪森的预测，到 2030 年，中国占世界 GDP 的比重可能增加到 23%。也就是说，从现在到 2030 年，是中国人均产出和收入水平达到和超过世界平均水平的历史性转折时期。因此，中国改变世界格局的历史才刚刚开始。

如果说第一次经济全球化是帝国列强殖民主义全球化，从陆权转向海权，以海权优势争夺陆权空间；第二次经济全球化是霸权主义全球化，从两国霸权到一国独霸，形成全球海洋霸权与分割破碎的陆权空间。那么，第三次经济全球化将是利益交织、权力多极、多国共治的全球化；工业化向更广阔的陆海空间拓展，形成更为纵深的格局。如果说，在经济全球化 1.0 和 2.0 时代，国际间的竞争主要表现为"原子式"具有明确（产权）国籍的企业之间的竞争，那么，在经济全球化 3.0 时代，全球竞争主要表现为由各国企业构成的复杂"产业链"之间的竞争，不仅制造业竞争呈"产业链"状，而且国际金融业也呈产业链状。各国

---

① 高新技术产业更具有产业分解这一特征。以计算机产业为例，1981 年，IBM 把关键的个人电脑部件资源让给微软和 Intel，是信息产业发展史上的一个具有长远影响的重要事件，也是计算机产业走向分解的标志。从此以后，计算机产业迅速扩散，使越来越多的国家（地区）进入了计算机产业的生产分工体系。

经济特别是各大国经济，包括对手国家经济之间，都处于相互交织的关联网中，"你死我活"的传统竞争格局演变为"俱荣俱损"的绞合状竞争格局，甚至"消灭对手"同时也可能自己受损。例如，在 2008 年金融危机时，各国都要联手救市；金融行业导致了危机，却不得不用纳税人的钱去救助那些闯祸的金融机构；一些制造企业甚至请求政府挽救自己的直接竞争对手，因为相互竞争的企业有共同的供应商，对手企业如果倒闭，供应商企业难以存活，也会使自己的企业处于危境中。这成为经济全球化 3.0 时代的奇特现象：即各不同经济体（国家、地区或企业）之间利益边界截然分明的状况变为"你中有我，我中有你，你我中有他，他中有你我"的利益交织、相互依存格局。

很显然，在这样的经济全球化态势下，列强争夺领土和霸权掌控全球的历史已不可能重现，没有国家尤其是负责任大国会设想获取"占领国"利益，即使是霸权主义的美国也不再谋求"占领"目标。崛起的中国更不可能走上列强和称霸的道路。共享共治天下，将是世界可持续发展的唯一可行模式，也是符合中国理念和国家利益的经济全球化方向。因此，习近平主席代表中国宣称的"中国永远不称霸！"是真诚的表达，实际上也宣告了列强时代与霸权时代的终结。

经济全球化 3.0 时代的另一个突出特点是，各国必须首先"把自己的事情办好"，而试图以对外扩张来转移国内矛盾的陈旧策略已经完全过时。与经济全球化 1.0、2.0 时代相比，经济全球化 3.0 时代更具有深度全球化的特征，如果说前者主要着眼于拓展地理空间和产业空间，"占地为王"和"夺市为强"。那么，后者将更加着眼于"民生体验"，即各国将在更加开放的条件下，进行全球性的文明竞争和国家竞争。各国将在商品、资金、人员、信息等更具国际自由流动性的全球化体系中，进行深度竞争与合作，人民福利体验将以全球化为背景。制度的"合法性"将以国际比较下的民生增进和经济社会发展的包容性和可持续性为依据。通俗地说就是：人民满意不满意，认可不认可，将决定经济全球化 3.0 时代的国际竞争的输赢。

在这样的时代，作为已经被视为"世界第二大国"的中国，最根本的作为就是：以善治示全球，以创新领潮流。奈斯比特说："随着经济实力的增强，中国在国际事务中发挥越来越重要的作用，但它在国际社会的权威性和话语权还属于轻量级水平。国际社会对中国的认可取决于它们对中国国内发展的看法；而我们认为，中国对内将变得更中国化。""当今中国的发展，首要考虑的都是国内因素。然而中国的进一步开放却必须在全球关系转型的大背景下进行"。在经济全球化 3.0 时代，国际竞争的本质是"善治"，而不是武力和霸权。"善治"首先是把自己国内的事情办好，最重要的是成为充满创新活力国度，从而体现出经济体的生命力、竞争力和创造力。所以，中国在经济全球化 3.0 时代的地位将取决于如何从曾经的"高增长引领世界经济"转变为未来的"善治与活力引领世界经济"？诺贝尔经济学奖获得者埃德蒙·菲尔普斯以其长期研究成果表明，真正可持续的经济增长归根结底依赖于经济活力的释放，而"经济制度的巨大活力要求其所有组成部分都具备高度的活力"。英美等国之所以曾经能引领世界经济增长，就是因为焕发出了极大的活力；同样，它们后来之所以表现为增长乏力，至今未能走出低迷之境，也是因为经济活力下降。21 世纪最重要的经济问题就是，在经济全球化新形势下，如何再次焕发经济活力，或者说，有哪些国家可以释放活力，实现创新，引领世界经济增长？他指出，对于中国自 1978 年后实现的创纪录经济增长，"在其他国家看来，中国展现出了世界级的活力水平，而中国人却在讨论如何焕发本土创新所需要的活力，因为如果不能做到这一点，高增长将很难维持下去"。他认为中国自己的认识和意图是正确的。按他的研究发现，中国 30 多年来还只是属于"活力较弱的经济体"，只是因其"灵活性"而不是高活力实现了高速经济增长。这样的经济体"可以在一段时期内表现出比高活力的现代经济体更高的增长率，但随着这些经济体的相对地位提升，对现代经济实现了部分'追赶'，其增速将回到正常的全球平均水平，高增速会在接近追赶目标时消退"。

大多数经济学家也都认为，中国超高速增长期的终结是一个大概率前景。2014 年底，美国著名经济学家普里切特和萨默斯在美国国家经济研究局发表的《经济增速回归全球均值的典型化事实》一文中做出明确结论："经济增速回归全球均值是经济增长领域唯一的典型化事实。遵循这一客观规律，中印经济增速均要大幅放缓。印度，尤其是正在经历史无前例超高速增长的中国，已持续增长的时间是常见典型增长的 3 倍。我们预计，中国经济超高速增长阶段将会突然中止，增速回归全球均值。"具体预测为"中印 10 年或 20 年后经济增速为3%～4%"。

当然，这样的预测基本上是"外推"法的结论。即使看到"大概率"前景，也不能排除"小概率"的可能，这就是，中国经由全面深化改革，成为创新型国家，焕发经济活力，再次形成加速增长的态势。可见，在经济全球化 3.0 时代，中国要走的艰难道路是：从躯体庞大的"中等生"成长为充满活力的"优等生"，即从人均收入处于世界平均值以下，提升为达到世界高水平，这需要有保持较高速增长的经济动力和活力。只有这样，中国才是一个可以使人"心服"的世界强国，才具有全球性说服力、影响力和感召力，也才可能成为真正具有强大领导力的全球大国，进而对全球治理体系产生根本性的影响。在此之前，世界仍将处于由美国老大主导的"战后秩序"格局，没有国家可以对其进行实质性的改变。正如奈斯比特所论述的，从一定意义上可以说，"世界经济大变局"的实质就是"中国改变世界格局"。而中国能否改变世界，关键不在实力能否雄踞世界，而在观念能否征服人心。

六、"一带一路"的互通观念：全球化均势发展

国际战略评论家邱震海先生在其《迫在眉睫：中国周边危机的内幕与突变》一书的前言中写道："我们正日益被世界需要，但世界需要的只是我们的钱，我们的心却无法征服世界"。这似乎是一件令人沮丧的事情，但它也确实表明了观念相通的关键性意义。

经济全球化3.0时代，更多国家间实现更全面深入的"互联互通"是最基本的趋势。中国提出"一带一路"倡议，其核心含义也是要实现更通畅的"互联互通"格局。"一带一路"倡议涉及战后世界秩序和地缘政治格局的重大变化，几乎同世界地缘政治格局的四大板块（也有学者称之为"战略辖区"）均有密切关系：包括以美国及濒海欧洲国家为核心的海洋国家板块、以俄罗斯为核心的欧亚大陆国家板块、以复兴中的中国为核心的东亚陆海板块，以及将会崛起的以印度为核心的南亚次大陆板块等。要在如此广泛和复杂的地缘空间中实现"互联互通"，牵动全球，关键在于中国必须以自己的言行告诉世界"要干什么？"世界才能回答中国"是否欢迎？"

纵观世界历史，以陆权理论和海权理论为导向的国际"互联互通"历史，都曾发生过世界范围的大规模战争。陆权理论强调"势力范围"观念。因为，与海洋中有"公海"不同，大陆上没有"公陆"。由于没有可以"自由通行"的通道，如果没有"势力范围"，就难以保证"互联互通"的安全。所以，占据更大的陆地领土和势力范围成为陆权时代的地缘政治特点。陆权理论甚至被纳粹德

国作为扩展"生存空间"的观念支柱，为其侵略行为所利用。

海权理论的观念支持了濒海欧洲国家，特别是 20 世纪以来的美国成为霸权国家。进入海权时代，"发现"和拓展海外殖民地被认为是海洋强国的"合法"权利和"英雄"行为。20 世纪之后，海权国家（主要是美国）则将要求和迫使大陆国家"门户开放"作为其实现"互联互通"的世界战略。进而，"自由贸易""自由市场"、公海"自由航行权""经济全球化"等成为当代世界普遍接受的基本观念，依此形成全世界的"互联互通"格局和世界治理秩序。而唯一的超级大国美国自认为拥有维护这一世界秩序的特权。实际上，不仅是美国的盟国，还有其他一些国家也认同或者不得不接受美国的这一特权。有些国家还利用美国的这一特权，"邀请"美国到欧洲"平衡"俄罗斯的势力，到亚太地区"平衡"中国的崛起。

在战后"冷战"时期，与海权理论相抗衡，苏联以其国际主义的意识形态观念，在世界各国鼓励和支持共产主义运动，力图形成以苏联为中心，由苏东国家及亚洲盟国所组成，并向其他地区渗透的势力范围，构造与西方资本主义国家相对立的"平行"地缘政治战略空间。从一定意义上可以说，这也是一种基于意识形态的"互联互通"观念，由于同另一个超级大国相冲突，曾引致了很大的国际紧张。

可见，以往的"互联互通"主张都具有强国战略的意义，有实力的国家才会依据一定的战略观念，主张"互联互通"，其中往往具有"帝国"野心。而面对这样的"互联互通"，弱国则倾向于封闭和保守，除非可以确保安全，否则宁可不要门户开放，不要自由贸易，不要全球化，实际上就是不欢迎"互联互通"。总之，"互联互通"与各国的安全意识具有密不可分的关联。因此，仅基于经济上"互利互惠"，生意再大，"油水"再多，也不足以形成"互联互通"的观念实力。

由于中国的地缘政治地位是处于"以复兴中的中国为核心的东亚陆海板块"，其特点是兼具海洋和大陆两方面的性质，所以，"一带一路"倡议既不是单纯的海权观念逻辑，也不是单纯的陆权观念逻辑。今天，很难再像当年中国实行改革开放时可以承接现成的"自由贸易"和"经济全球化"观念那样，也承接并要求所有相关国家接受现成的世界通行观念，来顺利推进"一带一路"倡议。但是，问题的严重性恰恰在于，如果没有实施"一带一路"倡议的理念基础，不能实现各国间的"观念互通"，各国处于"不放心"状态，实践中的"互联互通"将会障碍重重。

中国不是世界第一强国，中国目前的实力尚难以在全世界推行一套普遍认同的价值观念。所以，"一带一路"的"观念互通"并不是"观念统一"。相关各国也并无可以统一的观念。例如，中国接受了"自由贸易""全球化"观念，其他相关国家未必同意。中国主张"全方位对外开放"，其他国家对"开放"未必有同样的理解。即使其他国家的政府认同了某种观念，社会各界也未必服从，而且，政府本身也可能因执政党轮替而改变倾向。所以，观念互通的实际含义只能是"观念相容"、和而不同，而且要各方"说得明，听得懂"，以最大限度的包容性来实现有差异的观念间的沟通，寻求各国不同价值观念中的最大"公约数"。当前，有可能使参与"一带一路"相关国家（地区）认同的观念是：伙伴互惠，主客便利，抉择相容。

所谓"伙伴互惠"是：参与"一带一路"的国家（地区）间是合作伙伴关系，伙伴之间的合作基于互利多赢的原则。当然，更高层次的伙伴关系可能形成"利益共同体"甚至"命运共同体"，但未必强求，并非结盟。能成伙伴，结伴同行即好。更重要的是，伙伴互惠绝非排他，不与地缘政治的"势力范围"重组挂钩。即"一带一路"倡议在观念上不挑战地缘政治格局中的"势力范围"现实，不具扩张势力范围的战略野心，也不是扩张"势力范围"的战略工具。因此无论属于哪个"势力范围"的国家都可以通过参与"一带一路"而获益，并不妨害相关大国的地缘战略利益。最近，创立亚洲基础设施投资银行的过程就突出反映了，各国超越"盟国"及"势力范围"惯常思维，顺应自主搭伴入伙的"伙伴互惠"新趋势。"盟主"美国也无可奈何。

所谓"主客便利"是："一带一路"的经济活动涉及各种国际关系，其性质绝非"殖民"关系，也非结盟关系，而是主客关系：东道国为主人，外国企业或公民为客人。主人应尽地主之谊，客人应随主人之便，各国均有待客之道和入乡随俗之规。因此，"来者是客"和"客随主便"可以成为互联互通便利性的共识基础，没有人可以拒绝这样的观念。

所谓"抉择相容"是：相互尊重各国的经济秩序（制度、法律和政策）和发展战略。不同的经济秩序和发展战略，是各国的选择，而不是必然出现的结果，更不能由外部所强加。各国总是会选择更有利于自己或更适合现实国情的经济秩序和发展战略。而且，各国进行战略抉择和政策安排的价值优先顺序也不尽相同。我们希望其他国家参与中国的"一带一路"倡议，同时也就要尊重其他国家的发展战略。总之，中国提出"一带一路"倡议，应持与其他国家战略抉择相容的观念。不否认各方自利，同时，各方均抱"成人之美""随人之愿"的态度。这样，"一带一路"倡议可达互联互通的最佳效果，而不导致相关国家间的战略冲突和地缘政治关系紧张。

传统均势论的一个重要缺陷是其静态性。在不断变化的世界上，固有的均势格局总是被新的力量所动摇，因此，需要"再平衡"。而"再平衡"的方向是回到或固守过去的均势，还是寻求新的均势，往往成为国际冲突尤其是大国间冲突的根源。因此，可持续的均势必须是包容发展的动态均势。也就是必须在当前占主导地位的基于自由市场经济秩序逻辑的"经济全球化"理念中，注入"均势发展"的新含义。作为最大的发展中国家，中国有条件将经济全球化理念升华为"全球化均势发展"和"全球化包容发展"的理念，作为"一带一路"倡议的互通观念。这既不跟主流的经济全球化理念相冲突，不破坏战后国际秩序，不主张"另起炉灶"，不挑战美国"世界第一"的地位，但又可以克服自由主义全球化的缺陷：导致全球发展的不均衡和不平等，长期未能解决"南北差距"和"中心—外围"不公平等问题。"全球化均势发展"强调要使全球化惠及更广阔的区域和更多的国家，尤其是发展滞后国家。

总之，升华"全球化"观念，注入发展意识和包容性意识，可以使"全球化均势发展"或"全球化包容发展"理念成为"一带一路"相关国家以致更多国家都能接受的互通观念。这就有可能最大限度地接近人类利益共同体的理想，并使人类利益共同体理想具有现实可行性。这一理念不仅可以为经济学理论（尤其是发展经济学）和地缘政治理论所支持，占据理论高地；而且，也占据了人类发展的道德高地，体现经济全球化3.0时代的新观念。

七、结　语

工业革命与市场经济相结合，推动人类发展进入现代化阶段，必然产生越来越强劲的全球化现象。经济全球化要求各国或各地区的市场开放，并实现世界市场的一体化。这一过程在不同的地缘关系和世界秩序中展开，经历了以帝国列强争夺、瓜分和再瓜分海外殖民地和势力范围的第一次经济全球化时代和各主权国家开放市场并接受由霸权国家维持全球贸易和全球航道"自由"秩序的第二次经济全球化时代。当前，经济全球化正在向欧亚大陆及南方国家的纵深地带发展，可望进入全球繁荣新格局和世界秩序新均势的第三次经济全球化时代。中国顺势而为地发出了"一带一路"和"建立新型大国关系"的时代强音，将为经济全球化注入新的活力、动力和竞争力。在经济全球化3.0时代，世界各类经济体的利益处于相互渗透、绞合和"混血"状态，虽然矛盾难以避免，但更具包容性和均势性的全球发展，符合大多数国家利益。尤其是对于利益边界扩展至全球的世界大国，维护经济全球化发展的新均势同各自的国家利益相一致。所以，利益关系错综复杂和矛盾冲突难以避免的经济全球化3.0时代，深度的结构性变化使世界主要竞争对手之间的利益相互交叉重合，在客观上向着"利益共同体"的方向演变，有可能成为具有比以往的经济全球化时代更加和平（较少依赖军事霸权）的竞争格局和融通秩序的全球经济一体化时代。

[参考文献]

[1]［美］艾里希·弗洛姆. 健全的社会［M］. 上海：上海译文出版社，2011.

[2] 马克思. 中国革命和欧洲革命［A］. 马克思恩格斯选集（第一卷）［C］. 北京：人民出版社，1995.

[3]［英］哈·麦金德. 历史的地理枢纽［M］. 北京：商务印书馆，2013.

[4] 曹忠祥，高国力. 我国陆海统筹发展的战略内涵、思路与对策［J］. 中国软科学，2015（1）.

[5]［美］马丁·维纳. 英国文化与工业精神的衰落：1850 – 1980［M］. 北京：北京大学出版社，2013.

[6] 陈文玲. 携手推进"一带一路"建设共同迎接更加美好的新未来［J］. 全球化，2015（6）：5 – 29.

[7]［英］艾瑞克·霍布斯鲍姆. 帝国的时代：1875 – 1914［M］. 北京：中信出版社，2014.

[8]［英］哈·约翰·麦金德. 陆权论［M］. 北京：石油工业出版社，2014.

[9]［美］阿尔弗雷德·塞耶·马汉. 海权论［M］. 北京：同心出版社，2012.

[10] 金碚，张其仔等. 全球竞争格局变化与中国产业发展［M］. 北京：经济管理出版社，2014.

[11]［美］罗伯特·卡根. 美国缔造的世界［M］. 北京：社会科学文献出版社，2013.

[12]［美］亨利·基辛格. 世界秩序［M］. 北京：中信出版社，2015.

［13］［美］约翰·奈斯比特，［奥］多丽丝·奈斯比特. 大变革：南环经济带将如何重塑我们的世界［M］. 北京：吉林出版集团中华工商联合出版社，2015.

［14］［美］兹比格纽·布热津斯基. 大棋局：美国的首要地位及其地缘战略［M］. 上海：上海世纪出版集团上海人民出版社，2007.

［15］金碚. 大国筋骨——中国工业化65年历程与思考［M］. 广州：南方出版传媒集团广东经济出版社，2015.

［16］金碚. 新常态下的区域经济发展战略思维［J］. 区域经济评论，2015（3）.

［17］［美］埃德蒙·费尔普斯. 大繁荣［M］. 北京：中信出版社，2013.

［18］［美］兰特·普里切特，劳伦斯·萨默斯. 经济增速回归全球均值的典型化事实［J］. 开放导报，2015（1）：7 – 14.

［19］邱震海. 迫在眉睫：中国周边危机的内幕与突变［M］. 北京：东方出版社，2015.

（原文发表于《中国工业经济》2016年第1期，有改动。）

全球化新时代的中国产业转型升级

当前，世界经济正处于十字路口：由于经济复苏缓慢，各国经济增长和就业形势严峻，有些国家甚至陷入困境，加之全球治理和安全形势面临极大挑战，所以各国都在寻求应对之策，包括产业政策和贸易政策的调整。这直接涉及对经济全球化的认识和政策抉择，是继续促进全球化还是转向逆全球化已成为一个世界舆论焦点。当前，人类发展总体上仍处于工业化时期（世界大多数国家还没有完成工业化，大多数人口还在盼望进入工业化社会），而工业化必然要求经济全球化，实行自由贸易规则；但是，各国所处的经济发展阶段以及在国际分工中的地位不同，而且，政治、经济、法律、文化又各具特点，不可同日而语，因此如何变革制度，调整政策，以应对挑战，也会有不同的观念、思维和立场。在这样的新时代，中国经济发展也处于转型升级的关键时期，也需要有新理念、新思维、新战略。

一、产业转型升级的全球化背景

人类发展漫长历史中最伟大的事件是工业革命。工业革命所开启的工业化进程，将世界越来越多的国家、民族和地区卷入其洪流之中，从供给推动与需求拉动两方面发力，实现人类历史千万年未曾有过的现象：高速经济增长和物质财富的大量涌流，彻底改变了人类发展轨迹——市场经济兴盛、工业化不断扩张、全球化不可阻挡。

在第一次工业革命推动的经济全球化1.0时代，19世纪到20世纪中叶，中国国运衰落，曾经的世界第一大国，被工业化潮流甩弃，沦为"东亚病夫"，几乎成为工业化列强国家的殖民地。20 世纪中叶，第二次工业革命推动下世界经济进入全球化 2.0 时代。这一时代的前半段，即到 20 世纪 80 年代末，世界经济分为以苏联为霸主和以美国为霸主的两个经济一体化世界，可以称为"半全球化"或分裂的全球化时期。而从 20 世纪 90 年代起，以美国为霸主的全球化一揽天下。在这一全球化 2.0 时代，中国寻求复兴之路，起先"一边倒"地归入苏联主导的"半球"，而从 70 年代末 80 年代初开始实行改革开放。当 20 世纪 90 年代两个"半球"并流为真正完整意义上的全球化经济体系后，尤其是 21 世纪初，中国加入世界贸易组织，经济全球化的格局开始发生了极大变化。特别是，世界的产业结构和产业空间布局完全是"旧貌换新颜"。经济全球化迈入了新时代。[①]

全球化新时代的最突出特征之一就是中国的崛起，中国产业在全球范围迅速扩展，经济体量大幅增大，建设能力惊人增强，发挥越来越大的影响全球的经济大国作用。同时，世界经济也面临越来越多和越来越复杂的矛盾和问题。其突出表现之一就是，出现了全球性的经济增长"平庸"态势，一方面，发达国家作为产业技术创新的主导力量作用减弱，特别是实体经济创新不足，甚至产生产业"空心化"现象。另一方面，中国等发展中国家的产业扩张，实行平推式工业化战略，以低成本替代方式大规模获得"低垂果实"，占据产业"开阔地"，导致相当一部分产品的市场饱和，以至出现"产能过剩"问题而阻碍了经济增长。

这样，无论是发达国家还是新兴经济体国家，都面临着迫切的产业转型升级课题。发达国家希望重振制造业，实行再工业化；中国也要更加注重供给侧结构性改革，大力振兴实体经济；更多的发展中国家希望更广泛深入地加入工业化和全球化的进程，实现经济现代化和国家强盛。可以说，在全球化新时代，产业转型升级已成为一个世界性的共同课题。

当然，虽然同为产业转型升级，但各国所处的具体国情和国际环境是不尽相同的，所以产业发展的具体路径和所要解决的主要问题也各有差异。发达经济体、新兴经济体、后发经济体，大国、小国，沿海国家、大陆腹地国家，情况千差万别。而且，各国经济开放的现状也很不相同，有的国家融入经济全球化的程度已经相当高，有的国家尚处于正在迈入经济全球化的过程之中。对于全球化的

---

① 金碚：《论经济全球化 3.0 时代——兼论"一带一路"的互通观念》，《中国工业经济》2016 年第 1 期。

态度甚至立场和应对策略也必然会有各自不同的选择。所以，不可能强求各国对经济全球化的态度一致，也没有必要机械地将不同的观点、立场和对策，截然划分为赞成全球化和反对全球化的两类。在现实中，全球化与反全球化的两极之间有无数种中间状态。全球化虽然是一个大背景，但在此背景之下，各国有理由和权利选择适合自己具体国情的产业发展路径。

二、"逆全球化"现象与世界产业竞争力格局演变

从理论上说，经济全球化是工业化的必然趋势，但工业化与全球化也并非完美无缺，在其取得巨大成就的同时也总是存在许多不尽如人意的现象，人类为此也难免付出各种代价，有些代价还可能相当沉重。因此，"反全球化"或"逆全球化"从来就是全球化的伴生现象。从世界经济发展的历史看，"反全球化"通常是产业国际竞争力相对较弱国家的主张，包括美国、德国等现在的发达国家，在其工业化初期也曾实行过反全球化的贸易保护主义政策。产业竞争力较强的国家则更倾向于主张推进全球化政策，反对贸易保护主义。特别是由于经济全球化1.0和2.0时代，列强和霸权国家将掠夺殖民地和控制后进国家（甚至颠覆其政权）作为推进全球化的方式，具有强烈的汲取性，所以，后进国家出于保护民族产业和避免利益受损的意愿，往往采取抵制全球化和实行保护政策的方式来维护国家主权和利益。

中国工业化走的是一条具有特色的道路。直到20世纪70年代末，相当长一段时期实行强烈的封闭政策，同全球化隔绝，因为，中国在经济全球化1.0时代遭受工业国列强的欺辱，留下深刻的民族记忆。而在经济全球化2.0时代，在由发达国家特别是美国所主导的国际经济秩序和贸易规则下，中国等后进国家处于明显的不公平地位。当时，我们非常担心，如果融入全球化，是否会吃亏，甚至丧失民族经济独立自主的地位。直到20世纪80年代，中国终于彻底明白，拒绝全球化就是放弃发展机会，反对全球化绝不可能长久保持经济自立，反而可能因落后而被"开除球籍"，所以，勇敢地融入经济全球化，参与国际竞争和国际合作，是经济现代化的必由之路。21世纪初，中国以接受非常苛刻的条件为代价，加入世界贸易组织，结果是因此而深受全球化之益，经济高速增长，生产能力大

幅扩张，国际地位迅速提高，成为仅次于美国的世界第二大经济体，与发达国家之间形成了比肩之势。

此时，一些曾经的自由贸易主张国和全球化规则主导国反而开始犹豫了，感觉自己是否走得有些"过头"了，或者是不是对中国等发展中国家太"宽容"了？于是，全球化新时代出现了一个很奇特的现象，一些发达国家出现了"逆全球化"主张，甚至在一些领域实行反全球化政策。当然，这里所说的"一些发达国家"准确地说是发达国家中的一些人，这些人的主张开始对发达国家的全球化政策产生重要影响。值得注意的是，这种现象表现在产业竞争和国际贸易的局部领域，还只是打着维护自由贸易的旗号实行贸易保护主义政策，如利用反倾销、反补贴条款，对中国进口产业施加贸易壁垒，一旦发展到公开扯起反全球化的旗帜，就是要阻止对其不利的全球化趋势，并且还能得到国内许多民众的支持，甚至成为实际政策，如英国脱欧等。

我们仅将发达国家出现的"逆全球化"现象视为民粹主义抬头是不够的。其实，这一现象有其深刻的经济根源，即当代世界产业结构及国际竞争力格局已经发生了很大变化。中国等发展中国家的产业技术水平，尽管在总体上还处于同美国等发达国家有很大差距的状况，但是综合竞争力已经有了极大提升。特别是，由于国际产业转移所导致的发达国家产业生态的高端专业化，反而削弱了其产业丰厚度，即产业体系的完整性和配套性减弱；而中国尽管在产业的高端技术上尚较弱，但产业的丰厚度大大增强，产业体系的完整性和配套性非常强大，所以，在国际竞争中具有很大优势，甚至让工业发达国家望而生畏。

此外，由经济全球化和区域一体化所导致的对国家治理能力的挑战，如移民以及同其有关联的国际恐怖主义蔓延等，也使发达国家对经济全球化产生难以承受其社会压力的困惑，因而倾向于出"逆全球化"之下策，来应对所面临的巨大风险。"关门避险"似乎是一个高招，实则为一个损招；表面上是一步"妙棋"，实际上是一着"臭子"。当然，之所以出此损招和臭子，毕竟有其为难之处，即如何在世界产业竞争力格局演变的新态势下使本国产业仍能占据有利位置，以及如何在全球化新时代进行有效的国家经济和社会治理，以至全球治理。而且，如前所述，全球化与"逆全球化"或"反全球化"并无绝对界限。脱离了具体国情，很难判断国门应该开多大才最好，只能说完全关门和完全敞开，都不可取，实际上也没有这样的国家。就如同火车站，是像中国这样至少检两次票才能进站上车更好，还是像英国那样不用检票就能进站上车更好？或如同大学校园，是像中国大学这样用围墙围起来并严格门卫好，还是像美国大学那样没有围墙更好？这就是一个具体国情中的有效治理或可行治理的具体制度安排问题。对全球化和逆全球化的制度和政策安排，很大程度上与此类似。

三、中国产业转型升级的新思维

在全球化新时代的世界产业竞争力格局新态势下，中国也面临着同其他国家相类似的两大课题：通过产业转型升级提升竞争力和进行有效的市场经济秩序治理，以引导经济发展在市场机制调节下，走向合意的方向。

在经济全球化新时代，各种要素的可迁移性大大提高，任何企业、地区和国家，都要采取有效方式，来应对要素的高迁移性，尤其是人力资源的高迁移性。当然，要素的高迁移性也会进一步提高企业在国家和地区间的迁移性。通俗地说就是：一国及各地区如何确定自己在全球化产业链中的位置？哪些产业或产业环节可以配置于其他国家或其他地区？哪些产业或产业环节应该扎根于本国或本地区？所以，产业转型升级的一个关键问题是怎样实现产业根植：即如何发展具有本国根基或地区根基的产业？应对这一问题，需要有推进产业转型升级的全球化新思维。这一问题在中国当前的产业转型升级中，正表现得越来越突出。

第一，技术创新可以推进产业转型升级和拓展工业化空间。那么，技术创新的方向是什么？不仅是用新产业替代传统产业，大力发展高技术产业，而且，更具有普遍性意义的是，实现传统产业的技术升级，用高技术支撑和改进传统产业。欧洲在规划其制造业发展方向时（"欧洲制造2030"），所提出的第一个"超越目前在资源效率和再工业化方面的现有边界的方式"就是"重视所谓的低技术制造业"，而且要让制造业重新回归城市环境，用高技术把传统优势产业升级为情感工厂（Factories of Emotions）。也就是说，产业转型升级不是"狗熊掰棒子"，丢一批旧的，抓一批新的；而是不离不弃地让产业与环境更和谐，产业更精益、更清洁、更环保，"与这种工厂为邻，客户、供应商和工人都会怀有正面的情感（Positive Emotions）"，就能使这些产业长期根留本国本地。①

第二，产业升级不仅是技术升级，更重要的是劳动适应，更有效地实现就业结构变革与人力资源国际配置。在经济全球化新时代，劳动力资源的变迁性大大提高，越来越多的劳动者特别是高素质劳动者遵循"良禽择木而栖"的就业方式，企业必须学会雇用和管理具有较强变迁性的人力资源；同时，劳动者的技能转换同产业技术的变化并非相同周期，在工业技术变革较快的时期，产业技术升级的周期往往显著快于劳动者的技能升级或转换的周期，相对于产业技术变迁，这类劳动者具有强的职业黏性，即从原有职业技能转为新的职业技能的"惰性"。这也是一些发达国家产生"逆全球化"的重要原因之一，即一些劳动者的职业技能难以适应产业技术升级而利益受损。所以，在经济全球化新形势下，如何更好地发挥各类人力资源的作用，是一个重大战略性问题和具有高度政策技巧性的课题。

第三，在全球化新时代，企业家也必须有新思维，从一定意义上说，产业转型升级最关键也是最困难的问题是企业家的升级，即素质提升。在微观经济层面上，产业转型升级主要是在众多企业家的带领下实现的。企业家以什么理念办企业，以什么方式获取利润，决定了产业发展的方向。企业家的时间眼界更决定了中国产业国际竞争力的前景，如果更多的企业家都注重于获取短期利润，一心想"赚快钱"，那么，产业就难有真正的核心技术积累。产业核心技术的形成无不是企业家创新"耐心"的产物，没有执着的"耐心"，就难以形成真正具有中国根基的产业。

第四，产业转型升级的企业或企业家"耐心"，很大程度上取决于制度与政策环境。市场经济是具有高度工具理性的制度机制，工具的目标化，即以高效率的方式追求工具性目标"收入""利润""财富"等是其直接的动力机制。如果缺乏对市场机制的有效治理，任由工具理性主义极度放任，就会导致发展轨迹离人类发展的价值目标，如产业结构过度地"脱实向虚"。因此，市场经济是需要有效治理的经济，只有精心构建治理体系，才能引导产业转型升级的正确方向。当然，构建有效治理体系，并不是抑制市场发挥作用，相反，是要更有效地发挥市场在配置资源过程中的决定性作用。更不是要政府代替市场，相反，是要通过

---

① ［德］恩格尔贝特·韦斯特坎博尔：《欧洲工业的未来：欧洲制造2030》，王志欣、姚建民译，机械工业出版社2016年版，第4、72页。

更好发挥政府作用，以治理得更完善的市场机制来决定产业转型升级的方向和技术路线。特别是，在全球化新时代，新技术、新产业、新业态层出不穷，需要有新规则、新秩序，与之相适应。我们看到，在有些高技术产业领域，如信息技术（信息安全）、智能制造（机器人）、生物工程（基因工程、克隆技术）等领域，已经出现了许多必须进行新的法律规范以保证其健康发展的问题。尤其是在大量使用信息技术和互联网的领域，市场竞争出现了许多从未有过的现象，需要引起社会和政府的高度重视。

四、产业转型升级必须走更具包容性的道路

从一定意义上说，"逆全球化"现象是对全球化过程缺乏包容性的反动。由于全球化过程中的汲取性现象损害了其包容性，就会导致产生反全球化现象，甚至社会运动。在工业革命后的第一次全球化时代，帝国主义列强争夺殖民地，实行掠夺性的政策；在第二全球化时代，霸权国家不仅控制势力范围，而且输出制度和价值观，导致全球治理失序，许多国家和人民没有受到关切，甚至利益受损。未能有效治理的全球化市场机制，没有很好地实现世界各国共享利益，产生了国际、国内的两极分化和资源环境恶化现象，"反全球化"和"逆全球化"现象与社会运动此起彼伏。

因此，在全球化新时代，产业发展必须向着更具包容性的方向转型升级。而实现包容性的最重要方式就是优化市场经济的治理体系。例如，产业结构失衡的重要原因之一是市场调节过程中，往往面对着供给变化的不可逆性，或供给扩张弹性和收缩弹性的不对称性。例如，农用地变为工业用地和工业用地变为农业用地，农村建设为城市和城市逆变为农村，投资建成一座大型工厂和关闭工厂返回原样等，都是不可逆的，至少其扩张过程（顺过程）和收缩过程（逆过程）的顺畅性是非常不同的，而并不像市场经济理论所假定或默认的那样，产业扩张和收缩可以像钟摆围绕一个均衡位置左右摆动那样顺畅和完全可逆。这就可以理解，为什么市场决定资源配置，也必须有规划（特别是空间规划）、有政府导向和必要监管，甚至在有的项目决策 H 上需要政府许可。否则，在市场调节过程中可能产生很大的成本和损失，导致许多人的利益受损。所谓包容性，其实就是

利益的兼顾性，而对市场机制的有效治理就是要使市场调节过程最大限度地协调各方利益，减少有关方的重大利益损失。

这在全球化的产业发展过程中，尤为重要。因为，全球化的产业发展涉及不同国家、不同利益群体，特别是重大产业工程项目，可逆性低，涉及的社会利益群体广泛而复杂，所以，更需要有效的治理结构。而如前所述，治理体系的不完善，甚至治理失序，正是全球化新时代所面临的突出问题。所以，产业转型升级要有全球化的治理新思维。国际产业竞争战略要立足于构建利益共同体，形成产业发展的供需协调机制。例如，中国巨大的工业产能和基础设施建设能力，通过"走出去"而实现资源的国际有效配置，是产业转型升级的一个方向，但是否能真正成为可行的方式，取决于是否能在有效治理体系下达到各方利益包容。

中国作为一个取得了巨大的产业发展成就的国家，提出"一带一路"倡议，实际上也是一个推进各国产业转型升级的国际性方案。中国面临产业转型升级任务，"一带一路"沿线及相关国家也都面临各自的产业发展任务。如何在"一带一路"倡议下，促进各国具有包容性的产业发展，形成产业发展的利益共同体，互联互通，互利互惠，共建共享，是一盘全球化的大棋局。这盘大棋局，体现了市场经济和工业化的本性：只有惠及他人、他国，才能拓展自己的发展空间和获益机会，因为没有需求的扩大就没有供给的增长。而具有良好治理体系的经济全球化，以及在这样的全球化背景下的可持续产业发展，就是实现人类利益共同体和命运共同体的必由之路。

总之，要客观认识经济全球化新时代的"逆全球化"现象。全球化是不可抗拒的世界大趋势，尽管会遇到困难、曲折和阻力，但世界主要国家间并不会形成全球化与"逆全球化"的严重对峙局面。世界产业竞争格局所决定的各国产业转型升级，只有在全球化大势中才能推进，逆全球化不是可行的出路，世界各国终究都会认识到这一工业化道路的必然选择。当然，由于各国产业发展受到国内各种复杂因素的影响，并非只要融入全球化一切问题都能迎刃而解。从这一意义上说，各国应对全球化的政策主要不是国际政策，而是国内政策；主要不是国际市场规则安排，而首先是国内市场规则安排。只有当产品、要素、资金、信息等在国内能够自由流动、公平竞争，才可能设想在国际以至全球范围能够自由流动和充分竞争。也就是说，只有国内经济制度、经济政策和市场竞争规则充分体现全方位开放和高度便利化的市场经济原则，才可能真正同经济全球化相融合，产业发展才能真正在全球化大格局中实现不断优化和创新升级，保持其持续性竞争优势。从这一角度看，中国产业在全球化新时代如何实现合意的产业转型升级是一个涉及各领域深化改革的问题，任重道远，难度不小，只有国内市场经济体制机制充分理顺，更为自由和有序，才可能真正有效地融入经济全球化，才可能成为经济全球化的主导国家和领航旗手。

（原文发表于《中国工业经济》2017 年第 6 期，有改动。）

人类命运共同体意识是中国贡献给
世界的可贵思想启示

改革开放 40 多年来，中国不仅创造了工业化和经济发展的巨大业绩，而且向世界贡献了一个具有深远意义的思想启示——"人类命运共同体"意识。中国人民以其务实、勤劳的民族精神，艰苦奋斗，脱贫致富，改变命运，而且以其善良、和睦的价值意愿，为人类发展的普世观念提供思想养分。"人类命运共同体"意识如果能够成为世界各国各民族的普遍价值文化观念，将成为人类文明的璀璨精神财富。

一、中国改革开放改变了经济全球化格局

20 世纪 40 年代"二战"结束以来，尤其是 70 年代末 80 年代初的中国改革开放和经济发展，极大地改变了世界经济格局，并对全球治理体系产生重要影响。一个最突出的表现就是，发展中经济体特别是中国经济强劲增长，推动经济全球化进入新时代。人口最多、规模巨大是中国经济的一个突出特点。中国经济高速增长，实现工业化，全球工业化版图就会发生巨大改观。从西欧国家发生工业革命以来的近 300 年间，全世界有 60 多个国家或地区经历高速工业化，进入工业社会，其总人口占世界人口总数的比重不足 20%。而中国有约 13.7 亿人口，也接近世界总人口的 20%。换句话说，中国这一巨大经济体进入工业社会就意味着全世界工业社会的人口翻一番。一个国家的工业化就导致世界工业化版图的如此巨变，是人类历史上罕见的现象。

中国自 20 世纪 80 年代以来的工业化进程，也是走向全方位对外开放的过程。跟其他大国曾经的工业化进程相比，中国实行对外开放的速度和广度是非常显著的，仅仅 40 年，中国的经济开放就使中国乃至世界发生了根本性的巨大变化。21 世纪初中国加入世界贸易组织（WTO）时就做出了大幅经济开放的承诺。在工业化程度和人均收入非常低的条件下，就快速而宽领域地实行开放政策，在世界大国中是不多见的。① 因此，中国经济快速融入世界经济，特别是中国制造业广泛地加入国际分工体系，使曾经高度封闭的中国市场在较短时期内就成为国际市场的重要组成部分。②

中国工业化的加速得益于对外开放政策：广泛地获得了国际分工所提供的制造业发展机会，技术追赶速度加快。国际分工深化导致产业分解组合、产业链延长，发达国家和新兴工业化国家的传统产业迅速地向中国转移。中国通过承接制造业供应链的组装加工环节，很快形成了从沿海地区向内地延伸的许多加工区、开发区和产业集群。产业分解和产业分工促进技术扩散和产业扩张，不仅传统产业向中国转移，而且高技术产业中的一些加工组装环节也不断向中国转移。实际上，在分工日趋细化和生产环节高度分解的条件下，被统计为"高技术产业"的生产工艺同传统产业的生产工艺之间并没有不可逾越的鸿沟。这样，中国工业很快全面融入国际产业分工体系。③

一个巨大经济体融入全球经济，必然会改变世界经济体系的基本格局。由于各国产业体系高度交叉融合，国际分工合作不可阻挡地冲破国界限制，不仅经济活动跨越国界，而且经济主体的组织形态也跨越国籍。跨国公司和跨国产业链成为经济全球化的重要载体和实现形式，出现各种"超国籍"现象，甚至按产（股）权、注册地、所在地、控制权等原则都难以明确定义其国籍归属。总之，在经济全球化新时代，经济国界变得越来越模糊，经济主体和经济行为的超国籍现象深刻地改变着整个世界。各国产业的交融导致各国的利益关系也高度复杂。

经济全球化新时代，表现出利益交织、权力多极、多国共治的特征；工业化向更广阔的陆海空间拓展，形成更为纵深的国际分工格局。全球竞争越来越显著

---

① 在人类历史上，从来没有一个人口超过 1 亿的国家，在处于中国这样的发展水平时，实行像中国这样的全方位彻底的对外开放政策，特别是对外商直接投资所实行的高度容忍和彻底开放的政策。

② 金碚：《大国筋骨——中国工业化 65 年历程与思考》，南方出版传媒集团广东经济出版社 2015 年版，第 91 页。

③ 同①，第 93 页。

地表现为由多国企业参与的复杂"产业链"之间的竞争，不仅制造业竞争是"供应链"竞争，而且国际金融业也呈供应链状。各国经济，包括竞争对手国家经济，都处于相互交织的关联网中，那种传统的"你死我活"的竞争格局演变为各国"一荣俱荣，一损俱损"的绞合状竞争格局，甚至"消灭对手"也会使自己严重受损。例如，在 2008 年爆发金融危机时，各国必须联手救市；金融行业"闯祸"导致了危机，却不得不用纳税人的钱去救助那些"闯祸"的金融机构；有的制造企业甚至请求政府挽救自己的竞争对手，因为相互竞争的企业有共同的供应商，对手企业如果倒闭，供应商企业就难以存活。这成为经济全球化新时代的奇特现象，即各不同经济体（国家、地区或企业）之间的利益边界不再截然分明，而是"你中有我，我中有你，你我中有他，他中有你我"，利益交织、相互依存。即使是用于统计各国经济活动及其成果的指标，其利益含义也具有跨国性。例如，在本国的 GDP 中，包含着其他国家的 GNP，在其他国家的 GDP 中也包含着本国的 GNP。这意味着，在本国经济成果中包含着其他国家的国民利益，在其他国家的经济成果中也包含着本国的国民利益。

改革开放 40 多年来，中国取得了令世界惊叹的成就。中国经济规模巨大并仍将保持稳中求进的较高速增长态势，但在短时期内不会改变人均水平较低的现实状况，经济体制也难以很快达到高度开放的水平，更算不上是高质量的开放体系。目前，按人均产出或人均收入计算，中国的经济发展尚未达到世界平均水平，仍属于世界"平均数"之下的国家（为世界平均值的 2/3 ~ 3/4），仅居第80 位左右。根据外国专家预测，到 2030 年，中国占世界 GDP 的比重可能增加到23%。也就是说，从现在到 2030 年，是中国人均产出和收入水平达到和超过世界平均水平的历史性转折时期。[①] 可以说，中国改变世界格局的历史才刚刚开始，中国经济进一步开放还有很长的路要走。

在全球化新时代，中国对世界的影响，不在于其规模之大，而在于能否以善治示全球，以创新领潮流。奈斯比特说："随着经济实力的增强，中国在国际事务中发挥越来越重要的作用，但它在国际社会的权威性和话语权还属于轻量级水平。国际社会对中国的认可取决于它们对中国国内发展的看法；而我们认为，中国对内将变得更中国化。"[②] "当今中国的发展，首要考虑的都是国内因素。然而

① 金碚：《新常态下的区域经济发展战略思维》，《区域经济评论》2015 年第 3 期。

② ［美］约翰·奈斯比特、［奥］多丽丝·奈斯比特：《大变革：南环经济带将如何重塑我们的世界》，张岩、梁济丰、迟志娟译，吉林出版集团中华工商联合出版社 2015 年版，第 169 页。

中国的进一步开放却必须在全球关系转型的大背景下进行。"① 在经济全球化新时代，国际竞争的本质是各国如何实现"善治"，即首先是要有能力把自己国内的事情办好，最重要的是使自己的国家充满创新活力，从而体现出其强于别国的生命力、竞争力和创造力。所以，中国将从高速度增长转向高质量发展，这不仅是经济发展水平的提升，更是国家治理质量"上台阶"。中国在经济全球化新时代的地位将取决于如何从曾经的"高增长引领世界经济"转变为未来的通过高质量发展以"善治"与活力引领世界经济。诺贝尔经济学奖获得者埃德蒙·菲尔普斯以其长期研究成果表明，真正可持续的经济增长归根结底依赖于经济活力的释放，而"经济制度的巨大活力要求其所有组成部分都具备高度的活力"②。这决定了哪些国家可以释放活力，实现创新，引领世界经济增长。他指出，对于中国自 1978 年后实现的创纪录经济增长，"在其他国家看来，中国展现出了世界级的活力水平，而中国人却在讨论如何焕发本土创新所需的活力，因为如果不能做到这一点，高增长将很难维持下去。"他认为中国自己的认识和意图是正确的。按他的研究发现，中国 30 多年来还只是属于"活力较弱的经济体"，只是因其灵活性而不是高活力实现了高速经济增长。这样的经济体"可以在一段时期内表现出比高活力的现代经济体更高的增长率，但随着这些经济体的相对地位提升，对现代经济实现了部分'追赶'，其增速将回到正常的全球平均水平，高增速会在接近追赶目标时消退"③。

可见，在经济全球化新时代，中国要走的艰难道路是：从以规模庞大为特点的经济体成长为充满活力的经济体，即从人均收入处于世界平均值以下，提升为达到世界高水平，这需要有保持经济动力和活力的新观念，要从高速度增长转向高质量发展。奈斯比特曾指出，从一定意义上可以说，"世界经济大变局"的实质就是"中国改变世界格局"。④ 而中国能否改变世界，关键不在于国家实力能否雄踞世界，而在于价值观念能否启示和召唤人心。"人类命运共同体"意识就是中国贡献给世界的一个极有价值的思想启示。

---

① ［美］约翰·奈斯比特、［奥］多丽丝·奈斯比特：《大变革：南环经济带将如何重塑我们的世界》，张岩、梁济丰、迟志娟译，吉林出版集团中华工商联合出版社 2015 年版，第 200 页。

② ［美］埃德蒙·费尔普斯：《大繁荣》，余江译，中信出版社 2013 年版，第 32 页。

③ 同②，第 24 页。

④ 同①，第 173 页。

二、人类命运共同体意识是全球化新时代的方向标

2012 年，中共十八大报告正式提出"倡导人类命运共同体意识"。此后"人类命运共同体"概念越来越受到人们重视，并走向世界，成为中国话语中的一个激发人心的亮点。2017 年 1 月 17 日，习近平主席在世界经济论坛（达沃斯）开幕式上所做的主旨发言中，进一步强调了人类共同体思想，并于 1 月 18 日在日内瓦万国宫发表了《共同构建人类命运共同体》的演讲，全面系统地阐述了人类命运共同体理念，就事关人类前途命运的重大问题提供中国思路、中国方案，为人类社会发展进步探寻方向、描绘蓝图。这是中国给世界的一个具有深远意义的启示和思想贡献。

人类命运共同体意识的核心是正确认识经济全球化。习近平在 2017 年 1 月 18 日在联合国总部的演讲《共同构建人类命运共同体》中指出："经济全球化是历史大势，促成了贸易大繁荣、投资大便利、人员大流动、技术大发展。21 世纪初以来，在联合国主导下，借助经济全球化，国际社会制定和实施了千年发展目标和 2030 年可持续发展议程，推动 11 亿人口脱贫，19 亿人口获得安全饮用水，35 亿人用上互联网等，还将在 2030 年实现零贫困。这充分说明，经济全球化的大方向是正确的。当然，发展失衡、治理困境、数字鸿沟、公平赤字等问题也客观存在。这些是前进中的问题，我们要正视并设法解决，但不能因噎废食。""100 多年全人类的共同愿望，就是和平与发展。然而，这项任务至今远远没有完成。我们要顺应人民呼声，接过历史接力棒，继续在和平与发展的马拉松跑道上奋勇向前。"

各国必须主要依靠自己的努力首先"把自己的事情办好"，同时难以采取对外扩张和掠夺的方式来转移国内矛盾，解决本国问题。依靠地理空间和产业空间中的"占地为王"和"夺市强掠"已经不是可行的战略选择。每一个国家都将更加着眼于自己国民的"民生体验"，实际上是进行全球性的治理竞争、文明竞争和民心竞争。各国将在商品、资金、人员、信息等更具国际自由流动性的全球化体系中，进行深度竞争与合作，人民福利体验也将以全球化为背景，因为开放的世界使各国国民可以进行民生体验的国际比较。各国制度的"合法性"和执

政者的"合法性"将以国际比较下的民生增进和经济社会发展的包容性和可持续性为依据。通俗地说就是：人民满意不满意、认可不认可，将决定经济全球化新时代的国际竞争输赢。

全人类的共同愿望基于共同的利益，全人类的共同行动缘于身处同一个地球，面临共同挑战：资源约束、环境破坏、气候变异、安全风险、恐怖主义。此外，还有许多因发展落后或不平衡而产生的矛盾甚至冲突：贫穷、疾病、不平等。这些都需要人类共同努力，合作应对，特别是要维护世界和平和国际体系，负责任、有能力的国家尤其是大国，要为人类发展提供更多全球性公共品。

在近现代人类发展史上，工业革命、资本主义市场经济发展与经济全球化是"三位一体"的过程。以市场经济推动的工业化，必然走向经济全球化，经济全球化要求各国或各地区的市场开放，并实现世界市场的一体化。19世纪到20世纪中叶之前，以第二次世界大战为界，为第一次经济全球化时代；20世纪中叶直到21世纪第一个10年为第二次经济全球化时代。当前，世界正在兴起第三次经济全球化浪潮，进入经济全球化新时代。① 第一次经济全球化时代，以领土（殖民地）争夺直至第二次世界大战为资本主义工业化开拓世界市场。第二次经济全球化时代，形成霸权国家主导的世界贸易秩序，全球化取得很大成就，但也出现了越来越严重的对抗、分化、极化现象。在这一时代，中国从落后封闭走向开放崛起，开始重回历史中心舞台。更多国家和民族融入全球化，各类经济体的利益越来越相互渗透、融通，虽然矛盾难以避免，但更具包容性和均势性的全球经济符合大多数国家利益。尤其是对于自身利益边界扩展至全球的世界大国，维护经济全球化发展的新均势、新格局同各自的国家利益高度一致。可以说，世界任何地方发生的重大灾难，都可能会导致本国一些公民或侨民的生命财产损失，因为他们的足迹和利益关系遍布世界。整个世界在客观上已经表现出向各国利益交融的"地球村"方向演进的趋势。

上述世界大趋势决定了在经济全球化的新时代，和平发展、多元共治、包容均势必成主流。因此，中国倡导的人类命运共同体理念，并非主观意愿，而是对客观趋势的认识体现，当然这一认识和主张是前瞻性的，具有方向标的意义。它表明路在前方，但崎岖不平，须经持续努力，才能抵达彼岸。

---

① 金碚：《论经济全球化3.0时代——兼论"一带一路"的互通观念》，《中国工业经济》2016年第1期。

三、"一带一路" 构想推动走向人类命运共同体世界

当前，世界工业化和经济全球化正在向欧亚大陆及南方国家的纵深地带发展，有望形成全球繁荣新格局和世界秩序新均势。为顺应这样的世界工业化和经济全球化大趋势，中国发出了"一带一路"和"建立新型大国关系"的时代倡议，这将为经济全球化新时代注入新的活力、动力和竞争力。

200 多年来，尽管历经巨大的历史变迁，但人类发展并未脱离这"三位一体"的基本轨迹：今天的世界仍然处于市场经济纵深发展、工业化创新推进、经济全球化势头强劲的时代。当然，今天各国的工业化和市场经济发展同 200 多年前的工业化先行国家有很大差别，今天的经济全球化同以往时代也大为不同。中国的"一带一路"构想，体现了人类命运共同体的意识，将成为经济全球化新时代具有标志性意义的伟大壮举。而实现"一带一路"构想的关键，则在于必须体现经济全球化新时代的全球互通、互利互惠的根本要求，这是形成人类命运共同体的基本方向。

进入经济全球化新时代，更多国家间实现更全面深入的"互联互通"是一个基本的趋势。中国提出"一带一路"构想，其核心含义首先是要实现更通畅的"互联互通"格局。

当前世界地缘政治格局的四大板块（也有学者称之为"战略辖区"）包括海洋国家板块（以美国及濒海欧洲国家为核心）、欧亚大陆国家板块、东亚陆海板块和南亚次大陆板块。"一带一路"构想几乎同世界的四大地缘板块都有密切关系。要在如此广泛和复杂的地缘空间中实现"互联互通"，牵动全球，可以检验人类命运共同体的观念是否具有现实基础和客观依据。

纵观世界历史，经济全球化几乎与利益冲突及国家战争同行。在陆权时代，国际"互联互通"的客观趋势往往要通过世界范围的大规模战争来实现。那时要实现"互联互通"就要扩大"势力范围"，即以构建"势力范围"的方式达到互联互通，而各国占有的各"势力范围"之间则通常难以实现互联互通，而往往是以邻为壑。只有在各"势力范围"内才有国家提供"互联互通"的安全保障。所以，占据更大的陆地领土和势力范围以扩展"生存空间"成为陆权时代

的地缘政治特点，实际上也成为爆发战争的原因，甚至成为侵略行为的"理由"。

进入海权时代，濒海国家占据优势，英国特别是 20 世纪以来的美国成为霸权国家。在这一时代，"发现"和拓展海外殖民地被认为是海洋强国的"合法"权利，"发现新大陆"成为"英雄"行为，实际上不过是将原住民赶走或杀戮，占据他们的领地。当殖民地瓜分完后，海权国家（主要是美国）则会要求和迫使大陆国家"门户开放"作为其实现"互联互通"的全球化战略，并提出一系列"自由贸易""自由市场"、公海"自由航行权""经济全球化"等观念，使之成为保证世界"互联互通"格局和维护世界治理秩序的"原则"和法理基础。在所有国家中还有一个"警察"国家，即超级大国——美国，其自认为拥有维护这样的世界秩序的特权。"美国特殊"或"美国例外"成为这个时代的一个特点。

这个时代还有一段"插曲"，即在"二战"后的冷战时期，苏联与以美国为首的西方国家相抗衡，也力图形成以其为中心，由苏联东欧国家及亚洲盟国所组成，并向其他地区渗透的势力范围，构造与西方资本主义国家相对立的"平行"地缘政治战略空间。实际上是两大意识形态观念支撑着以对抗为前提的"互联互通"，必然引致很大的国际紧张和冲突。20 世纪 90 年代苏联解体之后，才真正可能出现全球化的"互联互通"整合空间。

可见，以往的"互联互通"主张都具有强权国家战略的意涵，是利益严重冲突和对立前提下的经济全球化，也就是说，有更大实力的国家才能凭借霸权，主张和推进势力范围内的"互联互通"，可以说那是一种"帝国"野心笼罩之下的经济全球化。所谓经济全球化，可以理解为强权帝国（美国）的"全覆盖"。而面对这样的经济全球化和"互联互通"要求，弱国则往往倾向于自我封闭和实行保守主义政策，除非可以确保自身安全和利益，否则宁可不要门户开放和互联互通，也要坚持拒绝自由贸易和全球化。换句话说，各国没有共同的利益，不是命运共同体，而是命运相克方。特别是，全球化及其要求的"互联互通"与各国的国家安全利益密不可分。如果危及国家安全，仅仅基于经济上的"互利互惠"，生意再大、"油水"再多，也不足以形成"心甘情愿"的全球化格局，而相互封闭才是国家安全利益所在。

因此，真正的经济全球化和顺畅而主动的"互联互通"，归根结底取决于各国之间是否存在共同利益，具有相互间的安全承诺和保障，也就是说，只有承认人类命运共同体，感受人类命运共同体的存在，经济全球化和顺畅而主动的"互联互通"才是客观可行和可持续的。中国处于"以复兴中的中国为核心的东亚陆海板块",其地缘政治地位的特点是兼具海洋和大陆两方面的性质,所以,中国提出的"一带一路"倡议是一个更具包容性的构想。这一构想基于经济全球化的现实,可以促进人类命运共同体的实现,但还需要有各国可以接受的"观念互通"。因为,心不通则道不同,心通才能路通。

"一带一路"所要求的"观念互通"并不是"观念统一",也不期望更不强制相关各国统一于中国的观念。世界的现实是,尽管自工业革命以来,科学理性成为各国需要接受的"先进思想",但在实际的经济行为中,各国各地各民族不同的文化理念必然发挥深刻而广泛的影响,可以说,赤裸而纯粹的"经济理性"在现实中是不存在的。当前的世界工业化正在向具有深厚历史文化根源的大陆腹地推进,"一带一路"相关国家许多都是人类文明的发源地,文化观念的丰富性既是财富也是推进工业化须经之"山丘",景色美好,路途崎岖。中国主张的"一带一路"构想,希望实行"全方位对外开放",但其他国家对此未必有同样的理解。即使相关国家的政府能够认同,社会各界也未必完全服从,而且,政府本身也可能因执政党轮替而改变倾向。所以,"一带一路"构想的实现,必须以最大限度的包容性来实现各国差异观念间的沟通,寻求不同价值观念中的最大"公约数"。

人类命运共同体就是一个最有可能为各国各民族接受的观念"公约数"。不必谋求"势力范围",不诉诸强弱竞争,而是在共同利益基础上的伙伴互惠,尊重各国的主权、经济秩序(制度、法律和政策)和发展战略。在经济全球化观念中注入发展意识和包容性意识,促进"全球化均势发展"或"全球化包容发展",就有可能最大限度地接近人类命运共同体理想。中国向世界贡献的这一新观念不仅可以为经济学理论(尤其是发展经济学)和地缘政治理论所支持,占据理论高地,而且占据了人类发展的道德高地,体现经济全球化新时代的新观念,展现人类文明的理想境界。

当然,主张人类命运共同体的观念意识,并不是否定矛盾,粉饰太平。尽管以国家间大规模战争、国土占领和霸权国家主导为特征的冲突激烈的时代已成过往,和平发展成为世界主流,但是利益分化、矛盾冲突仍然存在,恐怖主义、阶级斗争、移民困境、政权动荡等现象表现出人类仍然存在深刻的内在矛盾,仍然是地球上最具内部冲突性的"物种",甚至可能表现出相互杀戮的残忍性。因此,人类发展仍然可能陷入巨大困境,今天的世界还不是一个太平、安定、幸福的人类乐园。实现人类命运共同体是一个美好的向往，而美好向往正是人类为之奋斗的目标。

最近，美国特朗普政府举起贸易保护主义旗帜，以"国家安全"和"美国吃亏"为理由，挥舞增加关税等"大棒"，大打出手，把世界经济秩序搞得人心不宁。特朗普宣称"美国优先"，要为美国工人争得更多利益。但是其所作所为却损害了许多国家的利益，反过来也必然损害美国和美国人民的利益。有人担心，贸易摩擦可能演化为政治对抗，甚至引发军事冲突。而特朗普针对的主要对象国就是中国。在这样的现实形势下，中国提出人类命运共同体主张是否显得一厢情愿了？

中国改革开放40年的历史成就表明，只要方向正确，持续奋斗，即使路途艰难，人类的美好向往是能够实现的。中国实现经济发展和民生改善，本身就是向各国所追求的共同目标推进的重要体现，也是为构建人类命运共同体所做出的重大贡献。中国的发展没有损害任何国家的利益，相反，许多国家都可以从中国的发展中获益。再过两年，中国将全面建成小康社会，这对于改革开放之前极为贫困的中国，是一个难以想象的目标。今天，中国人完全可以自豪地说："百年之梦在一代人的生命时间里就可得以实现，一代人的人生经历就可以体验一个国家的历史巨变：从饥饿到丰足，从贫困到小康。"因此，中国可以自己改革开放40年的成就为据，并以初具实力的国家底气为基，充满自信地向世界贡献"人类命运共同体"意识和"一带一路"构想。这绝不是一句空话和无根据的空想，"一带一路"构想正是推动全球走向人类命运共同体世界的务实行动。中华民族是一个乐观而务实的民族，我们相信：人类能够消除种族冲突、国家战争、内部杀戮、恐怖行为，共同携手战胜饥饿、贫困、病魔，实现人类命运共同体的向往。人类将以自己的行为证明可以成为这个地球上的优秀居民！

[参考文献]

[1]［美］兹比格纽·布热津斯基：《大棋局：美国的首要地位及其地缘战略》，中国国际问题研究所译，上海世纪出版集团2007年版。

[2]［美］罗伯特·卡根：《美国缔造的世界》，刘若楠译，社会科学文献出版社2013年版。

[3]［美］约翰·奈斯比特、［奥］多丽丝·奈斯比特：《大变革：南环经济带将如何重塑我们的世界》，张岩、梁济丰、迟志娟译，吉林出版集团中华工商联合会出版社2015年版。

［4］［美］亨利·基辛格：《世界秩序》，胡利平等译，中信出版社 2015 年版。

［5］［美］埃德蒙·费尔普斯：《大繁荣》，余江泽，中信出版社 2013 年版。

［6］金碚、张其仔等：《全球产业演进与中国竞争优势》，经济管理出版社 2014 年版。

［7］金碚：《大国筋骨——中国工业化 65 年历程与思考》，南方出版传媒集团广东经济出版社 2015 年版。

［8］金碚：《论经济全球化 3.0 时代——兼论"一带一路"的互通观念》，《中国工业经济》2016 年第 1 期。

（原文发表于《北京交通大学学报》（社会科学版）2018 年第 4 期，有改动。）

建设现代化经济体系：准确把握现代产业体系的开放性

当前，世界经济和国际经济政策环境正在发生很大变化，我国产业体系建设和发展亦面临新的挑战。如何认识和应对新形势和新挑战，是摆在我国产业体系建设面前的一个重要课题。需要认识到的是，现代产业竞争本质上是系统的竞争，因此，成长于全球化、壮大于全球化、协同于全球化、兴旺于全球化，是现代产业体系建设和发展的正确路径。

话题之一：现代产业体系是开放性系统

提要：现代产业体系的进步性和更强活力，表现为与传统产业体系相比具有更大的开放性和协同性。在现代产业发展中，越是开放，就越是充满活力，越是强健和具有市场适应性。

中华人民共和国成立以来，特别是改革开放以来，从提出要走出一条适合中国国情的工业化道路，到建立独立完整的工业体系，进而提出要建设现代产业体系，一直是我国经济发展和国民经济建设的重要方向。在一般语境中，"体系"或"系统"似乎意味着"完整"，应具有自成一体、自我循环、不依赖外部因素的特征。其实，凡是具有生命力的体系或系统都必须同体系外或系统外进行能量、物质或信息交换（交流），一定的开放性和"输出—输入"通畅是任何生命体系的重要特征。现代产业体系的进步性和更强活力，正表现为与传统产业体系相比具有更大的开放性和协同性，不仅具有国内开放性，而且具有国际开放性，并以开放方式实现广泛的协同性。

在现代产业体系中，绝大多数企业所生产的产品都是社会分工的产物，没有任何一种复杂产品的所有零部件都可以由一个企业自制。所以，现代产业体系的一个重要特征就是：所有产品都是在社会分工和国际分工体系中制造的，所谓"自产""国产"等均只有相对意义。

那么，各生产企业或单位为什么会选择这种"有求于人"的生产方式呢？原因很简单：国际分工生产的产品通常比国内分工生产的产品的竞争力更强。国内分工产品是在一国范围之内优选合作者或协同者，国际分工产品是在多国范围内优选合作者和协同者。无论是成本控制还是质量水平乃至技术选择，后者都强于前者，因为其选择性更强、保障性更可靠。

现代生产的这一特征决定了现代产业体系必然具有很大的开放性，无论大国还是小国的产业体系都是进行国际化循环的开放系统。在现代经济中，除了极为特殊的产品之外，封闭的产业系统是难以生存的。可以说，在现代产业发展中，越是开放，就越是充满活力，越是强健和具有市场适应性，而封闭则意味着落后和被淘汰。

话题之二：产业国际竞争力体现在全球化分工中

提要：在现代产业发展中，产业国际竞争力很大程度上取决于参与全球化分工的广度和深度，增强产业国际竞争力才是产业安全的根本保证。

由于现代产业的特点是所有产品都是社会分工合作的成果，是多国生产单位参与的"国际制造"产品，那么，各国的产业竞争力如何体现呢？我认为，既要看规模、门类，还要看所处的产业链环节。改革开放以来，我国产业发展迅速，在国民经济统计分类的所有产业类别中都有不俗表现。目前，在500多种主要工业产品中，我国有220多种产量位居世界第一。作为全球制造业第一大国，完整的工业生产体系是我国产业国际竞争力较强的一个方面的重要表现。但同时也要看到，在大多数产业类别中，我国企业大都居于产业链或产业分工的中低端环节。而且在我们一些具有优势的产业中，其核心零部件仍然主要依靠外国。

前段时间国内有一种声音，认为中国必须加大投入，自力更生、自己生产，将包括芯片等在内的核心技术掌握在自己手里。这样的主张指出了中国企业在进入制造业高端环节时的徘徊，在核心技术上的进取确实是中国产业发展的一个战略方向。但是，绝不能因此而认为只有掌握在自己手里的生产能力才是可靠的，融入国际分工就会导致安全风险，处于受制于人的被动境地。这样的推论并不成立，全球化国际分工与产业安全并不是对立关系。相反，在现代产业发展中，产业国际竞争力很大程度上取决于参与全球化分工的广度和深度，增强产业国际竞争力才是产业安全的根本保证。这是我国改革开放 40 年来的实践所证明的一个重要经验。

当前，美国特朗普政府试图以限制中国与美国进行深度分工的方式来获取短期利益，激烈地表现为以加征关税的方式来限制中国产品进口，企图强制性地谋求贸易平衡，或者企图以此手段迫使中国更大开放或自我限制。这样只可能导致各方产业竞争力受损，而且破坏了世界产业进步的正常路径，扰乱国际产业竞争秩序。

在当代世界，产业国际竞争力体现在全球化分工中，如果采取破坏全球化分工的方式，试图损人利己，结果只能是各方受伤。由于各种产品实际上都是"国际制造"，采取增收关税方式根本难以做到"精准打击"。因为全球化分工条件下，竞争对方既是你的对手，同时也是你的供应者，你是对方的供应者，同时也是对方产品的需求者，无论是禁止供应还是阻止购买或征收惩罚性关税，结果总是"杀敌一万，自损八千"。贸易关系的实质从来就是，参与各方既是对手又是伙伴。所以，以征税为手段的所谓"贸易战"是不可能无限度地打下去的，它只是一个笨拙的战术武器。

话题之三：供应和市场的可替代性 是避免竞争限制的关键

提要：提高本国重要产业的产业链国际可替代性和市场可替代性是产业安全的关键。中国产业已到了负有全球责任的发展阶段，联合更多国家进行技术创新合作，打破重要产业链中的垄断性环节，整个世界都可以从中受益。

在现代产业分工体系中，各产业链在全球范围分布，各国进入全球化的产业链，可以获得巨大的国际分工利益，但也存在一旦链条的某个环节被破坏，可能导致生产流程难以运转的风险。而所谓"关键零部件"，实际上就是缺乏可替代供应的"卡脖子"环节。这往往存在于只能由某个国家或者是能达成一致行动的少数国家所生产的特定零部件，即拥有技术垄断能力。一旦国家间的贸易摩擦升级，拥有技术垄断地位的国家有可能使用垄断势力来获取自己的狭隘贸易利益。尽管发生这种现象的概率很小，但仍然值得我们关注和研究。

为了避免发生这样的情况，是否意味着各国都必须做到在各产业链的每个重要环节都要有自己的配套生产技术和生产能力呢？从全球化的产业分工格局来看，这样的要求是难以达到的，即使能够达到，也未必是有效率的和可行的。试图凭借一个国家的产业完整和"大而全"来同世界产业分工体系抗衡，是很难有胜算的。

一个国家哪怕是一个大国，试图建立"万事不求人"的体系，不仅难以做到，而且会导致严重的资源浪费和配置无效率。产业安全的可行方式是，应努力做到产业链各环节的供应可替代性，即当某一供应方中断合作时，可以有其他供应方来替代。所以，凡具有竞争性（替代）供应方的产业链环节都不会成为产业安全的重要风险点。真正存在产业供应链风险点的是垄断性的（无替代）供应环节。

还有另一种产业安全风险，即缺乏市场替代空间，也就是当产品销售的某国市场大幅度缩小，或者因政府保护政策而导致生产国的产品竞争力无法承受而不得不退出或削减在该国市场的销售时，是否能有其他国家的市场可以开拓。

因此，从国家产业发展战略来看，提高本国重要产业的产业链国际可替代性和市场可替代性是产业安全的关键。要识别和警惕产业链中的哪些环节具有高度的国际供应垄断性，鼓励本国企业，当然也可以联合更多国家的企业，合作研发，共同努力，打破一国垄断的格局。作为一个已经具备了相当经济实力的国家，中国产业已到了负有全球责任的发展阶段，联合更多国家进行技术创新合作，打破重要产业链中的垄断性环节，整个世界都可以从中受益。同样，开拓更大的全球市场，亦是有效战略。

话题之四：以全球化思维选择产业发展路径

提要：未来，中国产业发展应走向开放意识与安全意识并重的方向，绝不能因战略性竞争而采取封闭策略。只有在开放竞争中使自己更强，才是产业发展之路、国家兴旺之道。

改革开放40年来我们得出的经验是，封闭是最大的不安全，开放中增强竞争力是最有效的安全保障。因此，中国坚决主张实行自由贸易，强调"中国开放的大门不会关闭，只会越开越大"。

需要进一步认识的是，改革开放40年来中国的国际地位已经改变。中国产业发展从以前的封闭发展，到改革开放以来走向开放的发展，将进入开放竞争的发展阶段。这一新阶段的到来是不以人的意志为转移的。在这样的新阶段，中国产业与世界产业的融合趋势将进一步增强，其他国家离不开中国产业，中国产业实际上也离不开全球产业。未来，中国产业发展应走向开放意识与安全意识并重的方向，绝不能因战略性竞争而采取封闭策略。要看到，越是不开放，风险就越大；已经具备相当实力的国家，凡是勇于开放的产业都可能成为国际竞争力很强的产业；而凡是封闭和被保护的产业，总是越保护越依赖保护，越难以承受开放竞争的风险。

进一步看，在新阶段，产业安全亦应该被放在同开放同样重要的地位。产业安全不是靠保护主义就可以得到长期维护的，以保护对保护也不是有效之策。所以，我们需要有正确的产业安全观。在经济全球化中以更大的开放实现产业安全是大趋势，坚持这样的产业安全观实际上是强者逻辑，只有在开放竞争中使自己更强，才是产业发展之路、国家兴旺之道。

总之，现代产业的国际竞争，主要不是体现在本国产业体系是否完整上，而是本国产业在全球产业中的系统性竞争优势。具有全球化系统性竞争优势的国家，其产业竞争力不仅取决于本国企业，而且得益于各国企业的合作。现代产业竞争本质上是系统的竞争，因此，成长于全球化、壮大于全球化、协同于全球化、兴旺于全球化，是现代产业体系建设和发展的正确路径。

（原文发表于《经济日报》2008年7月19日第14版，有改动。）

关于中国经济 70 年发展的新观察

今天已经没有人会否认，中国 70 年来的经济发展是人类发展史上的一个伟大奇迹。有国外的经济史学者研究了人类经济发展的漫长过程后感慨地说："这是世界史上最为成功的发展故事。"① 从世界范围看，在此之前 200～300 年开始发生的西方工业革命和工业化历史，也曾经是人类发展史上的一个伟大奇迹。中国今天所创造的这第二个发展奇迹，当然得益于和启示于第一个奇迹，希望以其为榜样，承认其为"师傅"，但中国经济发展的奇迹并非是对西方工业化的第一个奇迹的简单模仿和复制，而是一个非常有"特色"的过程。因而中国经济发展 70 年的历史，并非关于西方工业化的同样理论可以充分解释。有学者总结，关于中国经济史的研究主要有两种范式或学派：历史学范式和经济学范式。"历史学派的研究重心和优势是史料的收集、整理和熟练运用史料。体现着研究问题的'中国化'。经济学派的研究重点和优势则是经济学的分析工具和经济理论，强调研究问题的'西方化'。"② 那么，如果以更贴近"中国化"的思维和与"西方化"对比的方式来认识和解释中国工业化和经济发展 70 年的进程，我们将看到一幅怎样的图景呢？如果基于传统经济学范式难以解释，或其所描述的图景与现实差异巨大，那么应以怎样的理论来刻画中国经济发展 70 年的历史逻辑呢？

---

① ［南非］伊恩·戈尔丁、［加］克里斯·柯塔纳：《发现的时代：21 世纪风险指南》，李果译，中信出版集团 2017 年版，第 83 页。

② 赵学军：《改革开放以来的中国现代经济史学：范式、进展与前瞻》，载武力《产业与科技史研究》（第四辑），科学出版社 2019 年版，第 16、18 页。

一、解释中国经济须有新的范式思维

世界绝大多数国家的经济现代化都起始于工业革命。据估计，从世界范围看，与工业革命前相比，现代经济增长了 1500% 以上，超过 16 倍。工业化和现代经济增长被称为人类发展历史中的"史诗般的、非常规的大事件"。所以，"现代经济的大飞跃不可能仅靠捕捉可计算的常规预期利润来推动。"① 可以说，以工业革命和工业化为核心的经济现代化是人类发展漫长历史中的一个"奇迹"。由于经济现代化首先表现为显著快于人类发展长期过程的经济增长，于是，经济学家们力图以各种理论来解释现代经济增长的原因，即经济增长特别是高速经济增长是如何发生的。他们提出了例如"节俭论""储蓄推动""贪欲正当论""资本积累""地理优势""产权激励""掠夺""大推进"等各种关于经济增长和工业化动因的理论。也有一些学者认为，是观念的力量（例如宗教革命、文艺复兴运动等）改变了世界，或者，是制度变革促进了工业化和经济现代化。当然，对于信仰马克思主义唯物史观的人会进一步提问："那么，观念为什么会改变（革命）呢？""制度变革是怎样发生的呢？"按照马克思的历史唯物论观点，基本的规律是：生产力进步决定了生产关系变革，经济基础决定了上层建筑。那么，在近现代为什么会在一些西方国家发生生产力的非常规性进步，而出现工业革命和工业化现象呢？

关于现代经济增长的一个具有哲学意义的争论是：现代经济增长以及制度形成和变革是理性主导的吗？是因为人类追求经济合理性，才导致了现代经济增长吗？如果突出理性的力量，那么，是谁的理性产生了根本性作用呢？对此有两种根本性的不同认识。

一种认识认为，个人当然有一定的理性，大多数人都会努力做对自己有利的事情，但是，人类的个体即使都具有理性，也根本没有处理整个社会经济中大量分散的经济信息的能力，无数个人只得靠自发的交换行为来（不自觉地）决定

---

① ［美］迪尔德丽·N. 麦克洛斯基：《企业家的尊严——为什么经济学无法解释现代世界》，沈路等译，中国社会科学出版社 2018 年版，第 446、447 页。

资源的配置，每个人的"贡献"和所取得的"分配"额之所以能够相匹配，是因为相信"市场竞争"机制会像一只"看不见的手"那样发挥调节作用。这一认识的观念根源实际上就是不相信存在集体理性，更不相信社会可以有一个"计划中心"来体现或代表集体理性有效地实行"计划经济"，所以，关于社会经济的资源配置决策归根结底只能在一定的规则秩序下由个人的自由选择来决定，从经济学角度来说就是由自由竞争的市场机制来决定资源配置。著名经济学家弗里德里希·奥古斯特·冯·哈耶克说："苏格拉底有句名言——承认无知乃是智慧之源，此言对于我们认识社会具有深刻意义。要认识社会，我们就必须首先意识到我们对许多有助于人们实现自己目标的东西必然是一无所知的。""文明是人行动的产物，或者更恰当一些说，是数百代人行动的产物。但这并不意味着文明就是人们设计的产物，甚至也不意味着人们清楚文明发挥功能或继续存在的基础。"① 也就是说，他相信个人是有理性的，但社会却不可能有代表集体理性的"计划中心"，也无法"设计"出"文明"。不过，他也不认为个人理性就是追求经济价值最大化的工具理性（马克斯·韦伯语），而认为人并没有与生活的其他目的毫无关系的"纯粹的经济目的"。哈耶克说："除开守财奴的病态案例以外，就不存在纯粹的经济目的。有理性的人都不会以经济目的作为他们的活动的最终目标。严格说来，并没有什么'经济动机'，而只有作为我们追求其他目标的条件的经济因素。在日常用语中被误导性称为'经济动机'的东西，只不过意味着人们对一般性机会的希求，就是其希冀取得可以达到不能一一列举的各种目的的能力。"② 换句话说，"经济动机"并不是人的最终动机，而只是达到最终动机或本真价值动机的手段（工具）。

另一种认识是，不仅可以相信集体利益和集体理性的存在，而且相信人类具有理性能力，可以（至少在相当程度上）自觉地把握社会经济发展规律和方向，并做出体现集体理性的集中决策，避免社会经济发展的盲目性所导致的矛盾和恶果。这就是社会主义观念以及主张政府可以发挥经济调控作用（以至实行经济计划）的认识论基础和逻辑根由。当然，即使是最极端的自由主义者，也不否认政府的作用，不过，他们认为政府总是会犯错的，因此，虽然不可避免地需要有政

---

① ［英］弗里德里希·奥古斯特·冯·哈耶克：《自由宪章》，杨玉生等译，中国社会科学出版社2012年版，第44、45页。

② ［英］弗里德里希·奥古斯特·冯·哈耶克：《通往奴役之路》，王明毅等译，中国社会科学出版社1997年版，第109页。

府作用，维护竞争秩序，但必须把政府干预减少到最低限度。

基于对人类理性的认识，关于社会经济运行和发展的理解和解释，逐步形成了西方主流经济学的基本范式（当然对此在西方学界也有各种不同观点和相异学术立场），即微观经济学和宏观经济学。这一学术范式假定，经济活动的主体是具有经济理性（工具理性）的"个人"或私有企业（并假定企业的行为目标取决于个人理性），个人和企业作为市场经济的微观主体，依据市场价格信号（把市场想象为所有人进行产品交换的"大集市"，假定每个人都有关于产品交换比率的经验），自主决策，自由交易，决定了社会资源的配置（贡献和分配的匹配）。所以，只要给微观主体（个人和企业）以充分的竞争自由和产权保护，以个人主义行为所推动的市场经济就可以实现经济增长，以至发生工业革命和工业化。当然，除此之外，还假定有一个被称为"政府"的宏观决策主体，维护市场秩序和对经济活动的宏观（总量）态势进行"调控"。并且假定政府具有"唯一性"（也可以是超越行政机构的独立机构，例如美国联邦储备系统）和决策行为的独断性（政府的决策过程可以通过"公共选择"机制来实现），这实际上暗含着假定：至少在经济"总量"关系层面，政府是具有或者可以代表集体理性的（例如，要求达到总需求与总供给的平衡，或实现充分就业等社会目标）。总之，微观—宏观范式成为解释经济运行和发展的基本思维框架。

那么，以这样的学术范式和理论思维也可以解释中国经济发展70年的进程吗？只要稍微接触历史事实就会发现，中国的现实国情显然非常不同于上述微观—宏观范式所设想的情况，特别是，中国的经济主体和参与角色显著不同于西方主流经济学的范式承诺（假定）。其最大特点之一是，中国经济发展中，具有决定性作用的一个角色或因素是"中国共产党"，即由宪法确认的居于执政地位的中国共产党（以下简称"党"），它所发挥的作用非常强大，但在经济学的范式框架中却没有它的存在。党既不是一般的微观经济主体，也不是经济学范式承诺中的"政府"，它的作用也不同于宏观经济范式所认定的"宏观经济政策"调控行为。

中国经济的一个基本特质是：以党领政（共产党领导政府）和以党导经（共产党指导经济）。而在主流经济学的微观—宏观范式中，是完全没有"党"这样的角色和因素的。由于西方国家率先实现工业化和进入现代经济社会，成为世界经济中的"主流"，所以，在此背景下形成的西方主流经济学的微观—宏观理论范式同西方经济的"域观"① 性质基本吻合（其实各国情形也不完全一致）。但如果在观察和解释中国经济的理论范式中也承诺微观—宏观范式，直接采用以这一范式为基础的分析方法，而无视"党"的存在和作用，那么，就像是一个"有眼无珠"的观察者，似乎在"观察"，其实根本不见实情。无须勉强，只要"睁开眼睛"聚焦事实，不受先入为主的范式教条所禁锢，不带偏见地观察、讨论和研究中国经济，大概所有的经济学家都会承认，忽视、无视或舍弃"党"的角色和作用，在理论范式中"假设"没有"党"的存在，就根本无法理解和解释中国经济和中国工业化。不过，遗憾的是，主流经济学的现有范式承诺中却又偏偏完全没有这个重要的和关键性的因素。

在经济研究中，人们往往将党默认为"政府"中的一个组成因素，用"政府"功能的假设行为来涵盖党的作用。那么，中国经济中的"党"所发挥的作用或党的经济角色和行为，可以纳入西方主流经济学范式承诺中关于"政府"角色的假设含义之中吗？这显然是行不通的。因为，党在中国经济运行和发展中的作用，强烈地影响制度构建（及改革）倾向、经济决策倾向和观念行为倾向，但党又并不是如同经济学假设中的"政府"那样的宏观经济决策（调控）主体或管制机构，而是具有超然性。也就是说，它的经济地位和角色功能是"超宏观"的，具有极强的影响力和穿透性，是经济学的"微观—宏观"范式和"企业—政府"关系构架所根本无法涵盖和驾驭的因素。所以，观察和研究中国经济70 年的发展道路和中国工业化的历史和现实，必须有新的范式思维，不可拘泥于现有的经济学范式承诺框架。

美国经济学家约瑟夫·熊彼特说："人类的社会进程，宛如一条恣意汪洋的大河，生生不息而又浑然一体。所谓的经济事实，只不过是研究者用分类的手段，从这条大河中人为地分离出来的东西。当我们说某个事实是经济事实时，这其实是一种抽象的说法，因为所谓的事实，只不过是现实在一定技术条件下，在心灵中形成的复本而已，而抽象就是这个过程的第一步。"②

那么，西方经济学是如何进行经济事实的人为抽象，而导致了主流经济学的范式局限性的呢？美国经济学家布莱恩·阿瑟评论道："一方面，经济学的'门户'得到了清理，以前已经被接受为'经济学理论'的大量松散的、草率的论

① 关于"域观"概念的含义，可参阅金碚：《试论经济学的域观范式——兼议经济学中国学派研究》，《管理世界》2019 年第 2 期。

② ［美］约瑟夫·熊彼特：《经济发展理论》，郭武军、吕阳译，华夏出版社 2015 年版，第 1 页。

断被排除掉了；另一方面，人们对市场和资本主义制度的内在优势更加尊重，理解也更加透彻了。但是，我相信这种努力也导致了思想的僵化，还导致了一种貌似正义、实为党同伐异的判断准则。某些东西可以被承认为经济学理论，而另一些东西则不被允许，最终的结果是经济学成了一个无法接纳其他思想的封闭体系。由此进一步导致了政治、权力、阶级、社会、根本的不确定性、创造生成和发展对经济的影响，全都被'关在了经济学殿堂的门外'。最终结果则事与愿违，这个研究纲领，至少它的超理性版本，已经失败了。"主流经济学无法看到，或者有意无视："社会和经济生活中有一个一般规律：给定任何一个系统，总会有人找到一种利用它、剥削它的方法。或者说得更简洁一些，所有系统都会被玩弄……即任何政治制度、任何法律制度、任何监管制度、任何企业制度、任何选举制度、任何政策组合、任何组织规则、任何国际协议，人们都能够以你意想不到的方式，利用它来谋取自己的私利。"①

尽管在主流经济学范式中排除了上述复杂因素，无视即使是具有强大影响力的"超然"因素，但在现实中，人类却总是不得不竭尽努力来试图解决所面临的这些复杂问题，并非因为这些重要因素在经济学范式承诺中的被忽视，而在现实经济中人们也完全束手无策。中国宪法确定了中国共产党的领导和执政地位，确认它作为社会经济制度构建中的一个超然存在体（超经济的领导力量），体现和代表社会理性（全体人民利益）而对重大社会经济问题的解决拥有主导权和决定权。这至少是人类发展中，探寻各种可能的制度构建，以应对上述社会系统缺陷的解决方案之一。因此，中国经济制度和机制具有"特色"的建构，不应被轻率地断定为是不可接受和难以理解的"例外"或"怪异"现象，而被排除于人类发展的历史"推理"解释过程和经济学的理论范式框架之外。更不应拒绝能够反映中国特色的经济学范式变革的理论探索，相反，要提倡在观察和研究中国经济时承认和重视这个具有中国特色的最重要域观现象。其实，在中国经济的现实域境中，忽视、无视或拒绝承认党的客观存在，不仅不是理论逻辑的合理"抽象"，反而是对客观世界的严重歪曲；可以说，经济学家们面对的所有关于中国经济的重要事实和文献，都离不开党的角色及其所发挥的重要（往往是决定性的）作用。换句话说，如果要求客观现实服从理论范式承诺，而不是理论范式

① ［美］布莱恩·阿瑟：《复杂经济学：经济思想的新框架》，贾拥民译，浙江人民出版社 2018 年版，第 23、166 页。

承诺符合客观现实，那就无异于削足适履，如同是企图把丰富的真实世界硬塞进陈旧狭隘的陶罐之中。

　　总之，在中国经济运行和发展过程中，共产党的角色存在、重要地位和极具穿透性的作用是一个不可否认的客观事实，回避这个客观事实绝不是经济学的科学态度。在研究中国经济时，如果人为"抽象掉"党的因素，只会使理论范式失去现实意义和解释力。如经济学家哈耶克所说：经济学"是有关人们为解释如何最有效地为不同目标而发现和利用不同手段的理论的理论"[1]。而"人类的多样性无与伦比"[2]。具有"不同目标的""多样性无与伦比"的人类经济，如果只能被形式化地纳入微观经济学和宏观经济学的"政—微"范式结构（而且往往被简化为"政—企"关系结构）中，怎么能解释各国经济发展丰富多彩的历史，特别是中国工业化和经济现代化奇迹般的历史？

　　因此，作为研究中国经济的一个域观范式承诺，以党—政—微（中共—政府—微观主体）范式架构来提升西方主流经济学的宏—微（政府—市场）范式结构，用更贴近现实的科学思维和分析方法反映中国经济运行和经济发展的根本性域观特质，是认识和解释中国经济 70 年发展，以至预见未来经济和社会发展前景的一个科学的和有价值的学术研究进展。

二、中国经济 70 年是"翻覆折腾" 还是"变不离宗"？

　　中国工业化和 70 年的经济发展既然被承认是一个"奇迹"，那么必有其极大特色和非常规性的因素。如果没有新的理论范式思维，就难以把握真实历史的脉络，也无法形成理论逻辑的清晰推理线索。如果一方面承认中国经济发展 70 年创造了人类发展的伟大奇迹，使亿万人获益和致富，国家从极端贫困中和平崛起，成为世界第二大经济体，而且没有人怀疑它很快将为成为世界第一大经济体；而另一方面，又无视它的重大域观特征（中国特色），拒绝接受反映它的域

---

　　① ［英］弗里德里希·奥格斯特·冯·哈耶克：《致命的自负》，冯克利、胡晋华等译，中国社会科学出版社 2000 年版，第 111 页。

　　② 同①，第 145 页。

观特性的经济学范式变革，则是自相矛盾的和缺乏逻辑自洽性的。

如果按照西方主流经济学的宏观—微观范式承诺来观察，那么70年来，中国经济发展似乎是一部"翻来覆去"反复"折腾"的历史，每一次历史性转折都会被简单理解为一次又一次的"否定以往""认识错误""纠正偏向""拨乱反正"；每一次变化都可以被比喻为"革新洗面"，往事不堪回首。所看到的往往是：许多过去的政策，即使"主观动机是好的"，也都执行不力，或"过犹不及"，为了追求主观选择的目标而付出了巨大代价，得不偿失；或者是"小和尚念歪了经""走了弯路"；由于过去的作为难以为继，就不得不进行"调整""整顿"，肃清旧观念，树立新思想。如果这样观察和解释中国经济发展，那么整个70年的工业化过程似乎支离破碎，没有逻辑。但是，如果按照"党—政—微"的范式构架来深入观察和透彻研究，就不难发现，中国经济发展曲折前行的70年历史中，存在一以贯之的逻辑线索和内在根据。

按照这样的范式承诺来看中国经济发展，党的角色和行为具有重要意义：70年的历史分期大多是由中国共产党的行为和决策（通常是党的重要会议和重大决定）来划定的；各发展时期的秩序规则特征、战略决策倾向以至社会行为心理状态，都受到党的意志和行为的重大影响；甚至判断行为"正确"与否，以及政策目标优先顺序的准则，也受制于党的意志。中国政府的行为，包括经济计划、重大决策、制度安排等，都是在党的领导下做出的；党政关系如同里表，"以党领政""以党导经"是中国现实经济重大决策的一个突出特征，政府的经济调控政策方向总是在党中央的"经济工作会议"中确定的。总之，只要实事求是地正视中国经济的这一重大域观特征，就会看到，影响以至决定中国经济70年走势的关键因素，是党的角色和行为所发挥的毋庸置疑的重大作用：

1949年，中共七届二中全会决定"党今后的工作重点由农村转移到城市，以恢复和发展生产为一切工作的中心"，提出中国"由农业国转变为工业国"的基本政策和总任务。这就是中国工业化和经济现代化进程的起点。

1956年，中共八大确定了"为建设一个伟大的社会主义中国而奋斗"的总任务，并确定"经济建设方针是既反冒进又反保守，在综合平衡中稳步前进"。而1958年八届二中全会却通过了"鼓足干劲，力争上游，多快好省地建设社会主义的总路线"。这决定了中国工业化从取得初步成就后，由于"超宏观"因素的影响，中国经济就进入了挫折和动荡时期，体制上越来越倾向于实行计划经济，忽视客观经济规律，相信"人有多大胆，地有多高产"，使国民经济发生了严重的比例失调现象。

1966年，中共八届十一次会议通过《中国共产党中央委员会关于无产阶级文化大革命的决定》，标志着中国进入"以阶级斗争为纲"的时代。当时虽然也提出"我们一定要把占世界人口四分之一的社会主义中国建设好"，讨论了"打破洋框框，走自己工业发展道路"和"经济建设和国防建设的体系和布局"等经济问题，但主要倾向是"突出政治"，政策目标的优先顺序严重地向"政治正确"倾斜，经济工作的指导思想是"抓革命，促生产"。这导致了70年历史中最惨痛的"文化大革命"十年动乱。不过，这仍然是"以党领政"和"以党导经"的表现，根本的内在机理并无颠覆性变化。只不过是党的超宏观导向发生了偏差。其实，任何决策机制的"失误"和"失灵"都是理论范式承诺所容忍的，世界上从来不存在绝对不会发生"失误""失灵"现象的经济主体、经济体制和决策机制（无论是市场还是政府），即使假定其行为和决策均基于理性。所以，超宏观、宏观和微观层面，都存在"失灵"的可能。当然一方面，微观、宏观、超宏观的决策都是人类行为，因而都可能发生"失灵"；另一方面，发生"失灵"后的纠错机制各有差别，但无论如何都是可以理解的客观现象，具有其内在规律性，只不过是一个在其过程中，人们是否能够认识规律性，以提高经济决策和行为选择的正确性的问题。

1978年，中共十一届三中全会完成了党的思想路线、政治路线的拨乱反正，这是一次伟大的正视"失灵"和坚决纠错的"超宏观"行为：做出把党和国家的工作重心转移到经济建设上来，实行改革开放的伟大决策。标志着中国进入现代化建设新的历史时期。党的路线方针端正了，各种扭曲关系得以"拨乱反正"，经济发展走向快车道。

1984年，中共十二届三中全会通过《关于经济体制改革的决定》，确认我国社会主义经济是公有制基础上的有计划的商品经济。以城市为重点的经济体制改革全面展开。

1992年，党的十四大提出坚持党的基本路线，加快改革开放，集中精力把经济建设搞上去，并明确提出，经济体制改革的目标是建立社会主义市场经济体制。提出用邓小平建设有中国特色社会主义理论武装全党。这是中国经济的决定性进步，影响深远。

2002年，在经历2001年的美国"9·11"事件和2001年底中国加入世界贸易组织之后新的国际形势下，中共十六大提出：高举邓小平理论的伟大旗帜，全面贯彻"三个代表"重要思想，继往开来，与时俱进，全面建设小康社会，加快推进社会主义现代化，为开创中国特色社会主义事业新局面而奋斗。2007年，中共十七大提出解放思想是发展中国特色社会主义的一大法宝，改革开放是发展中国特色社会主义的强大动力，科学发展、社会和谐是发展中国特色社会主义的基本要求，全面建设小康社会是党和国家到2020年的奋斗目标，是全国各族人民的根本利益所在。2002～2012年是中国工业化和经济现代化的一个"黄金时期"。其间，以GDP总量计算，中国超过日本成为仅次于美国的世界第二大经济体。

2012年，中共十八大进一步明确，确保到2020年实现全面建成小康社会的宏伟目标，在发展平衡性、协调性、可持续性明显增强的基础上，实现国内生产总值和城乡居民人均收入比2010年翻一番。中共十八大和十八届一中全会产生了以习近平为核心的新一届党中央领导集体。中国进入一个新的历史时期，经济发展和国家治理态势发生重大变化。

从以上对共产党若干重要会议的回顾中可以看到，中国经济70年的发展历程尽管艰难曲折，政治形势跌宕起伏，有"弯路"，有"错误"，有机制"失灵"，甚至有"动乱"和"拨乱反正"的形势巨变，但是建设社会主义的主线始终没有改变；即使发生巨大时局变迁，民族和国家复兴的主题始终如一，并没有发生根本性的转向。中国经济运行和发展的"超宏观"因素，即中国共产党的领导，稳固地保持了中国70年经济发展的内在逻辑一致性。尽管中国从一度倾向于建立计划经济体制，到坚决转向市场经济体制，从封闭的"自力更生"倾向到融入经济全球化的全方位开放，经济发展的战略和路线发生过重大变革，但是，实现民富（小康）国强（复兴）的意志和努力矢志不渝。在不同的体制条件下，中国70年经济发展的动力机制有所变化，但是，以工业化推进经济增长，以科技进步实现经济现代化，相信综合实力就是竞争力，相信奋发图强、变革求新是竞争力的根本源泉，是中国经济发展一以贯之的"动机"机理和经济活动的"价值取向"。因此，前赴后继谋复兴、强国富民为宗旨、苦斗创新求发展，成为中国经济70年的发展主题和历史主线。

中国经济发展70年，有其"变不离宗"的内在逻辑。这也许是中国的伟大实践对历来的"经济学神话"的挑战。英国经济学家罗杰·E.巴克豪斯说："无论是在当今社会，还是在经济学学术领域，主导的神话观念都是：竞争市场和低效、腐败的政府。经济学家十分清楚地认识到，这些观念都不是普遍真理。但支持这类神话的新思想比质疑它们的思想更受欢迎……还有罗纳德·里根和玛格丽特·撒切尔时期主宰公共话语的那一代思想家对集体主义的抨击，推动了私人经济活动比公共经济活动更有效这一神话的进一步发展。而世界社会主义出现的严重曲折再次强化了这一观念。"① 历来的经济学家主要用"微观—宏观"即"市场—政府"的范式来刻画现代经济发展过程的逻辑，而中国70年经济发展的历史，显然难以用这一学术范式来刻画。"党—政—微"范式却可以更具现实性和逻辑自洽性地刻画中国经济发展和工业化的70年历史及其所体现的演化机理，并可能对本文第一节中所讨论的个体理性和集体理性关系在经济发展现实过程中的体现会有更深刻的理论认识和学术刻画。

三、工业化的强国与富民逻辑

从"党—政—微"的范式框架来观察和刻画中国经济现代化进程，特别是工业发展历史具有极为显著的重要域观特征。公元1500年前后，世界经济发生了一些历史学家所说的"大分流"现象，即从那时开始，整个世界趋向于分为"西方"和"其他"两大部分。在"大分流"之前，中国经济处于相对"强大""富裕"状况，中国之外的世界则是"落后""愚昧""野蛮"的。但进入"大分流"时期以后，一些西方国家进入高速经济增长状态；而西方以外的国家（地区），包括中国，处于（如亚当·斯密所说的）停滞静止状态，成为"落后""愚昧"的国家（地区）。这样，"先进的西方"和落后的非西方，成为近现代经济发展史的一个基本特征。

如果从1919年的五四运动算起，到今年，中国经济现代化进程正好历经100年。其中，前30年向着"西方化"方向推进。1949年中华人民共和国成立，"党的领导"成为中国经济现代化的重要因素。按照朴素的思维，基于这一制度优势，可以实行体现集体理性的计划经济，即以国家集中计划的方式，构建推动工业化的特殊商域形态——"国营经济"，从而有条件采取强烈的"条块"倾斜

---

① ［英］罗杰·E. 巴克豪斯：《经济学是科学吗？——现代经济学的成效、历史域方法》，苏丽文译，格致出版社、上海人民出版社2018年版，第222页。

政策，通过高积累，重点发展重工业，并以"赶美超英"为目标，实现工业化和经济现代化。

走这样的工业化和经济现代化道路，意图实行"大一统"的体制机制，对中国庞大而复杂的经济体进行人为分割，以行政性命令方式实施调度，无视中国经济的域观特质和生产力状况，以为只要采取政治动员方式，"鼓足干劲，力争上游"，就能实现"大跃进"，而且可以做到"多快好省"。但结果却是事倍功半，事与愿违，可以说是经历了一次典型的"理性的非理性"冲动和冒进过程，作为一次"失败是成功之母"的社会实验，留下深刻教训，启发创新思考。

1978 年，中国决然开始实行改革开放，尽管吸收了微观经济和宏观经济的范式启发（因为没有其他的经济学范式可以借鉴），例如，"放权让利"，搞活经济，进行企业改革和公司化构建，形成市场经济的微观基础；进行价格改革，逐步实现由市场价格信号引导资源配置的机制。宏观经济体制上（"宏观"这个概念也是从西方经济学引入的）也逐步形成财政金融的货币运行机制。但是，深入观察可以发现，在实质上，中国经济的改革开放并没有完全遵循"微观—宏观"范式逻辑（如果按此逻辑，理应实行西方经济学家所主张的"休克疗法"），而是从中国经济的域观特质出发，实事求是地实行了分域推进的"渐进改革""梯度推进""试点推广"、稳住一些领域（商域）突破一些领域（商域）的改革路径。从微观—宏观范式逻辑看，这样的改革道路是无法取得成功的，因为，规则的差异必然会产生各种矛盾、冲突和混乱，就像是在公路上有的车左行，有的车右行，哪能不撞车呢？

但是，事实雄辩地表明，中国庞大的经济体客观上是复杂的"域观"结构，即是由各种"商域"或"域类"（域观类型）所构成的非匀质空间，而不是一个大一统的匀质空间。在这样的客观现实条件下，所谓"市场"绝非如主流经济学所假设那样的"空盒子"般的"大集市"，所以，即使断然完全放开市场，不作任何人为干预，也难以有效发挥市场竞争的"搅拌机"功能，使域观差异很快消失，让经济空间匀质化。中国经济改革，无论是地区间、产业间、行业间、部门间，还是不同所有制经济主体之间、城乡之间，都采取的是域际分步推进，即不同商域（域类）采取不同的改革进度和开放进度的渐进方式。作为一个巨大型国家，而且具有深厚的历史文化因素，经济体中的"域类"关系极为复杂，中国改革开放取得成功的最大特点之一就是，最大限度地发挥了域观效应在推进经济现代化中的积极作用，成效显著，为世界所公认，尽管这是坚持微观—宏观范式的经济学家们感到很费解的。总之，不可否认的客观事实是：中国经济现代化的壮观成效彻底改变了 500 年来世界经济发展的"大分流"态势，人类发展的全球格局从此彻底改变。

20 世纪 90 年代，世界总人口中的 43%，即近 20 亿人，处于世界银行划定的国际贫困线之下；从那时到 2015 年，全球人口又增长了 20 亿，但极度贫困人口却减少到 9 亿，"历史上首次出现了这种情况：人类总人口增长的情况下，贫困人口的数量却下降了。"其中，中国经济增长让人们的平均收入增长了 20 倍，5 亿多人口脱贫。

1978 年，美国人均 GDP 是中国的 22 倍，到 2017 年，中国人均 GDP 8827 美元，美国人均 GDP 5.9 万美元，为中国的 6 倍多，两国间差距显著收窄。1980 年，中国人均 GDP 只有世界平均水平的 7.7%，到 2017 年，这一数字已上升到 82.4%（见表 1）。今天，中国人均 GDP 正在步入跨越世界人均 GDP 平均水平的关键点，这标志着中国经济现代化进入新时代。

表 1　中国经济在世界经济发展中的地位变化（人均 GDP）

年份	1980	1990	2000	2005	2010	2015	2016	2017
世界（美元）	2516	4268	5484	7271	9514	10172	10201	10714
中国（美元）	194	317	959	1753	4561	8069	8117	8827
中国位次（名）	143	159	133	128	109	83	78	73
中国/世界（%）	7.7	7.4	17.5	24.1	47.9	79.3	79.6	82.4

资料来源：《中国统计年鉴 2018》，第 939 页；快易理财网。比例数为笔者计算。

1960 年，中国人均寿命只有 40 岁左右，美国已达到 70 岁。而到 2018 年，中国人均寿命达到 76.4 岁，美国的人均寿命 78.5 岁，两国间差距越来越小。这也反映了中国的经济现代化和人民生活水平已摆脱了落后境地，正在迈向高收入国家行列。可见，从 20 世纪 90 年代以来，中国不仅是对世界经济增长贡献最大的国家，而且也是对世界经济现代化和人类发展贡献最大的国家。

四、以创造性思维迈进经济现代化新征程

从全国平均水平来看，目前中国的人均 GDP 还低于世界平均水平，尽管可以认为中国进入了中等收入国家行列，但仍然属于发展中国家。总体上说，我们同高收入的发达国家相比，经济现代化水平还有不小的差距。但是，如前所述，经济现代化是一个域观现象，中国各地区的经济发展水平及特征有较大差距，即使实行同样的经济政策，在不同的地区也会产生非常不同的结果。东部沿海与中西部之间、城乡之间、各类区域之间，各具域观特征，不可同日而语。目前，人们发现，南北差距也是中国经济发展中的一个很显著的特征。因此，进入新时代，各地区的经济发展更要以域观经济的思维探索和创造各地区继续推进经济现代化的可行道路。

例如，据统计，2017 年苏南地区人均生产总值超过 15 万元，按汇率折算超过 2.2 万美元，即已达到世界人均 GDP 水平的两倍以上，无疑已进入高收入发展阶段。在南方的珠江三角洲，也有许多人均收入远超 2 万美元的地区。因此，中国经济发展的含义已经不再是"模仿""跟跑"，而是越来越具有"领先"性和"探寻"性。当然，基于中国国情，发达地区经济发展的领先性，并不意味着经济和社会的高度"成熟"，保持较高的经济增长仍然有很大空间。不过，高收入阶段的较高经济增长在世界经济发展的历史上是很罕见的现象。因此，中国高收入地区如何进一步实现高质量发展和经济现代化新征程的探索就成为一个具有世界意义的创新性实践。

亚当·斯密曾经说过，即使是相对富裕的国家，只要处于停滞静态状况，就会陷入僵化和衰落境地。在他那个时代，中国正处于他所说的长期"停滞静止状态"，即一个曾经繁荣富强的国度停止了经济发展的脚步。他认为，当时的中国只有鼓励自由贸易和小型工商业、精简层级、减少裙带主义，才能摆脱衰退和没落。亚当·斯密没有到过中国，但他当年对中国开出的"药方"似乎具有很强的历史穿透力。

今天，中国已经彻底摆脱了停滞静止状态，又一次站在繁荣富强的发展平台之上。而苏南、华南等经济较发达地区，有责任率先探索高水平（高收入）经

济现代化的道路。客观地说，过去70年来，中国工业化和经济现代化都具有相当程度的模仿性，前有"标杆"国家可以对照和作为追赶对象。而对于今天的中国，特别是经济较发达地区来说，前面已经没有模仿对象和"标杆"国家，正如任正非先生所说的，我们进入了"无人区"，前面的道路，不再有前车之鉴，需要靠我们自己探寻。

特别需要思考的是：从人类发展的历史看，经济高速增长是一个工业化现象，迄今为止，经济现代化的核心内容是工业化，高增长是工业化时代的"奇迹"。工业化之前，人类发展数千上万年，经济增长一直十分缓慢，国外有专家做过估算，1600～1820年，全世界人均国民生产总值年均增长率只有0.02%。而1820～1990年，一些国家进入工业化过程，使全世界人均国民生产总值的年均增长率达到1.21%。从全人类漫长的发展历史看，这已是一个非常惊人的速度了，因为如前所述，工业化还只是发生在少数国家（地区）。问题是，当率先工业化的国家达到了高收入的经济发达阶段后，发生了"去工业化"现象，即工业特别是制造业在整个产业中的比重显著下降。20世纪中后期，发达国家进入了以电子信息技术和网络经济等为代表的新产业创新周期，人们满怀信心地认为并宣称进入了"新经济"时代，可以使世界摆脱20世纪70年代的石油危机所导致的经济衰退，再次走上强劲增长的经济发展路径。

但是，道路并不平坦。从美国奥巴马政府宣称进入"新经济时代"以来，仅仅20多年就发生了三次严重的经济危机，即1997年的亚洲金融危机、2000年开始以美国纳斯达克综合指数大幅度下跌为标志的高技术产业和"新经济"股（主要是网络股和生物股）泡沫破灭、2007年美国次贷危机所诱发的2008年世界性经济衰退。这表明，对于如何以高技术产业推动经济进一步增长，摆脱进入高收入阶段后的"停滞静止状态"，人们尚缺乏深刻认识，还有许多没有解开的"谜团"，因而在实践中产生一系列矛盾。可以说，这是许多经济发达国家进行产业发展战略选择和政策安排所面临的极大困惑。例如，高技术产业为什么也会让社会失去信心，导致"泡沫"膨胀后的崩盘？为什么在所谓"高技术""新经济"时代，传统产业（例如房地产业）仍然会是经济增长的中流砥柱，具有决定性的影响，而高技术产业却要依赖"高杠杆"来支撑？也就是说，企业盈利不佳却要靠"估值"来融资。虽然人们可以相信，高技术产业具有巨大发展潜力，但为什么经济增长却表现为不断下行？这可以仅仅用"转型"来解释吗？那么，"转型"完成后，经济增长表现会是怎样呢？

于是，人们考虑是不是不应过快去工业化，而要追求"再工业化"。因为历史事实表明：不仅没有哪个国家特别是大国可以不通过工业化而实现经济现代化；而且，如果认为完成了初步工业化后要去工业化，也会直接削弱一个国家或地区的经济竞争力，使之增长乏力。一些欧美学者开始认识到，制造业和服务业是互补关系而不是替代关系，服务业难以取代制造业而推动强劲的经济增长，因而主张实施再工业化对策，重新平衡制造业和服务业的关系。当前的美国特朗普政府正表现出这样的强烈政策意向。不管他是否真的能做到，但重整美国制造业确实是他实现"让美国再次强大"政治意图的一个重要手段。因此，我们也要在世界工业化大背景下来思考中国经济现代化进一步推进的问题，要"让历史告诉未来，让未来启示现在"。

70年来，中国经历了极为辉煌的工业化历史。从工业技术路线看，中国工业沿着世界工业化的产业核心技术路线急速发展，取得震惊世界的成就，同时也因"追求极度压缩过程的显示性结果"，而导致产生许多问题，甚至在一些方面受到盲目性的诱惑而付出不小的代价。因此，高速度增长转向高质量发展，成为经济现代化的根本方向。高质量发展就是更具方向自觉性的现代化道路。所谓方向自觉性，首先体现为：一方面，中国工业化进程必须继续推进，不容迟缓；另一方面，必须高度重视资源、环境约束以及社会公平等问题。与"高增长"不同，"高质量"意味着政策目标的多元性，在权衡中绝不可顾此失彼。历史告诉我们："以经济建设为中心"不能动摇，"使市场发挥资源配置的决定性作用"不能动摇，"以公平竞争方式实现效益和效率提高"不能动摇。以发展解决发展中出现的问题，是工业化时代唯一可行的经济现代化政策选择。同时，也必须深刻认识经济和社会结构，特别是利益结构的变化，充分估计工业化进入更高阶段必然发生的社会在价值目标选择上的变化。环保、公平、廉洁、保障、安全、稳定等都将成为必须重视的政策目标。因此，未来启示我们：注入新价值因素，不断创新，保持和提升国际竞争力，是中国经济现代化战略必须解决的最根本问题。

联合国在确定千年发展目标，亚洲开发银行在提出旨在解决世界人口贫困、增长持续性以及更为民众所认同的理念时，使用了"包容性增长"的概念。这对正在经济现代化进程中因面临艰难抉择而苦苦思索的中国是一个重要启示。

所谓包容性，实际上就是要秉承以人为本理念，坚持公平正义原则，以公平促进效率，实现经济增长、社会进步和人民生活改善的同步，实现经济发展与生态环境保护的协调，让工业化和经济现代化所创造的财富和福利惠及所有人群，特别是弱势群体。党的十八大以后，习近平总书记以及其他中央领导人多次提倡和强调经济发展的包容性。"人类利益共同体"理念是中国给世界做出的一个重要贡献。而理念的实现，要靠实践的努力。继续创新发展、全面协调、清洁高质、开放包容、善治为民，才能体现高质量发展和命运共同体的包容性经济现代化。

五、经济全球化中的中国角色

按照西方主流经济学的微观—宏观范式的思维定式，经济发展的结果是各国"趋同"——企业性质趋同、国家经济职能趋同，因而任何国家包括中国，实现工业化和经济现代化，从不发达国家（发展中国家）发展成为发达国家后，就都会变得"和美国一样"。但是，中国的现实表现却使他们失望：中国经济发展了、壮大了，尽管有些方面确实表现出同发达国家间的差异收敛，但在许多重要方面却并没有变得向美国等西方发达国家的经济形态趋同，而是顽强地表现得非常具有"中国特色"。换句话说，中国经济的域观特征是极为稳固的，不会因模仿或教训而轻易改变。据此，发达国家的一些人认为"被中国欺骗了"，并断定中国一直在以隐瞒意图的"百年马拉松"战略悄悄实行称霸世界的谋略。美国战略家白帮瑞 2015 年出版的一本影响很大的著作的书名就叫《百年马拉松——中国取代美国成为全球超级大国的秘密战略》。他认为，"原本是制订规则以推动自由贸易和开发市场的这个机构现在却陷入新兴市场的泥坑里。中国在加入世界贸易组织时有许多承诺，现在都刻意拖延兑现，而且迟迟不加强市场开放，这伤害了世界贸易组织。"[1] 这样的观察实际上是基于西方经济理论的范式思维，认为只要经济发展了，"新兴市场"国家就会（或者应该）变得跟西方发达国家，特别是"跟美国一样"，否则就是同发达国家对抗的"阴谋"行为。他们对于各国必然具有的"不一样"、有"特色"的域观特征无法理解，认为那是对合理规则的违犯，甚至是对美国的"威胁"。其实，中国谈判恢复在关税贸易总协

① 转引自《上海思想界》2019 年第 1—2 期，第 101 页。

定中的地位和加入世界贸易组织，均坚持要以发展中国家的身份加入和坚持权利与义务平衡的原则，即承担与本国经济发展水平相一致的义务。关于贸易政策透明度和公正透明原则，以及国有企业待遇等极具中国特色问题，中国做了一定的承诺，并且在"入世"后通过改革和进一步完善体制而接近了世界贸易组织的规则。但是，要求中国的经济形态和秩序规则完全达到与美国所要求的"一样"的标准，并且要中国按照发达国家的条件实行世界贸易组织规则，则是一个强中国所难的要求。

2018年美国以实行惩罚性关税的方式对中国强硬发难，中国则不得不实行对应的征税政策，爆发令世界担忧的"中美贸易摩擦"，进而进入艰难的贸易谈判过程。这实际上反映出中国在经济全球化格局中的地位和角色发生了根本性变化，也反映了经济全球化格局本身正在发生根本性变化。

经济全球化实际上是由人类发展的两个"奇迹"所推动的：一是西方国家二三百年来的工业化，直到20世纪下半叶所形成的以美国为主导的世界自由贸易格局和全球性秩序；二是中国工业化，使全世界进入工业社会的人口翻了一番，极大地改变了经济全球化的格局，因而，世界自由贸易秩序也必然会有所改革。其深刻性在于：第一次"奇迹"所导致的是（从大英帝国称霸世界到）以美国一霸独大的秩序格局，而第二次"奇迹"所导致的是多级世界的秩序格局，可以说，经济全球化的空间"域观"性质发生了根本性变化，即自由贸易的施展空间不是（如想象中那样）"匀质"的，而是（在现实中存在）非匀质的域态空间，所以，域际关系将深刻体现于自由贸易格局和秩序规则之中。通俗地说就是，世界各国，即使发展为经济发达国家，也不可能都成为"跟美国一样"的国家。那么，世界贸易规则必须从原先那种假设各国成为发达国家后都会"跟美国一样"的原则，转变为适合于各国国情，具有"特色"条件下的自由贸易原则。具有不同国情的"不一样"国家如何进行公平的自由贸易，是中国"奇迹"对世界贸易制度所提出的新课题，也是中美贸易摩擦和贸易谈判的根源和深刻意义所在。即使中美贸易磋商结束，形成双方认可的贸易协议，这个深刻问题还将会以其他形式表现出来，世界将进入"多事之秋"和大变迁时代。

这并不如白邦瑞所说的那样是中国欺骗了美国，也不是如他所说的世界贸易组织会因中国而陷入"新兴市场的泥坑"，即一些国家坚持发展中国家待遇，中国代表发展中国家与发达国家相对抗，从而破坏世界贸易组织的自由贸易规则，而是人类共同面临的客观世界新现象所产生的世纪性问题，必须通过协商、改革来共同应对。

中国的发展不仅改变了自己，也彻底地改变了世界。今天的世界已经不是微观—宏观经济学范式所能刻画的世界（WTO正是以这样的范式承诺所构建），而是具有显著的"域观"特征和域际关系的世界。在这个世界中，具有不同域类特征的国家互通共存、利益相依，在竞争（甚至对抗）中实现域观均衡状态，才能实现世界的可持续经济关系和深度全球化格局。这突出地表现在中美两国间的大国经济关系中。英国历史学家弗格森在《巨人》一书中论述道："这是一个资本流动的全球化的世界，所有美国外交政策的动议都不能脱离一个关键的事实：美国是一个负债帝国。"这是一个异常的而不是常规的事态，"在欧洲帝国的鼎盛时期，占统治地位的大国一般是债权国，并将自己大部分的储备投入殖民地属地的经济发展之中。……一百多年前，当一个伟大的英语帝国驾驭世界的时候，资本输出是其权力的基础之一。"但是，"今天，即使美国英勇无畏地颠覆了一个又一个的流氓政权之后，它还是这个世界最大的债务国。""美国债券的绝大部分实际上是东亚地区的一些中央银行所持有，并且其比例还在不断上升。""从严格的经济学角度来看，这样做可以不用担心失手，因为亚洲各中央银行这样的安排，与最大的借方有相同的利益。中国对美国的出口是该国创造就业和经济增长的主要'发动机'之一。从另一个角度看，美国人的消费倾向和中国人的储蓄倾向之间存在一个极佳的对称。中国基本上扮演了日本在20世纪80年代所扮演的角色，即把自己的盈余储蓄导入美国经常账户和财政赤字之中。"在这样的"利益共同体"关系下，任何一方发动对另一方不利的攻击，对自己也是不利的。例如，美国如果"采取反华措施将会伤害美国公司，越来越多的美国公司现在对华直接投资，以利用其廉价而相对高质量的劳动力与明显稳定的体制环境的组合优势。海外直接投资现在总计高达中国国内生产总值的40%左右，是帝国主义时代的中国'门户开放'政策以来从未达到过的水平。"反之，中国如果"考虑通过卖掉几十亿美国债券以降低其受美国经济的影响"，那么，采用这样的策略也会使中国自己付出代价，不仅"会立即对其出口行业造成冲击，也会对经济造成强大的全面货币紧缩效应。而且，更重要的是会给持有美元储备的中国机构带来严重的损失。亚洲地区的银行的运作方式通常是持有美元储备而长期出借它们的本国货币。美元的贬值会倾覆中国的银行体系使其陷入危机。"当然，这种全球性域际关系也存在失衡风险，如弗格森所说："问题的症结在于，亚洲和美国的经济关系并不对称。""谁也无法知道什么事情会促使2003年的平衡状态向非常不同的方向转变。"① 如果按微观—宏观的经济学范式来观察，期望看到的是一个乌托邦幻想图景，那么，加入域观视角的经济学范式来观察，所看到的是一个充满希望也潜伏风险的现实经济世界。

总之，中国70年的经济发展取得了人类发展历史中继西方工业化以来的第二次最巨大成就，使世界面貌再次彻底改观。中国从与世界接轨，到融入经济全球化，进而成为经济全球化和自由贸易的强有力推动者，并使经济全球化发生格局之变，推进更加广泛、更具深度的自由贸易。特别是，在科技革命和新兴产业发展背景下，中国正在为经济全球化和更高质量自由贸易做出重大贡献，例如，电子商务和电子支付等交易方式和创新技术，正在为自由贸易创造更加"润滑"的机制。世界不会因各国间的域观差异而发生"去全球化"，而必然会因丰富多彩的世界形成新型域际关系，从而实现更大范围和更高质量的经济全球化格局。中国所倡导的"一带一路"，就是迎接经济全球化新格局的一个重要构想和各国共创全球化的"公共产品"，以使"海洋时代"的沿海繁荣格局向欧亚非大陆腹地的共享繁荣格局转变，有望成为人类发展史上的第三次"奇迹"。纵观世界千年文明史，人类发展经由西方工业化、中国工业化和"一带一路"推动的全球腹地工业化，将使这个地球的"人类故事"演绎得极为精彩纷呈。

（原文发表于《社会科学战线》2019年第6期，有改动。）

---

① ［英］尼尔·弗格森：《巨人》，李承恩译，中信出版社2013年版，第266—272页。

第五篇　范式变革

关于开拓商域经济学新学科研究的思考

本文讨论的主题，是关于建立商域经济及域境商学新学科的学术思考及体系构想。商域经济学和域境商学是笔者首创的概念，以期界定一个可以进行客观观察和理论研究的学术领域，形成一定的学术范式，开拓一个新的学科建设方向。商域经济学及域境商学的基本含义是：以具有一定价值文化特质和制度形态特点的各经济区域或领域内及其相互间所发生的经济现象、商业活动及经营管理方式作为研究对象的学科，并特别关注于研究各商域中所产生的商业思想及其演进过程，按现行的学科分类，属经济学、管理学等的跨学科领域。其中，商域经济学属经济学，是域境商学的基础和核心；域境商学则涉及经济学、管理学、地理学和哲学、社会学、心理学等更宽泛的研究领域。在不导致含义误解并损害学术严谨性的前提下，商域经济学概念可以作为一个简化表达方式，涵盖域境商学。本文旨在探讨商域经济学及域境商学的学理基础、体系构想和研究范围。

一、新时代呼唤经济学和商学研究的新拓展

当代中国经济发展，从 1949 年中华人民共和国成立起，经由 20 世纪 50~70 年代中后期和 1978 年开始的改革开放，到今天的"新时代新征途"的再启程，似乎完成了一个"轮回"过程：起始于极度贫穷落后的战后恢复时期，经历从以实物产品为生产目标到追求物质财富为动力，再从以物质财富增长以至无限追求货币财富的工具理性时代，逐渐转向本真价值时代。即从朴素的"前物质主义时代"，通过推动改革开放的"思想解放"，进入特别强调经济理性的"物质主

义时代"。① 当前，中国社会正在从"亢奋的物质主义"转向"权衡的物质主义"，进而向着"后物质主义"的本真价值时代演进，其具象表现就是从高速度增长转向高质量发展阶段。正是在这样的历史进程中，中国经济学以及管理学（商学）理论也发生着根本性的变革。如果以 20 世纪 70～80 年代的改革开放为界，在此之前的中国经济学和管理学以计划经济思维主导，相信在一个计划中心的安排下，鼓足干劲，力争上游，就可以"多快好省"地实现（以实物量为指标的）社会发展目标。而在此之后的中国经济学和管理学界，全面接受市场经济思维，相信只有遵循市场经济的工具理性原则，让经济行为理性化，才能实现物质财富的增长。尽管关于市场和政府的关系，一直是这一时期经济学界和管理学界非常纠结的问题，但接受传统经济学和管理学的基本逻辑则是基本趋向，一般称为"市场取向的经济改革"。因为，除此之外，没有更值得信服的理论逻辑，可以支持以消除贫困、发展经济为基本取向的"思想解放"。而且，在那个以摆脱"落后"为主要目标的历史时期，那样的经济学和管理学（商学）理论也"基本够用"。

进入 21 世纪，当改革开放取得巨大物质成就，而新的矛盾和问题也日益凸显时，特别是当中国社会的主要矛盾已经从人民日益增长的物质文化需要同落后的社会生产力之间的矛盾，转化为人民日益增长的美好生活需要同不平衡不充分的发展之间的矛盾时，即在中国基本解决了经济"落后"这个最主要问题后，对经济发展质量的关切日益超越对经济增长速度的关切。实际上就是发展目标的偏一性（作为第一要务的经济发展目标压倒性地优先于其他目标）演变为更具多维性（作为第一要务的经济发展目标必须同其他目标相权衡）。② 此时，人们深切地感觉，以往那样的经济学和管理学（商学）理论越来越"不够用"了，不仅越来越难以解释丰富的社会经济现实，而且越来越难以指导多维目标下的战略安排和政策选择。特别是，处于进一步全面深化改革和扩大开放的重大历史性抉择关头，各方面的挑战都十分严峻，面临的矛盾非常尖锐，如何以更加适合和有效的经济学和管理学（商学）理论来更新我们的思维，正成为学术界的一个重大问题。尤其是，全面深化改革的方向选择再次摆到中国的面前，更需要有新思维的引领。深刻审视经济学和管理学的思维方式，进一步开阔研究视角，拓展

---

① 金碚：《论经济发展的本真复兴》，《城市与环境研究》2017 年第 3 期。
② 金碚：《关于"高质量发展"的经济学研究》，《中国工业经济》2018 年第 4 期。

学科领域，具有非常大的现实意义和紧迫性。

我们知道，"财富"是经济学和管理学（商学）的核心概念之一，如何创造更多财富是经济学和管理学（商学）的中心议题。人类近现代经济高速增长，即工业革命的爆发和工业化的推进源于"财富"观念的觉醒，即只有承认追求财富的正当性，才会有近现代经济的高速增长，走上快速工业化道路。那么，什么是"财富"呢？美国经济学家保罗·海恩（Paul Heyne）在其《经济学的思维方式》一书中以比较通俗的语言说："按照经济学的思维方式，财富就是人们认为有价值的任何东西。"而"价值是选择者眼中的价值。……不同的人可以（也确实）有不同的价值观"。他强调，"经济增长并不在于生产更多的东西，而在于生产更多的财富。……但是，财富的增长和物质产品的体积、重量或数量增长没有必然的联系，我们必须从根本上抛弃'财富等于有形物质'这一见解。它讲不通，而且会妨碍我们理解生活中的方方面面，比如专业化和交换，而它们正是亚当·斯密所谓'商业社会'的核心。"[①] 海恩的这一理解在学理上是很彻底的，也合乎逻辑，但显然不是推动了近现代经济高速增长（资本主义经济）的那个财富意识，现实经济中的人，并非按照那样的思维来行动。而按马克思的论述，资本主义经济的动力机制就是资本家对剩余价值的无度追逐。资本主义的财富意识是赤裸裸的物欲意识，与"贪婪"几乎同义。这样的理论当然也是抽象的，但确实是具有现实性的理论抽象。

按照保罗·海恩等学者所论述的经济学思维方式，"财富""价值""价值观"具有内在联系。但这样的定义又是同经济学和管理学（商学）的理论逻辑主线有很大差距的。经济学追求逻辑"严密""自洽"和论述的"精致"，因而是高度抽象的，一直抽象到假定所有的人在"价值观"上是没有区别的，即所有的人都完全按经济理性行事，其行为就像经济学教科书所描述的那样"正常"；管理学尽管比经济学更具象、丰富和务实，但其底层逻辑是服从经济学的，否则就会被认为"不理性"或偏离正常。尤其是经济学和管理学在"高深"的学术研究领域，关于"财富""价值"和"价值观"的定义（假设）实际上是相当任意和武断的，几乎被断定为可以用一个最大化或最优化函数形式来表达。这样，它实际上就非常接近于上文所提及的资本主义财富观或市场经济原教旨价

---

① ［美］保罗·海恩、彼得·勃特克、大卫·普雷契特科：《经济学的思维方式》，史晨译，机械工业出版社 2018 年版，第 20 页。

值观，即抽象掉了所有的价值文化因素，而只留下赤裸裸的"经济理性"，也就是马克斯·韦伯所说的"工具理性"抽象逻辑。在我们的高校中所讲授的经济学和管理学内容，基本上都置于这样的学理逻辑之上，并往往以精致复杂的数理模型为包装，使之"完美"化。经济学和管理学的学术论文也大都沿着这样的思维轨迹，涌向"核心期刊"。

以这样的经济学和管理学理论作为思维方式和思想武器来应对中国和世界的复杂现实，难免"尴尬露怯"，往往会"捉襟见肘"，形式似乎很精美，但离现实却相当遥远，就像是"象牙塔"与真实建筑物那样不可同日而语。不过，实际经济活动和管理实践倒并不因经济学和管理学理论的不适应而无法进行，现实经济活动从来没有因此而"停摆"或混乱，而是仍然生机勃勃，不失秩序。因为，实践者们总是以自己的观察和理解来随机应变地应对复杂情况。既然现实复杂多变，那么，应对之策必定是"管理无定式"，即每一个企业家都有自己独特的"商业思想"和解决问题的独特方式。几乎可以说，管理的规律就是没有一定之规律。甚至如凯恩斯所说，市场经济的行为规律类似于彩票，无人可以有百分之百的胜算把握。

不过，实践家有实践家的招数，理论家也有理论家的使命。如果经济学和管理学不能与时俱进，贴近现实，提供思想养分，实践者们终将陷入困惑。我们可以看到，经济学和管理学学科几乎成为高校招生中最高分的生源聚集地之一，MBA教育长盛不衰，反映了一种社会性渴望：获得有价值的经济学和商学知识，以求解疑释惑提高能力。2019年是中国改革开放40年，正应了孔夫子所说的"四十而不惑"：新时代呼唤经济学和商学研究的新拓展，走向不惑之路。因此，开拓商域经济学及域境商学的学科研究，致力于形成一个新的学科或学科群，是摆在经济学和管理学（商学）研究和教学者们面前的难以推卸的历史性使命。

二、经济学的"阿喀琉斯之踵"
及其在经济现实中的弥合

经济学被誉为社会科学"皇冠上的明珠"，是因为它的理论体系具有严密的逻辑一致性，只要承认它的"假设"前提，就可以运用演绎逻辑十分严谨地推论出整个学术体系，也就是说，经济学体系具有难以挑剔的理性主义特性，只要假定"其他条件不变"，其推论结果不容置疑。那么，经济学果真是如此的吗？其实，在完美的形式逻辑外观下，经济学也有其内在逻辑缺陷，不仅在逻辑推演中过度依赖于"假定"条件，而且有的假定是脱离现实甚至无视真实的，为了贯彻工具理性而往往丢失本真价值理性。也就是说，经济学作为以演绎逻辑为主线的推理表达体系，实际上是存在"逻辑断点"的。我们可以从经济学底层逻辑的假定和推论来看经济学的"阿喀琉斯之踵"。

第一，经济学假定人总是会选择一定手段来从事有目的的活动，即人的行为是有目的的。这可以简称为"目的"假定。

第二，从以上假定推论，既然人性具有目的性，那么人的行为目的一定就是追求个人效用最大化，即人是自私的，他们总是进行收益与成本的权衡与优化，期望实现个人利益最大化。这可以简称为人性"自私"假定。

第三，从自私假定推论，自私的人追求个人效用最大化，总是体现为追求收入（或财富）最大化，即人性从"自私"被推论为"爱财"，即所谓"人为财死，鸟为食亡"；并且假定人有能力进行理性计算，即人人都是精于计算的利己主义者（一般假定为以货币为计算单位，不考虑难以用货币计算的因素，即是精明的"财富"追逐者）。因为，从逻辑上说，如果人只是"爱财"而不会"算财"，那么"爱财"也是没有意义的。这可以简称为理性的"经济人"假定。

第四，从自然人的经济人假定直接推论出，作为法人的企业也一定是以利润最大化为唯一目标，即企业也是"经济人"，而且比自然人更强烈地具有工具主义的经济理性。这可以简称为"利润最大化"假定。

第五，从经济人和利润最大化假定推论（以一系列严格的条件假定为前提），在如同"空盒子"般的市场空间中，自由市场竞争机制（如同一只"看不见的手"）可以保证实现社会福利最大化，即完全自由市场竞争可以实现社会福利最大化的"一般均衡"，至少在趋势上是如此。这一般称为"新古典经济学"假定。

在通常的经济学分析中，以上五个假定都是很"自然"的，而且是必不可少的，舍此就无法（从分析技术要求上）保证经济学的逻辑一致性和推理的自洽性。但是，深入思考就不难发现，从上述第一个假定到最后的推断，每一步推论其实都是相当勉强的，甚至是很武断的。因而可以看到，经济学的抽象体系中实际上存在明显的逻辑断点，导致抽象的经济理性（从假设到推论）同现实世界的明显不合。

关于第一个假定。人的行为是否有目的，取决于如何定义"目的"。如果将"目的"定义为任何"想要的东西"，那么，动物的行为也是"有目的"的。如果将"目的"定义为"具有合理性的想要的东西"，即假定人可以区别"合理目的"和"不合理目的"，前者为"理性"，后者为"非理性"，人的行为目的性体现为追求合理的目的，即假定人具有"理性思维能力"，那么，关于人的行为目的性假定就不是一个无须证明的"纯粹理性"假定前提，即它本身是需要证明的，并不具有公理性，因而对其是否真实可能产生各种争议。显然，以此为支点，经济学的逻辑基础并非无懈可击、坚不可摧。不过，我们可以暂且承认它的"公理性"，不要陷入关于人是否"理性"的争议。

关于第二个假定。从人的行为"目的"假定，为什么就可以推论出人具有个人主义的"自私"本性呢？人性注定是自私的吗？自私是人的唯一理性表现吗？关于人性，学术界已有很多研究，形成了各不相同的观点主张。从现实中可以看到，人的自私和无私、利己和利他的行为表现是非常具象化的，利己自私并非"天经地义"。因此，在经济学和管理学的学术研究中，关于"人性假设"有各种理论，除了最抽象的"经济人"假设之外，还有"资本主义人""社会人""自动人"［自我实现人（self - actualizing men）由马斯洛提出］、"复杂人"等多种理论观点。在现实中，更是存在着各种不同价值取向和行为偏好的人，一些人可能倾向于"经济人"或"社会人"，另一些人可能是难以分类的"复杂人"。可见，关于人性的假定，经济学的逻辑基础也并非无懈可击、坚不可摧。不过，承认人的自私性，而抽象掉其他特性，是一般经济学和管理学学术体系不易改变的性质。本文将讨论商域经济学的学术特性，认为采用"复合人"假设，可以具有更大的学术包容性（见后述）。

关于第三个假定。从自私假定推论出"经济人"假定，实际上是在人的个人主义自私性中加入了"经济理性"。而在市场经济制度中，经济理性具有高度的工具理性倾向，即目的与手段的反转：原本的工具（手段）因素反转为目的因素，原本的目的因素反而成为追求工具性目标的手段。所以，收入、财富等成为"经济人"最具显示性的利益最大化目标，而真正的有用之物反倒成为获取和积累个人收入和财富（物质的和货币的）的手段。而且，假定经济人具有精于计算的能力，就必须将收入和财富等工具性目标抽象化为可以货币计量的数值（不货币化就难以比较价值的大小）。这样，经济人行为就被抽象化为"贪婪地"

和无限地（最大化地）追求可以货币单位计量的"财富"。很显然，这样的假定是非常任意和武断的，在现实中根本没有这样的"经济人"，除非是在文学作品中。更没有人会承认自己是这样的"经济人"，甚至可以说，如果真有这样的"经济人"，他在现实中是无法生存的，因为没有人可以接受和容忍这样的人，更没有人（或企业）愿意同其交往合作。如英国经济学家约翰·凯伊所指出的："总体来说，极度贪婪的个人长期来看不会成功，因为在复杂的现代经济中，成功需要与他人的合作。最优秀的商业领袖比起金钱更关心事业。"① 不过，经济人假定仍然是经济学和管理学的一个方便的工具（假定），如果完全抛弃经济人假定，经济学和管理学的逻辑体系就会变得极为复杂，难以形成内在的和形式的逻辑一致性。可以说，经济人假定只是经济学追求逻辑自洽性的一个权宜之策，或"次优选择"。

关于第四个假定。从个人主义的经济人假定直接推论出企业行为的"利润最大化"目标假定，更是非常武断的。企业是法人，本身并没有可以感觉的利益得失，它们既不会因盈利而快乐，也不会因损失而痛苦，为什么要以利润最大化为目标？当然，企业的所有者会特别关切企业利润，但绝大多数企业是由各类参与者或利益相关者所组成：除了所有者，还有管理者、生产者等。企业利润同所有者、管理者及生产者的利益关系是很复杂的。即使是所有者也未必关切利润最大化，而可能更关切企业净资产最大化，甚至是企业的"估值最大化"（即使利润为负也无关紧要）。而管理者和生产者更有其自身的利益目标。由这些并不以利润最大化为目标的人所组成的企业，为什么会以追求利润最大化为目标呢？企业利润与各利益相关者利益是什么关系？如果坚持逻辑一致性，那么，既然企业目标是利润最大化，即以最小投入获得最大收入，那么，管理者和生产者也同样应是以自身利益最大化为目标，即以尽可能少的工作获得尽可能高的工资及其他待遇。这样的企业能有竞争力吗？除非否定逻辑一致性，即假定企业以追求自身利益最大化为目标，而自然人的行为目标则或主动或被动地（被激励）也追求企业利润（而不是自己的利益）最大化，实际上就是认定这些利益相关者都能达到目标一致，否则就很难摆脱上述矛盾。但如果这样，那么从逻辑上说，实际上就是主张：企业法人具有利己行为，而自然人却具有利他行为（无论是自愿的还

① ［英］约翰·凯伊：《市场的真相——为什么有些国家富有，其他国家却贫穷》，叶硕译，上海译文出版社 2018 年版，第 14 页。

是被动的，或是由"激励相容"的某种方式所导致的）。这是一个多么难以理解的逻辑构建！但却是一般经济学和管理学所尽力描述并"追求"的图景。

关于第五个假定。新古典经济学假定严格来说已经不是假定，而是在假想的"空盒子"般的市场空间条件下，由假想的原子般的自利经济主体（个人或企业）进行最优化理性决策的推导结果。这并没有公理性，可以说只是一种学术理念或"信仰"。不过，新古典经济学的逻辑是基于上述各个假定之上的，是上述各假定以及据之进行的推论结果。因此，学者们对新古典经济学的批判也大都从上述理论假定入手。例如，诺贝尔和平奖获得者、孟加拉国经济学家穆罕默德·尤努斯教授说："新古典经济学理论的基础是相信人是自私的，它认为最大化个人利益是经济理论的核心。……许多经济思想家认为，自私甚至不是问题，事实上，它是'资本主义人'的最高美德。""我不愿意生活在一个自私至上的世界里。但经济理论的深层次问题是，它与现实脱节如此严重。值得庆幸的是，在现实世界中，几乎没有人表现出支配着'资本主义人'的绝对自私。"他认为，"真实的人是多品质的综合体。他享受并珍惜与他人的关系。真实的人有时是自私的，但他们常常表现出关心、信任和无私。他们不仅为自己赚钱，而且想使他人受益。他们造福社会、保护环境，并给世界带来更多欢乐、美好和爱。""大量的证据能够证明利他主义的存在。"即使是"在商业世界里，尽管你可能认为资本家是至高无上的，但是无私和信任的美德也起着至关重要的作用"①。他进一步说，"现行资本主义制度最根本的原则是这一制度只支持一个目标，即对自我利益的绝对自私的追逐。因此，只有围绕这一个目标设计的企业才能得到制度的承认和支持。然而，全世界有数百万人渴望实现其他目标，比如消除贫困、失业和环境恶化问题。……而这就是社会企业与传统企业的不同之处。""如在发达国家和发展中国家都已存在的成功案例所示，社会企业的经济学逻辑是简单并自洽的。"尤努斯将所称的"社会企业"（Social Business）定义为"解决人类问题的非分红公司"。②

许多学者试图通过复杂的逻辑推理和所谓思想实验来弥合经济学体系的逻辑断点，但是诺贝尔经济学奖获得者、美国经济学家弗农·史密斯说："我已经证明了，经济中的理性依赖于个人行为，它是建立于文化规范及随着人类经验与社

---

① ［孟加拉国］穆罕默德·尤努斯：《普惠金融改变世界——应对贫困、失业和环境恶化的经济学》，陈文、陈少毅等译，机械工业出版社 2018 年版，第 10、11 页。

② 同①，第 32、33、21 页。

会发展而自然出现的机制，而并不是最终来自建构主义的推理"。①

不过，尽管经济学理论体系存在上述"逻辑断点"，但在现实中它仍然是人们从事经济活动的思维起点或参照系（无论是赞成还是不赞成），而经济实践中所做的各种努力实际上都是在承认这一思维起点或参照系的基础上，尽可能实现经济学逻辑断点的衔接，从而使现实经济顺畅运行。而从根本上说，最重要的就是必须依靠各种"价值文化"因素和手段（价值文化可以体现为各种正式或非正式的制度、显性或隐性人际交往关系），以弥合经济学抽象逻辑之断点。但是，一旦引入价值文化因素，实际上会使经济学的抽象逻辑（特别是"假定"设置）面临直接挑战，甚至使其成为"错误"，即承认传统经济学所依据的基本假定本身是与现实情况严重不符的（实验经济学家则试图以心理因素的作用结果来检验抽象逻辑的理性推断）。总之，经济学所依赖的假定与现实世界确实是存在明显矛盾的。最明显不过的就是，经济学假定人人都是自私的，但在现实中，很少有人认为自己或认定其他人都"自私"；经济学假定只有自私的人和自利的企业才能生存和发展，但在现实中，自私的人和自私的企业是难以被接受的，因而是严重缺乏持续竞争力的。因此，实践者们时时面对和必须努力弥合两个无法回避的悖论：

第一，经济学悖论。经济学假定人与人、企业与企业在本质上是一样的，他们的决策方式同样遵循经济学所论证的以自利性为前提的"最优决策"原则。②但是在现实中，却没有两个完全相同的企业，企业本性在于"创新"，创新的实质是"与众不同"。"与众不同"与"最优决策"的理性要求如何实现逻辑自洽？

第二，管理悖论。即如上文所述，个人（自然人）经济人与企业（法人）经济人的自利难以同时为真。管理学力图以各种"激励相容"制度安排或科层组织的"命令控制"方式设想来应对悖论挑战。现实经济中的管理者则运用各种具有特定价值文化特点的方式来弥合悖论，使相互冲突的目标可以相容。

从这里出发，我们就走进了商域经济学及域境商学的研究领域。它的哲学思维方式则是如马克思所说的，相信"人的本质并不是单个人固有的抽象物。在其

---

① ［美］弗农·史密斯：《经济学中的理性》，李克强译，中国人民大学出版社 2013 年版，第 249 页。

② 也有经济学家提出对"最优决策"的挑战，提出"次优选择""可以满意的目标"等理论，但其基本逻辑在实质上是相同的，只是在最优决策函数中引入了其他制约因素，例如决策成本、信息成本等。

现实性上，它是一切社会关系的总和"①。

三、商域经济学的逻辑基础和学科特征

在现实中，所有人都不是生活在微观经济学和宏观经济学所描绘的抽象世界中，而是生活在一定的实际域境之中，即"一切社会关系的总和"映射下的某个局部世界里。人们的经济活动总是发生在具体"商域"之中，他们的各种感受和行为方式也都形成于特定商域，而不会有抽象人性所决定的抽象经济关系和经济现象。也就是说，人类的一切经济活动都是"商域"性的，抽象的经济现象和商业活动在现实中并不存在（而只是存在于人的思想中），即使非常接近抽象经济理性的经济现象和商业行为都是很少见的。

商域是指具有一定价值文化特征和特定制度形态规则的商业活动区域或领域。商域经济学是研究不同商域中的经济关系和经济行为的学科。而域境则是指一定商域内的自然地理和经济社会境况，一定域境中存在的人群总是具有一定的价值文化特质，也可称为域境文化或商域文化。如何进行不同商域的划分，即商域分类，是一个需要专门研究的问题。

由于在经济学理论体系中引入了价值文化因素，商域经济学假定，在不同商域间，人群的价值文化特征是不同的，对同一人群从不同角度观察（在不同的境况中）也可能很不同，即商域人群总是具有不同层面的特征差异性（这也意味着，在同一商域中的同一人群具有价值文化的某种相似性）。可以说，真实的人是各种因素或各方面条件决定或影响下的"复合"体，真实的人群更具有区别于其他人群的复合性特征。按照商域经济学的学术逻辑，"复合人"假设更能体现其学科性质，更具学术包容性。商域经济学研究方法如同一面"多棱镜"，致力于分辨不同域境中人（或人群）的特征"光谱"，并依此进行经济学及商学关系和现象的多视角观察和研究。

复合人假定认为，人与人、人群与人群之间既有差别也有共性，因而可以按

---

① 马克思：《关于费尔巴哈的提纲》，载《马克思恩格斯选集》（第一卷），人民出版社 1972 年版，第 18 页。

不同的复合层面进行分类,在一定的商业情景或制度规则下,不同的人是可以"类同"甚至"整齐划一"的。但在另一些复合层面上,或在另外的商业情景或制度规则下,不同的人或人群可以另外的标准划分为不同的"类别"。例如,在一定的情景下,人是"自私的",但又是"不自私的";在另一情景下,人可能表现出另一种"自私"和"不自私",或"利己"和"利他"。因而难以绝对地将人区分为"自私"或"不自私",因为在不同的情景中,甚至从不同的角度观察,人充当不同的"角色"时,其"利己"和"利他"的表现分类都可能是很不相同的。也就是说,商域经济学承认人性具有多面性(既不是完全抽象的,又不是杂乱无型的),而以其多面特征形成了"复合人"性质。

基于其学术包容性特征,商域经济学承认经济理性的"经济人"假设即"人与人本质相同"的部分意义,也承认"社会人"和"自动人"以及"复杂人"关于"人与人不同"的部分主张。不过,商域经济学的"复合人"假设,更强调从不同的层面对人群的"分类"研究,因此,在承认"人与人不同"的前提下,探寻在各种域境中人与人之间的类同性,观察特有的"人群共性",以及具有各自"共性"的不同人群之间的异同。

所以,商域经济学的逻辑基础,既是抽象和演绎的,同时又是具象和归纳的。其抽象性和具象性的协同,形成对人和人群的经济行为的独特观察角度和分析方法。

如果我们同意"财富就是人们认为有价值的任何东西""价值是选择者眼中的价值"和"不同的人可以(也确实)有不同的价值观"这样的思维方式,并将其"商域化",那么,观察和研究不同商域(区域或领域)中人们的"所思、所言、所行",就可以揭示他们的价值观及其对获得经济发展成果(或结果)的影响。

关于所思,可以借用笛卡尔的名言:"我思故我在。"人所进行的一切商业活动均发端于某种想法,而想法总是受到各种因素的影响,有习俗性、信仰性、继承性,也有创造性、变异性、演化性。思维方式是一定商域的价值文化特征的深层内核,是何以为"我"的内因。

关于所言,可以说"无言不商业"。在一定意义上,"商业就是商议之业",沟通、承诺、议价、交易、信用,无不基于言语之上。如何言说,即表达方式,是各商域的价值文化特征的重要表现之一。

关于所行,可以说"商业既是科学思维也是行动的艺术"。商业具有规律性，也具有"创意"性，又是最务实的。所思所言，归根结底落实和体现为所行，听其言最终还要观其行。

在不同商域中，作为"复合人"，人们的所思、所言和所行，即想法、说法和做法，是很不相同的，而且，不同人群的想法、说法和做法之间的关系也是有很大差别的。"心口如一""言行一致"以及"知行合一"等从来都不是绝对的，现实中的人总是存在不同程度的"口是心非""言行不一"和"知行分离"表现的。可以观察到，在各商域中，对于在多大程度上允许所思、所言、所行的一致或分离，也是有不同的制度规则和道德标准的。也就是说，对于"言论自由"（即想什么说什么）、"为所欲为"（怎么想怎么说就怎么做）、"言必信，行必果"（说到做到），总是有限制尺度的，从强制限制到自我限制是文明进步的体现，"自律"（即对言行的自我限制）在各文化圈中都被认定为是重要美德。

在不同商域中，不同的思、言、行特征，以及思、言、行之间的关系特点，反映了各自的价值文化特征。在经济活动和管理实践中，价值文化和经济理性共同发挥着决定的作用。这导致了各商域中人的行为表现以及习俗和制度的各色特点，例如坦直、信任、诚实、透明、圆通、谋略、自律、兼利、包容、严明、守则、变通、分界、疏通等。这就是商域经济学的基本逻辑，这一基本逻辑不仅是构建商域经济学学术体系的学理基础，而且是发展域境商学的基本思路。需要指出的是，承认价值文化的重要性，并不是断定具有不同价值文化特征的人群（商域）注定会有可以接受或不接受经济理性的根本差异，即承认文化差异并不是主张文化歧视。如美国经济学家戴维·兰德斯所说："所有各种宗教信仰和不信教的人都可以成为理性、勤奋、有条理、讲实效、整洁和严肃的人。他们不一定都是商人。在各行各业，人们都可能展现出这些品质并从中获益。"[①] 价值文化的差异会影响经济理性张扬过程的模式形态，导致经济发展和商业进步过程的商域特色。

在价值文化中有一个特别值得重视问题是，各商域的社会道德状况，如果没有一定的社会道德环境，单纯的经济理性是根本无法存在的。商业活动具有社会性，涉及广泛的利益相关者，其行为总是具有不同程度的"外部性"，即对其他人产生正面或负面的利益影响。所以，任何商域中都必须要有一定的"商德"

---

① ［美］塞缪尔·亨廷顿、劳伦斯·哈里森：《文化的重要作用——价值观如何影响人类进步》，程克雄译，新华出版社2010年版，第58页。

环境来进行社会人群的利益关系调节。在不同的社会道德环境中,人的所思、所言、所行因其影响而不同,而对社会道德环境的最低限度要求,是具备能够支持经济理性存在所必要的最低限度道德条件。正如保罗·海恩教授所说,解决外部性造成的问题,要依赖于"公民体谅、礼貌、谦虚和容忍的美德。如果一个民族没有足够多的这些美德,文明是不可能存在的;如果人们坚持一定要得到他们认为有权得到的任何东西,文明就会让路给战火"①。社会道德环境是影响各不同商域中经济现象和商业活动的重要因素,是各种正常经济行为和商业活动赖以发生和进行的必要条件。也就是说,如果没有一定的价值文化及作为其重要体现的社会道德背景,商业文明和有序经济行为是无法存在的。总之,经济活动和商业实践是不可能脱离价值文化及社会道德环境而以赤裸裸的经济理性方式而存在的。

与经济理性相关,同时也被作为经济理性存在的必要条件的现实因素,是制度规则。商业活动总是在一定的经济体制和政治制度中进行的,不同的政治经济制度对商业活动产生着非常重要的影响,而制度安排本身也会受到社会价值文化的深刻影响,在一定意义上确实可以说文化是制度之母。对于这方面的内容,无须赘述就可以得到大多数人的认同,即制度是重要的。

我们将经济理性、价值文化(及其体现的社会道德)和制度形态的特质统称为各不同商域的"文明型式"②(对于较小的商域,可以称为"文化类型")。这就奠定了商域经济学的学理基础和学术逻辑,即经济理性和一定的价值文化及制度形态互动交融表现为各商域的文明型式,这是商域经济学最基本的学术特性。商域经济学假定商业活动受经济理性、价值文化和制度形态三方面因素的决定和影响,经济理性的逻辑具有内在一致性和抽象性,而价值文化和制度形态则具有丰富性、复杂性和多元性。因此,商域经济学既具有逻辑严谨性,也具有内容丰富性,不再是"一门沉闷的科学"。卓越的企业和企业家,既遵循经济理性,又适应域境条件,弘扬价值文化,并在此基础上进行重大创新,以独特的商业思想,成就商业业绩。而所谓商业思想,其实质是在一定商域中进行商业活动的思维逻辑和创新想象,从学理上说,就是以独特方式解决或弥合体现为经济学

---

① [美]保罗·海恩、彼得·勃特克、大卫·普雷契特科:《经济学的思维方式》,史晨译,机械工业出版社2018年版,第218页。

② 表达商域的差异性使用"型式"(Pattern)这一概念,是为了强调其含义:各商域间的异质性不仅仅是外在的(形式性的),更是内在的,具有显著的类型特性。

悖论与管理学悖论的经济学逻辑断点。

四、从商域经济学到域境商学研究

经济学家约翰·凯伊指出："如果没有政治、社会和文化环境的支持，协同工作、共享信息、协调经济活动，以及个人和商业行为之间的互信都不可能存在，而这些是复杂的现代经济运行过程中不可或缺的。"他提出了"嵌入式市场"的观点，即认为，市场过程（制度）"嵌入社会环境才会起作用"，"市场的胜利，是一种机制在社会、政治和文化中发挥作用所产生的胜利"[①]。借鉴他的观点，我们也可以说，各种商业成就，都是在社会、政治和文化环境中进行理性的和创造性的努力而取得的成就。不同的社会、政治和文化环境体现了各种文明型式的基本特征。

如前所述，经济理性是商域经济学的底层逻辑出发点，并是其理论体系的逻辑主线之一。基于经济理性，商域经济学才有基本的逻辑依托，经济现代化也总是体现为经济理性化的进展。而在现实中，各国各商域中的经济和商业发展，特别是进入现代经济发展进程，其基本逻辑都是传统价值文化与经济理性相衔接，通常是价值文化即社会观念的"革命"或"解放"，使经济理性得以张扬，居主导地位，从而导致商业活动兴旺，国家（地区）进入现代经济增长过程。至于什么样的文明型式更适应于接受经济理性，经济理性如何融入或嵌入具有域境文化特征的商域中，正是商域经济学首先要致力于研究的基本理论问题。

按照我们的定义，文明型式主要体现在经济理性、价值文化和制度形态三个方面。在不同文明型式的各商域中，经济理性表现出种种"变形"状态，"价值文化"和"制度形态"对其产生了全方位渗透性的深刻影响。例如，关于人的动机，不同人群（商域中）的价值观各有不同，对于如何界定"己"和"他"，如何对待"利己"和"利他"，判断利益的眼界长短等，各文明型式中都有不同的表现。再如，基于不同的价值观，在认识和判断"什么更重要"或"什么更

[①] ［英］约翰·凯伊：《市场的真相——为什么有些国家富有，其他国家却贫穷》，叶硕译，上海译文出版社 2018 年版，第 14、22 页。

有价值"上，各文明型式的商域中也会有很不同的表现，即所谓"理性"是各有不同的。特别重要的是关于工作的理性，更倾向于"为生活而工作"还是"为工作而生活"，或者"为工作而工作"。这关系到对劳动（或工作）的价值判断，影响人的勤劳程度。如果认为某种劳动方式是人的本能需要，即为了实现人的能力而劳动，则劳动本身具有正效用，进行这样的劳动通常具有弱报酬动机，即不计报酬多少而自愿劳动（特别是创造性工作）；如果认为某种劳动方式是谋生需要和手段，是迫不得已的，即为了生存和改善生活而付出劳动，则劳动本身具有负效用，是一种"辛劳"，进行这样的劳动通常具有强报酬动机，即必须计算获得多少报酬才能够补偿所付出的"辛劳"，否则就是"不公平"。对于工作理性的理解和思维方式，在商域经济学研究中具有根本性的意义，它是人的价值观和行为动机的内在心理基因。社会学家认为，人类文明的进程，不仅是"社会发生"过程，也是"心理发生"过程。如果把文明进程视为人类理性化的进程（认为文明的人比不文明的人更理性），那么，"这种理性化的进程和全面的文明进程一样，其本身既是心理现象，也是社会现象。"①

不同的价值文化和制度形态，当然有其存在的"理性"逻辑或哲学解释（说明什么因素决定了各种文明型式的差异），国家、民族、哲理、信仰、宗教、地理、历史等各种因素都会成为文明型式中的"基因"要素。深入和广泛地进行研究，商域经济学就跃出了经济学范围，进入了多学科领域，即扩展为域境商学。当然，除非进行专精的纯学术性探讨，我们没有必要对商域经济学和域境商学做绝对的划分，就像经济学和商学并无绝对的界限一样。

从商域经济学扩展到域境商学的研究路径，体现了从抽象到具体、从一致性到多元化、从因果决定论到演化论的基本趋向。例如，经济学研究从"企业同质"和"企业无文化"（实际上是抽象掉的文化因素）出发，逐步深入到认识和研究"企业异质"和"文化多元"。管理学研究从"企业本质相同，管理须规范化"出发，逐步深入到"没有完全相同的企业，管理无定式"。

按照这样的研究路径，对各商域中的经济和商业活动的观察也大体遵循这样的趋向。例如，各国近现代经济发展（指进入了工业化进程后），初期的表现具有较显著的型式共性（钱纳里等学者称之为经济发展的"标准型式"），实际上

---

① ［德］诺贝特·埃利亚斯：《文明的进程——文明的社会发生和心理发生的研究》，王佩莉、袁志英译，上海译文出版社 2018 年版，第 520 页。

就是接受经济理性主导的发展阶段（通常称为"物质主义"时代）；而到了现代经济发展的中后期，特别是进入工业化后期，世界上再没有完全相同的国家工业化表现，几乎每一个国家都是一个具有显著独特性的商域。因为除了地理因素外，价值文化、社会道德和制度安排所发挥的作用越来越显现。人们会发现，文明型式的决定性作用如此"顽强"地体现在各商域的经济发展和商业活动中，即使人们认为其中的有些影响是"不合理""不理想"的，甚至是"落后的传统力量"或"落后的传统观念"，但是，就像人不可能拽着自己的头发把自己拎离地面一样，站在特定文明型式的基础上很难让经济和商业活动脱离商域价值文化和制度形态的深刻影响。

当然，重视文明型式特别是价值文化的重要性，并不是主张传统文化决定的宿命论。如美国经济学家迈克尔·波特所说："我们看到某些信念、态度和价值观有助于繁荣和促进繁荣。最关键的是人们对于繁荣的基础所普遍持有的信念。个人和企业对自己取胜之道的见解，强有力地影响到他们的态度和经济行为。能支持成功经济发展的最基本的信念，大概就是相信繁荣取决于生产率，而不是依靠资源控制、经济规模、政府优惠或军事力量；相信生产率范式对社会有益。"[①]而有助于促进经济发展和繁荣的信念、态度和价值观并不专属于哪种文明型式。而且在社会经济发展中，人和社会的价值文化也是演变进化的。是适应生产率提高，还是妨碍生产率提高，接受和促进经济理性的张扬，还是同经济理性背道而驰，扭曲社会经济发展轨迹，阻碍文明进步，情况千变万化，各种文明形式各具优劣势。

研究商域经济学和域境商学，就是要在深刻认识各商域中经济理性和价值文化及制度形态的互动交融中所产生的商业成就和阻碍因素的基础上，探寻现代经济发展和商业进步的可行道路，通过对各商域中经济发展和商业活动的比较研究，发现共性，分析特色，借鉴经验，形成新的学术思维和分析方法，为促进各商域经济发展和商业进步，启发改革思想和变革主张，发挥积极作用。

为此，商域经济学需要进行基础性理论探索，更可以在具有应用价值的研究领域中，对涉及商业活动的各类专门问题进行探讨，取得有益成果。例如，商业实践中如何处理"在商言商"与价值观导向的关系、优秀的商人通常有哪些共

---

① ［美］塞缪尔·亨廷顿、劳伦斯·哈里森：《文化的重要作用——价值观如何影响人类进步》，程克雄译，新华出版社 2010 年版，第 67 页。

同素质、不同的商业思想在商业行为中的表现、商业创新所形成的可行商业模式、不同商域（国家或地方）中政府（规管当局）对商业活动的管制方式特点及其对商业行为的影响等。

商域经济学和域境商学都是体系开放、具有极大拓展空间的学科，并与其他相关学科发生着相当密切的联系，可以形成跨学科和协同性的研究课题，也可以形成若干分支学科，进行多方向的学术开拓。商域经济学和域境商学的研究成果可以渗透于经济学和商学各学科（及各分支学科）中，体现出它既具有基础理论性，又具有专业应用性的突出特点，也对其研究者提出了既要具备理论思维的深刻性，也要有分析现实的洞察力的要求。因此，商域经济学和域境商学需要有庞大的研究团队，具有不同学术专长的学者和研究者，在各个相关学术领域，从不同的学术视角，多方位地进行研究探索；也需要更多经验丰富的实践者的积极参与。商业实践是产生商业思想的主战场，中国改革开放 40 年，在市场经济中摸爬滚打数十年的中国企业家们对于商业思想在商业活动中的决定性意义更有切身感受，将他们的所思、所言、所行记录升华，可以形成中国商业思想研究的宝贵财富。所以，商域经济学研究和学科建设特别需要更多具有丰富实践经验和深切感悟的企业家们的参与。他们对于各商域中的经济理性张扬和文明型式特质及其演化过程曾经亲力亲为、耳闻目睹，成败得失，铭记于心。经历沧桑变迁的企业家们，可以自己一生从业经商的"酸甜苦辣"感悟现身说法，为商域经济学的建立和发展做出特殊的贡献。

五、主类商域和特殊商域

按照我们的学科定义，既然商域经济学及域境商学的研究对象是"具有一定价值文化特质和制度形态特点的各经济区域或领域内及其相互间发生的经济现象、商业活动和经营管理的规律和型式"，"并特别关注于研究各商域中所产生的商业思想及其演进过程"，那么，它的研究对象既可以是客观现实（现象、活动、规律、型式等），也可以是精神现象（思想、理念、价值观、经验等）。所谓商域，是一个相对性概念，是指具有显著特性的特定区域或领域，特定商域中的人群进行经济和商业活动，通常表现出一定的相同倾向，并深刻影响着该商域的经济运行和商业活动，使之具有区别于其他商域的独特性。"商域"的含义可以是指"区域"，也可以是指"领域"，其划分（或类型）可以是主体性的，例如国民、民族、种族；也可以是空间性的，例如国家、地区、城市、乡村；可以是观念性的，例如信仰、文化、宗教；也可以是制度性的，例如各类经济体制、特殊制度安排等。总之，着眼于类别划分，"域"可以被简单理解为"一定范围"；"商域"就可以被简单理解为"一定的经济和商业活动范围"，而所谓"范围"是可以根据研究需要进行界定的。

商域经济学的研究对象主要是商业性经济活动或现象。商业性经济活动或现象以经济理性为主导，其目标导向致力于（或倾向于）营利，一般称为"传统企业""营利性经济"。我们将这样的商域称为"主类商域"，由于主类商域更大程度上体现了商业活动的共性，也可以称为"一般商域"。所谓主类商域不是一个商域，而是具有一般性质的多种（多个）商域的集合概念。在主类商域的各个不同商域中，主体人群和经济主体（企业）由于价值文化的深刻影响，对于经济活动及企业的社会性责任会有不同的理解，并显著地影响其行为。值得注意的是，其中的一些优秀企业家希望把"传统企业"办成"伟大企业"，实质上就是超越了经济理性（追求盈利）而致力于实现"改变社会"或"造福社会"的宏大目标。

定义"主类商域"或"一般商域"的概念，其含义意向并非指经济活动和商业行为具有共性的商域，而是指具有不同价值文化特点，可以划分为不同文明型式或文化类型的各个商域。也就是说，商域经济学的理论假定是"一般商域并不一般"，"属于主类商域的各个商域均不相同"。研究各个不同商域的特性，是商域经济学的主要着力方向。总之，商域经济学主要不是关注各商域的共性，那是一般经济学和一般商学的主要研究方向。

在主类商域的研究领域中，可以重点研究：①世界商域，包括以全球大"文明圈"划分的商业活动圈、各国各民族的商业活动圈，以至（全球化）跨国商业领域等。由于工业革命发端于西欧，所以西方商域及其演化过程和扩展形态具有重要的研究价值；而当前特别值得研究的是"一带一路"沿线国家的商域经济学问题。②中国大陆商域，包括中华商域（东方商域）的演化过程和基本格局，以及被称为"晋商""豫商""苏商""浙商""粤商""徽商""闽商"等中国各地区商业活动。各民族地区的经济和商业活动是值得商域经济学着力研究的重要领域。民族经济学是与商域经济学密切相关的学科。另外，进入中国的外国企业也形成了一定的商域；大陆台商也是一个值得研究的商域。③海外华人商域，包括港商、台商、澳（门）商，以及遍布全球各地的华商或华裔商界等，以至世界各地的"华商"商业活动等。④各类产业商域：各产业或行业各具特点的商业活动，包括农业、制造业、采掘业、建筑业、金融业、旅游业，以及各类服务业，特别是正在兴起的新产业，例如互联网、人工智能、共享经济等，都具有非常显著的商域特点和价值文化特性，应该成为商域经济学的重要研究对象。⑤城乡商域：城市是经济和商业活动的集聚中心，不同的城市具有不同的商业文化和经济特质，是商域经济学应特别观察和重点研究的对象；乡村也是一类值得关注的商域，其商业文化和商业演化可以成为商域经济学很有特色的研究对象。

除了上述主类商域之外，在现实经济中还存在众多"另类商业"，可称为"特殊商域"。所谓特殊商域，主要是指实行有别于主类商域的特殊制度、规定了商业活动的特殊行为规则、承担着社会经济中的特殊功能的那类商域。特殊商域的特殊性主要是由一定的制度安排所决定的，从这一意义上说，所谓特殊商域实际上是"特殊制度商域"。在这类商域中，由于制度形态的特殊性，价值文化和经济理性表现，以及运行机理都具有显著区别于主类商域的独特性质，非常值得专门研究。特别是，中国实行的是中国特色社会主义，更需要对一些特殊商域进行深入研究。特殊商域主要有四大类：

（1）国有企业。国有企业是特殊企业，其设立宗旨、价值文化、管理规则、行为方式、决策程序等均具有非常不同于一般企业的显著特点。尽管在法律形式上可以尽可能接近一般企业，例如实行有限责任的公司制、公司股票上市交易、成立以董事会为决策中心的企业治理结构、实行劳动合同制等，但国有企业必然受到除一般民商法之外的其他法律或政策规定的规范，即使没有规定其具有"特殊法人"的法律地位（大多数国家都按"特殊法人"来规定国有企业的法律性质），但实质上是特殊法人。国有企业的价值文化必然具有区别于一般企业的很大特殊性。国有企业高管进行决策的价值取向和心理（风险）偏好，同民营企业家或企业高管都必然具有极大不同，这是由国有企业的特殊性质所决定的。在中国，国有企业是一个特别庞大的商域，必须进行长期深入的观察研究。无论进行怎样的改革，只要仍然保持国有企业性质，就永远是一个需要专门研究的特殊商域。

（2）非传统企业。这类企业不以利润最大化为目标，但按照一般商业企业的规则经营（企业产生利润，但不实行利润分红），以保持可持续经营，致力于实现某些社会性目标，通常称为"社会企业"。这类企业不追求企业规模，但具有社会扩展性。例如，孟加拉国经济学家穆罕默德·尤努斯开办的格莱珉银行，从事普惠金融，致力于脱贫，成效卓著，获 2006 年诺贝尔和平奖。世界上还有不少企业家致力于社会企业的发展，已形成了一个规模不小的特殊商域。

还有一些企业家，反对利己主义的企业经营理念和管理方式，创造性地以利他主义理念和经营方式管理和发展商业性企业（实行利润分红，企业股票还可以上市交易）。最著名的就是日本企业家稻盛和夫。他的经营实践表明，以利他主义理念和经营模式也可以办成非常具有竞争力的企业（他本人曾创办和领导了两家世界 500 强公司）。在他的倡导和影响下，以利他主义理念进行商业化经营的企业也已为数不少，这可以成为商域经济学的一个很值得深入研究的特殊商域（这类企业也可以归为主类商域，作为具有较强社会责任意识显著特征的一类）。

（3）类商业组织。在经济社会发展中，还有众多与商业企业有别，但也发挥着为社会提供各种产品和服务的组织。在法律性质上它们不被称为"企业"，属于非商业性（非营利）组织，在税收等制度上也有别于商业企业，但同商业企业具有许多共性，例如，它们也需要进行财务核算，有收入目标，需要筹资，也会进行投资，存在市场竞争等。因此，完全可以将它们归为一个（或多个）具有独特性质的商域，称为"类商业组织"，包括各种类型的基金会、（民间）科学研究机构、（民间）教学机构、（民间）医疗机构、体育（经营）组织、宗教组织（寺庙、教堂）的经营机构、党派组织的经营机构、军队的经济机构等。

（4）国家事业单位。这实际上也可以归类为"类商业组织"。在中国，一些重要的科研、教育、医疗、卫生、文化、体育等组织都是按国家事业单位的形式设立和运行的，是一个规模很庞大的特殊商域，在经济社会发展中发挥着特别重要的作用，而且非常具有中国特色。国家事业单位的主业或主要经费由政府财政拨款，同时又有市场化的"创收"任务，财务分"预算内"和"预算外"两部分，不同程度上"自收自支"，具有"体制"内外双轨运行的性质。这样的特殊商域，其运行机制和价值文化必然具有很大的独特性，有必要作为一个专门的特殊商域类别来进行深入研究。

六、结语：一个前景广阔和充满挑战的新学科

本文的讨论表明，商业经济学和域境商学是一个发展前景非常广阔的研究领域，不仅可以从经济学的基础理论层面和学术体系的底层逻辑上进行深入研究，形成具有范式革命性质的突破性研究成果（可使人"茅塞顿开"），而且可以从现实经济的各个方面进行多视角观察分析，形成内容丰富的新颖性研究成果（可使人"耳目一新"）。它的研究方向既可以是学科导向的，也可以是问题导向的或方法导向的。案例研究也具有重要学术价值。

在深度和广度上都具有极大拓展空间和施展舞台的商域经济学及域境商学研究，对其研究者或研究队伍提出了很高的要求，这更可以激发研究者们的学术兴趣和促使更多年轻学者树立学术志向。这是一片辽阔的科研"蓝海"，有志者尽可以在这里发挥潜力，施展才能，成就事业。

从逻辑上说，商域经济学具有抽象和具象两个方向上的动能主轴，既可以抽象到极致，也可以具象到朴素。由于它的学术属性跨越理论经济学、应用经济学、工商管理及诸多相关学科，其研究着力点可以是上"殿堂"，成为堂上明珠，也可以是进"花园"，迎来百花齐放，因此，商域经济学研究首先需要发挥高度的理论想象力，并运用逻辑抽象力和归纳综合力，体现对复杂现实世界的深入洞察力和剖析能力。当然，也需要研究者掌握一定的数理技术方法作为研究工具，特别是，现代数字技术支持的大数据分析可以成为商域经济学研究的得力助手。在这样的科研"蓝海"中，尽管机会无限，但也充满挑战。是否真的能够建立和发展起一个新的学科和学科群，取决于能否产生高质量的研究成果，这需要众多有兴趣并决心长期致力于这一研究的学者、研究者和商业实践者的共同努力。锲而不舍，方有成效。

后　记

　　完成本文时，正好收到最近一期《经济研究》，读到周建波、孙圣民、张博、周建涛四位作者撰写的论文《佛教信仰、商业信用与制度变迁》①。这正是一篇从理性、伦理、制度三维视角讨论经济现象和商业活动（寺院金融）的有趣文章。作者说："本文揭示了发展金融要重视对人文道德等金融伦理的建设。金融伦理要体现为金融制度，金融制度也要反映金融伦理的要求。而这正是唐中叶后中国金融业发展的方向，也是马丁·路德改革后欧美世界金融发展的方向。""寺院金融和本土金融的发展，都有力诠释了经济组织以提高效率为目标而进行的制度变迁，是一种非正式制度与正式制度的良性互动。"作者还进一步讨论了从世界范围来看宗教在金融发展史上所起的至关重要的作用。世界三大宗教对信徒从事金融活动的具体规定有所异同。他们都鼓励资金的流通，但不同点在于：佛教主张收取利息，相当于出租土地收取的定额租；基督教和伊斯兰教都反对收取利息，但赞成通过参与投资的形式分享利润，这类似于出租土地时收取分成租。这两种方式各有利弊，但收取利息更有助于经济效率。后来，基督教会承认了收取利息的合法性。伊斯兰教仍然坚持反对收取利息，但一些伊斯兰国家曾通过引进西方法律制度而允许金融机构收取利息（"伊斯兰复兴运动"的兴起又使之回到禁止收取利息的传统道路上）。这一研究令人信服地展示了价值文化和制度形态对经济理性发挥了显著而深刻影响的历史事实。确实可以表明，经济发展不只是一个由经济理性主导的效率取向物质技术（资源配置）过程，而是一个多维因素互动交融的文明演化过程，因而，各商域的经济发展必然体现为不同的文明型式及其演化过程。

（原文发表于《区域经济评论》2018 年第 5 期，有改动。）

---

　　① 周建波等：《佛教信仰、商业信用与制度变迁——中古时期寺院金融兴衰分析》，《经济研究》2018 年第 6 期，第 186—197 页。

关于大健康产业的若干经济学理论问题

2018 年 10 月 30 日，在《中国经营报》社主办的"2018 中国大健康产业高峰论坛"上，官产学研各界与会者就大健康产业发展进行的广泛讨论涉及了大健康产业的性质、特征、体制和发展前景等多方面的问题，特别是对于其中的一些重要理论认识问题，引起大家的特别关注和深度思考。因为关于大健康产业的理论认识，如果能够形成共识，就会深刻而广泛地影响这一领域中各相关行业的制度建设和政策安排，以及整个大健康产业领域的努力方向。笔者在大会开幕演讲中表达了关于大健康产业发展的一些意见，许多与会者对其中的一些内容表示了很大兴趣，会中、会后与我进行讨论，并希望笔者以论文形式对若干重要问题做更完整的论述。为此，本文择取若干与大健康产业发展相关的经济理论问题进行简要分析，抛砖引玉，以期引发更多的讨论。

一、人的健康需要及大健康产业的经济社会性质

健康是人的最基本需要，又是终极需要。在人的各种需要中，如果要进行取舍选择，那么理智的抉择为，健康既是"首选"项，也是"终选"项：人一出生，健康显然是第一需要，如果没有健康，无以为正常之人，其他需要均无从谈起；进一步说，任何人终其一生，无论收入高低、权势大小，最终所需无非也是健康，因此可以说，凡正常理智之人，健康都是其追求的终极目标，如果没有健康，也就无求于其他需要。这几乎可以说是一个具有公理性的即毋庸置疑的命题。从这一意义上甚至可以说，相对于健康需要，人的其他需要都不过是"中间

需要"或"次级需要"。如果在金钱权势与生命健康间进行取舍，凡理智者一定选择后者，可谓"健康无价"，实际上也就是"生命无价"。许多成就辉煌者，因失去健康而不得不放手一切，其最大的人生悔悟是"为什么所求无数却偏偏忽视了身体健康？"，此时，即使宁愿放弃其他所有"身外之物"而企望换取"健康"，但往往为时已晚，可见健康需要对人类之重要价值。从个人推及家庭、社会、国家，人民健康之意义，无有其他事物可以超越。健康是从事一切经济、社会活动的前提，也是人类发展无尽追求的目标。健康需要进一步体现为人类社会发展的最终价值就是：人的全面发展，人的能力的充分发挥，实际上就是健康需要的最高质量满足和实现，即最大限度实现人民健康潜能，让健康潜能展现为人类发展的繁荣兴旺和体验真善美的人生旅途。

健康的这一性质直接决定了：由于大健康产业是为了满足人民健康需要而进行的生产活动，所以大健康产业既是满足人类底线需要的产业，也是满足人类终极需要的产业。一方面，大健康产业要致力于满足人的最基本权利，即健康权（生命权）的实现。对于其他产业人可以进行取舍选择，收入不同的人会有不同需求，但健康是现代社会中所有人享有的权利，属于基本人权。所以，大健康产业具有普惠性和必选性，实际上就是"无价性"。另一方面，由于满足健康需求的质量标准具有多层次性，而且随着经济发展、社会进步，人类健康需要的质量标准越来越高，不仅追求更长寿的生命，而且期望健康生活，最可心的人际问候莫过于"祝你身体健康！"因此，大健康产业面临的需要空间和进步前景是无限广阔的，其努力追求和成就目标永无止境。

人民健康需要的这种首要性和终极性特征，决定了为此而生而兴的大健康产业必然具有显著区别于其他产业的许多重要特点，进而决定了在运行机制和体制政策上，社会对大健康产业的要求同对其他一般产业相比，也必然有许多显著的差别。要更全面、更有效地满足广大人民的健康需要，就必须既能满足具共同性、普遍性的基本健康需要，又能满足具有选择性、多层次性的高质健康需要。中国有近14亿人口，从基本健康需要到高质健康需要，人民健康需要的多维性和所涉内容的广泛性使之成为极为复杂的问题。因此，如何有效配置社会资源，最大限度地满足全民健康需要，并不断提高全民健康水平，往往成为一个牵动全民利益的重大政治议题。这是全世界各国面临的共同挑战，无论是贫穷国家、发展中国家还是经济最发达的国家。

二、如何满足人民的健康需要

由于健康是人类的一个最基本的和终极性的需要，因此对于"健康"的关切，从最基本的要求到高质量的要求，可以有不同层次的含义或标准，而且，随着经济社会发展水平的提高，人类对健康概念的理解也不断深入，对健康追求的关切范围越来越广泛，并越来越趋向其实质内核。也可以说，对于"健康"的理解，标志着人类发展的文明水平；而对于健康需要的"满足"的体验，则体现了健康制度特别是医疗体制机制的有效程度。

在文明水平较低的时代，对于"健康"的浅层理解是"不生病"。而在当代，世界卫生组织拓宽了关于人的"健康"的理解，按其定义，健康的含义至少包括或体现在四个基本方面：躯体健康、心理健康、社会适应良好和道德健康①。既然健康具有这样的多面性，那么决定和影响健康的因素也必然是多方面的。国家卫生部原副部长、著名医学专家殷大奎教授根据国际卫生界的研究文献和自己的从业经验指出，在影响人的健康的各种因素中，对其重要性的估测是：生活习惯占60%，遗传占15%，社会因素占10%，气候占7%，医疗占8%。可见，所谓"健康"，含义是非常丰富的，其决定和影响因素是非常复杂的，健康与否或健康水平高低是各方面因素综合作用的结果。因此，如何满足人民的健康需要，不断提高全民的健康水平，不是某个部门的专业问题，而是一个涉及广泛领域的、高度综合性的人类事业。

据此可见，就其根本性质而言，健康具有自益性、公益性和公论性。所谓自益性就是，每个人（或家庭）对自己（或家庭成员）的健康负有直接责任，具有"天赋"性，除非不具有或丧失能力，不能将其责任全部推卸给社会或政府，通俗地说就是"健康首先是自己的事"，即人具有健康本能。所谓公益性是指，

---

① 1989年联合国世界卫生组织（WHO）对健康的定义为"健康不仅是没有疾病，而且包括躯体健康、心理健康、社会适应良好和道德健康"。细则为：①充沛的精力，能从容不迫地担负日常生活和繁重的工作而不感到过分紧张和疲劳。②处世乐观，态度积极，乐于承担责任，事无大小，不挑剔。③善于休息，睡眠良好。④应变能力强，适应外界环境中的各种变化。⑤能够抵御一般感冒和传染病。⑥体重适当，身体匀称，站立时头、肩臂位置协调。⑦眼睛明亮，反应敏捷，眼睑不发炎。⑧牙齿清洁，无龋齿，不疼痛，颜色正常，无出血现象。⑨头发有光泽，无头屑。⑩肌肉丰满，皮肤有弹性，走路轻松有力。

由于健康属于基本人权，当个人无力维持自己的基本健康时，社会负有替代保障责任，不应视而不见、弃之不顾，通俗地说就是"健康是社会（政府）不能不管的事"，即现代国家负有保障人民健康的社会责任。所谓公论性是指，对于如何满足人民健康需要，个人、社会、政府等各方面应承担怎样的责任，如何协同保障社会人群健康，各国并无相同一致的解决方式，必须通过公共决策来进行相关制度和政策的安排，也就是说，必须依靠社会协调、民众参议，直至形成正式的法律制度和政策规定，来现实地满足广大人民的健康需要。因此，完全由个人自担责任，社会和政府不承担保障责任，或希望一切都由社会和政府"全包下来"，都是不可取的和不现实的。通俗地说就是"健康是必须经公共决策来满足的大众需要"，即以有限资源满足无限的健康需要，必须进行权衡协调。

上述情况决定了，作为一个社会性和全局性的问题，满足人民健康需要的方式路径和制度安排具有极大的独特性和复杂性。可以说，人类发展中没有任何一个其他问题比健康问题更艰难。实际上，迄今为止，很少有哪个国家可以十分有把握地说，已经完全或令人满意地解决了这个问题。解决全民健康问题，不可能有"单一有效规则"，只能在各种尝试中不断取得进步，使制度安排和政策调整在演进中更趋有效和公平。其中，应特别关注和致力于以下三个基本问题：

第一，如何让全体人民包括最底层的（贫穷）人群都能享有健康保障，满足基本健康需要，这是全世界各国都在试图努力解决的大问题。从制度机制和政策安排上来看，主要体现在尽力建立社会医疗保障制度等方面。越来越多的国家都在努力实现覆盖所有人健康需要的社会保障体制机制，但其成本和代价高昂，其效率和管理问题常常受到诟病。对于十几亿人口的中国而言，这显然是一件非常艰难复杂的事情。但这是任何现代国家都无法回避的问题和不可推卸的责任。而且可以相信，国力不断增强的中国，只要制度安排恰当、资源配置合理（特别是减少大量存在的浪费、闲置和过度占用现象，以节约资源），达到现实国力条件下的适度水平基本医疗保障的全民覆盖应该是可以争取做到的。

第二，如何调动和不断增强大健康产业的供应积极性和机制有效性。大健康产业面临的是人类对健康无限的需要，但是即使从理论上说，无限的需要也是难以得到完全满足的，现实中更是无法实现，因为满足无限的需要意味着成本的无限大，任何生产者以至社会都难以承受无限大的成本重负，成本失控意味着难以持续。在市场经济制度的现实条件下，除了那些"零边际成本"领域，能够得到有效满足的是有支付能力的"有效需求"，通俗地说就是，可以得到满足的是能对健康需要的产品或服务支付费用的消费者的需要（消费者自己有能力支付，或者其他人可以代为支付）。所以，满足人民健康需求的现实方式是，尽可能将健康需要"经济化"，也就是使其表现为有支付能力的有效需求，这样才可能有效率地调动更多资源来满足人们日益增长的健康需要。按照这样的方式，基于有效需求的健康需要可以由生产性活动所创造的"产品"和"服务"来满足，而创造健康产品和服务的生产性活动又具有可持续性和增长性。总之，满足健康需要必须要有行之有效的经济机制，这样才能使满足健康需要的供应方式具有经济可行性和持久活力，整个过程形成良性循环，不断发展。

第三，如何实现大健康领域的资源配置有效性。既然健康需要具有首要性（底线性）和终极性（无限性），那么，如果没有层级划分，而要求满足所有人的所有健康需要，就是无法实现的目标，即使耗尽所有的资源。但跟其他产业不同，满足人民健康需要如果仅以金钱多少为标准进行层级划分，即"有钱有健康，无钱无健康"，又显然是违背人民健康需要的社会经济性质的。那么，以什么方式来对满足人民健康需要进行层级划分呢？反之，如果完全不考虑金钱支付能力，对所有人一视同仁，那么，就没有人愿意为健康而付费；或者认为，无论怎样的健康服务（特别是医疗），都应该是对个人免费或低收费，个人负担越少越好，是否可行呢？如果这样，就会产生一个悖论：越是重要的健康需要，即使是与生命相关，个人越是要求低价格低支付，希望公费承担，并认定个人自费承担为"不合理"；相反，不那么重要的个人需要，反倒因为具有较大的可选择性，而至少有部分消费者会愿意选择高质量高付费，认为自费承担是理所当然的自主选择。所以可以看到，理发美容的收费可以高于医疗手术的收费，前者"赚钱"天经地义，"亏损"无人会干；而后者"赚钱"很不道德，"亏损"却天经地义。经济学原理表明，前者的供求是可以实现"均衡"的，而后者的供求是无法实现均衡的，如果要避免失衡，必须采用替代的制度安排。因此，为了克服失衡，在现实中就不得不以其他方式来解决健康消费（医疗服务）的层级划分问题。最简单的替代原则就是按身份差异进行分类分层，触手可得的解决方式就是我国目前实行的按行政级别进行医疗保障的层级划分（因为在我国，行政级别是最清晰的、具"一般等价物"性质的层级划分标准，可以最大限度避免分层歧义）。显然，这是一种"次优"规则，虽然可以维持一定的健康供求秩序，具有现实可行性，易于操作，但其有效性、公正性是存在明显缺陷的，往往导致健康资源（主要是医疗资源）配置的扭曲、浪费和不公平，不仅表现为医疗资源过度向高层级人群倾斜，而且表现为医疗需求过度向高层级医疗机构（例如公立"三甲医院"）倾斜，导致医疗资源的短缺与闲置现象并存的奇异状况，因此出现"看病难"和"看病贵"两个理论上不应并存而现实中确实发生的矛盾现象。按照经济学原理，凡是难以获得的东西一定不很贵，而凡是很贵的东西要获得不会难（除非是绝对垄断性的稀缺之物，持有者拒绝出让）；市场中的物品，如果难以获得，就表明它不够贵（供不应求），只要使其更贵，就一定不难获得（只要你付得起价格）。总之，在市场充分发挥作用的条件下，"难"和"贵"通常不会并存。当然，这是"按价格"分层的市场机制逻辑，适用于大多数商品。而当采用非价格机制进行分层时，就会出现以市场价格机制的逻辑来看非常悖理的矛盾现象。而这正是中国面临的现实问题，其实可能是人们"感觉中"的问题，似乎许多人声称身有体验，但却难以准确定义。其中的关键就在于，满足健康需要的有效层级划分机制没有建立，以身份等级为层级划分标准的制度，当面对居民收入普遍提高、健康需要显著增长的现实时，必然产生"成长的烦恼"：医院越盖越大，医疗设备越来越好，就医者却越来越多，"病人"似乎是被"看病"看出来的。大概很少有哪个国家的医院像中国的"三甲医院"那样"繁荣"得像个大市场，也很少有哪个国家的医生像中国"三甲医院"的医生那样，一天看那么多门诊病人。这恐怕主要不是因为中国人口多，而是医疗体制未能有效实现医疗资源与病员需要之间的合理匹配，很大程度上是一个供需错配现象，即未能做到医疗资源的有效配置。

以上讨论表明，为更有效地满足人民健康需要，必须体现个人自主、公益互助和合理分层的原则，并且健康产品供给结构和经济可持续性必须要同一定的经济发展阶段相适应。"全民医保"是所有国家都希望最终要达到的目标，但"全部医保"则是任何国家都无法做到的。前者的含义是，全体人民享有基本的医疗保障，这完全有可能做到，而且是社会正义的重要体现。后者的含义则是，要求所有的医疗条件都由国家包（即全部无条件公费），而且都无分级地由高级医疗机构来满足，至少在可以预见的时期内，这根本无法做到。所以，满足人民的健康需要必须要有创造性的思维和解决方案，在符合各国现实国情的条件下，最大限度地有效满足人民健康需要。

三、大健康产业的商域经济学特征

如前所述，健康是一个内涵复杂、外延宽泛的概念，所以在现实中，满足人民健康需要几乎涵盖社会经济生活的所有领域。有哪个领域同人的健康完全无关呢？不过，完全无边界的问题是无法进行研究的，因此，我们必须做必要的概念界定，在本文中，主要将研究对象集中于满足人民健康的各类活动中的那些具有"产业"性质的领域。我们所说的产业，是指能够可持续地满足有支付能力的需求的生产性经济活动，通常是以形成一定"产品"或"服务"的供求关系的方式，所进行的市场化的生产性经济活动。从经济学意义上说，就是既创造使用价值，也创造经济价值（交换价值）的那类经济活动。换句话说，作为大健康产业的产品或服务，总是有成本和价格的，至少要能够弥补成本，往往还要有一定的经济盈余，产业运行才有可持续性。因此，健康需要表现为"有支付能力的需求"，以满足这样的需求为功能，大健康产业才能实现良性循环。简言之，大健康产业只有在整体上以满足具有支付能力的需求为主要服务对象，并不断满足这样的有效需求，它自身才能不断发展，才能作为"产业"而存在。

可见，大健康产业是满足人民健康需要的一个涵盖面相当广泛的特殊商域。[①] 这一商域具有独特的理性逻辑、价值文化特征和制度形态，而且，不同国家的大健康产业也各自具有不同于其他国家的特征和特色。也就是说，大健康产业这一商域空间是极为丰富复杂和多元化的。研究大健康产业，必须要有多维视角。在大健康产业这一特殊商域中，生产、交换、消费，以及政府的监管制度等，其具体模式都有极大的可选择性，即以不同的组织形式和运行机制应对和解决不同的问题。所以，在大健康产业这个复杂商域中，生产形式和供应方式纷繁复杂，几乎涉及各类经济组织形式，包括：商业性（营利性）生产和供给方式、非营利性生产和供给方式、社会企业生产和供给方式；互助性生产和供给方式、慈善性供给方式；公共性生产和供给方式（公立医院、应急系统）等。其中，

---

① 关于"商域"和"商域经济学"的含义，可参阅金碚：《关于开拓商域经济学新学科研究的思考》，《区域经济评论》2018 年第 5 期。

前三种为"市场方式"；第四、第五种为"社会方式"；第六种为"公共方式"（"政府提供方式"）。

第一，商业性（营利性）生产和供给方式，就是以营利性企业为主体，生产和提供大健康产品或服务。这类生产和供给方式的经济性质是，营利性组织在市场竞争中运行，生产者和供应者的经济逻辑是以追求利润为目标，并在利润目标指引下追求效率，满足市场化的健康产品需求。其局限性是，由于是以利润为导向，所以难以满足支付能力弱的健康需要。而且，由于发生疾病所需的支付具有或然性，往往超出个人支付能力，所以这类生产和供应方式主要适用于健康产品中的制造品领域（例如，药品、医疗器械等），对于满足健康需要的最终目标来说，它们大多属于中间品供应方。

第二，非营利性生产和供给方式，即不以营利为目标的生产和供应方式，在大健康产业领域比其他领域具有更大的适用性。由于健康属于基本人权，需要有相当强大的社会经济组织直接以满足健康需要为目标来进行生产和供应，政府对这类组织规定了优惠的税收政策，以支持其非营利性的生产经营活动。这类生产和供应组织主要适用于直接提供健康服务的领域，特别是在医疗行业，大多数为非营利性组织。准确地说，非营利生产和供应组织不是不要营利，而是指资金投入者不参与利润分红，而将利润继续投入本组织，继续扩大和改善生产和供应活动。

第三，社会企业生产和供应方式，这是近几十年来兴起的一种企业经营形式。其特点是：有别于一般商业企业的"主观上以利润最大化为目标，客观上提供产品，满足社会需要"的经济机理逻辑（"主观利己，客观利他"），社会企业的经济机理逻辑是"以解决社会问题为目标，而以市场化的经营方式可持续地提供解决社会问题的产品或服务"（"主观利他，客观利己"）。这类生产和供应组织需要有高度的经营创新性，而从其性质而言，是大健康产业中的一种很有前途的企业组织形式。因为健康需要具有区别于其他需要的很大特殊性，利润导向的生产和供应方式往往会过度依赖工具理性行为而偏离健康需要的本真价值目标；而一般非营利组织又往往缺乏市场竞争效率（包括融资能力）和创新性。所以，具有高度创新性的社会企业方式在大健康产业发展中可以有很广阔的前景。

以上三种生产和供应方式的共同特点是，基于市场经济体制，价格机制充分发挥作用，经营活动具有较强的竞争性，以竞争促进效率提高。

第四，互助性生产和供给方式。大健康产业中，各种互助性的组织可以发挥很大作用，因为当健康需要发生于弱势群体中或者发生或然性困难时，往往需要他人援助，如果有互助性的解决方式，就可以有效规避和应对不测风险。在中国，互助合作组织有良好的传统，加之政府的较强组织能力，许多大健康问题都可能通过互助性生产和供应方式来解决。特别是，进入老龄在社会，在康养领域，这种组织形式具有相当大的适用前景。

第五，慈善性供给方式。这是单向性的援助方式，对于特别需要帮助和救助的弱势群体，这是一种直接的人道主义解决方式。随着经济发展和社会进步，慈善事业将有很大发展，投入的资源也会不断增长。特别是，越来越多的企业和社会组织在自觉承担社会责任的努力中，也大都会向社会弱势群体提供慈善性的健康援助。

以上两种方式是基于社会组织。在大健康产业发展中，社会力量的积极参与不仅可以解决一些困难问题，而且对于形成良好社会风气、提高全民族道德水平会产生积极作用。

第六，公共性生产和供给方式。人民健康是政府发挥重要作用的一个领域，几乎全世界各国都是这样。公共性生产和供应方式，主要是政府开设公立医院和建立社会应急（救援）系统等，必须由政府直接投入资源和进行组织。人民健康具有非常强的公益性，世界各国对于人民健康的公益共识几乎都是要求政府在这一领域发挥更大作用，甚至是发挥主导作用。因此，政府直接参与和承担重要职责是大健康产业的一个突出特点。

既然健康如此重要，关乎基本人权和终极需要，而且满足健康需要的生产组织和供应方式又如此多样复杂，进入大健康领域的各类主体的经济和法律性质纷繁复杂、行为目标各不相同，那么，如何确保各种供需活动正常有效进行，避免出现不良行为和失序现象，就一定会成为十分重要的公共管理问题。在如此复杂，又涉及人民最重要的切身利益，即健康与生命的这个大健康产业特殊商域中，难免充满了各种风险。健康风险的危害性不仅超过其他各种风险，而且满足健康需要的过程本身也具有风险性和不确定性（例如，没有哪个医生能够确保100%治愈病患）。应对这样的情况，人们几乎别无选择，不得不主要寄希望于政府的有效监管，以确保维护好大健康产业及整个健康相关领域的良好秩序。因此，在大健康领域，政府监管职能的积极有效履行就成为一个特别重要的问题，众目关注。社会中，健康风险问题几乎无所不在，而且健康与安全直接相关，其实健康风险本身就是安全风险，所以，政府对于各产业以至各经济社会领域中关系健康安全的监管行为也必然具有广覆盖性。问题的复杂性还在于，政府监管本身也是一个非常复杂的社会功能机制，政府部门能否真正有效地行使监管职能，也具有很大挑战性。这也是大健康产业的一个显著的商域特征，值得进行专门的研究。囿于篇幅，本文不予赘述。

四、大健康产业发展要有高度的创新精神

以上讨论表明，对于中国的大健康产业，其需要空间和需求规模是巨大的，所以，大健康产业在中国具有几乎无限的发展潜力和市场容量。特别是，中国工业化和经济社会现代化大大延长了中国居民的寿命预期。根据全国老龄工作委员会办公室公布的数据，截至 2017 年底，我国 60 岁及以上老年人口数量已达 2.41亿人，占总人口 17.3%。随着老龄化社会的到来，庞大的老年人群体已经成为社会重要的消费力量，尤其是大健康产业的消费力量，即人口的老龄化导致人民健康需要的急剧增长。因此，只有大健康产业的更大发展，才能应对中国人民健康需要急剧增长的挑战。

如前所述，大健康产业是一个具有很大特殊性的商域，它的发展，包括技术进步和市场秩序的形成，都高度依赖制度体制和政策规则的安排。不同的制度和政策环境，会对大健康产业的发展方向产生很大的影响和引导性。中国的经济体制经历了中华人民共和国成立以来近 70 年的变迁，特别是经历了 40 年的改革开放历程，而作为大健康产业重要组成部分的医疗体制改革，尤其是公立医院改革，以及与之直接相关的公费医疗制度及社会医疗保障制度的改革、农村合作医疗制度改革等，也随之进行了全方位的制度探索，取得了很大成就，但也出现不少问题和矛盾，至今仍在不断改革完善中前行。这表明，大健康产业的发展，特别需要制度创新的引导，在新的制度环境中进行供求关系的重构和优化，引导和激发大健康产业中的供应方，包括医疗服务机构、药品生产企业、研发机构等，进行组织模式和商业模式创新。从经济理论的角度看，当前，中国大健康产业的制度创新和政策体系构建具有关键性的意义。近 14 亿中国人，将在怎样的卫生健康体制中得到健康需求的满足，是一个亟待回答的重大问题。也许，短时期内难以有完美的答案，而是需要不断实践和试错探索，以创新的思维和实事求是精

神进行制度创造和建设，才能形成符合中国实际国情的大健康制度和政策体系。不过，中国虽有自己的医改难题，但也具有自己的独特优势，可以助推卫生健康制度和政策体系的构建。例如，中国庞大的人口规模可以成为大健康产业巨大的竞争市场，如果实行更加开放的体制机制和政策引导，有可能在制度创新中获得极大裨益。最近报道的17种抗癌药品大幅度降价并被列入医保支付目录就是一个例证：以开放促改革，以竞争促优质，以规模助创新，可以为中国大健康产业的制度创新和模式创新开拓广阔的"蓝海"空间。

制度创新和政策开放是否取得成效，最重要的体现之一是能否促进大健康相关的科技创新，调动更多科技资源和激发更大的科技创新积极性，来促进大健康产业发展。从根本上说，大健康产业发展归根结底需要靠科技创新的推动。高度的创新精神才能支持大健康产业的持续进步，并实现突破性的进展。

如前所述，大健康产业具有终极性特征，无止境的需要必须靠无止境的科技进步来满足。因此，大健康产业的根本性解决方案需要最前沿的科技创新来提供。而且，科学发现和技术发明的重大突破还必须实现产业应用和市场转化上的研发创新和适用性创新，才能形成从基础研究、产品研发、市场接受到临床应用的完整产业链，使科技创新真正成为大健康产业的现实生产力和满足人民健康需要的有效手段。当前，处于科技最前沿的信息科学、人工智能、生命科学、基因技术、材料科技、环境科学、安全应急，更不用说生态农业、食品药品、医疗科技等，都是大健康产业发展所依赖的科技创新源泉。

大健康产业的终极性特征决定了，它的发展不仅依赖于各种应用性科技创新，而且突出地体现为对于科学思维的底层逻辑的深度依赖性。例如，西方现代医学的科学思维是还原论，以此为底层逻辑的生命科学、现代医学为大健康产业的科技创新路径方向形成主导性的科学思维原则。但中医却是另一种思维，中医创新的最底层逻辑和西医不同，它不是还原论，而是有自己的思维方式，因此，它的科技创新路径方向可以而且必然会不同于现代西方医学。那么，西医和中医是否能够结合就是一个触及科学思维的底层逻辑的深刻问题。中西医结合一直是中国医学界努力的方向，也是许多制药企业进行药品创新的一种思路。但由于这是一个根本性的基础科学问题，要取得重大进步，实属不易。因此，如果经过各方努力，协同创新，能够取得突破性的进展，将会为中国大健康产业开拓更大的发展空间。

大健康产业所依赖的科技创新，不仅仅限于自然科学，而且广泛涉及人文社会科学。世界卫生组织关于"健康"的定义所明示的躯体健康、心理健康、社会适应良好和道德健康四个基本方面，实际上也就指出了人民健康是一个涉及极其复杂的自然、经济、社会因素的综合性问题。前文所提及的殷大奎教授关于影响人类健康的各种因素的相对重要性的估算，也清晰地表明了要满足人民健康需要所应确定的努力方向和创新路径。其中特别值得重视的是关于"生活习惯"对人的健康具有最重要影响的判断。所谓"生活习惯"，在社会人群的意义上，体现了经由社会经济演化过程所形成的整体人群行为方式和秩序规范。人群中各个体的生活习惯尽管差异很大，但又总是在一定的社会整体习俗氛围中形成，具有社会性。国家的大健康建设目标着眼于整体人群，所以大健康产业的社会功能是推进社会整体人群的更高水平的身心健康和民习善美，这不仅要依靠自然科学和技术的创新和创造，而且要有人文社会科学的创新和促进。人群身心健康水平很大程度上取决于社会健康状况，如前所述，按专家估算，社会因素对健康的影响（占比10%）甚至超过了医疗的作用（占比8%）。世界各国包括中国的历史都表明，社会的病态会大规模地损害人民健康以至生命安全，和谐社会显然比斗争社会更有利于人民健康和生命安全。所以，当我们说"大健康产业发展要有高度的创新精神"时，其含义是非常深刻的，不仅指器物性、技术性的创新和进步，而且指根本性的生命科学思维创新和人文社会科学理念创新和进步，以全社会的努力，推动建设一个高水平的健康国家和健康社会，以此实现更高质量的人民身心健康和民习善美。

[参考文献]

[1]［美］保罗·J. 费尔德斯坦：《卫生保健经济学》，经济科学出版社1998年版。

[2]［美］肯尼思·约瑟夫·阿罗：《社会选择：个性与多准则》，首都经济贸易大学出版社2000年版。

[3]［美］理查德·H. 泰勒、卡斯·R. 桑斯坦：《助推——事关健康、财富与快乐的最佳选择》，中信出版社2009年版。

（原文发表于《北京工业大学学报》（社会科学版）2019年第1期，有改动。）

试论经济学的域观范式

——兼议经济学中国学派研究

经济学是社会科学中最显耀的学科之一，它的辉煌很大程度上得益于其学术底层逻辑的抽象思维特征，以此支撑了它学术范式的严谨性，从而构架起庞大的学科体系。在经济学界，存在各派经济学家所持的不同理论观点、分析意见和对策主张。对于同样的现象，经济学家会形成不同甚至完全对立的意见和主张。不过，哪怕是持完全不同立场和主张的经济学也可以同时获得同一种学术大奖，表明其都具有值得重视的学术价值。例如，弗里德里希·奥古斯特·冯·哈耶克[①]与冈纳·缪尔达尔[②]是两位学术立场完全不同的经济学家，却可以在1974年同时获得瑞典皇家科学院颁发的诺贝尔经济学奖，他们甚至因观点对立而不愿意同台领奖。既然完全对立的学术理论都可以被同一个评审委员会认可，并都获得了极高评价，那么，经济学的真理性还有客观标准吗？这样的奇异现象为其他学科所少见，但并没有因此而使人们怀疑经济学的科学性和影响其备受尊崇的地位。其实，对于许多现实经济问题，经济学家真正能做出准确判断和预测的把握也不是很大，重大经济危机的发生大都出乎经济学家的预料，甚至被认为恰恰是实行了一些经济学家所主张的经济政策才诱发了经济危机。经济学家依据自己所精通的经济学知识从事实际经济活动，例如办企业或从事各种交易活动，成功概率也并不一定就比其他人更高。那么，经济学究竟是一门什么样的学科呢？如果它的实际成就其实并不特别值得夸耀，那么为什么还能享有如此高的声誉？经济学真的

---

① 弗里德里希·奥古斯特·冯·哈耶克（Friedrich August Hayek，1899—1992），奥地利裔英国经济学家，新自由主义的代表人物，1974年诺贝尔经济学奖获得者。

② 缪尔达尔，冈纳·缪尔达尔（Karl Gunnar Myrdal，1898—1987），瑞典著名经济学家，瑞典学派和新制度学派以及发展经济学的主要代表人物之一，1974年诺贝尔经济学奖获得者。

担得起"社会科学皇冠上的宝石"这份荣耀吗？它的未来将走向何方？中国经济学家有可能对经济学的发展做出自己的独特贡献吗？

一、现代经济学的微观—宏观范式及其局限性

现代经济学诞生于18世纪，一般认为以亚当·斯密《国富论》出版的1776年为标志。那也是近现代自然科学产生的时代，其最伟大代表——艾萨克·牛顿（1643~1727）爵士，作为英国皇家学会会长和英国著名的物理学家，是一名百科全书式的"全才"科学家，他甚至对经济学也有所贡献，曾提出了金本位制的主张。现代经济学的产生和发展深受牛顿为代表的现代自然科学思想的影响。在学术范式上，现代经济学在很大程度上是沿着牛顿力学或机械论的隐喻发展起来的，即有意无意地将经济体和市场体系想象为某种程度上同牛顿所理解的物理世界相类似，终而形成了微观经济学和宏观经济学的学术范式体系。在那个时代也产生了达尔文的生物进化论，其中的生存竞争和自然选择理论对经济学发展也有所影响，但远不及牛顿理论对经济学的影响深刻。

我们先从简要讨论经济学的微观范式开始，来观察现代经济学的基本特质。现代经济学的研究和分析以至表述方式都倾向于希望按照体现逻辑一致性的思维，形成抽象的概念体系和学术范式。其逻辑起点是从假定经济活动的"原子"出发，视其为最基本的"微观主体"。最直观地看，经济活动的主体就是自然人或家庭，所以，现代经济学首先要对人的行为作出基本假设。这样，经济学的观念就基于个人主义之上，即假定人的行为目标是个人效用最大化。进而假定，这样的原子般的微观主体可以自主决策，而且是在没有任何其他因素干扰的如同空盒子般的牛顿空间中自由运行，用经济学的语言来表达就叫"假定其他条件不变"，而其实质含义则是，假定微观主体的活动不受其他因素影响。于是，在这个空无、匀质的被称为"市场"的绝对空间中，采用机械力学的隐喻，就可以想象为：在不存在其他影响因素的绝对空间中，原子般的微观主体自主决策并发生相互间的各种供求活动关系，在价格信号体系引导下为追求"最大化"行为目标而进行竞争，达到局部均衡和一般均衡。并且可以想象为，"市场"中的价格信号如同"看不见的手"，调节着原子般的经济主体的行为。

按照这样的思维方式，经济学虽然被归为"社会科学"，其实是非常不"社会"的，经济学所设想的人是完全没有社会特性的。如著名德国学者诺贝特·艾利亚斯所说，"把个人看作是完全自由、完全独立的人，看作是在'内心'完全独立自主的、与其他人相隔离的'封闭的个性'，这样一种个人观在欧洲社会的发展史上有着悠久的传统。""这个观点是某个发展阶段上人的自我认识的一个特点。这部分是因为人们错把理想当作事实，部分则是因为把人的自我控制机制物化了，把人的情感与人的行为机制相隔绝，把人的情感与行为及对行为的直接控制相隔绝的缘故。"[①] 这一认识传统在经济学发展中越来越被强化，并且形式化和数量化，从而使经济学所描绘的图景高度理想化。可见，经济学的世界实际上是经济学家定义和想象的完美世界。

当然，偏离完美世界的均衡状态的情况是可能发生的，经济学称之为存在"未出清"现象。不过，这种偏离如果只是偶然的，并且可以通过自发调整而趋向均衡，实现"出清"，那么，经济体系仍然可以算是完美的，大体符合"理想"。但是，如果会发生系统性的非偶然（周期性）的不均衡现象，则经济体系的完美性就成为需要专门研究的问题，这就涉及"总量"均衡与否的讨论。于是，形成了经济学的宏观范式。

经济学的宏观范式，假定各微观经济活动的个量都是同样具有理性的人的行为表现，因而是可以加总的，即加总是有意义的。所以可以定义各种经济总量概念，例如总供给、总需求、价格总水平、总收入、总产值等。并且可以在实际经济活动的某个环节上，定义（实际上是假定）各种可以计量的概念或指标数的意涵。这些概念的意涵同实际生活的真实过程不同，而只不过是可以货币单位来计量的某个可观察的"瞬间"（或短期发生）值，这就是所谓"流量"，例如"投资""消费"等。被定义的这些概念，并非常识概念所表达的那种真实的生产活动行为或真实的吃穿用等消费行为，而只是供需双方发生的买卖，即支付行为中的"支付"量，所以被定义为"需求"量，并可以加总为"总需求"。其实，人们可以追问：既然将其定义为交易流量，那么，"买"和"卖"、"需求"与"供给"总是同时发生的，对一方是买，对另一方就是卖，对一方是需求，对另一方就是供给，因而总是相等的。既然这样，宏观经济概念有什么意义呢？

---

① ［德］诺贝特·艾利亚斯：《文明的进程——文明的社会发生和心理发生的研究》，王佩莉、袁志英译，上海译文出版社 2018 年版，序言、第 27、39 页。

怎么可能会发生"不均衡"或"失衡"呢？按照定义，它们不都是"恒等"的吗？为此，经济学就把各概念都分别定义为"事前"意义和"事后"意义的量，"事前"就是"想要"，"事后"就是"实际发生"。所以，在"事后"意义上供需永远相等，而只有在"事前"意义上供需才可能不等。但是，既然是"事前"的"想要"，在流量上并没有实际发生，那么，没有发生的流量如何计算呢？这成为宏观经济范式的一个软肋。主流的宏观经济分析总是偏重于需求（流量）分析，而通常忽视"存量"因素和供给因素。因为"存量"是没有发生的流量，因此，其"价格"不是客观的，而是估值的。可见，按照宏观经济学的学术范式，由于局限于流量分析，其假设的经济空间仍然是（或可以是）具有空无、匀质特征的牛顿式绝对空间，在这个空间中，能够观察的是"流量"现象，而"存量"因素则被观察者尽可能地"抽象"掉了，视而不见，尽管"存量"现象才是经济活动的实际内容和目的所在（例如，衣食住行均为存量现象），而"流量"不过是工具性的"走过场"环节（衣食住行物品的买卖过程）。

当然，以上所述仅为当代经济学学术范式的底层逻辑构架的概念假设。在这一范式构架上，经济学体系可以进行大量的拓展延伸，并产生经济学的各种衍生性学科，例如：产业组织理论、产业经济学、能源经济学、贸易经济学等；数理经济学、计量经济学、技术经济学；交易费用理论、制度经济学、产权经济学等；区域经济学、国际经济学等。用经济学方法研究社会问题，还产生了社会经济学、家庭经济学、民族经济学等，不一而足。这些衍生性学科，尽管各有其研究对象和专门方法，但其学术范式的底层逻辑特性仍然服从于经济学主流体系的"微观—宏观"范式，基本上是"万变不离其宗"。

马克思研究政治经济学，创造了自己的学术范式体系，但也没有离开"人类文明的大道"。马克思经济学的方法论，基于唯物史观，也具有高度的逻辑抽象性，其叙述体系以"商品"为逻辑起点，假设其为经济体中的"细胞"。马克思政治经济学体系也具有演绎逻辑性质，即可以从商品及其二重性的假设出发，推演出整个学术体系框架。但马克思坚持历史唯物论世界观，不承认抽象的人性，而认为现实的人性是社会关系的总和，这区别于西方主流经济学的"经济人"假设。在马克思的学术范式中，一定的社会关系决定了经济"原子"（或"细胞"）的社会性质。在资本与雇佣劳动关系中，资本家是人格化的资本，工人是人格化的劳动。他们的"人性"和行为特征是由其在社会关系中的地位决定的。这一理论显然更具有现实性。抽象人的行为，在马克思那里变为现实人的关系。

马克思的理论对不同社会形态的经济关系及经济现象具有时代性的解释力。

不过，对各个不同时代不同条件下的经济现象和经济行为进行研究，不符合西方主流经济学派的范式承诺，他们所承诺的学术范式，是从抽象的人和抽象的人性出发的。所以，按照上述经济学的主流学术范式，其自身的学术发展偏向于竭尽所能地追求更高程度的抽象性。抽象化程度成为学术水平高低的标志之一，认为那才是"严谨"科学的体现。由于数学具有最高的逻辑抽象性，所以，艰深的经济学推理和分析越来越倾向于采用数学方法。这样，经济学几乎发展为可以被称为"第二数学"的严谨科学体系，各种经济关系都被表达为数学关系，经济研究最重要的方法就是"建模"和"推导"。人们认为，这样才可以达到精致、严谨和没有概念歧义的高水平境界，而如果不用数学形式来表达，则几乎任何经济概念都被认为是不严谨的，即其内涵都是难以精确定义的。但是，经济学概念和模型的抽象性越高必然离真实现实越远。所以可以看到，经济学的无数论文和学术成果，几乎同现实世界无关，而完全是在自己定义的抽象世界中自言自语、自成一体，经济学家们则在此过程中自娱自乐。尽管如此，也不能否认经济学研究的学术价值，"高深"的经济学成果还是可以得到很高的学术评价，其对启发思想和梳理思路不乏积极意义。但是，人们也不能不质疑：建立了如此庞大复杂的学术体系，经济学真的能够被用来解释现实世界吗？要不就是，我们本来就不应该要求经济学解释现实世界，经济学根本就没有解释现实世界的使命？

需要说明的是，我们这里所说的"主流"经济学范式，在当代西方经济学界，一般认为是"新自由主义"或"新古典自由主义经济学"学派的学术范式。如有的学者所指出，在当代，"新古典自由主义经济学的影响，虽然遍及世界，但是，从根本上说，它是美国环境的产物。它最显著的思想特征是：认定自由市场是一个与个人自由生死攸关的核心问题；在论证自由市场、有限政府和道德秩序的过程中充满乌托邦式的因素。"而且，实际上，"新古典自由主义经济学家意识到了，其所提倡的'自由市场'蓝图是永远无法实现的，但坚持认为自由社会应当朝着这个方向努力。"[1] 一定意义上可以理解为，在牛顿式空间隐喻的范式思维中，新古典自由主义经济学所想象的经济世界是具有"审美"价值的，是一个美妙的乌托邦世界，这个世界是可以由"单一规律"来解释和描绘的。

其实，社会科学的许多理论都有"乌托邦"性质，因为它们总是基于理想

---

[1] 杨春学：《新古典自由主义经济学的困境及其批判》，《经济研究》2018 年第 10 期，第 13 页。

化的范式承诺，不过，那种理想化想象往往是有些任意的。由于美国经济的强大，所以很大程度上反映了美国经济的域观特征①的新古典自由主义经济学成为现代西方世界经济学理论的主流范式。经济学的这个主流范式，也许在如美国这样的国家，由其现实的域观特性所决定，还难以发生"范式革命"。但是，在高度多元的世界各国经济中，这样的经济学主流学术范式的缺陷，或其不适应性，正表现得越来越突出。许许多多的经济现象只能被认为是主流范式下的"反常""扭曲"或"悖理"现象。但是，现实世界中一些重要的"特色"现象事实上已经成为常态，但在经济学主流范式中却不予正视，而且在现实中总是欲除之而后快。同时，可以再现现实世界中的特色性常态现象的许多经济学文献和研究成果，被视为不入流的旁门左道。其实，这些现象本身就反映了经济学主流范式的危机。

于是，经济学界开始进行另辟蹊径的尝试，试图突破主流经济学的范式框架，因此产生了演化经济学、行为经济学、制度经济学等学科，从经济学范式体系的基本隐喻（演化经济学对机械论的挑战），到关于真实的人性行为（行为经济学对行为"理性"的挑战），以及经济制度抽象假设（制度经济学对抽象制度秩序的挑战）等方面，发出了经济学范式变革的先声。人们不能满足于经济学体系的抽象完美和总是津津乐道于现实中并不存在的抽象的"优化世界"，而是希望经济学能更好地承担解释真实世界和提供可行解决方案的使命。如果经济学不能"经世致用"，那它就只能是一座仅供观赏的"象牙塔"。

二、域观视角在经济学范式中的地位

以上讨论显示，现代经济学的主流学术范式的缺陷或局限性主要体现在两个方面：第一，关于经济活动的空间性质的假定；第二，关于人的行为的个人主义抽象目标假定。其实，这两个缺陷或局限性是高度相关的：现实的复杂性和多元性，在主流经济学范式中，被假定为高度的抽象性和同质性，反而认为现实世界

---

① 本文以下部分将深入讨论与"微观"和"宏观"相对应的"域观"范式，在这里，我们暂且将"域观"简要定义为"一定区域、领域或时域中所呈现的现象或发生的行为"。

是被"扭曲"的。其实，完全可能是主流经济学范式曲解了真实世界。

如经济学家哈耶克所说："经济学打算加以解释的活动，涉及的不是自然现象，而是人。……它是有关人们为解释如何最有效地为不同目标而发现和利用不同手段的理论。"① 他指出："人类的独特成就，即导致他的其他许多突出特性的成就，就在于他的差异和多样性。除了少数物种因为人类施加的人为选择而产生具有可比性的多样性外，人类的多样性无与伦比。"② 也就是说，现实中的人是各不相同的，他们有"不同目标"。因此，"在这大量的人口中间，不仅发展出了多种多样的内在属性，而且形成了千姿百态的文化传统，他们强大的智力，特别是在其漫长的成熟期，使他们能够从中作出选择。人类的大多数现在能够维持自己的生存，正因为他们具有高度的灵活性，因为存在着如此不同的个体，他们不同的天赋是他们能够吸收不同的传统所形成的无限多样性的组合，使他们彼此之间进一步各具特色。"③

关于人的行为是相同还是不同的理论假定是构建经济学理论的一个关键性的底层逻辑基础问题：如果认定人的行为是各不相同的，实际上就是否定抽象理性人的存在（或者承认人的行为不仅仅是理性的），如果那样，就无法解决经济分析的加总问题（不同的事物无法加总）。为了进行行为加总并使经济学可以有严谨的理论体系，就得假定人（至少是绝大多数人）是理性的，这实际上就是认定各个人的行为（在本质上）是相同的。经济学理论的严谨性建立在理性人的假定之上，才能构建起经济学的理性人世界。不过，很显然，由完全相同的行为人组成的经济学世界与我们所生活在其中的现实世界相去甚远。现实世界事实上不是一个抽象理性人组成的世界。真实世界中人的行为既有相同性，也有差异性，有的相似性明显，有的差异性极大。经济学既要承认人的行为的相同性，也必须正视人的行为的差异性。如果将行为相同性较强的人群活动空间定义为一个"经济域"，并承认经济空间区分为各个不同的"经济域"，就可以为经济学的学术范式奠定更可信和坚实的底层逻辑基础。

在现实中，不仅人的个体差异巨大，而且处于不同国家、地域、领域以及各种可以成为"域"的情景中的不同人群之间的差异也是很大的。而且人的交往

---

① ［英］弗里德里希·奥格斯特·冯·哈耶克：《致命的自负》，冯克利、胡晋华等译，中国社会科学出版社 2000 年版，第 111 页。

② 同前①，第 145 页。

③ 同前①，第 146 页。

和从事经济社会活动，总是在一定的制度条件中发生的，这些制度条件决定或影响着人们活动和交往的行为秩序。所以，人类存在的现实世界并非牛顿式的绝对空间，社会经济活动的现实空间总是表现为非空无、非匀质、非绝对的性质。也就是说，复杂的现实经济空间具有"域"性，即分为具有不同性质或特征的区域、领域或群域，因此，现实的社会经济空间是由无数"经济域"即"商域"所形成的复杂多维空间。

这个复杂多维的社会经济空间可以从经济理性、价值文化和制度形态的三维视角来观察和刻画，这就形成了经济学的学术新范式：域观范式。在现代在主流经济学的微观—宏观范式中引入域观范式，可以形成微观经济学、宏观经济学、域观经济学三大体系构架。其中，微观经济学和宏观经济学范式主要以经济理性为支柱，而域观经济学范式则以经济理性、价值文化和制度形态三维框架为支柱。微观经济学和宏观经济学仍然可以追求"均衡"状态的"最优"（或最大化）为逻辑指向，而域观经济学则以刻画多元域态和发现域际机理为逻辑指向。简言之，微观经济学和宏观经济学具有逻辑"一维"倾向，而域观经济学则具有逻辑"三维"特征。

如果确实能够形成微观经济学、宏观经济学、域观经济学三大体系构架，则首先会深刻涉及经济学的"假设"问题。作为一门逻辑抽象度很高的社会科学学科，经济学所刻画的并不是一个可以肉眼观察的世界，而是由抽象逻辑的"假设"所构建的无形世界或符号世界，即经济学总是在一系列"假设"前提下进行研究和推理分析的。那么，经济学如何进行"假设"呢？有的经济学家主张，理论的价值不应该由它们的假设是否真实来判断，也就是说，不必要求假设的真实性，而只要求假设或假说具有"似真性"就可以了。而有些经济学家却不赞成这样的主张，例如，美国经济学家科斯就认为："如果我们的理论是旨在帮助理解体系为什么会以当前的形式运行，那么，假设的真实性就是必要的。假设的真实性要求我们分析真实的世界，而不是那些不存在的想象世界。"[①]

如果要使对经济运行体系的研究更加接近真实世界，而真实世界中的因素又极为复杂，那么，必然会发生经济学与社会科学其他学科相渗透的学术发展态势，实际上就是在以往的主流经济学体系中引入其他因素。如科斯所说，"如果

---

① ［美］罗纳德·H. 科斯：《论经济学和经济学家》，罗君丽、茹玉骢译，格致出版社、上海三联出版社、上海人民出版社 2014 年版，第 18 页。

说与其他社会科学相比，经济学确实获得了更快发展，那么，这要归功于经济学研究的幸运契机，即经济行为的重要决定因素皆可以用货币来衡量。这意味着，其他领域的从业者现在所面临的那些问题，不可能因为经济学家的侵入而烟消云散，因为经济学家进入那些领域后，必须放弃那些曾经支持其成功的力量。如果不对经济学发展起来的分析方法做重大修改，这些方法就不可能被成功运用于其他社会科学。"因此他认为，"研究的进行可能需要其他社会科学界的协作，但没有经济学家，研究就不可能做得好。因此，我想，我们可以期待经济学的研究范围永久地扩展到其他社会科学领域，但是，扩展的目的是使我们能够更好地理解经济体系的运行。"①

如果我们将视野拓展到更真实的世界，对许多经济学的问题就会有不同的假设和判断。其中，最具决定性意义的是对"人性"的假定。科斯说，"通常，人们错误地认为，亚当·斯密将人视为一个抽象的'经济人'，他只是单纯追求自身利益。但是，斯密不可能认为将人看作一个理性的效用最大化者的观点是合理的。他认为，人实际上受自爱主宰，但并非不顾及别人；人能够推理，但未必以这种方式达到正确目的；人仅仅是透过自我欺骗的面纱来感知自己活动的结果。……如果我们愿意有保留地接受斯密有关人性的即使不全是真理至少也是大部分正确的观点，意识到他的思想比通常认为的有更宽宏的基础，这会使他关于经济自由的观点更加强大，结论也更具说服力。"②

可见，经济学如果能更加增强其"假设"的真实性，减少其过度抽象而丢失重要决定性因素的任性，就可以有效拓宽和夯实其学术基础，增强研究结论的可信性和说服力。这就是域观视角及以其为基础的商域经济学可以获得一席学术地位的机会。总之，现实世界是丰富多彩的，仅以"货币"这一把尺子，以抽象的"最大化"作为自利人的唯一行为目标，所刻画出的世界，是同真实世界相背离的没有生机的图像，甚至不过是"自我欺骗的面纱"③下的幻象。所以，经济学需要进行范式变革，域观范式下的商域经济学的形成和发展可以为经济学赋予更旺盛的生命和活力。

---

① ［美］罗纳德·H. 科斯：《论经济学和经济学家》，罗君丽、茹玉骢译，格致出版社、上海三联出版社、上海人民出版社 2014 年版，第 42、44 页。

② 同①，第 111 页。

③ 货币常常被比拟为覆盖在实体经济上的一层"面纱"，对实体经济运行没有实质影响。而追求货币则是"人性的欺骗"。货币本身虽然没有任何实际用处，人不可能靠货币生存，但却无度地追逐货币，是人类行为的"异化"现象。

三、商域经济学的学术范式创新

基于以上讨论，我们可以进一步思考，如果接受微观—宏观—域观的经济学范式结构，能否使我们所看到和刻画的经济学世界更接近于现实世界呢？如果这样，我们过去所熟悉和广泛使用的工具还能有效使用吗？面对新的范式视角，我们必须创造怎样的新工具、新方法，以避免"没有金刚钻揽不了瓷器活儿"的尴尬？

以域观范式的视角来研究经济现象和商业活动，可以建立一门新的学科即商域经济学。笔者曾经撰文指出："商域经济学的逻辑基础，既是抽象的演绎的，同时又是具象和归纳的。"商业经济学范式假定，"在现实中，所有的人都不是生活在微观经济学和宏观经济学所描述的抽象世界中，而是生活在一定的实际域境之中，即'一切社会关系的总和'映射下的某个局部世界里。人们的经济活动总是发生在具体的'商域'中，他们的各种感受和行为方式也都形成于特定的商域，而不会有抽象人性所决定的抽象经济关系和经济现象。也就是说，人类的一切经济活动都是'商域'性的"，而"商域是指具有一定价值文化特征和特定制度形态的商业活动区域或领域。"①

在经济学研究，特别是经济史学研究中，关注文化（社会心理）和制度对于经济发展的作用，并非先例，许多学者都在这方面做出过很大努力，并取得重要成就。例如，美国经济学家科斯将包括产权制度、意识形态、伦理道德、国家体制在内的制度因素作为内生变量引入经济分析框架中，而且特别关注人口增长所导致的区域及国家间制度差异和经济关系的演变，导致国际竞争，进而促使各国进行制度变革。他总结说，"那些国家的成功是所有权重建的结果。而失败，……则是经济组织无效的结果。"②

中国著名经济学家厉以宁教授对经济运行调节机制的研究也超越了经济理性，他研究了除市场调节和政府调节之外的"第三种调节"即"道德力量调节"

---

① 金碚：《关于开拓商域经济学新学科研究的思考》，《区域经济评论》2018 年第 5 期。

② ［美］道格拉斯·科斯、罗伯特·托马斯：《西方世界的兴起》，厉以平、蔡磊译，华夏出版社 2017 年版，第 197 页。

或"文化调节"。他说:"市场调节和政府调节无论在何种社会环境中或者经济形势下都不是万能的。市场调节有不可忽视的局限性,政府调节同样存在不可避免的局限性,如果没有道德力量调节来配合,无论市场调节还是政府调节都不可能发挥应有的作用。这通常被称为市场失灵或政府失灵。"① 他还指出,"道德力量调节中最常见的和使用最频繁的就是自律。人人都要自律,无人例外。自律就是一种无形的调节。它表现为各个行为人都按照自己的认同所形成的文化传统、道德信念、基本守则来约束自己的行为。"②

实际上,在西方经济学界,关于经济学是否能解释世界,即经济学是否可以称为"科学",也存在长期的争论。经济学的形式化、数学化和过度抽象化因而越来越远离现实,也受到严厉批评和许多诟病。那么,经济学究竟有怎样的解释力呢?英国经济思想史学家罗杰·E.巴克豪斯经过对经济学说史的深入研究,特别是在对关于"经济学是科学还是意识形态"争论的多视角剖析中,得出这样的结论:"当问题得到严密和准确的界定,当所涉及的行为主体是在易于理解的限制条件下行事,当其行为动机易于把握时,经济分析的作用是相当强大的。""经济学的成功至少部分有赖于创造出一个经济理论可以适用的环境。"③

他认为,现实的市场经济运行受到各种因素的影响,赤裸裸的理性市场经济是不存在的,"市场经济若要平稳运行,不仅需要摆脱政府的干预,还需要多得多的东西。它需要精心设计的制度结构。从广义而言,'制度'这一术语涵盖的不只是市场赖以存在所需的财产权和基础设施,也包括与之相适应的思维习惯。"因此,经济学的有效性取决于能否在复杂的现实中识别出一些可以特别关注的经济机制。他说:"对于在严格界定的一些制度中的少数几类行为动机所产生的影响,经济理论具有强大的分析方法,但是在考虑整个社会的转型时,必须关注范围广泛的人类动机和不受政策制定者控制的制度,还需要涉及心理学和社会学。……一般而言,经济学家的理论只是识别出可能在运行的一些机制,而不是提供有关整个社会如何运转的具有非常普遍意义的理论。"④

根据他的研究,只有在能够被明确定义在一定范围之内的经济现象,因而人

---

① 厉以宁:《文化经济学》,商务印书馆 2018 年版,第 144 页。
② 同①,第 142 页。
③ [英]罗杰·E.巴克豪斯:《经济学是科学吗?——现代经济学的成效、历史与方法》,苏丽文译,格致出版社、上海人民出版社 2018 年版,第 22、23 页。
④ 同①,第 24、25 页。

的行为特性能够被较好把握的限度内，经济学才有强大的分析能力和解释能力。超出这一范围和限度，经济学就难以解释现实，而必须引入经济理性之外的"制度""思维习惯"等因素才能解释现实。也就是说，经济学是难以解释无边无际的"整个社会"现实的，而只能解释可以被识别出具有显著特征的一定的"域"中的现实。换句话说，如果不对现实的经济空间进行"域"的划分和定义，经济学对现实的分析是无能为力的。总之，只有承认现实经济的域观性质，形成域观范式，经济学才具有真正的科学性。

可见，在吸取前人研究成果的基础上，进一步深入经济学的底层逻辑进行学术构建，在庞大复杂的经济现实中识别出不同的域境，使经济学的学术范式更具清晰性和解释力，是经济学发展的一个可以大有作为的努力方向。将"一致性经济空间"假设转变为"差异性域观空间"假设，是一个经济学学术范式创新方向。建立这一学术范式结构，更有助于解释当今世界的各种经济社会现象。而且，由于文化的多元性和制度的多样性，经济理性在不同的域境中也具有差异性表现，这样的经济学范式显然可以更接近丰富多彩的客观现实。

如前所述，以域观范式为理论逻辑的商域经济学，承认人的差异性和人所处的域境差异性，如马克思所认定的，作为资本家的人与作为工人的人具有不同的人格特征。在不同的商域中，人的价值观念和行为方式具有不同的文化特质，而且，由于制度形态的不同特质（制度形态及其特性又受传统文化的深刻影响，可谓"文化是制度之母"），决定或影响着人的价值观念和经济行为，所以，各不同商域中的人的经济行为，具有理性（客观规律）和非理性（习俗文化）的双重性。简言之，现实中的人不是抽象的经济"原子"，而是具有复合性特性的行为主体。

马克思发现了人类社会发展客观规律和社会形态演变的基本阶段，但他也并没有否定不同国家经济形态的特殊性（即我们所说的域观特征和商域性）。在他的理论中，社会经济形态尽管具有发展阶段的客观规律，但也并非"铁律"。马克思论述了西方世界的社会发展形态演变规律，同时也承认东方世界的"亚细亚生产方式"，即承认人类世界社会发展形态的不同演变道路。著名的奥地利学派经济学家哈耶克认为，人类社会具有制度演化的非理性特征（即他所说的"非构建性"），他认为人类制度是一种"扩展秩序"，形成和发展过程受介于人的"本能"与"理性"之间的力量推动。尽管德国是黑格尔的故乡，但德国经济学的历史学派却主张各国经济受具体历史条件和进程所决定，并非抽象体的逻辑演绎（如黑格尔所说的"绝对精神"的客观化）。总之，许多经济学经典作家都承认，现实经济现象即使是从学术抽象意义上，也绝不仅仅是"理性"或理性力量的产物，而是各种复杂因素的共同作用结果和现实展现。也就是说，现实经济是一个分域性的世界，人们必须以域观范式来把握这个世界。

如果承认人与人有差异，那么，更应承认企业与企业也有差异。其实，如笔者曾经所论证过的，"从个人主义的'经济人'假定直接推论出企业行为的'利润最大化'目标假定，更是非常武断的。"① 在现实中，特别是在不同商域中，不同企业之间的行为差异是很大的，这种差异具有本质性，是难以完全消除的。尽管人和企业都具有经济理性，经济理性通常更倾向于逻辑一致性，但人及企业的文化差异性也很大，甚至可能会比经济理性的逻辑一致性还要强大得多。而且，植入不同文化和制度中的经济理性，其本身也会变形，而不再具有抽象的纯粹性。即连"经济理性"也会变得很有"特色"。人们常常要求处事要理性，"不要感情用事"，但现实情况是，理性和感情都对人类行为产生决定性影响。特别是在制度形态和价值文化差异显著的不同商域中，即使是作为法人的企业，其行为特征，包括"经济理性"所决定的行为特征也是非常不同的，各商域中的企业都会具有强烈的域观特征。

也就是说，现实中的企业实际上是非同质的，而且非同质性往往表现为类别差异，即具有不同的域观特征。例如，国有企业和民营企业（非国有企业）可以被视为不同商域中的企业，它们之间存在难以同化的域观特性。国有企业的价值文化和制度形态（包括长期形成的秩序特征）必然显著地有别于民营企业。国有企业无论怎样改革，也不可能被改变得同民营企业的行为方式完全相同，除非改变为民营企业。所以，无论是在制度形态、价值文化还是其决策理性的倾向偏好上，国有企业必然是特殊企业，即具有显著区别于民营企业的域观特征的企业。在现实中，不仅国有企业同民营企业属于不同商域，各具特性和行为特点，而且，还存在不同组织形态的各类企业。总之，在域观经济学范式下，企业世界是一个多元多类的商域现实。

在经济学理论框架中引入域观视角，对于经济学各学科及跨学科的学术研究也具有重要意义。例如，在研究财政学的理论基础时，学者们也发现基于以往的经济学范式所形成的财政学理论范式对现实财政关系缺乏解释力和预测力，他们

---

① 金碚：《关于开拓商域经济学新学科研究的思考》，《区域经济评论》2018 年第 5 期。

看到，"事实上，市场是一个包含着多种行为主体的'平台'，是各个生产行为主体进行交易活动的空间和区域。"① 他们的研究成果也表明了在财政学的学术思维中，也必须要有经济活动空间的域观范式承诺，即承认众多经济活动主体的行为差异性，经济活动空间是具有不同域观特质的商域所形成的非均质空间，形象地说就是，人类经济活动是在多区间多层次的不同经济空域（即商域）中发生的经济现象和经济行为。

四、域中有域、域际相通的域观世界

域观经济学范式中，"域"的界限取决于观察者的定义，而并非只能指地理空间中的区域。经济学研究所界定的商域，可以是较抽象的域，也可以是较具象的域。一些商域的形成是由制度差别导致，也有一些商域的形成是由国家归属、民族文化、宗教信仰、地理区域等各种因素所导致。之所以会形成一定商域，总是由于存在一些十分突出且不易改变的因素，特别是深入价值文化内核而形成的特定商域根深蒂固的特质或特色，具有长远和深刻的影响。当然，商域特质或特色并非不可改变，不过这种改变具有演化性质，是在现实过程中逐渐演变的。当我们界定了一个商域后，在其中还可以界定不同的次级商域，并进一步细分。现实经济呈现为域中有域的状态，当我们认识和描述现实经济时，是可以进行多层级的商域类别划分的。也就是说，商域不仅是客观现实，也是经济学研究的范式工具，即域观经济分析方法的运用。

域观经济学范式下的商域经济学，不仅研究各不同商域中的经济主体的行为和经济现象，揭示他们的理性、文化和秩序特性，而且要研究不同商域之间的关系，可称为"域际关系"，即不同特征的商域如何互通共存；如果商域间发生竞争关系，如何构建域际分工的相容关系，特别是能否形成"竞争中性"的域际秩序。在现实中，如果存在域际壁垒，商域经济学应着力研究各种域际壁垒的性质、演变趋势及可选择的解决方案（如果需要解决的话）。

---

① 李俊生、姚东旻：《财政学需要什么样的理论基础——兼评市场失灵理论"失灵"》，《经济研究》2018 年第 9 期，第 34 页。

从域观经济学的学术范式看，世界上任何经济体都是有其"特色"的，不存在无特色的纯粹市场经济过程，即牛顿式绝对空间中的抽象市场经济。经济活动所处的文化环境和制度环境都不相同，也根本无法实现不同商域间的文化及制度（秩序）的完全无差异化。换句话说，即使是完全基于经济理性的行为主体，也不可能绝对脱离多元化的文化和制度环境，因此，其经济理性也必然会被植入文化和制度"基因"或"染色体"。世界上不存在赤裸裸的纯粹的理性经济人，除非它是设定了经济理性程序的机器人，而非真实的人类。

美国著名历史学家彭慕兰和史蒂文·托皮克在《贸易打造的世界——1400年至今的社会、文化与世界经济》一书中指出："人或许是聪明的动物，但几无证据显示人是天生'经济理性'的动物，换句话说，人性是否真驱使人竭尽所能积累物质以追求个人最大的福祉，几无证据可资证明。""不管是过去，还是现在，人类买入某物或将该物送人，除了为极尽可能满足自己的物质享受，有时还在借以表明某人或某群体既有的身份或希望取得的身份，表明自己与他人间既有或希望拥有的社交关系。经济活动是社会活动，因此这类活动能聚拢不同群体的人，而且这些群体往往因文化背景上的差异，对生产、消费、买卖的理解大相径庭。"① 他们的研究表明，"市场并非总是自然形成的。市场的出现依赖于社会习俗的形成"，因此，"我们认为文化是起作用的。文化总是能改变特定人群想要的东西，并且会让某一事物在不同地方的价值千差万别。""在制度和信念中凝结的因文化而异的偏好，和地理因素一起，创造出了不同的地区（Region）。有时候，人们认为所谓的地区，只不过是通向一个真正'全球化'的世界的跳板，但是否如此，我们并不清楚。"②

经济学家通常将复杂的现实经济尽可能抽象为经济理性主导的过程，以求理论分析和推断的逻辑自洽和严密。而真实的现实却是由各种因素所决定和影响的。其中，最具深远影响的因素是价值文化因素和制度因素，而价值文化和制度形态并非由人类的理性过程所决定。正因为这样，尽管经济发展有其客观规律性，似乎可以被理论家推演为一个"标准型式"的动态过程，因而各国各地区的经济发展特别是工业化过程都会有某种相似的推进轨迹，但实际上，各国各地区的工业化过程的表现却是各具特点的，有些甚至大相径庭。所以，经济发展过

---

① ［美］彭慕兰、史蒂文·托皮克：《贸易打造的世界——1400年至今的社会、文化与世界经济》，黄中宪、吴莉苇译，上海人民出版社2018年版，第19页。

② 同①，第3、4页。

程总是表现为某种具有"域"性特征的道路，世界各国的工业化，特别是到了工业化中后期，没有两个完全相同的国家，各国都有自己的特色，千姿百态。

这样，我们的讨论就直接涉及了国际经济和经济全球化的问题。经济全球化的实质是世界经济倾向于形成能够使具有不同域观特征的经济体进行互联互通、广泛交易和公平竞争的国际秩序。一方面，各国经济具有自己的域观特性，不可能做到全球同质化；另一方面，各国家（各商域）之间要达到顺畅交往、交易和公平地竞争与合作的全球化格局。其间，经济理性当然是重要的，这是全球化的主导因素之一；但文化和制度的多元化和差异化也是不能回避和无法消除的。如果在制度和文化上不能沟通、衔接，经济全球化必然矛盾重重，壁垒森严，纠纷不断。

由于经济学理论范式在人们构建经济制度过程中会发生强烈作用，所以，当经济学主流范式的缺陷凸显时，人们据此所构建的制度也必须进行改革。世界贸易组织的构建就是一个很好的例子。它原本是在经济学主流范式的思维框架下形成的，实际上假定所有国家都会趋向于发展为相同的经济形态，只不过有些国家已经处于发达状态，而有些国家尚未达到，被称为"发展中国家"。由于发展中国家的经济实力弱，因而可以给予一定的过渡性的优待。而当发展中国家达到了相当的经济实力水平后，其经济形态同发达国家趋同，就应执行同发达国家相同的自由贸易标准。但是，各国经济发展的现实却是，各发展中国家的经济发展并没有导致趋向于同发达国家相同的经济形态，也就是说，无论达到怎样的经济发展水平，国与国之间的价值文化及制度形态间的差距仍然巨大，并没有发生经济发展水平提高后，各国价值文化及制度形态也趋同的情况。换句话说，各国的域观特征差异并不趋于收敛。现实使人们开始"失望"，于是，世界贸易组织就不得不进行改革。其深刻性在于：以往的那个经济学范式所构想的世界同现实世界产生重大矛盾，人们的思维方式必须改变，即承认世界经济是由具有不同域观特性的国家所组成的非匀质空间，以往那个经济学主流范式所设想的匀质性的自由贸易世界是永远不会到来的，而自由贸易的全球经济空间永远会"和而不同"，各国之间不可能实现"百国一体"。世界贸易组织的制度必须以新的学术范式为思维方式，进行重大改革。在各国域态不同的条件下，实现更好的域际相通，才是可以实现的经济全球化格局。

综上所述，可以看到，经济学的域观范式变革和商域经济学的建立不仅具有学术和理论意义，而且具有非常重要的现实意义，尤其是全球性意义。如果缺乏域观范式的思维观念，不承认现实经济是一个域中有域、域际相通的域观世界，仅以微观—宏观范式观念所想象的经济全球化格局是难以顺利实现的。只有确立域观范式观念，才能真正实现经济全球化。

五、中国独特国情助推经济学范式创新

经济学的范式变革，即域观经济学范式的形成，之所以有可能发生于中国，很大程度上是因为巨大规模和极具特色的中国经济是域观经济研究或商域经济学的绝好观察对象。正因为中国经济的价值文化及制度形态具有显著特色，而且中国历史漫长，人口规模巨大，其价值文化和制度形态特色具有极强的坚韧性，其"坚固内核"极具稳固性，所以，中国经济绝非市场经济中的一个"例外"模式，而是同西方市场经济共存的另一个域观常态。而且，中国经济体的内部结构极为复杂，中国多元文化和制度特质使中国经济体成为一个巨大的并具有多层结构的复杂域观空间，因此，其域观经济特色极为丰富，是以域观经济学范式视角进行经济学研究的一个极为难得的客观经济体对象。如果要在世界上寻找另外具有同样规模和现象丰富性及特征稳固性的研究对象，恐怕需要选择众多国家才可与之媲美。例如，中国一国的域观现象丰富性，几乎可以相当于整个欧洲；美国、加拿大、俄罗斯等虽然是国土大国，但其域观现象丰富性也远远不及中国。

中国经济的域观特征决定了它具有强劲的增长潜力和发展过程的商域丰富性：长江三角洲、珠江三角洲、粤港澳、京津冀等；实行一国两制、扩展为大中华经济圈、"一带一路"构想等；以及经济主体（企业）类型的丰富性等；特别是多民族国家的特点等。这些丰富国情，使经济学范式变革具有独特的研究对象条件。过去，我们有意无意地有一个观念：西方世界是"先进"的和"现代"的，中国则是"传统"的或"落后"的，经济发展的趋势是落后模仿先进，向先进趋同，传统变为现代，所以，现在的西方经济就是未来的中国经济。从域观经济学范式来看，这样的观念是不现实的。中国经济的域观特质决定了：中国同西方国家永远不可能完全趋同，将永远是人类发展中域观特色各异的不同经济体。所以，中国的独特国情，不仅不应令人诧异或"失望"，而且可以助推经济学范式创新，为确立域观范式做出独特贡献，使人类各国更好地理解自己所处的现实世界，并准备迎接这个世界的未来。

中国经济的一个特质是东西方文化的大规模交汇和深度融合。一方面，中国有漫长的历史，深具东方文化基因和制度特色的延续性，而且也有东西方交流的长久经历。另一方面，中国的现实制度和意识形态，遵循马克思主义和列宁主义，这是在西方文化背景下所形成的巨大价值文化力量，输入中国后，成为中国当代国家制度和官方意识形态的正统因素，产生了强大和深刻的决定性影响。这样，中国经济体的域观格局就变得极具特色。所以，"中国特色"确实是举世无双的域观现象。商域格局和域观现象在中国经济发展中将展现出人类文明大格局中的多方位演绎过程。总之，中国经济的域观性质，既不是完全东方性的，也不是完全西方植入性的；中国一方面向西方学习，接受西方现代文明的科学理性、先进文化和制度因素；另一方面强烈地保持着中国的思维、文化和制度的历史遗产因素，坚持"文化自信""制度自信"。可以说，中国经济体具有并且会不断地丰富展现出基于域观经济学范式的图景。这是中国经济学界可以为经济学范式变革做出重要贡献的独特国情条件。

由于中国经济体和社会形态的极大"特色"，许多领域中所发生的现象向商域经济学提出了各种"难题"，这也正是对中国经济学界致力于研究商域经济学的激励和更可能取得有价值成果的机会。例如，中国有近14亿人口，而且正在趋向人口结构的老龄化，这是一个极大的域观难题。因此，健康医疗和"大健康产业"领域中的现象和行为就是一个需要着力研究的庞大而复杂的商域。对这个特殊商域的研究，必须突破微观—宏观范式，而在域观范式的框架中展开。笔者在《关于大健康产业的若干经济学理论问题》一文中指出："大健康产业是满足人民健康需要的一个涵盖面相当广泛的特殊商域。这一商域具有独特的理性逻辑、价值文化特征和制度形态，而且，各不同国家的大健康产业也各自具有不同于其他国家的特征和特色。也就是说，大健康产业这一商域空间是极为丰富复杂和多元化的。研究大健康产业，必须要有多维视角。在大健康产业这一特殊商域中，生产、交换、消费，以及政府的监管制度等，其具体模式都有极大的可选择性，即以不同的组织形式和运行机制应对和解决不同的问题。所以，在大健康产业这个复杂商域中，生产形式和供应方式纷繁复杂，几乎涉及各类经济组织形式，包括商业性（营利性）生产和供给方式、非营利性生产和供给方式、社会企业生产和供给方式；互助性生产和供给方式、慈善性供给方式；公共性生产和供给方式（公立医院、应急系统）等。"而且，"既然健康如此重要，关乎基本人权和终极需要，而且满足健康需要的生产组织和供应方式又如此多样复杂，进入大健康领域的各类主体的经济和法律性质纷繁复杂，行为目标各不相同，那么，如何确保各种供需活动的正常有效进行，避免出现不良行为和失序现象，就一定会成为十分重要的公共管理问题。"①

再如，由于科学技术进步，产生了各种新兴的高科技产业，有些领域的发展中国已经走在世界前列，如任正非先生所说的"进入了无人区"，一系列前沿问题将层出不穷。特别是，互联网和数字经济的极大发展，以及人工智能产业的兴起，已经并正在形成更多显著区别于传统产业性质的特殊域观现象。对于呈现为特殊的经济关系、价值文化和制度形态的这类新兴商域现象，是难以由经济学的微观—宏观理论范式来驾驭的。而基于域观范式变革的商域经济学，则可以成为研究这类新兴领域的经济现象和商业行为的学术新工具。特别是，这些新兴的高科技产业，或颠覆性科学技术的运用所导致的崭新经济社会关系，如何同其他商域衔接、互联，使整个经济体顺畅有效运行，更是商域经济学需要着力研究的重要问题。

再一类绝好的研究对象是中国经济开放过程中所发生的独特域观现象，包括商域特性和域际关系。从世界经济发展的大趋势看，"贸易创造世界经济格局"是一个重要规律。其中，贸易密集的地区就会逐步形成具有越来越紧密联系的区域，区域之间的贸易频繁化，就会使这些区域形成更大的区域。如果区域间的贸易联系跨越国界，就形成各种跨国性的区域。各国往往倾向于在这些区域达成更顺畅的贸易关系，突破国际壁垒，成为国际自由贸易区。当然，更为理想的是使世界各国间都实行自由贸易，这就称为"经济全球化"。这一逻辑是一个经济理性主导的过程，从经济效率上说，当然是理所当然的经济进步方向。但是，现实是复杂的。例如，中国的粤港澳大湾区就是一个极为典型和有趣的域观经济现象和商域经济学研究对象，而绝非现有的基于微观—宏观范式的区域经济学分析方法所能驾驭的问题。

粤港澳大湾区中的三个经济体（目前包括十几个行政市），虽然位于一个紧密的地理区域，却各具非常不同的价值文化和制度形态特性。所以，由三个经济体构成的粤港澳大湾区内部具有显著的"域际"性，是由经济社会特质显著不

---

① 金碚：《关于大健康产业的若干经济学理论问题》，《北京工业大学学报》（哲学社会科学版）2019年第1期，第1—7页。

同的"域"所构成的一个经济关系复杂地区。在经济学视野中，产生了一个非常典型的域观问题：具有不同域观特性的三个经济体，需要整合为一个更紧密联系的经济一体化区域时，如何实现域际沟通、协调和交融？

具有不同域际特性的粤、港、澳三个经济体，各有不同的历史，文化差异较大，政治体制和法律制度更具有很大的本质性差别。从经济理性上说，粤港澳大湾区中的三个经济体之间，贸易及其他经济交往关系越自由、互联互通越发达，就越有利于整个地区的经济发展。但是，由于三个经济体的域观特质的深刻差异，完全拆除相互间一切壁垒成为高度统一的经济共同体，实际上又是很不容易做到的，即使要达到欧盟那样水平的经济一体化程度，实现欧盟内部那样的高度自由流动的经济关系，包括商品、资金、人员、信息等的自由流通，也面临一些难以解决的问题。其中，最根本的当然是"一国两制"这个特殊政治关系。欧盟经济体中的各国虽然本质上是国际经济关系，却可以实现高度一体化，以至几乎可以达到通畅性接近"国内化"的程度。因为重要的是欧盟各国虽然主体不同，但国体性质是基本相同的。而粤港澳虽然属于一国，相互间的经济关系本质上是一国之内的不同区域间的关系，但其相互间的壁垒和通畅性障碍往往表现得强过欧盟内部各国间的阻碍。

可见，粤港澳大湾区经济一体化是一个非常独特的域观经济现象，不可能模仿世界上现有的任何一个经济区域来构建粤港澳大湾区的一体化模式，而必须因地制宜地进行制度创新。这至少可能会涉及如何安排好商品、资金、人员、信息等受阻碍的可流动要素在粤港澳大湾区内的流动自由化程度。总体来说，商品流动的自由化相对比较容易，主要涉及关税差别、卫生及质量标准差别、文化产品（例如图书）的道德标准差别、知识产权制度差别等。资金流动的自由化涉及对于"金融自由化"的理解和处置，特别是面临一些关系金融体制和金融安全方面的敏感问题及外汇管理制度差别等。尤其是，数字货币的迅速发展，包括区块链技术导致的对法币体系的冲击，金融当局不得不采取各种管制措施，粤港澳之间的金融制度差别也会成为一个需要协调的重大而敏感的问题。人员流动的自由化是一个涉及国家治理体系中比较复杂关系的问题，实际上，粤港澳大湾区内人员流动自由化主要表现为人员身份多元化条件下的国家管理问题，也就是说，具有不同身份的人如何被赋予不同的自由流动权利才有助于实现国家治理。特别是，由于国家治理制度和人口规模的巨大差别，相对于港澳地区人口，内地人口在粤港澳大湾区自由流动必然会受到较大程度的限制。至于信息流动自由化问题，则主要是基于粤港澳间的治理体系性质差别的不同制度安排所导致的差异化管控要求，体现了粤港澳三地不同的政治制度性质。在这方面，互联网的管理和联通规则将可能成为一个需要重点研究的重要问题。而且，在信息技术越来越发达的条件下，信息流与资金流的界限可能越来越模糊，甚至在数字货币成为不可阻挡之势时，资金流完全表现为信息流（数字流），会对粤港澳大湾区的经济自由化形成新的挑战，需要尽快研究。

可见，粤港澳大湾区的经济发展、合作协调和经济自由化不仅仅是经济理性问题，而是涉及深刻而广泛的价值文化和制度形态的问题。社会科学理论界必须投入更大力量进行研究，特别是对于前沿性的问题和可能出现的重大现实挑战要有前瞻性的关注和研究，从而科学地预见粤港澳大湾区的域际演化前景。

总之，中国的独特国情可以有力助推经济学的范式创新，使商域经济学得以建立和发展。而且，中国所面临的需要解决的经济发展问题也对经济学范式创新提出了紧迫性需要。从域观范式研究和发展商域经济的努力中可以看到中国经济学发展的轨迹和前景。

六、经济学在中国的范式演变及其前景

当代中国经济学发展的历史不长，仅仅几十年。中华人民共和国成立时，以往的经济学理论和学科体系基本上被"清除"了。如同是在一片处女地上，按照"资本主义"和"社会主义"两个假定社会形态，植入两大理论范式，即：按照马克思《资本论》的逻辑构建"政治经济学（资本主义部分）"；按照苏联《社会主义政治经济学教科书》的逻辑构建"政治经济学（社会主义部分）"。除此之外，为反映中国经济体系的现状，还产生了统称为"部门经济学"的分支学科，例如工业经济学、农业经济学、国民经济计划学、国际贸易等。

1978年，经济体制的改革开放使传统经济学的研究对象发生根本性变化，经济学学科体系也必须变革。政治经济学仍然维持"政治经济学（资本主义部分）"和"政治经济学（社会主义部分）"两大板块，但其具体内容，特别是"政治经济学（社会主义部分）"的具体内容随着体制改革、政策变化和实践中发生的新现象而不断修正。期间也有一些范式变革的尝试，例如北京大学厉以宁教授编著的《社会主义政治经济学》，试图在原有的以马克思政治经济学理论体系中融入西方主流经济学的理论因素，以至实现两种体系的衔接甚至融汇。但迄今为止，中国经济学界所接受的政治经济学的学科理论范式基本未变，当然，在其中也不断引入了西方经济学的理论因素并加入了中国经济发展和经济体制改革中所取得的经验性成果，特别是加进了反映中国经济政策变化的重要思想内容。例如，由洪银兴教授主编的《新编社会主义政治经济学教程》由"经济学时代""经济制度""经济运行""经济发展"和"对外经济"五篇构成①，基本反映了中国政治经济学学科发展所达到的前沿水平。

在政治经济学理论体系演变的同时，中国经济学40年来最大的变革是全面引进了西方经济学的学科体系，通过学习、吸收、消化（中国化）和体系化，形成了今天中国经济学的庞大学科体系。这个庞大学科体系的构成主要体现为两大板块：一个是原有政治经济学体系的扩展和改进（如前所述）；另一个是西方主流经济学体系的移植。所谓"同现代经济学接轨"和高等教育的教学"国际化"，基本上体现了上述后一理论体系板块的形成和发展。尽管中国将经济学划分为"理论经济学"和"应用经济学"两大"一级学科"，并分列了比西方经济学学科体制更多的"二级""三级"学科，但其整个经济学体系的底层逻辑同西方经济学主流的微观—宏观学术范式没有根本差别。也就是说，在主流经济学的常规范式中，微观经济学和宏观经济学的思维方式是整个经济学体系大厦的底基与学术范式和逻辑的"主心骨"。一定意义上可以说，中国经济学学科体系的形成过程同现实经济的改革开放进程基本同步，相得益彰。因而，也如中国经济的引进、模仿、消化、吸收过程已基本完成一样，形成中国经济学体系的引进、模仿、消化、吸收过程也基本完成了。目前，西方经济学体系中的几乎每一个学科领域，中国经济学都已充分进入，并形成了相当规模的教学科研力量。可以说，近40年，也是中国经济学高速增长和规模大幅扩张的时代。中国不仅是一个经济大国，而且也已经是一个经济学的研究和教学大国。

那么，当确立了经济学范式之后，中国经济学发展是否面临着范式变革呢？托马斯·库恩指出："取得了一个范式，取得了范式所容许的那类更深奥的研究，是任何一个科学领域在发展中达到成熟的标志。"当确立了一定的科学范式，成为"常规科学"时，科学的继续发展或科学家的科学成就就主要不再以书（著

---

① 洪银兴：《新编社会主义政治经济学教程》，人民出版社2018年版。

作）的形式出现，而"通常以简短的论文的方式出现，只写给专业同事们读，这些人被认为都具有共同范式的知识，唯有他们能够写出论文，也才能读懂为他们写的论文。"在这样的成熟阶段，"一种范式给人们留下非常多的扫尾工作要做，而完成这些扫尾工作又是多么的令人迷醉。……大多数科学家倾其全部科学生涯所从事的正是这些扫尾工作。……这些活动似乎是强行把自然界塞进一个由范式提供的已经制成且相当坚固的盒子里。"托马斯·库恩称这样的工作为"常规科学"，并指出："常规科学的目的既不是去发现新类型的现象，事实上，那些没有被装进盒子内的现象，常常是完全视而不见的；也不是发现新理论，而且往往也难以容忍别人发明新理论。相反，常规科学研究乃在于澄清范式所提供的那些现象与理论。"此时，人们将等待"科学革命"的发生，"科学革命就是科学家据以观察世界的概念网络的变更。"他称为"范式转换"，并指出："范式是一个成熟的科学共同体在某段时间内所认可的研究方法、问题领域和解题标准的源头活水。因此，接受新范式，常常需要定义相应的科学。……以前不存在的或认为无足轻重的问题，随着新范式的出现，可能会成为导致重大科学成就的基本问题。"①

　　笔者在这里较多地引述托马斯·库恩《科学革命的结构》中的话是因为，我们希望从科学发展史的角度来判断当代经济学是否走到了以范式转换为标志的"科学革命"关头。从以上引文中可以看到，当前的主流经济学已经非常吻合托马斯·库恩所描述的"常规科学"的表征。大量的以论文形式出现的经济学研究成果，似乎真的不过是在做"扫尾工作"，试图把现实中发生的现象塞进既定范式的"相当坚固的盒子"里。因此可以看到，经济学期刊发表的大量论文表现得高水平、很深奥、充满复杂公式、非同行专业人员难以读懂，但并无新理论新思想，其结论往往并没有超越常识，不过是将常识性的因果关系用复杂的"建模"和"推导"方式表达出来。现实中的许多重大问题，却反倒被"常规科学"认为无足轻重。因此，尽管笔者不敢冒言经济学的"范式转换"，因为主流经济学的既定范式还十分强大，新旧范式的完全替换恐怕为时尚早，但部分改变和积极创新却在所难免，这样的改变和创新至少可以反映经济学范式的重要变革。变革之后，变革前的范式并不完全失效，其所刻画的图景可以成为新范式图景中的

---

　　① ［美］托马斯·库恩：《科学革命的结构》，金吾伦、胡新知译，北京大学出版社2012年版，第9、17、20、88页。

一个"特例"，即在做了一系列假定，限于一定范围之内，原有范式仍然部分有效。如果发生与时俱进的范式变革，经济学将会变得更有价值，现实意义更加重大。"范式不仅给科学家以地图，也给了他们绘图指南。在学习范式时，科学家同时学到了理论、方法和标准，它们通常是彼此纠缠、难分难解的。因此当范式变化时，通常决定问题和解答的正当性的标准，也会发生重大变化。"①

中国经济学范式变革同中国经济发展成就高度相关。同中国经济发展取得了巨大成就后其局限性反而凸显出来一样（所以提出要树立新的发展观，实现从高速增长向高质量发展的转变），当中国经济学的发展取得了耀眼成就后，它的局限性（质量不高）也凸显出来，这主要表现在两个方面：一是尽管从西方经济学界吸收知识，并形成了完整的学科体系，经济学从业人数庞大，但中国经济学的学术水平离西方经济学界还有很大距离，其直接表现就是，在所谓国际"顶级"学术期刊上发表的学术论文很少，更不用说还没有中国经济学家能够获得国际公认的经济学大奖，例如诺贝尔经济学奖等。二是中国经济学缺乏原创性的学术创新，不仅因其学术底蕴不够厚实因而缺乏想象力，而且对于崭新现象的观察、刻画和解释缺乏学术穿透力和范式构建能力。中国经济学正处在能否实现进一步升华的路口上：一边是高山，一边是大海。"高山"是西方经济学的学术成就的高耸山巅；"大海"是现实经济的鲜活生命运动的浩瀚空间。

因此，中国经济学的升华可以有两个主要的突破方向，或者说，中国年轻经济学者获取高水平经济学成就的学术路线可以有两种现实选择：第一，进一步努力逼近现有经济学学术范式下的"世界水平"，这一学术路线可以称为"尖极化"方向，即向经济学的顶尖和极地攀登。第二，另辟蹊径，进行范式变革，创造新的学术进步路线，例如，建立以域观范式为支撑的商域经济学体系，这一学术路线可以称为"域观化"方向，这就如同是开拓经济学未曾开发或少有人涉足的广阔"蓝海"。② 总之，攀登经济学的高地山巅和开拓经济学范式变革的创新"蓝海"，都是中国经济学发展需要努力的方向。而对于经济学的经世济民使命而言，后一个努力方向恐怕更具现实紧迫性和更可能做出重大学术贡献。

按照第二条学术发展路线，就可以形成经济学的"中国学派"。其实，其他国家的经济学也在开拓被称为"某某国学派"的经济学流派，为世界经济学做

---

① ［美］托马斯·库恩：《科学革命的结构》，金吾伦、胡新知译，北京大学出版社2012年版，第93页。
② 人们将尚未充分开发的领域或未知的市场空间称为"蓝海"，而将已经充分开发因而十分拥挤的领域或市场称为"红海"。将以开发"蓝海"市场为主要方向的企业行为称为"蓝海战略"。

出很有价值的贡献，例如芝加哥学派、哈佛学派、奥地利学派、瑞典学派，以及德国历史学派等。经济学是一种科学范式体系，不同的人即使看到的是同一个世界，所刻画出的也是不同的映像世界，一定意义上可以说，"人所看到的世界是自己心中的世界"。更不用说，各国经济学家总是倾向于更关注自己国家的经济现象和问题，即使观察世界其他国家的经济现象也是立足于自己国家的视角。所以，实际上各国经济学家所看到或关注的是不同的现实世界，所形成的往往是以不同的学术范式所刻画出的不同的认识图景和表达形式。可见，在进行经济学范式变革和专注中国经济新现象这两个方向上，都可以拓展出经济学中国学派的广阔空间。在中国经济发展的新时代，建立经济学中国学派，是中国经济学界得天独厚的天赐良机。

对经济学进行域观范式变革，并非凭空构建一个新的学术大厦。如前所述，各国经济学家已经在这一方向上做出过不少努力，从经济学范式的隐喻、对经济学理性假定（经济人假设）的心理实验、对不同国家的人群的价值观特征的研究等都是对经济学的理性逻辑的突破性研究。一些衍生性的经济学科，也将经济理性之外的因素，例如文化、信仰、民族、地理等引入经济学的分析框架或模型。

其实，只要是观察和研究接近现实的经济现象，就必然会从高度抽象的经济学世界迈入域观视角的领域。回顾和总结中国改革开放 40 年的历史，可以清晰看到，中国经济发展所取得的成就突出体现了域观经济范式的现实力量：各项宏观政策和微观改革均有意无意地运用了域观经济规律，没有任何一项改革和重大政策调整可以仅仅依据微观经济学范式和宏观经济学范式做出决策；而且，各地区、各行业、各领域的改革，凡是能够取得积极成效的，无不是因地制宜的，其具体举措无不是"接地气"的，而没有任何成功的改革措施和制度安排可以仅仅从抽象的理性逻辑出发。相反，凡是仅仅从经济理性的抽象逻辑制定的改革方案，例如有的国家实行的所谓"休克疗法"改革策略，都无不以失败告终。所谓"实践是检验真理的唯一标准"和"摸着石头过河"，实际上就深刻体现了域观思维，即不仅依据经济学的理性逻辑，而且必须从中国的历史文化及制度形态特质的各个维度观察和处理现实问题。因此，中国所走的只可能是"中国特色的经济发展道路"，所建立的只可能是"中国特色的社会主义制度"。脱离了域观特色的经济制度和发展道路是行不通的，实际上也是不可能存在的。由此可见，中国经济学发展的"蓝海"路线具有非常广阔的前景。

七、中国学派对经济学范式变革可能的贡献

中国经济学家经历了同其他国家的经济学家非常不同的成长过程，身处于不同的社会制度和文化环境中，其思维方式不可能不受到深刻影响，所以完全可能对经济科学的发展，包括对其范式变革做出独特贡献，形成经济学的中国学派。当然，有的经济学家可能认为并没有或者不可能有什么中国学派，全世界的经济学都只能有共同的范式，经济学应该像数学那样，一套同样的方法适用于一切国家和所有领域。其实，坚持这样主张的经济学家本身也是一个学派，应该主要是那些完全接受西方主流（或正统）经济学的经济学家，他们认为在西方国家产生的被称为"现代经济学"的主流学术范式，也应该成为中国经济学界的唯一选择。这样的观点当然也可以成为一种学术主张，也许有其自身的思维逻辑和学术范式，希望将所有国家的经济现象都装进那个唯一的经济学范式盒子之中。不过，一些人主张有（或者可以形成）经济学中国学派，一些人主张没有（或者不可能形成）中国学派（按此逻辑，实际上是主张经济学根本不可分出不同学派），这恰恰表明了经济学家因某种差别，客观上是分为不同学派的。只不过是有些居主流地位的学派可能希望成为普世性学派，实际上是体现其"一神论"的信仰。但无论如何，既然有自认的"主流"，也就实际上承认有非主流，既然有自认的普世取向，实际上也就表明存在不赞同普世取向的学派，这恰好表明了不同学派的存在是无法否认的。

那么，经济学的中国学派对经济学发展的范式变革可能做出何种重要贡献呢？这与中国的独特国情直接相关，至少有三个特别值得重视的方面：

第一，伟大的实践性。中国经济发展，特别是改革开放以来的经济发展，完全可以称得上是人类发展史上最伟大的变革实践和建设实践之一：中国十几亿人口，占世界总数接近20%，在短短几十年时间内，通过工业化和城市化，摆脱贫困，进入中等收入国家行列，并成为 GDP 总量世界第二的国家，极大地改变了世界工业化版图和人类发展的面貌。伟大的实践产生伟大的理论，中国经济发展实践对经济学的发展，包括学术范式的创新产生了极为深刻的影响。中国数千年历史所形成的价值文化特质与这一独特发展道路和制度探索实践，给中国经济

学打上深刻的烙印：中国经济的微观主体、宏观态势均具有显著特色，中国经济的域观状况更具有极大的丰富性和多元性，这使中国经济学的理论体系必须要具有对复杂经济现象的有效解释力和对中国庞大经济体现象的多方位涵盖性，这就要进行艰难的理论建设和学术创新。否则，经济学如何驾驭中国伟大实践所创造的壮观现实世界？从这一意义上说，中国经济学如果碌碌无为，缺乏创新，就只能成为被中国的伟大实践所鄙弃或忽略的"纸上谈兵"游戏。反之，中国经济学如果要有所作为，成为同中国的伟大实践相匹配的真正学问，在中国的伟大实践中发挥思想启发和现实洞察的作用，就必须进行理论创新，特别是实现经济学学术范式的变革再造。按照托马斯·库恩的说法，科学的进步往往是从"事实的新颖性"引致"理论的新颖性"。① 中国经济发展的新颖实践，为理论创新铺垫了肥沃的土壤和提供了丰富的养分。

　　其实，在中国经济发展过程中，中国特有的体制机制给经济学和经济学家们发挥直接或间接影响留下了比在其他国家的域观条件下大得多的作用空间。在一般国家，包括经济发达的西方国家中，经济学或经济学家发挥社会性、地方性或全国性影响的作用方式和实现机制是很有限的。经济学家们就算是说对了，又能如何？能够通过什么方式和手段而成为影响社会实践的实际举措呢？——或者争取立法，那路径十分漫长；或者借助行政，但政府功能有限；或者诉诸舆论，却实际效能莫测。而在中国的域境条件下，情况显著不同。经济学界如果有好的意见，可以有"红头文件"机制，予以采纳、执行和实现。中国经济体系的一个可能是世界无二的域观特征是：虽然契约机制可能弱于西方发达的市场经济国家，但各级党政部门"红头文件"的形成—传达系统和执行系统所形成的作用机制，可以产生强大的信息能量，这一机制如同人体中的神经系统那样，将调节性信息传导给执行主体，而且具有程度不同的强制性（法规性）和资源调配效力。所以，在中国经济的域观条件下，经济学更有条件成为具有实践作用力的学问，因此，"应用经济学"在中国成为特别庞大的"一级学科"。可见，在中国的伟大实践中，中国经济学力争以更加切合实际的学术范式来观察、研究、洞察和引导经济发展过程，本身就是经济学中国学派的一个显著特征。从这一意义上甚至可以把中国应用经济学称为"实践参与型经济学"，从"上报""内参"，到"批示"和形成"红头文件"，是中国经济学家发挥"智库"功能的一个中国特

---

① 　[美] 托马斯·库恩：《科学革命的结构》，金吾伦、胡新知译，北京大学出版社 2012 年版，第 44 页。

色体制机制。正因为中国经济学家可能发挥更积极和直接的参与作用，所以，仅仅依据微观—宏观范式所做出的研究成果是远远不够的，中国经济学家必须以域观范式来观察和研究现实，才可能"具体问题具体分析"，使所做出的研究成果更加贴近现实，具有实践的可行性。

第二，马克思的理论。如前所述，中国经济学的理论溯源，除了引入现代西方经济理论和学科体系之外，更重要的是马克思理论的基础和指导作用。经济学的底层逻辑依赖于关于人性和经济空间基本性质的认识或假定，在这个逻辑底层结构上，中国经济学极具特色，即马克思主义理论的输入与现代经济理性的输入，在中国深厚传统文化基础上，形成了中国学派的经济学科学思维的范式倾向。如本文前面已讨论到的，马克思理论体系中，关于人性和人的行为的认识，具有非常的深刻性，关于经济空间特征的认识同关于社会形态演化阶段的研究密切相关，这就为经济学中国学派的探索和学术建设提供了非常有利的范式演化条件。

众所周知，马克思的理论具有思辨的辩证性和历史观的唯物主义原理，因此，将人的行为特征基于一定的社会历史条件来定义，是马克思的理论原则，这就为本文所讨论的经济学的域观范式问题提供了有力的理论支撑基础。即人非抽象之人，人的行为非追求抽象算计之"最大化"，而是一定的现实条件中的具体行动，也就是说，经济行为都是具有域观特征或商域特征的行为，经济现象大都表现为域观现象，而非抽象的微观现象或宏观现象。在现实经济中，只有域观现象才是真实现象，各经济主体的活动空间都以商域形式而存在。而域观特征又同不断进步的生产力状况相关，这就是众所周知的马克思关于生产力与生产关系、经济基础与上层建筑之间关系的范式基础。显然，马克思的理论范式对经济学中国学派的研究探索具有重要的指导意义。即不存在抽象的人和抽象的微观—宏观经济空间，而只有现实的人和现实的域观经济空间。

第三，范式冲击反应。当前，世界科技进步和社会变迁对经济学的学科范式产生的冲击是广泛而深刻的。无论是在中国还是在世界其他国家，原有经济学的那种绝对空间中"原子"式的微观经济主体间进行行为目标"最大化"竞争而形成均衡，这样的经济学学术范式正在受到极大冲击。如何应对这样的冲击，形成新的更符合巨大变化中的经济现实的新的学术范式，是全世界各国经济学界面临的共同挑战。挑战是共同的，但应对挑战的反应方式，即经济学创新发展的路径可能有不同选择。中国经济学界受到前述两个重要因素的强烈影响，或者也可以说是，由于具有前述两个重要的现实条件，因而可以形成对经济学范式冲击的具有中国特色的应对方式，即在微观范式和宏观范式的经济学体系框架中，加入域观范式。这样，经济学体系可以形成一个更稳固的可经受冲击的范式结构，从微观、宏观和域观三重视角观察、分析和把握现实世界，其解释力会更强。

这可以做一个形象的比喻，按照微观—宏观经济学范式所看到的经济世界是：匀质空间中的同质"生命体"构成单元一色的单调世界。而按照域观经济范式，则看到的是：非匀质空间中的各种物种构成种群多样的复杂世界。将前一范式转换为后一范式显然很接近于现实的经济世界。

当然，按照微观、宏观和域观的范式体系来发展经济学的中国学派是一项艰难的任务，因为，微观、宏观的经济学范式体系已经相当成熟，而其成熟的标志是高度形式化、数学化和模型化，它的武装是非常"现代化"的。与此不同，至少到目前为止，对经济现象进行域观分析难以做到同微观—宏观范式那样的形式化、数学化和模型化的程度，而且，域观范式是否也必须走向形式化、数学化和模型化方向，或者怎样进行统计表达和分析，本身就是一个需要以众多人的研究和探索才能回答的问题。所以，在目前条件下，微观、宏观、域观三者之间还难以有完美的范式结构。但这也许正是可以吸引更多年轻经济学家学术兴趣的一个十分具有魅力的研究方向，年轻的中国经济学家们有可能在此方向上做出具有世界意义的学术贡献。

八、结 语

本文的讨论使我们不得不思考这样的问题：今天，经济学是否正在发生如托马斯·库恩所说的从"常规科学"进入"范式转换"的"科学革命"过程？如果确实正在或者将要发生以范式转换为特征的经济学的科学革命，那么，我们将会看到一个什么样的世界呢？托马斯·库恩说："范式一变，这世界本身也随之改变了。科学家由一个新范式指引，去采用新工具，注意新领域。甚至更重要的是，在革命过程中科学家用熟悉的工具去注意以前注意过的地方时，他们会看到新的不同的东西。……范式改变的确是科学家对他们研究所及的世界的看法变了。仅就他们通过所见所为来认知世界而言，我们就可以说：在革命之后，科学家们所面对的是一个不同的世界。"①

　　这就可以理解为什么会如本文导言中所提及的，两位学术观点对立的经济学家可以同时被授予诺贝尔经济学奖。因为他们观察现实世界所基于的范式视角不同，所获得的关于现实世界的经济学图景就不同，对于他们来说所看到的是不同的世界。所以，尽管人类的生产、交换和消费活动是客观现实的，但经济学所刻画的人类"经济活动"则是基于一定的经济学范式框架而形成的抽象世界，即是"观"中的图景。那么，从微观、宏观到域观的范式创新，可能反映了对现实世界真实性认识的逼近，使经济学的世界"观"更接近于真实世界。

　　按照微观—宏观学术范式，经济学构建的是一个"货币故事"体系：微观范式的根基是"交换"，宏观范式的根基是"加总"，两者都必须以货币单位为"语言"和尺度，如果没有货币，微观—宏观范式就无法表达其含义。所以，在微观—宏观范式中，货币不仅是"面纱"，更是"主角"。经济学试图突破货币的主宰，引入"人口""自然资源""人力资本"，甚至气候等角色，但是，只要进入微观—宏观范式的经济学世界，实际上还是不得不归入"货币故事"。在以货币计量的货币故事中，才可以讨论"交换""价值""均衡""最优""最大化"等经济分析的核心主题，但却离现实世界很远，甚至成为"虚构"故事。在现代经济学范式框架中，以虚构的一元化符号体系替代真实的多元化行为世界，难免陷入缺乏解释力的窘境，因为两者差距实在太大。所以，经济学家们要常常扪心自问：在我们所构建的经济学庞大体系的大厦中，究竟能装进多少"真实"？是否已经装入了太多的"虚构"？这些"虚构"是否都是为了装进"真实"所必需的容器？如果经济学大厦中存有太多的与真实无关的虚构容器，其中空无"真实"，或者"真实"已经改变，却没有容器可以装载"新生事物"，那么，这样的经济学大厦是否应该进行"范式转换"？当科技革命正在使我们所处的世界发生日新月异的变化，相对于现有经济学所描绘的图景，现实中的许多领域已经"面目全非"。层出不穷的新现象，使原有的经济学范式体系无力应对，此时，"经济学向何处去"已经成为一个无法回避的"斯芬克斯之谜"。

　　当然，现代经济学的成熟范式结构还是相当坚固的，具有强有力的内在逻辑自洽性，如果要进行范式创新，引入新的范式因素，将域观范式与微观—宏观范式相衔接，不是一件容易完成的任务。本文仅仅是提出了经济学范式创新的一个

---

　　① ［美］托马斯·库恩：《科学革命的结构》，金吾伦、胡新知译，北京大学出版社2012年版，第94页。

可能的方向，或者仅仅是提出了一个问题，以期引起学界同人的学术兴趣，特别希望年轻经济学家们能够在此方向上不惜投入研究精力。

[参考文献]

[1] 杨春学：《新古典自由主义经济学的困境及其批判》，《经济研究》2018 年第 10 期。

[2] 金碚：《关于开拓商域经济学新学科研究的思考》，《区域经济评论》2018 年第 5 期。

[3] 厉以宁：《文化经济学》，商务印书馆 2018 年版。

[4] 李俊生、姚东旻：《财政学需要什么样的理论基础——兼评市场失灵理论"失灵"》，《经济研究》2018 年第 9 期。

[5] 金碚：《关于大健康产业的若干经济学理论问题》，《北京工业大学学报》（哲学社会科学版）2019 年第 1 期。

[6] 洪银兴：《新编社会主义政治经济学教程》，人民出版社 2018 年版。

[7] ［德］诺贝特·艾利亚斯：《文明的进程——文明的社会发生和心理发生的研究》，王佩莉、袁志英译，上海译文出版社 2018 年版。

[8] ［英］弗里德里希·奥格斯特·冯·哈耶克：《致命的自负》，冯克利、胡晋华等译，中国社会科学出版社 2000 年版。

[9] ［美］罗纳德·H. 科斯：《论经济学和经济学家》，罗君丽、茹玉骢译，格致出版社、上海三联出版社、上海人民出版社 2014 年版。

[10] ［美］道格拉斯·科斯、罗伯特·托马斯：《西方世界的兴起》，厉以平、蔡磊译，华夏出版社 2017 年版。

[11] ［英］罗杰·E. 巴克豪斯：《经济学是科学吗？——现代经济学的成效、历史与方法》，苏丽文译，格致出版社、上海人民出版社 2018 年版。

[12] ［美］彭慕兰、史蒂文·托皮克：《贸易打造的世界——1400 年至今的社会、文化与世界经济》，黄中宪、吴莉苇译，上海人民出版社 2018 年版。

[13] ［美］托马斯·库恩：《科学革命的结构》，金吾伦、胡新知译，北京大学出版社 2012 年版。

（原文发表于《管理世界》2019 年第 2 期，有改动。）

探索推进经济学范式变革

随着中国经济发展进入新时代，中国经济学发展面临新使命、新任务。创新学术进步路径，积极推进范式变革，进而形成中国学派，是中国经济学发展的时代使命。

经过数十年发展，我国不仅已经成为经济大国，而且已经成为经济学研究和教学大国。特别是改革开放以来，现代经济学体系中的几乎每一个学科领域，中国经济学都已充分进入，并且形成了相当规模的教学科研力量。我们培养了大批接受过经济学系统教育的人才，有力地支持了中国特色社会主义经济建设和改革开放进程。但也应看到，经济发展实践日新月异，经济学理论滞后于实践发展的矛盾日益凸显。尽管发表的论文和出版的著作很多，但对经济现象的观察、刻画和解释却缺乏学术穿透力，一些经济学"研究成果"所描绘的图景与现实经济差距甚远；在经济学期刊上发表的一些学术论文高度形式化、数学化，精致的"建模"和复杂的"推导"方式貌似高端、深奥，却往往缺少新意，不过是试图将现实装进形式化模型的范式框架中，而现有的经济学范式框架并不能准确描述中国经济及国际经济的真实世界。这表明，经济学的范式变革日益紧迫。

改革开放后，随着党和国家的工作重心转移到经济建设上来，经济学的研究对象发生了重大变化，经济学学科体系也随之大大丰富。其中，政治经济学吸收了改革开放进程中取得的经验性成果和反映中国经济政策变化的重要思想内容，获得创新发展。与此同时，经济学界通过学习、消化、吸收和体系化，引进了现代西方经济学，并大体接受了微观经济学和宏观经济学的学术范式和逻辑构架，逐步形成了庞大的学科体系。但是，面对具体的社会经济问题，这个体系常常难以做出科学解释和有效应对。特别是当新科技革命正在使我们所处的世界发生日新月异的变化时，层出不穷的新现象更使微观—宏观范式无力应对。无论是国际学术界还是中国学术界，越来越多的经济学者认为推动经济学范式变革势在必行。

在经济学范式变革方面，各国经济学者已经做出了不少努力，而中国经济学界则可以承担起更重大的使命，为世界经济学发展做出更大的贡献。这是由中国的独特国情所决定的：一方面，中国经济发展特别是改革开放以来的经济发展，是人类发展史上最伟大的变革实践和建设实践之一，为中国经济学发展提供了极为丰厚的实践土壤和科研养分。另一方面，中国经济学以马克思主义为指导，有马克思主义经济理论的坚实基础和指引启示，具有实现范式变革的优势。马克思主义认为，人非抽象之人，人是社会关系的总和。这启示我们，人的行为并不是为了追求抽象算计之"最大化"目标，而是一定现实条件下的具体行动。这些具体行动是由社会生产关系进而由生产力发展水平所决定的，也就是说，经济行为并非抽象人性的微观—宏观现象。在此基础上深入研究探索，就可以形成经济学研究新的范式，推动经济学创新取得新的突破。因而，以马克思主义为指导，吸收借鉴现代西方经济学的有益理论观点和学术成果，扎根中国国情和经济发展实践开展深入研究，就能够实现经济学范式创新，建立具有中国特色、中国风格、中国气派的中国经济学。

当然，已有的经济学成熟范式结构是相当坚固的，实现范式变革并非易事，需要广大经济学研究者特别是青年学者投入更多精力。开拓经济学范式变革的创新"蓝海"具有现实紧迫性，也是我国经济学界有可能做出重大学术贡献的领域。

（原文发表于《人民日报》2019年4月18日第9版，有改动。）

经济学：睁开眼睛，把脉现实！

——敬答黄有光教授

拜读黄有光教授发表于《管理世界》2019 年第 2 期的《经济学何去何从？——兼与金碚商榷》① 一文，受益匪浅。黄教授以他深厚的学识所提出的关于拙文②中有关内容的意见是中肯和有益的，非常有助于对有关问题的深入研讨，特别是所提出的一些不同观点，很值得交流和深入讨论。正如黄教授所说："观点不同未必一方有错误。"那也许是视角不同，也许是所强调的重点有别，当然，更可能是由于所依据的范式承诺不同。而后者则是拙文所关注的重点。对于不同观点的探讨和商榷，更可以促进对经济学相关问题的深刻认识和理论创新。现就以下几个问题做简要回应，以此求教于黄有光教授。

（1）针对拙文提出经济学域观范式应关注不同域态（商域）的特征即域际差异性，黄教授指出："传统经济学并不否定差异性。"即"传统范式并不否认'域观'所强调的差异性，其不考虑差异性的简单分析只是方便分析的简化。"这当然没有问题，这种"假定客观存在现象的不存在（即不考虑）"的"方便分析的简化"，是传统经济学的方法论或范式承诺的一个重要特征。因而一方面可以"不否定差异性"即承认现实经济中的差异性，另一方面，为了"方便分析"又假定经济主体的行为"同质"，即抽象掉差异性。这样，经济学实际上就面对着两个世界："假设"的世界和"观察"的世界。在"假设"的世界（"假定客观存在现象的不存在"的世界），追求的是简化抽象条件下的推演逻辑自洽。其范式承诺是：尽管不否认所观察到的真实现象（因为那是无法否认的），但作为其研究对象的"假设"世界的图景却是不同于客观真实现象的。例如，尽管承

---

① 本文中以下所引用的黄有光教授之语，皆出自此文（简称"黄文"）。

② 金碚：《试论经济学的域观范式——兼议经济学中国学派研究》，《管理世界》2019 年第 2 期。

认经济行为主体"不同质",各有各的目标,但是假设它们"同质",行为目标一致(在工具理性驱使下追求自身利益最大化),因而可以在"假设"所严格限定的条件下进行逻辑严密的推演。这样的体系,可以很有抽象逻辑的审美价值(也许这正是经济学被誉为社会科学"皇冠上的宝石"的原因之一)。但问题的关键在于,"假设"是否真实?诸多严苛的"假设"有没有曲解真实世界?同观察到的世界是否(至少在相当程度上)相符?这是一个引起无数争议的问题。经济学的讨论或辩驳往往就是在"假设的世界"和"观察的世界"两界中陷入纠缠状态。那么,经济学的范式承诺是将"观察的世界"装进"假设的世界",还是让"假设的世界"尽可能适合"观察的世界"呢?

就此可以作一个形象的比喻:两只脚要穿进一双完美的鞋中,但脚不仅比现成的鞋大,而且还会不断地长得更大,所以,如果穿进去,就会"扭曲"鞋子。那么,宁可"扭曲"以至改做这双鞋,以适合脚的大小呢,还是把脚削小,使它可以塞进鞋里,而且不会扭曲鞋呢?或者,脚干脆不要穿鞋,就光着,以确保鞋一直可以"完美"着呢?黄教授批评拙文有"夸大"和"扭曲",其实在很大程度上就是涉及如何回答类似脚穿鞋的这个问题。有时候,高贵的鞋可能价值连城,绝不可因脚的不合而被扭曲损坏,所以,让鞋和脚各自分开,也不失为一种权宜性处理方式或存在状态:脚未必非得穿鞋才能走路,鞋也未必非得合脚才有价值。不过,归根结底,鞋合脚才是有意义的事物之根本。

这一问题所涉及的认识论也类似于康德哲学中的"纯粹理性""实践理性""现象界"及"自在之物"间的关系。在康德所说的"纯粹理性"中不含任何经验因素,逻辑自洽,具有先验性;而"实践理性"具有人的意志和经验性,并以本体世界为对象;人的认识则只是感官对于现象刺激的反应,而难以直接达到(认识)"自在之物"。所以,康德认为,如果理性要想达到(认识)本体"自在之物"的彼岸,就超出了人的思维能力,必然会陷入"二律背反"的矛盾之中。那么,这个矛盾会有解吗?这就涉及对人的认识能力(思维的此岸性)的认识,也就是人有能力获得真理即对现实世界的正确认识吗?马克思的回答极具智慧:"人的思维是否具有真理性,这不是一个理论问题,而是一个实践的问题。""在实践中证明自己思维的真理性,即自己思维的现实性和力量,亦即自己思维的此岸性。"① 那么，经济学是应该一心致力于"假设"的世界，尽可能抽象掉经验因素，不断精雕细琢，使之达到逻辑完美的先验性境界，还是要更关注现实世界，在观察世界中发现经济活动和经济关系的规律，"证明自己思维的真理性"，从而为实践提供"思维的现实性和力量"呢？或者，就让思维保持其纯粹性而不必具有此岸性，即无须要求它认识本体世界呢？这是经济学发展要回答的一个根本性问题，决定经济学范式承诺和范式变革的根本方向。

（2）有关经济学"假设的世界"的一个重要命题是，关于货币性质和作用的论断或学术立场。黄文说，对于传统经济学，"传统核心分析不必货币，更非主角。""传统经济学的核心分析，至少是其微观部分，完全不必用货币与商品的金钱价格，而只是关注商品之间的相对价格。"当然，诚如黄教授所说，传统经济学确实这样假设（或想象）：市场如同一个"大集市"，所有的人将自己的产品（贡献）拿来汇集到这里与其他人进行物物交换（获得分配）；他们凭经验（每份分配要有多少贡献）都知道各种产品的交换比率（即黄教授所说的商品之间的相对价格），这就相当于依照预先确定的原则进行分配，每一份贡献，都会在这个"大集市"的某一处有一份要求权与之对应。这样，进入"大集市"的全部的贡献和分配一定会两相匹配，于是，社会资源可以在这个被称为"市场"的体系（"大集市"）中达到有效配置状态。这就是所谓一般均衡或黄教授所说的"全局均衡"。传统经济学力图证明，只要预设了各种假设条件，这个均衡的存在或实现完全不需要货币介入。而如果加进货币（黄教授称之为"金钱价格"），其结果也完全一样。所以，货币不过是无足轻重（不影响推论结果）的一层薄薄的"面纱"，不会改变事实本身的性质。显然，这完全是一个"假设"中的推理世界，以"假定客观存在现象的不存在"为前提，构建想象中的完美体系。

在传统经济学分析推理中，关于这个体系的描述可以做得非常形式化、精致化和数学化，描述出一个具有审美价值的市场经济乌托邦，以至于使用自然语言越来越难以符合其逻辑表达的精确性要求，似乎只有使用数学符号和公式（模型）才能体现其完美性和没有歧义的词语意涵，这导致经济学走上被称为"第二数学"的道路。不过，无论符号图景描绘得多么完美无缺，睁开眼睛看看：在

---

① 马克思：《关于费尔巴哈的提纲》，载《马克思恩格斯选集》（第一卷），人民出版社1972年版，第16页。

现实世界中有吗？人们见到过没有货币作为价值尺度和交换媒介就可以到达一般均衡或全局均衡的经济现实吗？在可以观察到的现实世界中，货币明明是绝非可以舍弃的角色，世界上几乎所有的经济交换都是产品与货币的交换，哪里有不使用货币作为价值尺度和交易媒介的真实市场？马克思说：商品与货币的交换，是一次"惊险的跳跃"，"这个跳跃如果不成功，摔坏的不是商品，但一定是商品所有者。"① 此时，货币掌握了命运，真的如"王者"般重要，因此在市场经济条件下可以成为"资本"的化身，进而这个世界被称为"资本主义"！当然，在现代经济中，如何定义"货币"确实是一个众说纷纭的问题，将货币引入经济学的"假设的世界"，可能产生对逻辑精致性的挑战，但是，也不至于因此而回避这一挑战，将货币逐出经济体系（尽管是假设的体系）。

人们所观察到的现实是：在整个市场经济中，货币像幽灵一样无孔不入地渗透于经济体系的各个方面，如"基因密码"似地塑造着经济"肌体"和经济关系的性质与面貌，甚至"有钱能使鬼推磨"。看看历史：有学者研究，英国称霸世界200多年，同货币金融密切相关。"1688年的英荷联盟让英国人首次得以了解荷兰几家重要的金融机构，以及它们先进的金融机制。1694年，英国成立英格兰银行，负责管理政府借贷和国家货币，……伦敦也引入了荷兰的国家公共债务体系，通过一个能够自由买卖长期债券的证券交易所融资。这使政府能够以很低的利息贷款，从而增强了开展大规模项目——包括发动战争的实力。"② 再看看当今世界：美国所以能拥有世界霸权，美元是其重要支柱之一，对此大概无人怀疑。总之，对于曾经和当今的两个世界霸权国家，"货币"都具有极为重要的作用。当然，理论经济学家们可以闭上眼睛，不关注这些历史和现实问题，而按照传统经济分析方式，仍然可以非常形式化地"证明"：在假设的世界中，如果没有货币，经济体系同样可以有效运行；如果没有英镑、美元，过去和现今的世界仍然没有什么两样。不过，那样的"证明"，同现实世界完全无关。

当然，黄教授可能会认为，以上的讨论超出了理论经济学的范围，而在经济学的纯理论领域，关注的是货币的抽象性质，属于经济学的"核心"层而不是现象面。黄文说："在传统核心分析中，货币是不必要的，不但不是主角，连配角也不是。把货币当成主角，是对传统分析的误解。"其实，即使只关注经济学

① 马克思：《资本论》第一卷（上），中共中央编译局译，人民出版社1975年版，第124页。
② ［英］尼尔·弗格森：《帝国》，雨珂译，中兴出版社2012年版，第20—21页。

的"核心"层，这里也完全没有对"传统分析的误解"，而恰恰是触及了传统经济学的一个重要命门。经济学术史研究表明，在所谓"凯恩斯革命"之前，货币中性论是居统治地位的学术立场和范式承诺，对此无人"误解"。但是，与此相对立，凯恩斯的宏观经济学则是以货币非中性立场为根基的，一定意义上可以说，所谓"凯恩斯革命"实际上是"货币革命"。在他的理论体系中，货币很重要，非中性，绝不仅仅是"面纱"。① 对此范式承诺，经济学家们虽然可以有不同立场，但并没有"误解"。换句话说，如果认定货币不重要，而只是无关紧要的"面纱"，作用中性，那么，整个宏观经济学，特别是宏观经济政策，就均无意义（有的经济学家确实这样主张），甚至在经济学体系中根本无立足之地。如果是那样，那么，今天的西方主流经济学就不会是微观—宏观范式，而仍然只会是古典经济学的传统范式了。所以，从一定意义上可以说，认为货币是否重要，承认货币作用是否中性（货币是否仅仅为"面纱"），是宏观经济学及宏观经济政策能否成立的关键，也是古典经济学范式与凯恩斯代表的宏观经济学范式根本性的深刻分歧点。总之，即使是在西方经济学说史上，最迟自宏观经济学诞生之时起，货币不重要或货币中性的古典经济学观点就已经不再是经济学家们公认的共同学术立场和范式承诺了。黄教授深谙微观经济学和宏观经济学理论，相信对此一定有比笔者更深刻透彻的学术理解。

不过，关于这一问题的讨论，对拙文的主题并不很重要。拙文所要指出的是：在现实经济中，以及在经济分析中，货币不仅是不可舍弃的角色，而且"现实地"成为"王者"。看看现实世界：谁都离不开货币，难道事实不是这样吗？拙文所要表达的中心观点是：经济学必须睁开眼睛，观察现实世界，理论经济学的"假定"尽可能地接近现实，具有真实性，这应该成为经济学范式变革的方向。

（3）黄文中说："传统分析针对流量而非存量，并没有问题。"如果是在传统经济学的范式承诺框架中，这确实没有问题。传统经济学分析实际上只是（其实是只能）主要关注交易关系所体现的"流量"现象，例如只关注（计算）居民买了多少衣服（而且是以价格计算），而无法考虑购买者实际穿了什么衣服，衣柜中还挂了多少件衣服。需要指出：经济学家们所说的"消费"实际上（在

---

① 金碚：《略论凯恩斯的非中性货币理论在他的就业理论中的地位》，《南京大学学报》（研究生专刊）1985 年第 1 期。

不同场合）是两个含义非常不同的概念："常识"经济学所说的"消费"是指实际的吃穿用等行为（基于前述"观察"的经济学），而经济分析中所定义的"消费"则是指消费品（包括服务产品）的交易量（以货币支付额计量）。例如，如果今天购买了一台电视机，价格 3000 元，经济分析中就计算为今天"消费"了3000 元；至于购买后每天看多少时间电视节目，甚至看不看电视节目，都同经济分析中的"消费"无关了，尽管这才是真正在实质意义上"消费"电视机。同样，经济分析中的所谓"投资"并非指实际进入生产过程的生产要素及其使用，而是指购买了多少（以货币单位计算的）生产要素，表现为货币支出量；至于实际的生产过程，除非有支付发生，并不为传统经济分析所关注。所以，GDP 等经济变量的计算采用的是"支出法"或"收入法"（难道还有其他更好的方法吗？），而且要尽可能使用"不变价格"（虽然想排除价格变动的影响，但也仍然得运用价格作为尺度）。总之，在经济理论讨论中使用的经济活动的"生产""消费"等概念，同微观—宏观经济分析中使用的"投资""消费"等概念是含义不同的。对于前者，确如黄教授所说，流量、存量难解难分，时时发生，不可或缺；但对于后者，却说的就只是流量了，存量通常在其视野之外。而吃穿用等的实际消费行为和实际生产过程，在经济学的流量分析中通常是很少被关注的。如果要在经济分析中加入"存量"因素，例如生产存货、产能状况、家庭消费品拥有量等不属于"流量"的因素，那就会对传统经济学分析方法提出难以应对的困难问题（当然，在对现实经济的观察和研究中，分析者们还是会考虑存货及产能等存量因素，特别是存量的"折旧""损耗""利用率""重估值"等，以增强经济研究的现实性和准确性）。所以，如果说"传统分析针对流量而非存量，并没有问题"，实际上只是表明：进行经济分析时假定存量没有问题，或对流量关系不发生影响。其实，经济学分析方法的基本逻辑就是，"在假定其他条件不变的前提下"，即假定其他因素没有影响的条件下，进行"不受干扰的"理论推理（实际上就是前文所说的"假定客观存在现象的不存在"的分析方法）。这是经济学的长处，还是局限呢？

（4）黄文说："即使非完全理性，经济变量也可以加总。"一般地这样说，也不算错，在观念上和想象中可以对任何事物进行"加总"。但问题在于，第一，凡要"加总"，总得有加总的计量单位（可以通约），在经济学中所能使用的（可通约）计量单位主要是"价格"，而要用价格来计算，就得有经济意义（或经济价值）；第二，不同的东西，包括不同的行为如果进行量的加总，而且要有其实际意义，就只能计算其中同质性的因素，而撇开不同性质的因素，也就是说，要计算总得有"量纲"；如果将不同质的因素硬性地进行"加总"，则尽管可以想象，但没有意义。所以，经济变量的加总，如果要有经济学意义，就得确定（或假定）存在"经济理性"这个同质性因素。换句话说，进行有意义的"经济变量"加总，确认或"假定"经济理性的存在是必要的，一定意义上可以说，经济理性是经济变量加总的可通约性基础。反之，如果想要计量那些不是经济理性所能体现的变量（无法以经济理性进行判断），因而难以价格化，则"加总"就会成为一个经济学难以解决的问题。下文关于"效用"的讨论就涉及这个问题。

（5）黄文说："效用最大化可以包罗万象。"这实际上是传统经济学力图维持的一个范式承诺。效用最大化是传统经济分析的一个非常重要的无形依托和假想支撑，即假定经济主体的行为目标是追求"效用最大化"，通俗一点（不严格地）说就是"以追求自身利益为目的"；而且认定，判断经济运行是否理想（完美），资源配置是否有效，就看整个经济体是否达成（或趋向于）"效用最大化"。这是经济学的一个福利原则和伦理基础。如果没有这个依托和支撑，经济学似乎没有了"理性"根基，如同是一座没有地基的大厦。但遗憾的是，如何计量"效用"，甚至"效用"能不能计量，本身就是经济学的一个大难题。于是，只好采用"帕累托最优"来勉强地替代"效用最大化"概念和含义（假定在资源分配中，不再可能通过改变分配状况而在不使任何人境况变坏的前提下，使至少一个人变得更好）。其实，严格说来，帕累托最优的含义并不是"效用最大"，而只是"再想要更大，就没法算了"，所以，只能"凑合着算是'最优'状态吧"。当然，也有其他的一些经济理论试图来解开计量效用或算出效用最大化之难题。关于效用的比较计量是只能用"序数"，还是也可以用"基数"，以及关于能否进行效用的人际比较等问题的研究，不少经济学家有过深入探讨和理论建树，但还是都不如"帕累托最优"或"帕累托改善"更容易被学术界接受。可见，所谓"效用最大化"实际上是经济学想象中的一种"海市蜃楼"般的幻境，既不可缺之，又不可信之。它可以成为思想推演中美好境界的一个参照"标的"（图景），但在现实中却是难以观察和计量的，除非采用替代方式，例如收入最大化、利润最大化等，或者用某种心理学方法来进行估算，但那样做的可信度并不高。不妨想想：谁可以计量出穷人、富人、雇员、业主、商人、官员、国王等各色人物的效用最大化值？或者，他们的效用总量是否实现了或趋向于"最大"值？实际上，虽说效用"最大"，其实并无数值，没有可加总的"量纲"。虽然经济学家们试图构建"效用函数"，其实并没有可信之"数"，经济学只不过是使用"效用"这个无法计量甚至难以定义的概念，将各种行为的复杂目标"一言以蔽之"了，用以满足经济学逻辑自洽的形式要求。所以，"效用最大化"确实是经济学的一个形式必需物，之所以可以"包罗万象"，那是因为，它没有实质内容的定义。而没有定义就没有边界，因而可以想象为万物皆可纳入。就像是中国人所说的，人之大幸大悦是得了"天大的好事"，人人以及整个社会都有获得"天大的好事"的动机和行为。那么，如何定义"天大的好事"呢？经济学家严肃地说：那就是"效用最大化"。

（6）黄文中关于"全球化并不必要全球同质化""有特性不表示没有共性"等论点，我完全同意，实际上，这正是我提出"域观"范式的支撑性论点。全球化并不意味着各国同质，即使各国不同质，也不妨碍推进全球化，不同质经济体的域际关系正是域观经济学需要研究的重要问题；经济是一个丰富多彩的多样化世界，经济主体及其行为各有特性，但也有共性。正是因为既有特性也有共性，才会有"域观"现象的存在，才可能产生和可以定义"域类"（不同类型之域）。反之，如果只有共性（同质性）而没有特性（异质性），或者，如果只有特性（异质性）而没有共性（同质性），那么，就无法定义"域"的概念，也不能识别各域类（域境）中的经济主体行为性质和特征了，如果那样的话，"域类"也就不存在，域观经济学的范式承诺也就没有意义了。所以，我很赞同黄文中所指出的关于特性和共性关系的观点。

（7）黄文主张，"还是应该以传统经济学为主角"。黄教授更倾向于维护传统经济学方法的价值，这不必反对，学者们都可以坚持自己的学术立场，维护自己的学术主张和保持自己的学术倾向。学术界可以而且必然是有门派之分的，观点传统一些或激进一些都可以共存和对话，这对学术发展有益无害，否则哪里会有"百家争鸣"所推动的学术进步呢？而且，任何科学理论都是长期积淀的结果，完全否定传统经济学，就是舍弃无数经济学者艰辛创造和积累的思想财富和文明遗产，显然不可取。毋庸置疑，传统经济学范式和分析方法当然有其重要价值，仍然是经济学家们的"基本功"和"看家本领"。

黄文进而认为，"传统的约束条件下的最大化的变量选择、变量之间的相互作用而达到的供需均衡，以及对均衡的评价，是经济分析的核心。这个核心不能放弃，还要加强与拓展。"如果从经济学教学和传承的需要来说，这大体上也可以接受，因为可以作为经济学训练的一个起点，形成经济学分析的逻辑素养。特别是作为经济学教授，一定是很反对学生们在尚未掌握传统经济学的微观、宏观基本分析方法的前提下，就盲目地进行理论"创造"的，那只会是无养分之树木，很难成活。但是，传统经济学的局限性和缺陷日益显著也正与此"核心"直接相关，所以必须要有创新变革。这一判断，相信黄教授也会同意。因此，他才会说，经济学的发展"还有大量的空间，经济学者远还没有到可以休息的时候！"而且，黄教授在许多论著中都曾指出和研究了传统经济学的局限，也主张经济学分析应考虑制度、文化、人的不同行为特征等因素；特别是当经济学用于政策研究时，更应考虑诸多现实因素的作用和影响；黄教授也主张经济学的现实性比严谨性更为重要，提醒不应过分迷恋经济学简化模式而忽视现实世界的重要因素。对此，笔者高度认同，也与拙文的意见一致。

既然这样，那么更重要的是，经济学何去何从就涉及一个最根本的问题：现实经济在向何处去？因为，现实经济态势归根结底是经济学何去何从的决定性因素。与现实经济相脱离的"假设"性经济学图景，即使具有纸上谈兵的"审美"乐趣，经济学家可以在其中自娱自乐，但总归是没有长久生命力的。所以，问题的核心就在于：现实世界正在发生巨大变化，经济学就不能停留于传统状态而不思进取和变革。

我很高兴，黄文有如下结论意见："有如金文所述，传统经济学显然有局限性，须要拓展，以'域观'的方向来补充，加多分析不同经济、不同领域的差异性，不失为拓展传统的一个重要方向。"相信黄教授也会是经济学范式变革的支持者。其实，对于经济学范式的拓展创新，黄教授早年就取得过有价值的成果，曾提出了以"综观"拓展微观与宏观的观点，将被传统的微观经济学和宏观经济学所忽视的因素加入其中，以增强经济学分析的现实性和解释力。

（8）黄教授对经济学的简化假设问题素有研究，认为不可过度迷信简化模式，但又不能不采用简化假设方法。黄文正确地指出："任何理论都是基于一些简化的假设。"接着说，"我们应该接受怎样的假设呢？要看情形。有些情形可以接受某些简化的假设，有些情形不可以接受，要看假设是否使你得出误导性的结论。"关于这一点，非常值得探究。美国经济学家约瑟夫·熊彼特曾说："人类的社会进程，宛如一条恣意汪洋的大河，生生不息而又浑然一体。所谓的经济事实，只不过是研究者用分类的手段，从这条大河中人为地分离出来的东西。当我们说某个事实是经济事实时，这其实是一种抽象的说法，因为所谓的事实，只不过是现实在一定技术条件下，在心灵中形成的复本而已，而抽象就是这个过程的第一步。"①

那么，经济学的发展是否体现了对"浑然一体"的社会进程进行了合理的"抽象"，或通过"假设"而进行了如黄教授所说的"可以接受"的"简化"了呢？对此，美国经济学家布莱恩·阿瑟评论道：经济学发展至今，"一方面，经济学的'门户'得到了清理，以前已经被接受为'经济学理论'的大量松散的、草率的论断被排除掉了；另一方面，人们对市场和资本主义制度的内在优势更加尊重，理解也更加透彻了。但是，我相信这种努力也导致了思想的僵化，还导致了一种貌似正义、实为党同伐异的判断准则。某些东西可以被承认为经济学理论，而另一些东西则不被允许，最终的结果是经济学成了一个无法接纳其他思想的封闭体系。由此进一步导致了政治、权力、阶级、社会、根本的不确定性、创造生成和发展对经济的影响，全都被'关在了经济学殿堂的门外'。最终结果则事与愿违，这个研究纲领，至少它的超理性版本已经失败了。"②

当然，要是断定整个经济学都"已经失败了"，显然是言过其实的。但面对经济现实，经济学表现得解释力不足，尤其是承载社会对它的很高期望，以及它力图对社会做出很大贡献的抱负，经济学确实已经越来越力不从心，这应该是绝大多数人包括经济学家们自己都不否认的事实。这很像医学和医生：越是资深和高水平的医生，医学造诣越高，就越是深刻认识和坦然承认医学之局限性，越是不相信"灵丹妙药"以及"包治百病""手到病除"的神化，往往越是会感叹于医生之"无能""无力"和"失败"。而对于经济学来说，更重要的是，由于当今世界正在发生人类发展史上罕见的巨大变化，新生事物层出不穷，现实经济已经今非昔比，经济主体和体系结构不仅"表现出"而且"骨子里"都进入了变革的新时代，难道我们不应该扪心自问：传统经济学包括它过去所坚守的"核心"，还能以不变应万变吗？正是在这样的形势下，笔者认为，对经济学范式变革的研究正变得越来越重要和迫切。

（9）黄文的结论中写道：尽管"有一些需要商榷的地方，但金文论述重要问题，解释清楚，条理分明，在得到本文的补充之后，应该是经济学博士生的良好的方法论教材。"无论拙文是否达到了可以作为"良好的方法论教材"的水

---

① ［美］约瑟夫·熊彼特：《经济发展理论》，郭武军、吕阳译，华夏出版社2015年版，第1页。

② ［美］布莱恩·阿瑟：《复杂经济学：经济思想的新框架》，贾拥民译，浙江人民出版社2018年版，第23页。

平，相信黄教授并非恭维之言，而是对于中国高等教育现况，特别是经济学博士生教育状况的有感之论。在今天中国高校的经济学教学研究中，博士生们如何确定研究方向和论文选题，推而广之，众多经济学研究者如何进行论文选题，是一个人们多有议论的问题，这在相当大程度上可以折射出经济学向何处去的态势。具普遍性的状况是：与过去相比，现在中国的经济学博士研究生大都受过良好的数学训练，对传统经济学的微观—宏观范式以及建模方法也有较好的掌握；但是，所思考和研究的真问题反倒不如过去年代。形式化、数学化的技术性表述方法，他们可以做得很精致，"建模"和"推论"均能逻辑严密，形式美观，符合规范，但是，大多"证明"了一些凭常识也可以获得的结论。形式高深、推导复杂的论文写作，其实是一次绞尽脑汁的逻辑操练，与经济现实几乎无关。有学者批评说，现在的许多博士论文和投稿论文，"重形式，少思想""模型技术华丽，结论不证自明"。因此，经济学向何处去，经济学教学研究向何处去，确实是一个非常值得认真讨论的问题。也许继续沿着传统范式走下去，以求更精致地表达抽象符号世界的"最大化"或"最优"图景和努力探讨新的范式结构，以增强经济学的解释力，都是值得经济学家们努力的方向。学派林立，才有可能形成各方相互交流、相得益彰的经济学大家庭的繁荣"域观"体系。不过，依我之见，年青一代的经济学者，值得把更多的精力投入到上述第二个方向上。如拙文所述，中国经济学界在这个方向上做出贡献，既是使命，也有独特的优势。中国经济的"域观"特色为经济学的范式变革提供了得天独厚的有利条件。

最后须指出的是：我们所讨论的问题实际上主要限于经济学庞大体系中的一个特定"学域"（学术域类），即主要针对和围绕我所说的"主流经济学"，黄有光教授称之为"传统经济学"，学术界通常称之为"新古典经济学"。这个学域显然不是经济学的全部或全景，但确实是当代主流经济学理论的核心或者"底基"。经济学的不同学派都有自己不同于主流学派的论点和学术立场，非主流学派对主流学派的挑战是经济学界的常态；而且如拙文所说，实际上经济学界已经做过大量的探索，进行了具有范式变革意义的拓展性研究，并取得了多方面有价值的突破和建树。不过，如何对主流经济学的现有范式进行正面冲击（改造或拓展），并更具建设性地进行范式变革研究，实现系统性创新，形成新的范式承诺和范式体系，却还是一个亟待付出极大努力才能完成的大课题。

当然，在极其庞大的经济学大厦的底基上"动土施工"，绝非轻易之举，这需要更多经济学家们的协同参与，以群体之力，才能创造与新时代相称、反映大变局现实的经济学新范式。这不仅要展开想象力的翅膀，更要睁开观察世界的眼睛。尽管理论经济学体系具有演绎逻辑的结构特征，这是它的一个骄傲（社会科学的其他学科没有这样的形式精致特性），但是，如果因追求这种形式化的精致结构而导致严重脱离现实，则会使经济学成为自言自语和循环论证的符号体系（以自己的假设"合乎逻辑地"推论和证明自己的结论），而失去其认识世界和经世济民的价值。所以，经济学范式变革的有效路径应是：睁开眼睛，把脉现实。切准现实世界跳动的脉搏，才能构建更具科学性和解释力的经济学体系。

（原文发表于《管理世界》2019 年第 5 期，有改动。）

论经济学域观范式的识别发现逻辑

经济学是一门什么学科？早年的学者认为经济学致力于"阐明财富如何生产、分配及消费"（萨伊，2014）。马歇尔认为，"经济学是一门研究财富的学问，同时也是一门研究人的学问"（马歇尔，1965）。有人认为经济学是关于资源配置的学科，有人认为是关于人的行为的学科，有人认为是关于效率或选择的学科。一本具有广泛影响的经济学教科书（萨缪尔森和诺德豪斯，1998）中说："经济学涵盖了各种论题。但其核心在于理解社会如何配置它的稀缺资源。"马克思则认为政治经济学的研究对象是生产关系。也许还会有其他不同的观点，不一而足。不过，无论如何定义，只要经济学算作是一门科学，那么，它理应同其他科学学科一样，其使命是发现和解释世界（自然世界或人类社会）的规律和现象，并据此建立理论。要发现首先就要观察，要解释就要能识别，所以，经济学研究总是要基于观察现象和识别对象，通过思维加工对现实做出理论解释：刻画现象和发现规律。当然，人们也总是基于一定的问题设定或范式承诺来观察现实世界，完全无知者（没有先行知识或设问、假定）如同初生孩儿，是没有能力观察和识别现实世界的，所看到的只是混沌无序的乱象。经济学是高度理性化的，其问题设定和解释方式倾向于更加注重还原论的抽象性因果解释和逻辑推演的严谨性，这使其范式承诺的逻辑底基更倾向于依赖公理性"假设"而不是对现实的"识别"，因而强化了学术形式的精致性却弱化了其现实解释力。马克思在《资本论》第二版跋中引述了一段读者评论，马克思说"这位作者先生把他称为我的实际方法的东西描述得这样恰当"。这位评论者写道："在马克思看来，只有一件事情是重要的，那就是发现他所研究的那些现象的规律。"马克思还说：经济学的叙述方法可以呈现为"好像是一个先验的结构"，但其研究方法必须从

"占有材料"即观察现实出发①。为了增强经济学的发现功能，笔者提出，对传统主流经济学的微观—宏观范式进行变革，引入域观范式承诺，以增强经济学的现实解释力（金碚，2018b，2019a）。其实质是，期望在经济学的"假设"基础上增强其"识别"基因，让经济学更具科学的发现性和解释力。

一、经济学的认识论思维逻辑

早在"经济学家"（Economists，也译为"经济学派"）这个概念产生之初，就曾被法国学者萨伊（2014）批评说："他们不是先去观察事物的本质或事物如何发生，把这些观察结果分类，并根据观察结果推断出一般定理，而是先设立一些抽象的一般定理，并称之为公理，因为他们认为这些公理包含了证明它们真实性的固有证据。然后他们试图使个别事实适应这些公理，并根据这些事实推断其'规律'，这样就使得他们去拥护那些与常识及一般经验明显不同的原理。"萨伊的批评的确有历史穿透力，仍然可以击中现代经济学的要害。

经济学如果只是从被认为是"公理"的"假设"出发，进行"建模"、"推论"，抽象地构建理想图景，而对所观察的现实对象的主要特性都无法识别（或根本无意于进行观察和识别），并据此有所发现和做出解释评介，那么，凭什么可以自称为是"科学"呢？如果经济学把"科学"理解为形式化的严谨数学表达，而不是识别和解释现实，那么，这样的经济学表达形式尽管精美，但有何用处呢？以数学建模为主导倾向的西方经济学在 20 世纪 70 年代受到奥地利学派的严厉挑战和批评，后者主张经济学研究应坚持人的"行动学方法"，采用"逻辑一现实理论体系"，而不是数学方法。他们认为，"经济学并不是一门专门研究'物质财货'或者'物质福利'的科学。经济学是一般地研究人满足其欲望的行动，尤其是研究每个人将财货交换作为手段'获得'自己的欲望满足的过程。"（罗斯巴德，2015）。不过，问题的关键仍然在于：无论对经济学的性质持什么主张、采用什么研究方法，再复杂的理论争论都不应掩盖一个朴素的问题：经济学究竟是不是科学。如果是科学，那么，它是否致力于观察、识别和发现现实世界

---

① 卡尔·马克思：《资本论》（第一卷），人民出版社 1975 年版，第 20、23、24 页。

之客体？它的认识论具有怎样的思维逻辑？

科学的使命是"发现"及以此为前提的理论发明，如托马斯·库恩在其名著《科学革命的结构》中所说，理论化的科学及其进展表现为学术"范式"的形成和转换。作为一门社会科学，经济学也是人类认识现实世界的一个理论性范式结构，在其形成和发展过程中借鉴了自然科学的学术范式，基于抽象和归纳的逻辑方法，以自然科学作为"隐喻"，构建了经济学学术范式。不过，这也受到一些批评。哈耶克在1974年12月11日的诺贝尔奖获奖演讲时尖锐指出："在我看来，经济学家之所以未能以一种比较成功的方式指导政府政策，实是与他们总是倾向于尽可能全力地去模仿已取得辉煌成就的自然科学的做法紧密联系在一起的——然而一如我们所知，在经济学领域中，这种努力则可能酿成大错。"（哈耶克，2014）。"比如说，总需求与总就业之间的相关关系，也许只是一种近似相关的关系，但是由于它是唯一一种我们拥有量化基据的关系，所以它也就被人们认定为唯一具有重要意义的因果关系。因此，根据这个标准，完全有可能存在这样一种'科学'的证据，它们更有助于支撑一种错误的理论，而无益于佐证一种有效的解释。换言之，这种错误理论之所以被接受，实是因为它更加'科学'，而一种有效的解释之所以被否弃，则是因为我们没有足够的量化基础可以用来支撑它。"（哈耶克，2014）。哈耶克45年前所说的，几乎仍然可以非常具有现实针对性地警示今天的经济学家和经济学研究者们。经济学如果要解释现实，至少要能够识别所研究对象的主要性质、特征和状态，如果因为缺乏自然科学可以充分依赖和运用的计量方法，就武断地舍弃（叫作"抽象掉"或"简化"）了实际上具有重要作用的因素，而只是采用那些可以计量的因素来构建"因果"关系的逻辑，则依据这样的逻辑来观察和解释现实，显然会如哈耶克所说的"酿成大错"。

那么，经济学的观察对象是什么？采用什么方式来识别这些被观察或识别对象的质态（性质、特征、状态）呢？按通常的理解，经济学主要研究人类的物质生产、交换和消费活动，即如何有效配置和使用资源，获取（生产）最大产出，以此实现"利益最大化"或"效用最大化"，或如马克思所说的，通过交换而获得和享用商品的使用价值。那么，我们来简要分析一下，看经济学是如何确定所要识别和评价的对象的。

经济学研究从物质产品开始，先假定人类通过获取（采集）或生产物质产品来满足生存和繁衍的需要。物质产品或任何物质存在，都有其物质质态，即可以通过人的感官或采用物质计量或测量的方式来识别和评介的物质表象，直至按（因果关系的）还原论方式可以测度到的物质质态及其量值。但这并不是经济学主要的关注对象，物质存在的物质质态的识别和评价是自然科学的主要关注对象。而经济学主要关注的是物质存在的非物质质态，即无法以物质手段来识别和评价的质态。简言之，自然科学主要关注物质属性，而经济学则主要关注物质存在的非物质属性，最重要的就是其"经济价值"。马克思论证了商品的二重性：使用价值、价值及其表现形式——交换价值，即价格。在马克思看来，商品的价值是商品中所包含的"社会必要劳动时间"，它不能用任何物质性方式来识别和评价，而只能在交换中显现出来。西方其他经济学理论也大都按照这样的理论逻辑，即在交换中显现价格及其量值。价格就是物质产品的非物质质态的衡量方式。

对于物质存在的非物质质态的识别和评价，除了可以通过交换过程来显现和揭示，还可以对并未交换，或实际上难以交换的物质存在的非物质质态进行价格化识别，即用价格尺度识别和评价其"经济价值"。而且，如果以产权关系来模拟，甚至也可以进行交换（因为有价格化的识别和评价量值），例如，自然环境、气候因素（二氧化碳排放量）等。

当然，并非所有的物质存在的非物质形态采用价格或价格化尺度进行识别和评价都有意义，有些非物质形态需要采用价格之外的其他维度进行识别和评价，即采取多维量化的方式进行识别和评价。例如，以价格尺度为主进行识别评价，是会计和会计学的任务；以多维量化方式进行识别评价，是统计和统计学的任务。

另外还有一些物质及非物质质态具有模糊性，无论是物质手段（在一定的技术条件下）还是价格或多维量化方式都难以进行识别评价，即无法采用标准化的指标进行量化识别评价，那么，就只能采用主观识别评价方式，即依靠人的主观识别判断能力，或依靠众人的主观识别判断来进行物质或非物质质态的识别评价，前者如人的面貌识别、性格识别等；后者如专家评价、投票抉择等。随着科学技术进步，对模糊性的物质甚至非物质质态的识别评价，有可能越来越倾向于采用数字化方式来解决，例如，利用大数据技术进行人脸识别。但是，从分类意义上说，模糊性的物质及非物质质态识别评价永远会是一个重要的领域和技术发展及制度安排空间。

按照以上讨论，经济学的范式逻辑首先关注物质存在，特别是其非物质质态。对物质质态可以采用物质性计量、测量工具，以重量、体积、尺度等物质性观察计量单位进行识别评价。如前所述，这些物质质态不是经济学的主要关注对象。就其识别和发现功能而言，经济学主要关注的是，以价格或价格化方式，对物质存在（物品）的非物质质态，即经济价值（交换价值）进行识别评价。这是经济学狭义范式的基本逻辑基础。

经济学的研究对象可以延伸到对非物质存在的识别评价。非物质存在也有其物质质态（物质载体）和非物质质态。对其也可以采用价格、估值、多维量化、包括非价格标准及非标准化的主观判断等方式进行识别评价。识别评价手段也可采用对非物质质态物质载体的计量、会计核算、统计数据、评审投票等工具，而且还可以进行综合性评价，例如，竞争力评价。此外，也可采用竞争性方式进行识别评价，例如组织竞赛、评奖等。凡此种种，可归之于广义的经济学范式所包容的识别评价领域或范围。

更为重要的是，在经济学关注的非物质质态中，实际上主要聚焦于"关系存在"。马克思经济学的研究对象集中于生产关系，所谓"经济基础"，实际上就是基于一定生产力水平的生产关系总和。如前所述，其他经济学理论的基础是价格理论，而价格就是交换关系中所呈现出的非物质质态。在现实中，关系存在的质态主要表现为域态，即一定的空间域、行为域、制度域以及其中的物质或非物质存在所具有的复杂质态。域态的识别方式可以是物质性显示，也可以是非物质性显示，即一定的域态会通过物质性现象和非物质性现象呈现出来，基于对同质性与异质性的识别（形成显示性指标），进行多重分类刻画，从而实现对现实世界的"发现"：通过观察判断、调查统计以及大数据等方式进行识别评价，包括域类特征描述和域际关系刻画，特别是进行域态特色比较（见表1）。

表1　存在体及其质态的识别与评价

识别对象	识别对象的质态	识别方式	主要评价工具	举例
物质存在（经济学的狭义范式）	物质质态 非物质质态 模糊态	物质属性 价格、价格化 多维量化 非标准化	计量、测量、检测 会计、核算 可获得数据 主观性评价	重量、体积、含量 财务或经济评估 统计报表 面貌、性格

续表

识别对象	识别对象的质态	识别方式	主要评价工具	举例
物质存在 非物质存在 （经济学的广义范式）	物质质态（载体） 非物质质态 模糊态	物质性呈现 价格、估值 非价格标准 非标准化	载体计量 会计、核算 可获得数据 主观性评价 综合评价	语言文字记载 财务或经济评估 统计报表 投票、评审 竞争力评价
关系存在 （经济学的拓展范式）	域态（空间域、行为域、制度域等）	物质性呈现 非物质性呈现 多重分域	观察判断 调查统计 大数据分析 主观性评价	域类特征描述 域际关系刻画 特色比较

对关系存在的研究，不仅是经济学的最实质内容，而且是经济学研究最广阔的拓展空间。可惜如下文将要讨论的，由于关系存在涉及群类行为、文化价值、制度规则等复杂因素，被传统主流经济学的抽象化、形式化和数学化而"简化"掉了。所以，反倒没有成为经济学范式承诺的重要关注领域，而被排除于经济学理论体系的主体框架之外。

二、经济学的主流范式与其识别发现逻辑渐行渐远

经济学家们都会承认，现实世界是复杂的。各种经济主体及其行为，既有各自的个性，也有共性，所以，对现实世界的识别和评价，以实现科学发现，必然是要分类的，即具有某种共性的主体或现象，属于某种特定（或具有某些特色的）的类别。因此，如果要反映现实世界，那么，经济学的识别评价逻辑本应是基于分类（域类）的思维方式和范式结构。但是，主流经济学并未走向这样的道路，而是相反，越来越倾向于去分类化假设条件下的抽象评价方式，不仅微观经济学假定企业无分类，即使是研究产业的"产业组织理论"，也是将"同一产业内的企业间关系"作为研究对象，所谓"同一产业内的企业"实际上就是假

定性质相同的企业。总之，在经济学的假设世界中，倾向于追求的是尽可能无分类的经济体运行的理想状态。似乎越抽象，越无差异，关系越"对称"，就越完美。最高的抽象是数学，数学被称为自然科学"皇冠上的宝石"，经济学力图以自然科学为"隐喻"，构建尽可能抽象化的体系，就可以成为"社会科学皇冠上的宝石"。现代经济学产生和发展的年代，自然科学的两个最主要范式是牛顿力学的机械论范式和达尔文的生物进化论范式。这两个理论范式对经济学的发展都有重要影响，但前者的影响更具有决定性。也许是因为，前者的逻辑严密性、可以数学方式表达和推演，以及"均衡"、"优化"、"最大化"等，更具有理性逻辑的完美性（有物理学家认为物理学的根本规律是"美学"，相信"上帝"一定会按照美学原理——例如"对称"——创造世界），所以，导致经济学走向以抽象化、形式化、数学化的逻辑严谨性道路，而越来越远离复杂的现实世界（金碚，2019a）。这样，经济学的范式承诺就使得假设的世界替代了观察的世界（金碚，2019b）。

特别是当西方主流经济学的中心从欧洲转移到美国后，形成了更清晰的微观经济学—宏观经济学的主流范式结构。中国当代经济学体系的形成（其实，中国经济学的体系尚未真正形成）受到美国主流经济学范式的强烈影响，在思维框架上几乎全面接受了美国主流经济学的微观—宏观范式。按照这一学术范式，在微观经济学中，假定微观主体自主决策，所有个体均以自己的利益最大化为行为目标，在如同匀质的物理学绝对空间中，相互作用，即进行自由交易，必然会倾向于达到局部均衡，以至全局性的均衡状态。即使现实世界并非如此，坚持经济学范式结构的经济学家仍然认定（或"证明"）自由竞争和自由贸易的经济体，必然趋向于达到经济理论所假想的均衡。即使发生失衡，也可以通过宏观政策的调控来纠正总体性的偏离均衡现象。

当微观经济学与宏观经济学的范式相遇（相"综合"）时，在理论上可能产生两者是否能实现逻辑自洽的问题，甚至被认为在学术范式上存在深刻矛盾（例如前者坚持货币中性，后者认定货币非中性）。但关于这些问题的讨论和争议并没有对微观—宏观范式形成根本性挑战。至少是在进入经济学殿堂之时，几乎所有人都是以这一主流范式为入门向导的。当微观—宏观范式成为托马斯·库恩所说的"常规科学"后，经济学研究就变得"似乎是强把自然塞进一个由范式提供的已经制成且相当坚实的盒子里。"常规科学"是一项高度累积性的事业。它的目的在于稳定地扩展科学知识的广度和精度"（库恩，2012）。

在微观—宏观范式指引下，经济学逐步扩展其体系，形成了非常庞大的研究领域。从微观经济学生长出产业组织理论，即以同一产业中的企业间关系作为研究对象，假定企业同质、但规模即"市场势力"不同，导致出现垄断现象，妨碍企业间有效竞争，从而损害市场效率，因而需要实行反垄断政策。既然微观经济学范式可以研究同一产业内的企业间关系，那么，自然就要承认存在不同的产业，不同产业之间的关系也就合乎逻辑地进入经济学的视野，一般称为产业结构研究。如果承认不同产业的企业具有（至少是技术上的）异质性，那么，产业的"先进"与"落后"，或不同发展阶段产业结构的差异，以及随着经济发展产业结构的演变就成为需要识别评价的问题。于是，关于产业结构的研究，特别是调节产业结构的产业政策的研究和实施，就成为经济学的重要研究对象，进而形成产业经济学。不过，这实际上在一定程度上离开了经济学的古典范式，即认定企业及产业异质，并且同"发展"相关，还推论出为了实现发展，可以或有必要实行"产业政策"。这使得美国式的经济学微观—宏观范式承诺难以接受。当前，中美之间正进入关于这一范式承诺的争议之中，即"产业政策"是否违背微观—宏观经济学范式承诺所刻画的"公平竞争"原则。

在宏观经济学的范式承诺中，选取各种物质及非物质存在中的"流量"质态，通过"消费"、"投资"行为的交易环节中的可计量单位，即"收入"、"支出"流量的价格加总来识别评价经济整体的宏观质态，即总量均衡状态。显然，在这样的范式承诺中，为便于识别评价和进行计量核算，而抽象掉了"存量"因素，是宏观经济研究的一个风险很高的处理方式。如果某些存量因素严重影响着宏观经济质态，那么，将其忽视就是宏观经济学范式的一个严重缺陷（在分析现实经济状况时，人们也会试图加入一些存量因素，来增强判断的可信性）。总之，宏观经济学采用以流量为主的识别方式，加之其进行分析（建立模型）的假设前提，限制了对实际经济质态的发现能力和风险识别能力，所以，即使是对重大的危机隐患，也缺乏洞察预测能力。

更为重要的是，宏观经济范式承诺以微观经济范式的经济理性范式承诺为基础，即假定所有的人都是理性经济人，认为经济理性是每个人做出经济决策的决定性（甚至唯一）因素，但这一范式承诺的基础是很不牢固的。现实中，以追求自身利益最大化为目标的经济理性，并非人的唯一重要行为动机或"本能"，例如，哈耶克认为，除了追求利益，人还有遵循规则的行为倾向，而无论规则是如何形成的（他认为规则不是人类理性设计构建的，而是自生自发地演化形成的，不仅包括正式制度，而且包括习俗等非正式行为规则）。乔治·阿克洛夫和罗伯特·希勒（2012）的《动物精神——看透全球经济的新思维》一书论证了："经济理论不能仅限于解释对亚当·斯密所描述的理想经济体系的最小偏离，还要解释实际发生且能观察到的偏离。鉴于现实经济离不开动物精神，因此要描述经济的真实运行，就必须考虑动物精神。"他们所说的"动物精神"实际上就是经济决策中的非理性，这种动物精神并非是失误，而是人类本能性的心理特征，即观念和情感的思维模式。微观—宏观经济的主流范式抽象掉了经济理性之外的所有其他因素，必然严重弱化了识别解释客观世界的科学发现能力。相信大多数年轻人在迈入经济学大门之前，都是怀着渴望增强对经济行为和真实现象的识别发现能力的求知愿望的，以为掌握了经济学就能拥有对经济现实质态的识别发现能力。但进入经济学殿堂之后却发现，经济学并不关心现实经济体的质态特征和行为特性，这一切都已经被"假定"了，而凡是同这些预设"假定"不同的行为和现象都被"按学术要求处理"而排除于经济学分析框架之外，从而可以确保经济学形式的纯粹性、精致性和完美性。总之，经济学的发展方向变得越来越不需要致力于识别和发现什么，而是尽力地从假定出发"逻辑严密地"推导出"结论"，也就是通过设定前提、建立模型、输入数据、复杂推演，最终却少有发现，而往往是"证明"了某些符合常识的假说。总之，经济学家虽然大都并不否认真实的人类行为具有理性和非理性的动机或心理倾向，但是在主流经济的范式承诺中，假定了经济理性的决定性作用，而舍弃了难以识别评价的非理性因素。

也可以说，主流经济学范式承诺是一个捷径，试图直接通向最易于（甚至无需）识别评价的抽象世界。进入这个世界，一切非常美好：均衡、最优、充分就业、福利最大化等，存在于一个逻辑自洽的范式承诺体系中。而且，可以用非常精确、没有意涵歧义的数学方式进行定义、推导和刻画。但是，这毕竟是一个假设的世界，它越精致，越"高级"，越具有形式的"科学"性，就离现实越远。它不会有"错误"，是因为人们并不期望在观察、识别和解释现实世界时，运用这种精致的经济学，而只是在学术"殿堂"中展示"才华"和"技巧"。当人们真的需要对现实经济进行观察、识别和解释时，实际上就抛开了这样的精致经济学，而直接面对直观世界。经济学就像是一双价格非常高昂和造型极为精致的鞋，人们走路时并不穿它，因为光着脚跑路，似乎更畅快。精致的经济学更适合于放在学术殿堂中，供人欣赏和品鉴。

三、基于经济学范式的识别评价方式及其面临的挑战

尽管理论经济学高居现实之上，具有一览众山小的高傲，但是，在经济活动中进行各种物质和非物质质态的识别评价却是不可推卸的任务和使命。因而以经济学为基础，形成了各种应用性学科，直至形成管理学体系。这些应用性学科，尽管突破了经济学范式承诺的一些限制，但归根结底还是受经济学范式承诺所规范的。

第一，会计学。它以货币作为最基本的识别评价工具，对经济活动以及经济活动主体企业的质态进行识别评价。迄今为止，会计学在经济活动的识别评价中发挥着最重要的现实功能，如果没有会计学，企业不记账算账，不做财务预算决算，以至对各种存货价值进行盘点核算，经济活动就难以正常进行，更不用说是取得好绩效和高收益了。不过，会计学无法识别评价难以用货币尺度进行计量的物质和非物质质态。企业的行为，除非反映到货币收支上，通常无法在会计报表中反映。特别是，基于经济学范式，会计方法以所实现的"效益"即"利润"作为评价准则。如果当期有效益，利润高，就认为企业质态"好"；如果收益少，发生亏损，就认为企业质态"不好"。问题是，如果以效益和利润为准则，企业当期的质态不好，但未来的质态（可能）较好，那么，按会计准则如何对企业质态进行识别评价呢？如果可以考虑"未来"，那么，是多长期的"未来"，即观察和评价的眼界应多长远呢？也许可以采用将未来效益"折现"的方式来进行核算，但如果眼界期限久远，甚至根本没有确定期限，例如，向火星发射飞船，会计学还能进行常规的识别评价核算吗？在科学技术飞速发展的时代，科学技术的能量难以估量，因此，传统的以当期或可预见时期的收益和利润来识别评价企业质态的方法，恐怕已经遇到很大挑战。特别是在存在很发达的资本市场的条件下，人们可以不再仅仅关注企业收益和利润，而是更关注企业本身的"估值"。只要企业"估值"提高，即使亏损也不算是企业质态不良。面对这样的现实，会计学面临挑战。对企业及其经济活动的质态识别评价，必须超越仅仅以货币为尺度的会计学。

第二，统计学。它是会计学的有力搭档。运用统计学方法可以进行多维度的

数量化识别评价，并不局限于货币尺度，而是可以采用多种计量单位从各个方面来测度各种存在体及其质态表现，并且以数量显示的方式来进行识别评价。统计学如果能得到信息化高度发展后的大数据技术支持，则可以发挥更加有效的识别评价功能。大数据技术不仅可以使物质质态识别得以极大发展（例如，进行人脸识别），而且可以极大提高对非物质质态进行识别与评价的技术手段的有效性。但是，统计学所支持的各种统计方法都会面临一个挑战：对于那些无法准确量化的对象特别是非物质质态因素，如何使其真实质态显示出来？即如何设计显示性指标来识别评价那些本质上难以准确量化的对象质态。正如康德所说，不可认识的"自在之物"只有通过对其"现象"的识别（实际上是人的感官对"现象"刺激的反映）来获得间接的识别评价。统计学方法面临的另一个现实挑战是，人们需要识别评价的对象及其质态，特别是非物质质态，大都不可能由单一数字（指标数）来反映，通常需要用多种数据来识别评价物质质态特别是非物质质态的状况，那么，多种数字（指标数）如何合成才能得到有意义的和清晰的识别评价结论？这就是多维度的量化识别评价常常面临的挑战。尤其是，在以统计数据和方法来识别评价高度复杂的存在体及其内在的非物质质态时，仅仅从技术上就很难避免数字（统计指标）选择的任意性，因而，即使是采用最高级的统计技术手段和分析方法所获得的结果数字，也难以避免人们对其识别评价结论的可信度的怀疑。正如马歇尔（1986）所说："最严重的错误莫过于统计的错误，""一个不谨慎的、带有偏见的人，常常由于挑选和编制数据的方法不当而得出错误的结论，尽管他所依据的统计报告本身是正确的。"

第三，对于企业竞争力的分析和评价，就是一个典型的多维度识别评价问题。市场经济的活力在于竞争性，具有竞争力的主体在竞争中发展，缺乏竞争力的主体在竞争中被淘汰，使得市场经济成为促进发展最有效的制度机制。那么，什么是竞争力，如何识别评价竞争力，就成为极为重要的问题。"企业竞争力的基本特点是具有内在性（即使是外部关系或环境对企业竞争力的影响，也是通过企业内在的因素而发生作用的）和综合性，对企业竞争力进行评价，就是要使其内在性尽可能显现出来，成为可感知的属性，同时，要对其综合性进行分析和分解，并且尽可能地指标化，使之成为可计量的统计数值。"但也得承认，"企业竞争力评价在使内在因素显现化和指标化的过程中不可避免地会损失部分信息，一些内在因素可能是难以显现化和指标化的，而且，企业未来的生存和发展不仅受必然性的决定而且也受偶然性的影响，企业竞争力可能不是决定企业命运的唯一因素。因此，对企业竞争力的评价必然含有一定程度的不精确性和或然性。我们的工作目标只能是尽可能地接近客观真实，揭示其内在的属性，但不可能十分精确地断定企业竞争力的量值，更不可能以精确的量值来断定具体企业的命运，就像对人体健康程度的评价不能精确地断定具体个人的寿命一样。"（金碚等，2003）。除了识别评价企业竞争力之外，人们还试图识别产业竞争力、城市竞争力、地区竞争力，甚至国家竞争力，这就对如何运用统计学和统计方法来获得和处理数据提出了更大挑战。

第四，货币金融学。其理论逻辑的底基也是遵循经济学的微观—宏观范式承诺的，而且，其分析方法的抽象性更强，更依赖于数学方法和数字运用。可以说，无数字不货币，无数字不金融。数字是货币金融须臾不可或缺的识别评价工具。那么，货币金融运行所依赖的数字化识别评价方法和工具能够胜任吗？对这个问题的回答正变得越来越难以把握。例如，金融活动最重要的一个需要识别评估的对象质态是"风险"。对于各类企业和不同个人，如何识别和评价其信用状况和风险承受能力，金融机构如果提供贷款，是否超出了其信用和风险承受条件？如果采用大数据技术，尽最大可能获得事无巨细的数据，能否提高对信用和风险承受能力的识别评价水平？而且，对企业特别是个人数据的获取和使用，即使技术上可以做到，法律上是否应有规制，以免超过一定限度而产生严重的风险和越出道德界限？

第五，管理学。在企业管理中，基于经济学范式的制度和方法比比皆是，但经济学实际上很难提供适用于各类企业的经济管理方法，因为解决具体管理问题的方式是否有效，取决于对企业现实质态的识别评价，即只有能够识别企业的具体情况，才能决定采用何种管理对策和制度安排。所以，越接近企业管理的实践层面，管理方式就越具有个性，因而越是"管理无定式"，即根本没有放之四海而皆准的管理方式，基于经济学主流范式的分析方法难有用武之地。所以，在管理学研究中，案例研究成为重要方法之一。也就是说，对于管理对象质态的识别评价，只可能是"具体问题具体分析"和"具体事情具体解决"。这样，计量化的识别评价方法的适用性显著降低，所以，有人主张管理学应采用"质性"研究为主的方法，即不过多依赖计量数据，而更注重对对象质态的直接判断。

我们看到，尽管情况复杂，但关于对各类对象及其被关注质态的识别和评价的主要倾向，还是尽可能数量化，最好是能够用货币尺度进行量化识别评价。如果无法使用货币，就尽可能采用具有直接显示性的数字指标，求其次是选取具有间接显示性的数字指标，再求其次则是寻找具有相关性的替代指标。这种思维逻辑不断向经济之外的各个领域延伸，特别是随着大数据技术的发展，人们对各种物质和非物质质态的识别和评价，信心越来越高，似乎只要设计好指标体系，无事不可评价。因而，各种评审、评估、排名、评奖等层出不穷。不过，认真研究可以发现，就像上述管理学领域的质性研究所提示的那样，识别评价的计量化往往是以损失质量识别为代价的，计量化意味着抽象化，抽象意味着排除了一些因素，抽象度越高，排除的因素就越多，直至仅剩下了"数值"。数值可以比较，但意义是否有价值，往往值得怀疑。特别是如前所述，大多数数量化识别评价方法，都有意无意地遵循了经济学的微观—宏观范式承诺，即将被识别对象想象为类似"原子"状的个体（原子内部则是不需识别或无法识别的"黑箱"），抽取若干可量化的现象，进行指标设计和统计处理。例如，在识别评价"国家经济规模"时，仅仅选取了"收入""支出"的流量数据，加总计算后的 GDP 数字就成了整个国家"经济规模"的显示性指标。再如，在识别评价"科技水平"时，采用"学术论文数量""发明专利数量""获奖数量""高等教育人数"等指标，数量越大就代表科技水平越高。又如，在识别评价"企业实力"时，采用"销售收入"显示其规模，规模大就代表强，因而可以作出世界"500 强"、"TOP100"等的排名。其实，上述各种评价的意义是十分有限的，可以反映一些情况，显示一些局部质态，但不足以识别事物的关键质态，而关键质态才真正决定了事物的本质质态。

综上所述，对各类事物及其质态进行识别评价，如果基于传统主流经济学范式承诺，那么，将各类事物及其多种质态抽象为以人的经济理性行为假定为前提的量化数值，综合为各种"指数"，进行数量比较，就成为最基本的思维方式，具有强烈的工具主义倾向。识别评价的"理性"原则就是："以数字说话"，就如同经济学识别评价的"以价格说话"。这样的方法有其合理性和可行性（便利性），化繁为简，即将复杂现实简化为抽象图景。以抽象图景中可计量显示的表象"断面"数据，作为识别评价非物质质态的单位尺度工具，就如同是在地图上进行对地理质态的识别评价。

问题在于，经济学范式承诺很大程度上采用的是物理学（机械论）的隐喻，即将经济活动想象为原子型的（内部结构相同的）物质主体在匀质空间中的运动。空间如同空盒子，物质主体在空间中的任何位置，其运动方式和相互着力关系均相同。但事实上，在特定历史过程中生成的制度条件和文化习俗中，由不同行为特征的人群所构成的经济空间，并不是一个如空盒子般的无差异匀质空间，而是具有强烈而稳固的域态差异。在现实中，经济活动空间是差异化的域态空间，即经济体是受到文化价值和制度形态深刻影响的域类存在体，任何现实经济现象都是域观现象，经济学抽象体系中的经济理性，在现实经济中都会具有内在的域观基因密码。赤裸裸的纯粹经济理性和经济动机实际上是不现实的。

面对这样的现实，经济学的识别评价机理必须遵循域观范式承诺。

四、域观范式的域类质态识别逻辑

对一个事物的判断评价，首先要识别其主要质态，尤其是关键质态。由于经济学所要识别的主要是非物质质态，并以微观—宏观范式承诺和货币尺度进行评价，所以，往往是在未有效识别的条件下就进行抽象的评价，而将对象事物的几乎所有重要和关键质态都在"假定其他条件不变"的抽象图景中进行描述。所以，在微观—宏观范式承诺中，所谓"经济体"都是抽象的，微观经济体是如同"原子"般的利益最大化"黑箱"；宏观经济体则是由微观经济主体在其中发生自主交易活动的匀质性空间（称为"市场"）中的微观经济体之集合。

如前所述，识别对象无论是物质存在还是非物质存在，经济学都主要致力于对其非物质质态（及域态）的识别和评价，而不是物质质态识别（那是自然科学的任务）。所以，在微观范式承诺中，识别对象具有同质性（假定行为目标相同），而宏观范式承诺就是微观经济同质体的集合总体。在这样的范式承诺中，识别的哲学意义是共性假定下的纯抽象评价（价格就是抽象的非物质质态评价指标）。但如果承认识别对象的性质是完全异质性的，对其质态的识别完全是个体性的，即完全个性假定下的纯具象评价，这在经济学和管理学中就采用的是直观描述或案例分析的方法。因此，我们可以看到，经济学家们在研究现实经济时，如果脱离微观—宏观范式承诺，就只能采用"调查研究"的直观描述方法；而管理学研究则更倾向于案例分析方法。此时，对个性的具象质态识别比对共性的抽象性识别更重要（当然也需要进行基于个性—共性质态的比较分析）。

在真实世界中，需要对上述完全同质或完全异质的对象进行识别评价的情况并不多见，即使有这样的情况，其识别评价的意义也不很大，因为既然完全同质或完全异质，就没有比较的必要，前者最多是需要进行抽象的数字化计量，后者则是根本没有比较维度（量纲）。经济学面对的现实研究对象，其实都是既有共性也有个性的"复杂体"，因而可以对识别对象进行分类，即形成分域集合的各种"域类"，这样的识别评价才具有现实性意义，即承认和反映了识别对象的共性及个性所具有的现实质态，这可以称为"域态"识别与评价分析。为此，笔者主张，经济学的微观—宏观范式承诺应变革或拓展为微观—宏观—域观的范式承诺（见表2）。

表2　经济学的范式基础

识别对象的性质	个体及其集合	识别的哲学意义	经济学范式
同质体	抽象个体（总体集合）	纯抽象（共性假定）	微观—宏观
异质体	差异个体（非集合）	纯具象（完全个性）	案例—直观描述
复杂体	域类个体（分域集合）	现实性（共性个性）	微观—宏观—域观

资料来源：笔者整理。

进一步的深入研究可以发现，经济学所面对的识别评价问题，大多数属于关于"关系存在"的经济学识别评价。如前所述，关系存在的非物质质态是经济学所真正要着力识别和评价的对象。关系存在属于上文所说的复杂体的集合。按马克思理论的定义，经济学的研究对象是基于生产力（决定）的生产关系，其集合称为"经济基础"。因此，经济学的观察视角和现实解释力主要体现在对"关系存在"的识别与评价上。从本质上说，经济学所最擅长的价格识别与评价也都基于关系存在，特别是交换关系，这成为经济学须臾不可脱离的识别评价功能基础。如果没有交换关系（特别是买卖、收入、支出），经济学就几乎没有任何识别和评价能力，甚至可以说，如果那样的话，经济学本身也没有意义，无以存在。对关系存在的非物质质态的识别和评价是对现实世界的认识逼近。

就经济学的观察对象而言，关系存在的质态主要有三种：域内关系（及域类质态）、域际关系（异域交互）和域中之域（多层域类）。在现实中，经济体和经济现象都具有域观性，都是域观主体（存在于特定的域境中，具有该域类的行为特征），而不会有抽象的微观主体。所以，各个经济体的内部都存在具有"特色"的经济关系，决定或影响该域类的质态。例如，在企业群体中，存在"私有企业"和"国有企业"等不同的域类，每个域类都有其行为规则和文化价值的域类质态。再如，各个国家以至各区域，由于各自历史文化特质和行为规则（习俗）特性，其经济主体和经济现象均具有显著的域类质态，表现为极具特色的经济关系和经济行为倾向。因此，不同国家或区域的经济运行和发展必然表现出各有特色的域观质态。我们可以看到，中国东、中、西的域观差异以及南、北差异，是由深刻的文化价值和行为规则（习俗等）的域观质态所决定的，同样的正式制度安排和政策安排，在不同的地区会有相当不同的结果表现，域观基因密码在其中发挥着重要而深刻的影响，更不用说国家之间域观质态的巨大差异性了。

既然经济体是分域类而存在的，而且各域类的质态是有差异的，那么，必然会发生域类之间的复杂关系，即不同域类之间的交互行为和现象。例如，国有企业同私有企业之间的交互行为和现象；不同区域间的交互行为和现象。如果把国家也视为不同的域类，那么，国际经济关系也具有深刻的域际关系性质。例如，美国是一个低储蓄国家，中国是高储蓄国家，这不是由"经济理性"所决定或所能解释的，而是文化价值和制度形态差异所导致的两国经济间的域观质态差异，所以，中国与美国之间的经济关系必然具有深刻的域类差异，两国间的域际关系将表现出极为复杂的现象。中美之间的密切关系不仅基于一定的共性，而且基于相当大的差异性。这样的域际关系绝非仅仅基于微观—宏观范式承诺的经济学所能充分解释。

现实经济中域观关系的复杂性，不仅表现为界限较分明的不同域类及其相互关系，而且表现为域观现象的多层性，即域类的划分是多层次的，大域之中有小域，域中有域的复杂结构导致经济行为和经济现象的高度复杂关系。各类经济体，按不同的域类划分标准，形成重重叠叠的域观世界，利益关系、观念文化及行为规则（习俗），纷繁复杂。不同的域类，不仅经济理性嵌入文化观念和制度规则中，而且理性、文化和制度因素间的相依关系使得经济体的域观现象深度交织，浑然一体。总之，现实的世界是域观的世界，域态化客体是经济体的基本存在状态。

在上述情形之下，经济学如何识别各经济域类（可以称为"商域"）及其质态呢？一个较可行的方式是，可以将各种复杂因素归为理性、文化、制度三个方面，即从经济理性、文化价值和制度质态的三个维度对经济域态进行识别和评价（金碚，2018b）。

关于域内关系及域类质态的识别评价。首先，从经济理性角度观察，主要看其域内的交易活动是否通畅，交易活动是否密切，经济密度大，表明经济发达，可以从这一角度评价其经济发展水平。其次，从文化价值角度观察，主要看其域内人群的观念意识及行为倾向有何重要特征，某种观念意识突出，行为倾向显著，直接影响着经济关系和经济运行，据此可以识别评价这一域类的质态特征，有助于解释经济现象的内在原因。例如，各域类中，信用意识、风险倾向、处事行为等，都会有其特征，深刻影响着经济发展进程及表现。最后，从制度形态角度观察，主要看域内各种制度规则的生成及治理体系的主要特色，即使是相同的正式制度，在各域内外各种因素影响下，其实际程式及变通性也会具有显著特点，而且域内经济体的行为还受到各种非正式制度，包括习俗性规则的影响，所以，各经济域类的制度质态均具特色，对经济发展及关系现象产生重要影响。如果能从上述三个维度对各域类质态进行刻画，就可以识别评价出经济活动空间中各具质态特色的域观主体。

关于域际关系及具有显著不同质态的域类体之间交互行为状态（异域交互）的识别评价。首先，从经济理性角度观察，主要看相关域类之间的联通性、协同性和竞争性；联通性强，协同性密切，竞争秩序规范，域际关系就顺畅，对经济发展和经济合作更有利。其次，从文化价值角度观察，主要看相关域类间的文化差异、观念通融和互鉴关系的质态；各域类都有其文化价值特色，行为的目标优先顺序不尽相同，在发生域际关系时，能否实现文化融通互鉴，是影响经济发展的一个重要因素，对于识别评价域际关系质态具有重要意义。最后，从制度形态角度观察，主要看相关域类间的制度及政策安排以及非正式制度间的衔接、协调，以及不同域类体的共治关系质态。制度因素显然对域际关系有重要影响，对于域际关系的协调和改善，制度及政策安排是最重要的手段，所以，观察域际关系中的制度质态，对于域态识别评价具有重要意义。

关于域中之域即多层域类体的识别评价。首先，从经济理性角度，主要看复杂域类的一体化质态及其趋向；域中之域即多层域类体实际上是域内关系和域际关系的复合关系体，对这种复合关系体的质态识别评价，主要看域态差异的趋同性或分化性及其对经济发展及各方面表现的影响。其次，从文化价值角度观察，主要看域中有域的复合关系体内，具有差异性的文化观念演进及域类价值认同的状态及变化趋势。例如，城市经济就是一个典型的复合性多层域类体，城市及城市群是"文化大熔炉"，形成具有域观特色的城市文化质态，是经济发展过程中的一个重要现象，因此，进行文化价值域态的观察对识别评价复合域类体的质态具有重要意义。最后，从制度质态角度观察，主要看域中有域的复合关系体的制度即政策安排的包容性，以及能否形成共同体质态。域观范式承诺承认经济体及经济活动空间的差异性和非匀质性，但不否认经济发展演化也具有形成利益共同体以至命运共同体的趋向，域中之域、复合性多层域类的生成、演化，是人类经济活动的重要域观现象，对其质态的识别评价，也体现了关系存在的非物质质态是经济学最重要的识别对象，这一经济科学识别评价逻辑的最重要学术特征见表3。

表3 关系存在的质态识别与评价

关系存在的质态	经济理性维度	文化价值维度	制度形态维度
域内关系	交易通畅	观念意识、行为倾向	规则生成、治理体系
域际关系	互通、协同、竞争	差异、通融、互鉴	衔接、协调、共治
域中之域	一体化	文化演进、价值认同	包容性、共同体

如果要找一个最典型的案例来讨论微观—宏观范式与域观范式哪一个更契合现实，没有比观察欧洲更合适了。欧洲是现代市场经济的发源地，历史最为悠久，自由竞争的市场经济关系最为发达、成熟。如果按照微观—宏观范式，她理应成为高度匀质化的市场经济体系和完全融为一体的自由经济世界。也就是说，无论是从个体理性还是集体理性来看，欧洲经济完全融合都是"最优"的。欧洲人也确实一直在向这个方向努力，从"欧洲煤钢联合体"、"共同市场"，到"欧洲联盟"和欧元货币体系，甚至期望有朝一日建立完全融合的"欧洲合众国"。这能够实现吗？对世界大势具有高度洞察力的新加坡已故总统李光耀说："可惜，所有的迹象都指向欧洲不可能完全融合。"因为，欧洲内部文化差异很大，"每个国家的个性和特征都是经过几个世纪才形成的"（李光耀，2018）。按本文的分析思路就是：欧洲的现实和未来是，不可能成为微观—宏观范式所想象的世界，而只会发展为高度发达的域观世界。域内、域际和域中有域的复杂质态，是欧洲永远不可消除的域观特征。这是无人可以改变的事实！

尤其值得重视的是，当今世界正在面临百年未有之大变局。过去遵循微观—宏观范式，将市场经济想象为原子般的微观主体在如同空盒子般的匀质空间中相互作用，实现效率，形成均衡，还具有一定的可信性。在新的时代，一方面，经济主体（企业）的形态已经高度非原子化，出现了越来越多的集团型、网络型、平台型、中介型、关系型、跨域型企业，而且诸多企业形成跨国产业链及供应链，经济体质态呈高度差异化；另一方面，数字产业、信息技术产业、人工智能等新兴产业、高技术产业将呈爆发式发展态势，经济主体形态和运行方式形态越来越具有极大的域况情境特殊性（即域观特征）和独特域际关系，它们的长足发展所形成的经济（市场）空间是非匀质的和高度域态化的，其体制机制均有很大的域观特征，绝非传统的微观—宏观经济学范式所能刻画和驾驭的。因此，经济学必须与时俱进，增强对复杂经济质态的发现能力，以域观范式思维来把握新时代的新现象，发现新规律。

基于上述域观范式承诺的思维框架，在对经济体及其主要行为特征进行有效识别的前提下，经济学就可以更好地发挥其分析评价功能，增强其对现实经济的解释力。据此才能提出应对和解决现实问题的主张和方案。可以说，经济学发现能力和解释能力的限度取决于对各域类的域观特征以及域际关系的识别评价能力。换句话说，经济学如果要提高其现实解释力，首先要进行域观特征的识别和刻画，即必须在经济学的识别评价体系中引入域观因素。这样，有些过去因被认为属于非经济性因素而排除于经济学分析体系之外的重要甚至关键的因素，就要在新的经济学识别评价体系中占有重要位置。如何使域观因素同经济学中的原有因素在新的范式架构和识别评价体系中实现逻辑自洽，是经济学实现范式变革的一项艰难任务。

五、识别评价功能的学科分工与协同

当我们将经济学的范式承诺从微观经济视角向其他更宽视野拓展，即引入域观视角，实际上就是从逻辑抽象端向具象方面的移动，在范式承诺中加入新因素，来更贴近现实地进行观察和视景描述。从浑然一体的现实中，抽取一些物质和非物质质态，作为识别评价功能的鉴别对象。这样，被识别对象就可以进行分类，从不同角度观察，可以得到不同的认识图像。而差别很大的观察视角，形成不同学科的学术范式，学科之间相互分工，经济学是其中的一个学科门类。而且，经济学本身还可以分成不同的分支学科，从不同视角观察和识别评价经济体和经济现象的多种质态。

那么，作为一个学科，经济学本身的识别评价边界是什么？如果将许多属于其他学科的因素引入经济学，那还叫"经济学"吗？经济学确有这样的学科拓展倾向，即引入其他学科的因素，或进入其他学科的领域，以增强对研究对象的质态识别评价能力，例如，社会经济学（引入社会学因素）、行为经济学（引入心理学因素）、环境经济学（引入环境科学因素）、区域经济学（引入地理学因素），等等。学科之间的交叉、跨学科研究、多学科协同等突破学科边界研究方式，以及相互交叉形成新学科，或边缘学科，本来就是科学研究和学科建设的常态，原有学科产生新的分支学科，学科体现不断演化，是人类对现实世界的物质和非物质质态进行越来越深入的识别和评价的重要表现。

　　经济学进行识别评价，尽管有不同的方式，但主要倾向是最大限度地以"理性"尤其是"经济理性"作为识别评价的主要维度。经济学家尽管承认人的非理性，但在经济学范式承诺中，理性逻辑总是其主干。当涉及文化价值和制度因素时，经济学实际上仍然力图将其纳入理性逻辑体系，即使研究"非理性"行为，仍然试图识别"非理性的理性"，或"理性的非理性"，在学术表达上仍然是相当理性化的，而且还可以形式化和数学化。可以说，经济学家们在增强经济学的现实解释力上做了各个方向上的努力，探寻其中的主干逻辑一直是主要取向。这实际上是关于经济学"抽象度"的把握。但是，关于什么因素（现象）可以进入经济学殿堂（纳入经济学），什么因素（现象）必须关在经济学大门之外（抽象掉），经济学家们并无一致意见。笔者曾引用过美国经济学家布莱恩·阿瑟的评论，他强烈地认为，主流经济学发展至今，"一方面，经济学的'门户'得到了清理，以前已经被接受为'经济学理论'的大量松散的、草率的论断被排除掉了；另一方面，人们对市场和资本主义制度的内在优势更加尊重，理解也更加透彻了。但是，这种努力也导致了思想的僵化，还导致了一种貌似正义、实为党同伐异的判断准则。某些东西可以被承认为经济学理论，而另一些东西则不被允许，最终的结果是经济学成了一个无法接纳其他思想的封闭体系。由此进一步导致了政治、权力、阶级、社会、根本的不确定性、创造生成和发展对经济的影响，全都被'关在了经济学殿堂的门外'。最终结果则事与愿违，这个研究纲领，至少它的超理性版本，已经失败了。"他认为，经济体和经济现象是高度复杂的，只有以新的思维才能认识即识别和评价经济体和经济现象的真实质态和情势（布莱恩·阿瑟，2018）。问题是，如果让各种复杂因素都进入经济学大门，使经济学殿堂中包罗万象，那还应该叫作"经济学"吗？

与此密切相关的一个问题是，由于经济现实的复杂性，特别是人性和人的行为的复杂性，一些经济学家认为，经济学的识别评价功能和表达形式都不应该使用数学和依赖量化方法，他们认为，如果广泛使用数学和计量就会脱离现实。但是，如前所述，当前的主要倾向是，经济学越来越多地使用数学方法，向着"第二数学"的方向发展，认为只有计量化，才是科学的。许多经济学家认为，这样才能最好地体现经济学的理性特征和具有高度逻辑严密性的学科优势。其实，从最根本意义上说，经济学所要识别评价的对象原本是不可计量的非物质质态，即"效用"，"效用最大化"目标是经济学的根本性伦理原则。也就是说，经济学的底层逻辑是基于对不可计量之非物质质态的关注的。马克思最早深刻认识到这一点，因而以商品二重性和劳动二重性来进行理论刻画。他知道，人们进行经济活动，当然最终是为了获得和消费（享用）商品的使用价值，即商品归根结底是为了满足人的吃、穿、用等物质需要的。但是，经济学的识别评价功能则体现在对价值（交换价值）的质态及量值的揭示上，而商品价值无法直接计量，只能通过交换过程来呈现其由"社会平均劳动时间"所决定的价值量，这显然是一个理论抽象，而不是一个量值的真正计量问题。虽然如此，马克思也并不反对经济学运用数学方法，他本人也做了这方面的很大努力，尽管他认为政治经济学的研究对象不是物，而是物质生产过程中人与人的关系，即生产关系。很显然，生产关系是难以用数学方法和计量数据来刻画和研究的（当然不排除将其作为辅助性工具来使用）。

总之，现代经济学研究倾向于大量使用数学方法，经济研究论文大都采用"建模"、"推演"、"检验"等数理方法，力图体现其识别评价功能的严谨性和精致性以及表达方式的科学形式。尽管严谨精致未必有效，但大量的论文毕竟积累了许多学术成果和文化遗产，而且可以有思想的启发性。那么，如果将经济学范式拓展为微观—宏观—域观，是否要求其必须继承经济学的数量化传统？或者更明确地说，是否只有能够保持经济学分析的数量化形式，保持学术体系的逻辑严谨性，引入域观范式承诺才是可接受的呢？如果无法计量，怎么能体现经济学识别评价能力的提高？

其实，经济学已经发展为一个庞大的学科门类和学术体系，在中国的学科分类中，将理论经济学与应用经济学分列为两大一级学科。这可以表明，经济学的研究对象和研究方法都不是单纯的，而是具有相当的模糊性，其学科（包括各分支学科）界限并非截然分明，而且还可以进一步向其他学科领域拓展延伸，特别是可以成为管理学的重要学术来源之一。经济学对各学科领域的"侵入性"是强有力的（有人戏称为"经济学帝国主义"），因此，经济学已经不是一个单元性学科，其内涵的模糊和外延的扩展已经使其成为一个"域中有域"的学科大家族。所以，经济学的范式变革可以从这个巨大学科家族的多方面出发，它不是一个纯粹逻辑推演的演绎过程，而可能具有生长演化性，即从形成理论框架，到逐步拓展完善，再向精致性和丰富性发展，不断增强识别评价功能，使认识越来越逼近真实，提高对现实经济的解释力。如果这样理解，就不必为了"什么算（或不算）经济学"、"是否超越了经济学范围"、"什么是属于其他学科研究对象"等问题而纠结。如果能够实现相关学科的协同，以增强对现实社会的解释力，也未尝不是有意义的事情。

以城市研究为例，城市可以是不同学科的研究对象。经济学可以研究，社会学等其他学科也可以研究。有社会学学者总结，关于城市的社会学研究有三种主导范式：全球城市理论、新自由主义和后殖民主义。第一个范式认为一个城市融入世界经济的方式和强度，以及其劳动力在国际分工中的角色，在很大程度上塑造了其内部的社会空间关系。新自由主义是20世纪70年代以来一系列放松国家经济规制的改革和寻求通过国家干预来放大市场作用的政策取向。后殖民主义聚焦当地历史、制度和国家—社会关系，对过度简化的新自由主义理论进行本土化，专注地方特殊性（任雪飞，2019）。很显然，城市研究的社会学范式，借鉴了经济学范式和研究成果，而社会学的城市研究同经济学研究可以相互借鉴，相得益彰，更好地发挥多学科协同研究的更强识别评价功能。

其实，世界的本质具有连续性，间断性是相对的。如果在本无边界的世界人为地划分界限，实际上就是对现实世界的曲解，无助于对现实的观察和解释。所以，经济学范式承诺的变革，即在微观—宏观范式结构中，引入域观范式承诺，是为了突破传统经济学范式的封闭性和狭隘性，使经济学能够包容更多的重要因素，增强对现实世界的识别评价功能，提高其现实解释力。

也许有读者会说，虽然经济学有微观—宏观的抽象理论范式，但人们在观察和分析现实经济现象时，其实并未受这一理论范式的限制，而总是具体现象具体描述，具体问题具体分析，发现什么就研究什么，未必会忽视现实经济中那些未涵盖于微观—宏观理论范式中的因素，也不会受经济学理论范式的约束。情况确实如此，但这也正是经济学家们的一个很尴尬的问题。如前文所述，如果我们把经济学范式比喻为鞋子，观察和解释现实经济比喻为走路，那么，经济学家的处境往往是：当在经济学殿堂中研究经济学的假设世界时，可以穿上那双完美的鞋。也就是说，当鞋没有用于走路时，似乎挺完美，很精致高贵。但是，当经济学家走出经济学殿堂，迈向广阔复杂的现实天地时，则发现道路很不平坦，那双鞋虽然完美精致，但是走路时非常不合脚。削足适履当然不是办法，那就只得脱掉鞋子，光脚走路。光脚当然也可以走路，观察分析现实经济也可以不要经济学的那个微观—宏观理论范式，那么，对于识别评价现实经济，解决实际问题，经济学家和非经济学家有何不同呢？经济学家们的学术素养，在识别评价经济现实和解决实际问题上，有什么知识优势或高明方法呢？如果经济学只是为了用于纸上谈兵，甚至是在经济学殿堂中自娱自乐，而并不用于识别评价现实和解决实际问题，那么，经济学的价值和意义显然就大打折扣了。形象地说，经济学的范式变革就像是要给行路者做一双更合脚和好走路的鞋，即给经济学家观察和解释现实经济提供一个能够更有效发挥经济学的识别评价功能的思维模式。

经济学的范式变革是非常必要的。在识别评价现实经济时，仍然可以运用微观—宏观范式的理性分析方法以及以此为基础的数学方法即计量技术。同时，也可以遵循域观范式承诺的思维方式，观察和发现具体域类经济体的主要质态特征，将其植入经济学分析的整体框架中；不是仅仅将经济活动视为"微观"主体之间的关系，以及某些可计量质态的加总量的表现，更是将经济活动和经济现象视为"域观"现象和"域际"关系，这就可以大大增强经济学的现实解释力。再以中美经济关系为例，如果按照微观—宏观范式承诺，那么，自由贸易和经济全球化意味着各国微观主体（企业）的同质化和各国市场及政府经济职能的趋同化。事实证明，那是一个关于自由市场经济的想象图景，没有现实性和可行性。而如果按照微观—宏观—域观范式承诺，自由贸易和经济全球化并不意味着微观主体（企业）的同质化和各国市场及政府职能的完全趋同化，而是承认各国的"域观"特征，包括市场及政府经济职能的"特色"，在域观世界中构建良好域际关系，使自由贸易和经济全球化在互联互通的域观世界中顺畅实现。而如果一味追求想象中的微观—宏观范式图景，实际上不仅难以实现，而且，强加于人的同质化要求可能导致矛盾和冲突。其实，按照微观—宏观范式所设想的企业—政府关系分析框架，也非适应于所有国家，例如，中国经济的一个最重要域观特征就是中国共产党的存在及其领导作用，在观察、识别和评价中国经济的质态时，如果忽视或"简化"掉这一域观特征，是完全不可取的（金碚，2019c）。

再如，高质量发展是目前特别受到关注的一个重大问题。对经济发展质量识别评价是对现有经济学范式承诺的一个挑战。过去，对于高速度增长，基于传统范式形成了一套核算评价指标，主要使用 GDP 这一指标，只要在理论上做一系列假定，GDP 及其增长率可以较可信地识别和评价经济增长状况。现在，对于高质量发展，无法使用单一指标来进行识别评价，必须从多维视角观察，采用多元指标体系才能反映发展质量的实际状况。笔者曾经研究了关于发展质量的识别评价方法，论证了："尽管经济发展质量具有非常丰富的因素，多维性是其基本特征，而且，随着发展水平的提高，发展质量的含义也必将不断变化，因为作为发展质量根本性质的人对美好生活的需要是不断增长的和变化的，但在理论上，我们还是可以对现阶段的发展质量评价因素进行量化归纳和指标体系构建，作为衡量发展质量的评价工具。"（金碚，2018a）。为此，在关于经济行为和发展动能、关于工具理性与价值目标、关于经济主体及主体需要、关于结构性和精准性的方法论、基于新发展理念的策略法则等诸多方面都要有新思维（金碚，2018c），即要以经济学新的范式承诺作为高质量发展的识别评价的方法论基础，而且需要有多学科的协同，来更好地识别评价高质量发展的各种质态表现。

美国经济学家罗纳德·H. 科斯在评价经济学与社会科学其他学科的特点时说："经济学所拥有的巨大优势在于经济学家能够使用'货币测量标杆'，它使经济分析精确化。因为在经济体系中，凡是能用货币来衡量的东西都是人类行为的重要决策变量，这使经济分析极具解释力。而且关于价格和收入的数据通常比较容易获得，这使我们可以对经济假设进行检验。"（科斯，2014）。但也正是经济学的这个优势，使得一旦面临难以用货币来测量的社会现象，或难以用货币来进行衡量的因素成为行为决策的重要变量时，经济学就失去了其优势，除非进行范式变革和体系创新，或者同社会科学的其他学科协同，进行跨学科研究。

六、域观识别的学术意义和社会意义

经济学遵循微观—宏观—域观范式进行识别评价的理论思维和分析方法的拓展，可以开阔经济学的眼界，为经济学的学术研究开辟更大的"蓝海"。面对纷繁复杂的现实经济，如果经济学的思维仍然局限于微观—宏观的传统范式，要么使经济学囿于范式承诺而脱离现实，要么观察研究现实时只能脱离经济学方法而

"具体问题具体分析"，总之，运用经济学方法与把脉现实，似乎难以两全。因而，具有高深经济学知识和娴熟掌握经济学"建模"推导方法的经济学家，未必能比其他人更具解释现实和分析判断的优势。其重要原因就是，传统经济学的微观—宏观范式，实际上"简化"掉了对现实世界的特征识别问题，即以假定替代了识别。而武断地视简化的假定为"公理"，其实是回避了对真实世界丰富现象的识别难题。这样，如美国经济学家罗纳德·H. 科斯所说："经济学家所研究的是一个存在于他们心目中的而不是现实中的经济体系，企业和市场似乎都有名无实"（科斯，2014）。

如果在经济学中引入域观范式识别评价的理论思维和分析方法，就可以克服传统范式的"假设的世界"的经济理论与"观察的世界"的两张皮相脱离的矛盾，使科学发现所依赖的识别功能重回经济学体系。经济学家可以在更宽的维度上运用经济学理论和方法解释现实和进行分析判断。这样，经济学研究就能够不因囿于经济学范式而将对经济活动和经济现象具有重要影响的因素排除于视野之外，也可以使许多经济学研究者摆脱苦于"无题可选"的窘境。排除域观现象的传统经济学范式思维，如同于平面观察的二维视角，而引入域观范式的经济学范式思维，如同于立体观察的立体视角，而且可以观察域观演化过程，将更多对经济现象具有重要影响的因素质态，收入识别评价的对象中。实际上，人们在解释现实中已经深切感受到了进行对域观经济质态及其演变进行识别、刻画和评价的重要意义，因而借用或创造了不少相关观念来刻画经济现实以及不同域类经济体的域观状况及其变化，例如，"经济生态"、"制度特色"、"营商环境"、"关系网络"、"工业文化"、"行为模式"、"价值观演变"等。总之，按照传统经济学范式，设想的是一个赤裸裸的经济理性图景，而遵循微观—宏观—域观范式，所设想的是一个置于复杂"社会背景"中的经济理性图景。

传统经济学忽视"社会背景"而追求"严谨性"，似乎不是为了识别和发现什么，而是为了"证明"什么，"技术化的经济学似乎经常是在把常识中的某些观点用公式重新表达，以及证明并不需要证明的东西（因为它显而易见），或者与现实脱节，因为经济学家须得弄出这些抽象的东西可应用他们的形式化技术。"（巴克豪斯，2018）。诺贝尔经济学奖获得者保罗·克鲁格曼则批评说："经济学界之所以步入歧途，是因为从整体上来看，经济学家们将披着光鲜的数学外衣的美误认为是真理。"（巴克豪斯，2018）。而遵循微观—宏观—域观范式，则要使经济学不必费尽心力去证明什么，或者为了证明什么就必须抽象（简化）掉什么，而是要致力于识别和发现现实世界中的鲜活事物及其固有的和变化着的质态，并对其进行科学解释。

这样的范式框架和思维方式显然可以拓展经济学的研究空间，让经济学更具活力。但也需要指出，任何理论范式在识别评价中的运用，都可能发生多方面的影响，以至产生重要的社会后果。如果误解其理论含义，甚至以偏执方式误用某种理论，都可能产生不良影响。从哲学意义上说，域观范式基于分类识别评价的方法，分类识别可能导致评价的身份"认同"效应，而错误的分类方法所导致的关于人群身份的错误认同，可能产生歧视、冲突甚至暴力。诺贝尔经济学奖获得者，印度经济学家阿马蒂亚·森（2014）曾经提醒，要避免"高级理论的低级运用"。他指出，通过强调一个人的"社会背景"来建设性地理解身份认同，原本是一种高级理论。"但原本非常值得尊敬的更加'全面地'理解人类的理论尝试，到头来却几乎蜕变成一种把人主要理解为某一个特定团体成员的狭隘观点。这样的观点，可算不上什么从'社会背景'出发的观点，因为每个人都有许多不同的联系与归属，其各自的重要性因具体情况的不同而有很大区别。尽管'把人放在社会中去理解'这一令人称道的视角（它在许多社会理论中被反复援引）隐含着丰富多彩的观点，但是这种视角在现实应用的时候，却往往取得了一种忽视一个人多方面的社会关系的重要性，并严重低估其'社会处境'的多样性的形式，这种隐含的观点以一种极端化的形式看待人性。"

在现实中，这种"高级理论的低级运用"的现象确实多有出现，为一些极为错误的社会意识和歧视提供"理论背书"。或者强调绝对的"普世价值"，无视差异和域类现实，视"一样"为正常，视"特色"为异常；或者极端地进行歧视性身份认同划分，无视人类共同利益和共同价值的存在，甚至鼓吹"文明冲突"。这两种倾向都会产生严重误判，导致错误的识别评价，产生不良社会后果。民族学、人类学家的研究表明：在不同人群之间，"差异会造成敌意，差异也会导致融合。"但差异的族群也可以实现共存（李峻石，2017）。而且，人的身份认同是多方面的，在不同的概念空间中，每个人可以由不同定义来认同身份，而且可以进行身份认同的"位移"和"切换"，"比如从语言性身份认同切换到宗教性身份认同，完全取决于在某一特定的情境下、在用不着说谎时，何种选择才是对自身最有利的。"（李峻石，2017），换句话说，对于身份认同是具有可选择性的。

域观范式的实质是从多维角度观察、识别、评价和解释经济现实，避免单一维度假定条件下的研究所导致的解释力不足，也反对以单一标准对不同人群或经济体进行绝对化甚至歧视性的分类。实际上，识别评价的科学价值正在于承认"共性—个性"关系的普遍存在。现实经济世界中，没有绝对的无差异，也没有绝对的无共性；世界是连续的，也是有间断性的；人类存在利益差异和矛盾，但也具有利益共同体性质。提高识别评价的理论认识并进行方法创新，更准确识别评价经济体、经济行为和各种经济现象的域观特征及其演化趋势，不仅对于更贴切地解释现实经济具有重要学术价值，而且对于促进形成"和而不同"的全球经济格局具有重要社会意义。总之，具有不同质态特征的域观经济体所构成的世界才是现实的和可持续发展的，经济学必须形成与此相应的识别评价逻辑体系，才能发现和解释现实世界的经济规律和复杂现象。

七、结语

"现代经济学"在中国形成气候，实际上最多不过三四十年的历史，当前，在中国各高等院校所设立的经济学课程体系中，并无明确的学术范式构架，本文所说的"主流经济学"或"传统经济学"的微观—宏观范式，在中国经济学界其实还只是一个尚未完全成型的"隐形"范式，从这一意义上说，中国还谈不上"传统经济学"。但是，中国也还没有形成足以同西方主流经济学的微观—宏观范式体系相抗衡的经济学范式体系，而且中国经济学体系中的一级学科"应用经济学"所辖各分支（二级、三级）学科大多以微观—宏观范式为基础，甚至另一个一级学科"理论经济学"中的有些学科也默认这一学术范式，所以，微观—宏观范式实际上成为中国经济学界最具"主流"性影响力和渗透性的思维逻辑的"影子"基础，可以说是中国经济学家们的一个"默认"范式，甚至在党和政府的官方语境中也"潜移默化"地占有话语权地位。微观—宏观范式使经济学具有华丽的"科学"形式，但却弱化了科学精神的真正要义——发现。微观经济学和宏观经济学在西方国家都已经受到多方面质疑，在中国更表现出很大的不适应性。其突出表现就是：据此难以识别现实经济之质态，经济学的科学发现使命受到严重约束。所以，变革范式，增强经济学之识别、发现功能和现实解释力，还经济学以科学之本色，是中国经济学界进行学术创新的一个重要历史使命。

与此直接相关的另一个需要研究的重要问题是：当经济学的微观—宏观范式逐步占据经济学范式的"主流"地位，整个经济学的学科体系也受其深刻影响。这表现为：不仅因其抽象的假设逻辑而削弱了对现实世界的识别发现能力和解释力，而且使得经济学原本所具有的历史观性质被大大削弱，即经济行为和经济现象似乎同一定历史发展阶段的社会形态无关，在进行经济分析时后者可以被抽象掉。这样，经济学的研究对象似乎不再是一定历史过程中的社会现象（社会关系），而是同历史发展过程所决定的社会背景无关的先验性逻辑关系，也就是说，这种逻辑关系完全基于抽象理性（人性）的"公理"性假设，可以不证自明，而同历史条件及现实社会背景无关。这样，以史观范式为思维逻辑主线的经济学学科就同以微观—宏观范式为思维逻辑主线的"主流"经济学学科相分离，相割裂。因此，可以看到，中国的整个经济学体系就呈现为以史观思维主导的"政治经济学"同以微观—宏观经济学范式思维主导的其他经济学学科相对立的"两张皮"状况。而一旦引入域观范式，张扬域观范式的识别发现逻辑，就必然要强化经济学的史观思维逻辑。这样，就可能改变这种"两张皮"现象，按照史观—微观—宏观—域观的构架，形成整个经济学新的学科体系。关于经济学学科体系演化的相关问题，笔者将另文进行专门讨论。

[参考文献]

[1]［印］阿马蒂亚·森. 身份与暴力——命运的幻象［M］. 李风华等译. 北京：中国人民大学出版社，2014.

[2]［美］保罗·A. 萨缪尔森，威廉·D. 诺德豪斯. 经济学（第十四版）［M］. 胡代光等译. 北京：首都经济贸易大学出版社，1998.

[3]［美］布莱恩·阿瑟. 复杂经济学：经济思想的新框架［M］. 贾拥民译. 杭州：浙江人民出版社，2018.

[4]［英］冯·哈耶克. 知识的僭妄——哈耶克哲学、社会科学论文集［M］. 邓正来译. 北京：首都经济贸易大学出版社，2014.

[5] 金碚. 关于"高质量发展"的经济学研究［J］. 中国工业经济，2018a（4）：5－18.

[6] 金碚. 关于开拓商域经济学新学科研究的思考［J］. 区域经济评论，2018b（5）：1－13.

[7] 金碚. 高质量发展的经济学新思维［J］. 中国社会科学，2018c（9）：37－48.

[8] 金碚. 试论经济学的域观范式——兼议经济学中国学派研究［J］. 管理世界，2019a

（2）：7-23.

[9] 金碚. 经济学：睁开眼睛，把脉现实——敬答黄有光教授［J］. 管理世界，2019b（5）：9-14.

[10] 金碚. 中国经济70年发展的新观察［J］. 社会科学战线，2019c（6）：1-11.

[11] 金碚等. 竞争力经济学［M］. 广州：广东经济出版社，2003.

[12] ［新加坡］李光耀. 李光耀观天下［M］. 北京：北京大学出版社，2018.

[13] ［德］李峻石. 何故为敌——族群与宗教冲突论纲［M］. 吴秀杰译. 北京：社会科学文献出版社，2017.

[14] ［英］罗杰·E. 巴克豪斯. 经济学是科学吗？——现代经济学的成效、历史与方法［M］. 苏丽文译. 上海：格致出版社，上海人民出版社，2018.

[15] ［美］罗纳德·H. 科斯. 论经济学和经济学家［M］. 罗君丽，茹玉璁译. 上海：格致出版社，上海三联出版社，上海人民出版社，2014.

[16] ［美］马歇尔. 经济学原理［M］. 陈良璧译. 北京：商务印书馆，1965.

[17] ［美］马歇尔. 货币、信用与商业［M］. 郭家麟译. 北京：商务印书馆，1986.

[18] ［美］穆雷·N. 罗斯巴德. 人、经济与国家［M］. 董子云等译. 杭州：浙江大学出版社，2015.

[19] ［美］乔治·阿克洛夫，罗伯特·希勒. 动物精神——看透全球经济的新思维［M］. 黄志强等译. 北京：中信出版社，2012.

[20] ［法］让·巴蒂斯特·萨伊. 政治经济学概论［M］. 赵康英译. 北京：华夏出版社，2014.

[21] 任雪飞. 从芝加哥到中国和印度：21世纪城市研究［R］. 北京大学中国与世界研究中心研究报告，2019.

[22] ［美］托马斯·库恩. 科学革命的结构（第四版）［M］. 金吾伦，胡新知译. 北京：北京大学出版社，2012.

（原文发表于《中国工业经济》2019年第7期，有改动。）

附　录

金碚论文目录（2016 年至今）

1. Economic Globalization: An Irreistible Trend Despite Imperfections, China E-conomist, Vol. 11, No. 1, January – February, 2016. 《不完美但不可抗拒的经济全球化》，《中国经济学人》（中英双语版）2016 年第 1 期。

2. SOE Reform: Institutuonal Ingenuity from Appropriateness of Regulation, China Economist, Vol. 11, No. 1, January – February, 2016. 《国企改革：体制的精巧归于管控之恰当》，《中国经济学人》（中英文双语版）2016 年第 1 期。

3. 《新常态逻辑："慢下来"和"快上去"》，《中国经营报》2016 年 1 月 4 日。

4. 《"十三五"企业面临的形势及文化观念创新》，《中国企业文化》2016 年第 1 期。

5. 《论经济全球化 3.0 时代——兼论"一带一路"的互通观念》，《中国工业经济》2016 年第 1 期。《新华文摘》2016 年第 10 期转载。

6. 《中国经济发展的新常态研究》，载樊纲、许永发：《"十三五"规划与中国经济长期发展》，中国经济出版社 2016 年版。

7. 《科学把握供给侧结构性改革的深刻内涵（人民要论）》，《人民日报》2016 年 3 月 7 日第 7 版（理论版）。

8. Why Supply – side Reform Matters to China, China Economist, Vol. 11, No. 2,

March – April, 2016.

9. 《关于供给侧结构性改革的理论讨论》，《解放军理论学习》2016 年第 4 期。

10. 《总需求调控与供给侧改革的理论逻辑》，《经济日报》2016 年 5 月 5 日第 14 版（理论版）。

11. 《总需求调控与供给侧改革的理论逻辑和有效实施》，《经济管理》2016 年第 5 期。人大《复印报刊资料》管理科学 C3 月刊，2016 年第 8 期。

12. 《供给侧结构性改革的根本目标是提高供给体系的质量和效率》，《求是》2016 年第 10 期。

13. New Thinking and New Priorities for China's Regional Development, China Economist, Vol. 11, No. 3, May – June, 2016.

14. 《把握经济全球化新态势》，《经济日报》2016 年 6 月 23 日第 14 版（理论版）。

15. 《马克思劳动价值论的现实意义及理论启示》，《中国工业经济》2016 年第 6 期。人大《复印报刊资料》理论经济学 F11 月刊，2016 年第 9 期。（知网英文版，2017）

16. 《不仅要为企业松绑，更要为人才松绑》，《中国经营报》2016 年 7 月 4 日。

17. 《区域经济发展的新思维新要务》，《区域经济评论》2016 年第 4 期。

18. 《新发展理念引领发展新时代（治国理政新思想新实践）——关于树立创新、协调、绿色、开放、共享发展理念的对话》，（金碚、胡鞍钢、王永昌）《人民日报》2016 年 8 月 2 日（第 7 版）。

19. 《培育和弘扬工匠精神：让工匠精神成为中国制造之魂》，《经济日报》访谈（马建堂、冯飞、金碚），2016 年 8 月 16 日第 7 版（理论版）。

20. 《改革尤须强化三个意识》，《人民日报》2016 年 9 月 19 日第 7 版（理论版）。

21. 《供给侧结构性改革下的节能减排与经济发展协调性研究》，陈晓东、郝丹、金碚，《南京社会科学》2016 年第 9 期。

22. Strategic Directions for Breaking Growth Barriers, China Economist, Vol. 11, No. 4, 2016.

23. Breakthrough in Reform Calls for Earnestness, China Economist, Vol. 11,

No. 5，2016.

24. Balanecing Industrial Competitive with Regional Value Requires Policy Wisdom，China Economist，Vol. 11，No. 6，2016.

25.《家族企业本意就是长寿企业》，《家族企业》2016 年第 6 期。

26.《迎接世代更迭的新时期——2017 年新年献辞》，《中国经营报》2017 年 1 月 2 日。

27.《当前工业经济形势分析》，李扬：《2017 年中国经济形势分析》，社会科学出版社 2017 年版。

28.《全球化新时代的中国区域经济发展新趋势》，《区域经济评论》2017 年第 1 期：第 11—18 页。《新华文摘》2017 年第 8 期转载。

29.《努力保持工业稳中求进发展的好势头》，《求是》2017 年第 5 期。

30. Economic Globalization 3. 0 and the Concept of Interconnection under the Belt and Road Initiative，China Economist，Vol. 12，No. 2，March – April 2017.

31.《循序渐进推动经济转型升级》，《人民日报》2017 年 3 月 20 日第 7 版。

32.《中国区域经济空间规划的创新研究》，阎志：《规划设计 100 例》，中国建筑工业出版社 2017 年版。

33.《创新发展模式建设经济强省》，《河南日报》2017 年 4 月 28 日第 6 版。

34.《基于价值论与供求论范式的供给侧结构性改革研析》，《中国工业经济》2017 年第 4 期。（知网译为英文版发表）

35.《探索区域发展工具理性与价值目标的相容机制》，《区域经济评论》2017 年第 3 期。《新华文摘》2017 年第 21 期。

36.《区域竞争深刻影响区域发展态势》，《区域经济评论》2017 年第 3 期。

37.《包容性增长：对"人类之问"的启发性应答》，《北京日报》2017 年 6 月 12 日（第 16 版）。

38.《全球化新时代产业转型升级新思维》，《经济日报》2017 年 6 月 23 日（第 14 版，理论）。

39.《全球化新时代的中国产业转型升级》，《中国工业经济》2017 年第 6 期。

40.《供给侧政策功能研究——从产业政策看政府如何有效发挥作用》，《经济管理》2017 年第 7 期。人大《复印报刊资料》产业经济学（月刊），2017 年第 10 期。

41.《不完美但不可抗拒的经济全球化》，载樊纲、许永发《中国对外直接投资：战略、机制与挑战》，中国经济出版社 2017 年版，第 3—16 页。

42.《论经济发展的本真复兴》，《城市与环境研究》2017 年第 3 期。《人大复印报刊资料》国民经济管理（月刊），F10，2018 年第 3 期；区域与城市经济（月刊），F107，2018 年第 1 期。

43.《信息社会背景下区域协调发展的新思维》（胡伟、陈晓东、金碚），《区域经济评论》2017 年第 6 期。

44.《2017 年中国工业发展报告》序，中国信息通信研究院主编，中国工信出版集团人民邮电出版社 2017 年版。

45.《共享经济发展取决于公共道德水平》，《人民日报》2017 年 12 月 19 日，第 7 版。

46.《改革开放终结"落后"历史，全力发展仍是第一要务》，《中国经营报》2018 年 1 月 1 日。

47.《内源主导型在产业发展上优势突出》，《河南日报》2018 年 1 月 12 日第 7 版。

48.《环保与扶贫是中国经济增长新秘方》，《人民日报》2018 年 1 月 14 日第 5 版。

49.《本真价值理性时代的区域经济学使命》，《区域经济评论》2018 年第 1 期。《人大复印报刊资料》区域与城市经济（月刊），F107，2018 年第 5 期。

50.《"共享经济"的经济学分析》，（金碚、郝丹）《光明日报》2018 年 1 月 30 日第 11 版。

51.《座谈会有感：当代经济学的两大基础性学术任务》，载李扬《新经济，新动能：2017 年中国社会科学院经济形势座谈会纪要》，中国社会科学出版社 2018 年版。

52.《在新发展理念引领下建设现代化经济体系》，《经济理论与经济管理》2018 年第 1 期。

53.《不平衡要协调，平衡了也要协调》，《北京日报》2018 年 3 月 5 日（第 17 版，理论周刊）。

54.《关于"高质量发展"的经济学研究》，《中国工业经济》2018 年第 4 期。《人大复印报刊资料》"社会主义经济理论与实践"2018 年第 9 期转载。《中国社会科学文摘》2018 年第 9 期，标题为《新时代经济发展的新质态》。中国人民大学报刊资料中心评选："2018 年年度十大研究热点问题" 中 "高质量发展研究" 代表性学者（2019 年评出）。

55. 《以新理念新思想引领工业化迈上新征程》，《辽宁日报》2018 年 5 月 22 日。

56. 《中国改革开放 40 年的制度逻辑与治理思维》，《经济管理》2018 年第 6 期。《人大复印报刊资料》"社会主义经济理论与实践" 2018 年第 8 期转载。《中国社会科学文摘》2018 年第 11 期，标题为 "治理新思维开启改革新征程"。

57. 《准确把握现代产业体系的开放性》，《经济日报》2018 年 7 月 19 日第 14 版（理论版）。《改革内参》2018 年第 30 期。

58. 《论经济发展的本真复兴》，载樊纲、许永发《新经济与旧体制》，中国经济出版社 2018 年版。

59. 《以创新思维推进区域经济高质量发展》，《区域经济评论》2018 年第 4 期。

60. 《关于开拓商域经济学新学科研究的思考》，《区域经济评论》2018 年第 5 期。

61. 《高质量发展的经济学新思维》，《中国社会科学》2018 年第 9 期。

62. 《中国改革历程中的 "目标—手段" 机理变迁》，《经济体制改革》2018 年第 5 期（9 月 25 日）。

63. 《人类命运共同体意识是中国贡献给世界的可贵思想启示》，《北京交通大学学报》（社会科学版）2018 年第 4 期。

64. 《经济学需要两把金刚钻》，普天《经济学的旅行》，中国计划出版社 2018 年版。

65. 《更加注重区域发展的均衡性》，《人民日报》2018 年 11 月 28 日。

66. 《创业时代的多彩历程》，《中国经营报》《四十年，不凡的变革者》序，经济管理出版社 2018 年版。

67. Study on The "High – quality Development" Economics，China Political Economy，p. 163 –180，Vol. 1 No. 2，2018.

68. 《关于大健康产业的若干经济学理论问题》，《北京工业大学学报》（社会科学版）2019 年第 1 期，第 1—7 页。

69. 《中国经济发展中理性观念演变历程》，《江苏社会科学》2019 年第 1 期。

70.《试论经济学的域观范式——兼议经济学中国学派研究》，《管理世界》2019年第2期。

71.《以区域协调发展新机制焕发区域发展新动能的重要机理》，《区域经济评论》2019年第1期。

72.《探索推进经济学范式变革》，《人民日报》2019年4月8日第9版。

73.《确保国民经济循环畅通》，《辽宁日报》2019年5月7日。

74.《经济学：睁开眼睛，把脉现实——敬答黄有光教授》，《管理世界》2019年第5期。

75. Jin Bei，Hao Dan. An Economic Analysis of the Sharing Econnmy，China Economic Transition，March，2019，Vol. 2 No. 1，高等教育出版社出版。

76.《中国经济70年发展的新观察》，《社会科学战线》2019年第6期。

77.《论域观范式的识别发现逻辑——经济学的观察视角和现实解释力》，《中国工业经济》2019年第7期。